إدارة الإبتكار

المفاهيم والخصائص والتجارب الحديثة

الدكتور نجم عبّود نجم
أستاذ إدارة الأعمال المشارك
كلية الاقتصاد والعلوم الإدارية/ جامعة الزيتونة الأردنية

دار وائل للنشر
الطبعـة الثانية
2007

رقم الايداع لدى دائرة المكتبة الوطنية : (2003/4/594)
نجم   نجم ، عبود نجم
إدارة الابتكار / نجم عبود نجم . - عمان، دار وائل، 2003 .
(393) ص
ر.إ. : (2003/4/594)
الواصفات: إدارة الأعمال / إدارة الأفراد / الإدارة/ سياسة العمل/ الابداعية
التجديدات / العمل والعمال
* تم إعداد بيانات الفهرسة والتصنيف الأولية من قبل دائرة المكتبة الوطنية

****

رقم التصنيف العشري / ديوي : 658.403
ISBN 9957-11-344-5 (ردمك)

* إدارة الابتكار - المفاهيم والخصائص والتجارب الحديثة
* الدكتور نجم عبود نجم
* الطبعـة الأولى 2003
* الطبعـة الثانية 2007

دار وائـل للنشر والتوزيع
* الأردن - عمان - شارع الجمعية العلمية الملكية - مبنى الجامعة الاردنية الاستثماري رقم (2) الطابق الثاني
هـاتف : 00962-6-5338410 - فاكس : 00962-6-5331661 - ص. ب (1615 - الجبيهة)
* الأردن - عمـان - وسـط البـلد - مجمـع الفحيص التجـاري- هـاتف: 00962-6-4627627
www.darwael.com
E-Mail: Wael@Darwael.Com

الإهداء

إلى أسرتي

زوجتي وأبنائي

شيماء

سهيل

أصداء

دعاء

المؤلف

في بيئة الأعمال الحالية فإن المؤكد الوحيد هو عدم التأكد ، والمبدأ الثابت الوحيد هو التغير ، وحيث القاعدة الوحيدة في النمو والتطور هي المنافسة وتنوع أستراتيجيتها ومداخلها وأساليبها . وحيث في هذه البيئة التي تزداد فيها الشركات بشكل لم يسبق له مثيل ، الأسواق تتحول ، التكنولوجيا تتطور ، المنتجات تتقادم ، والعمليات تتغير بسرعة، فإن الشركات الناجحة هي فقط الشركات القائمة على الإبتكار .

لقد كانت شركات الأعمال منذ بداية هذا القرن حتى فترة قريبة ترى أن جوهر الإدارة هو الترشيد في بعديه الأساسيين : الرشد المطلق من خلال الأساليب الكمية وبحوث العمليات ، أو الرشد المقيّد من خلال الأساليب التجريبية (Heuristics) والوصفية. وكان الإبتكار في هذه الشركات نشاطا استثنائيا غير مطلوب في أكثر الأحيان من الأقسام والوظائف (لأنه يتجاوز النظام إلى فوضى) ، ونشاطا ضيقا محصورا في بعض الأحيان في قسم البحث والتطوير (R & D) تتسم نتائجه بالمجهول وعدم التأكد مع احتمال عال بالإخفاق . كما كان الإبتكار في حالات كثيرة عبارة عن نشاط ذاتي لبعض الأفراد المتميزين كومضة ذكاء خاصة أو حالة من الإلهام لا يمكن السيطرة عليها أو تنظيمها أو تدريب عليها . وكل هذا كان له تأثير سلبي في إضعاف دور وأهمية الإبتكار في هذه الشركات .

ولكن مع تقنية المعلومات (IT) وتزداد المنافسة وتنوع الأسواق والحاجات والسرعة في تغيرها ، أخذت هذه الشركات تدرك شيئا فشيئا أهمية الإبتكار ودوره كنشاط منظّم ومنهجي (وإن كان لا يخلو من آلياته الخاصة في ومضة الإبتكار) في التوصل إلى منتجات ، أسواق ، تقنية ، عمليات ، وأساليب جديدة تحقق للشركة ميزة تنافسية لا تقل قيمة وكفاءة عن أي مصدر آخر . ليصبح الإبتكار هو النشاط الأكثر أهمية في

شركات الأعمال المتقدمة (سواء كانت كبيرة أو متوسطة أو صغيرة) وهو الأكثر أهمية في البقاء والنمو ، وهو النشاط الوحيد الذي ينتمي إلى المستقبل عندما تكون كل الأنشطة والمنتجات الشركة الحالية تنتمي إلى الماضي . وليكون الإبتكار ـ بعد أن إزداد الاستثمار فيه ـ هو الذي ينشئ الثروة . ولتتحول الشركات بشكل متزايد ظل ما يشبه ثورة الإبتكارات إلى نمط جديد يمكن وصفه بالشركات القائمة على الإبتكار .

الفهرس

الموضوع	الصفحة

الموضوع	الصفحة

الموضوع	الصفحة

الموضوع	الصفحة

الفصل الأول

المدخل إلى الإبتكار

1-1- المدخل
1-2- مفهوم الإبتكار
1-3- الإبتكار والأستراتيجية
1-4- نظريات الإبتكار
1-5- العملية الإبتكارية
1-6- عوامل تحسين فرص الإبتكار
1-7- العلامات الدالة على الإبتكار في الشركات
1-8- الإبتكار والحالة القائمة
أولا : الآخذون بالمخاطرة والنافرون منها
ثانيا : الإبتكار والشركات الصغيرة
ثالثا : الشركة الإبتكارية والصناعة
1-9- الإبتكار وعدم التأكد
1-10- المبادلات في الإبتكار
1-11- مفارقة الإبتكار والتعلم
1-12- الإبتكار وثقافة الشركة
1-13- أساليب الحث والتعجيل لعملية الإبتكار
المصادر

1-1- المدخل

لا شك في أن التطور هو السمة الأبرز في حياة الإنسان منذ ظهوره الأول على وجه هذه الأرض . فلقد تراكم هذا التطور منذ ذلك الظهور الأول بمعدلات متباينة بفعل القدرة العقلية العظيمة التي يتميز بها الإنسان على كل الكائنات الأخرى التي تشاركه هذه الأرض ، في كونه قادرا على أن يطوّر ويبتكر الأشياء الجديدة . ولعل التطور الأهم والإبتكار الأعظم الذي قام به الإنسان هو ذلك التطور الحضاري الشمولي وأكاد أقول الإبتكار الحضاري العظيم الذي إنتقل فيه خلال العصور التأريخية المختلفة بكل ما تعنيه من تطور في العناصر المكونة والسائدة فيه في وثبات حضارية بما يجعل كل عصر يمثل منعطفا نوعيا متميزا عن العصور التي سبقته .

وقد أثبت الإنسان في كل هذه العصور أنه ليس الأكثر قدرة على البقاء مقارنة بالكائنات الأخرى حسب ، بل أنه أيضا الأكثر قدرة إبتكارية بشكل لا يقارن . فلقد إنتقل الإنسان في هذا التطور عبر عصور تأريخية مهمة . حددها الفين توفلر (A.Tofler) وفق نموذج الموجات الثلاث لتطور المجتمعات بثلاث ثورات أو موجات: الموجة الأولى وتتمثل بالثورة الزراعية (قبل عشرة آلاف سنة) ، الموجة الثانية تتمثل بالثورة الصناعية (التي بدأت قبل ثلاثمائة سنة) ، وأخيرا الموجة الثالثة وتتمثل بثورة المعلومات (التي ستكتمل خلال العقود القليلة القادمة)[1].

في حين حددها بيرنارد بور (B. H.Boar) بخمسة عصور تأريخية (أنظر الشكل رقم 1-1) هي :

أ - العصر البدائي (Nomadic Age) : وكانت فيه قاعدة الثروة هي القدرة على الصيد .

ب - العصر زراعي (Agrarian Age) : وكانت فيه قاعدة الثروة في المجتمع هي الأرض الزراعية (Farmland) ورمزها المحراث الزراعي .

ج - العصر التجاري (Mercantile Age) : وكانت قاعدة الثروة فيه هي تبادل السلع أو التجارة المقادة بالشركات التجارية .

د - العصر الصناعي (Industrial Age) : وكانت قاعدة الثروة فيه تتمثل بالأرض والعمل ورأس المال ورمزها المحرك البخاري .

هـ - عصر المعلومات (Information Age) : وفيه قاعدة الثروة والقوة تتمثل بالمعلومات والمعرفة والقدرة على تكوينها وتراكمها وتقاسمها وإستخدامها بكفاءة عالية ، ورمزها المعلومات المعالجة بالشركات المحوسبة وكثيفة المعرفة .

ومما يلاحظ على هذا التطور أنه في كل عصر كانت تتنامى فيه قاعدة الثروة وتتنامى قاعدة المعلومات المتراكمة أكبر من العصر أو العصور الذي سبقته ، وهذا ما أدى إلى تنامي قدرة الإنسان على التطور والتحكم فيه أكثر ، والأهم تنامي قدرته على الإبتكار . وهكذا يبدو عصرنا هو الأكثر إبتكارا وشركاته هي الأكثر إستعدادا للإبتكار بكل أنواعه وإتجاهاته بما في ذلك الإبتكارات أو إستخداماتها السوداء واللاأخلاقية .

الشكل رقم (1-1) : الثورات الخمسة في تطور المجتمع

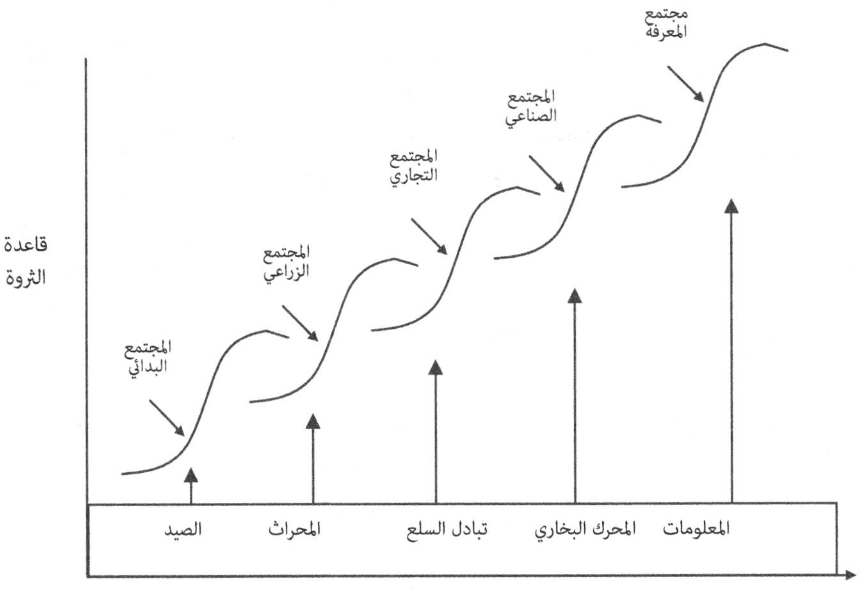

Source: Bernard H.Boar (1997): Strategic Thinking for Information Technology John Wiley and Sons, Inc, N.Y, p5.

أن أهم ما يلاحظ على الشركات في الوقت الحاضر هو هذا التسارع في تحسين المنتجات الحالية وإدخال المنتجات الجديدة ، مما يجعلها تعيش فيما يشبه انفجار المنتجات الجديدة والتزايد شبه الأسي لهذه المنتجات . ولعل أحد الأسباب الأساسية لذلك هو التطور الحاصل في رؤية الشركة إلى الإبتكار والاستثمار فيه بوصفه النشاط الذي يحقق قيمة مضافة عالية والسلاح التنافسي في السوق الحالية التي أبرز سماتها وربما تهديداتها هو عدم وجود ضمانة أكيدة في المحافظة على الحصة السوقية . لأن الشركة التي لا تطور منتجاتها ستقوم الشركات المنافسة بذلك مما يهدد تلك الحصة . وإن الشركة الناجحة اليوم هي التي تطور منتجاتها بوتيرة أسرع من الشركات المنافسة أو تكون أكثر قدرة منها على الاستجابة لحاجات الزبائن أو في تقديم قيمة حقيقية مكافئة لما يدفعونه . وفي كل هذه الحالات أصبح الإبتكار أحد مقاييس الأداء التنافسي للشركة من أجل البقاء والنمو في السوق .

كما أن الشركات بدأت تهتم بشكل منظم ومكثف بالحاجة إلى الإبتكار وذلك بإعطاء الأولوية لبرامج التدريب على الإبتكار . ففي مسح حديث وجد أن (25٪) من كل الشركات الأمريكية التي تستخدم أكثر من (100) عاملا تقدم تدريبا في مجال الإبتكار لعامليها . وهذا يمثل زيادة بمقدار (540 ٪) في السنوات الأربع . وحسب مجلة البزنس ويك (Business Week) فإن أكثر من نصف شركات (Fortune-500) ترسل مديريها التنفيذيين وبقية العاملين في المستويات المختلفة إلى برامج التدريب في مجال الإبتكار مما بات يعكس أيضا أن الإبتكار يمكن أن يتعلم وإن القدرة على الإبتكار ليست مقيدة بإختيار القلة[2] .

وهذا ما جعل دراكر (P.F.Drucker) يشير إلى أنه منذ الحرب العالمية الثانية أصبح البحث والتطوير موضة سارية وتبذل مبالغ طائلة من الأموال عليها ، إلا أن النتائج في الكثير من الشركات كانت مجرد تحسينات وليس إبتكارات[3] .

وإذا كان الفيزيوقراط (Phsiocarats) في القرن الثامن عشر يؤكدون على أن الزراعة هي التي تنشئ الثروة ، ودعاة المدرسة التجارية (Mercantilists) في القرن الثامن عشر أيضا يرون أن التجارة هي التي تنشئ الثروة ، ودعاة الثورة الصناعية يرون

أن الآلات الميكانيكية من قبل والبخارية والكهربائية فيما بعد ومنذ الخمسينات الإلكترونية هي التي تنشئ الثروة ، فأن الإبتكار ومنذ عقود قليلة ماضية أصبح هو الذي ينشئ الثروة وهو الذي يعطي للشركة القائمة على الإبتكار القدرة على المنافسة والوصول إلى المنتجات الجديدة وإلى الزبائن والأسواق الجديدة أسرع وبما هو أفضل من منافسيها وهذا هو قانون المنافسة الأساسي الذي يسود عالم الأعمال في الوقت الحاضر .

1-2- مفهوم الإبتكار

أن هذا التحول نحو الإبتكار والشركات القائمة على الإبتكار يعود إلى حقيقة أن الشركات أصبحت تمتلك الموارد الكبيرة والتقنية العالية والخبرات الفنية والإدارية الخاصة بالتعامل مع الإبتكار بوصفه نشاطا منظما ومتميزا من أجل الوصول إلى ما هو جديد كليا (الإبتكار الجذري أو الإختراق) أو جزئيا (الإبتكار التدريجي أو التحسين). والأهم هو امتلاك هذه الشركات لرؤية أستراتيجية للابتكار تمكنها من تحقيق الميزة التنافسية من الإبتكار . ومما يدل على هذا التحول هو الزيادة الكبيرة في الموارد المخصصة للبحث والتطوير . حيث أن الشركات في قطاعات أساسية في دول الأوسيد (OECD) تقوم بتخصيص موارد على (R & D) أكثر مما تخصص على المعدات والمصانع الثابتة . كما أن واحدا من العوامل الأساسية المؤدية إلى أن تقدم اليابان تنويعا أكبر وتطويرا أسرع لمنتجاتها يعود إلى أن الشركات اليابانية تنفق من مخرجاتها على أنشطة (R&D) بما يزيد عن (30 ٪) مقارنة بنظيرتها الأمريكية [4]. كما أن الفترة بين الإبتكار والتطبيق الأول قد تقلصت من (90) سنة في القرن الثامن عشر إلى (20) سنة في النصف الأول من القرن العشرين ، مع التسارع وزيارة إدخال المنتجات الجديدة. ففي الولايات المتحدة بلغ عدد المنتجات الجديدة التي تم إدخالها (13) ألف منتج عام 1986 ، ليزداد العدد إلى (15) ألف عام1991[5] .

وقبل أن نعرض لمفهوم الإبتكار وتطوره لابد من وقفة عند بعض المصطلحات ذات العلاقة . فالإبتكار كما نستخدمه هو ترجمة لكلمة (Innovation) والذي قد يترجمه البعض بالتجديد كما في ترجمة كتاب بيتر دراكر (Innovation an Entrepreneurship) الذي ترجم (التجديد والمقاولة)[6]. مع التأكيد على أن التجديد قد

يعني تجديد المنتج الحالي ، في حين أن دراكر في كتابه إستخدم (Innovation) بمعنى الإبتكار بمعناه الواسع (الجذري والتدريجي) أكثر مما يعني التجديد . وعادة ما يختلط مفهوم الإبتكار مع مفاهيم أخرى مثل الإختراع (Invention) والإبداع (Creativity) وأخيرا التحسين (Improvement) ونعرض فيما يأتي لبعض التوضيحات والإستخدامات :

أ ـ إن إستخدام الإختراع والإبتكار في أدبيات الإبتكار في الغالب كمترادفين بوصفهما التوصل إلى فكرة جديدة ومن ثم إلى منتج جديد عادة ما يرتبط بالتكنولوجيا ، بل إن ميليا ولاثام (Mealiea and Latham) أشارا بوضوح إلى أن الإبتكار والإبداع يمكن أن يستخدما بشكل متبادل[7].

وفي حالات أخرى كما هو الحال لدى شاني ولاو (Shani and Lau)وكذلك لدى روبينز و كولتر (Robbins and Coulter) تم التمييز بينهما حيث الإختراع (Invention) يشير إلى التوصل إلى فكرة جديدة بالكامل ترتبط بالتكنولوجيا وتؤثر على المؤسسات المجتمعية ، في حين أن الإبتكار(Innovation) فإنه يعني التجديد بوصفه إعادة تشكيل أو إعادة عمل الأفكار الجديدة لتأتي بشيء ما جديد (Something New)[8].

كما أن تشيرر (F.M.Scherer) قدّم تمييزا إقتصاديا بين الإختراع والإبتكار بنفس الإتجاه مشيرا إلى أن الإختراع يعمل على التأثيرات الفنية في توليد الفكرة الجديدة . حيث الموارد الملموسة : النقود ، المهندسين ، والمواد تكون أقل أهمية في ضمان تحقيقه وتكامله . أما الإبتكار فإنه يحقق التأثيرات الإقتصادية وتكون هذه الموارد الملموسة أكثر أهمية في نقل الفكرة إلى المنتج الجديد . ففي الإختراع ما هو أكثر أهمية الموارد غير الملموسة كالوقت ، ومضة العبقرية ، والتقدم الكلي في العلم . خلافه في الإبتكار الذي يرتبط بتطوير العمليات والمنتجات الجديدة ، فأن الموارد المادية والبشرية وتخصيصها لحل المشكلات الفنية والتجربة والخطأ تكون هي العناصر الأساسية الأكثر أهمية فيه[9].

ب ـ ويرى البعض أن الإبداع (Creativity) يتمثل في التوصل إلى حل خلاق لمشكلة ما أو إلى فكرة جديدة ، في حين أن الإبتكار (Innovation) هو لتطبيق الخلاق أو

الملائم لها . وبهذا فإن الإبداع هو الجزء المرتبط بالفكرة الجديدة في حين أن الإبتكار هو الجزء الملموس المرتبط بالتنفيذ أو التحويل من الفكرة إلى المنتج[10] .

وإذا كان هذا التمييز بين الإبداع والإبتكار كمراحل متعاقبة ، مقبولا في الماضي عندما كان التوصل إلى الفكرة الجديدة أو المفهوم الجديد يظل لعقود طويلة في حالة الركون قبل أن يتحول إلى منتج جديد أوعملية جديدة . حيث كان هناك جهتان ذات علاقة بالإبتكار: المبتكر الذي يأتي بالفكرة والجهة أو الشركة التي تطبق ، فإن هذا التمييز لم يعد عمليا لأن أغلب الإبتكارات الجديدة تتم عبر الشركات التي تتوصل إلى المفهوم الجديد وهي التي تحوله إلى المنتج الجديد . وأن الشركات أصبحت تبحث عن الإبتكارات وتدفع لأصحابها بسخاء من أجل تطبيقها . وهذا ما نتبناه في هذا الكتاب حيث الإبتكار هو التوصل إلى الفكرة الجديدة أولا ، وإلى المنتج الجديدة أولا ، وإلى السوق أولا .

ج ـ إن أدبيات الإبتكار تميز بين الإبتكار والتحسين . حيث أن التحسين (Improvement) هو إدخال تعديلات أو تغييرات صغيرة أو كبيرة على العمليات أو المنتجات الحالية بما يجعلها أكثر كفاءة أو تنوعا أو ملاءمة في الإستخدام . والواقع أن الإبتكار كما سنقدمه له شكلان أساسيان . الأول هو الإبتكار الجذري (الإختراق) ويتمثل في التوصل إلى المنتج الجديد أو العملية الجديدة التي تختلف كليا عما سبقها وتحقق وثبة أستراتيجية كبيرة في السوق . فهو بمثابة تقدم كبير مفاجئ يختلف عما قبله وينقطع عنه محققا دورة إبتكارية جديدة ذات مستوى أعلى من الدورة السابقة من حيث الكفاءة ودفع التقدم في مجاله وفي المجتمع عموما .
والثاني : هو الإبتكار – التحسين (التدريجي) وهو التوصل إلى المنتج الجديد جزئيا من خلال التحسينات الكثيرة والصغيرة التي يتم إدخالها على المنتجات الحالية . وإن بعض هذه التحسينات قد تكون جوهرية وأن تراكمها يحقق إبتكارا جذريا . وهذا ما حققته شركة (3M)الأمريكية حيث إبتكرت أوراق الملاحظات اللاصقة (Post – It Notes) بالتجريب على تحسين المواد اللاصقة التقليدية[11] .

والواقع أن الإبتكارات الجذرية قليلة وتحدث في فترات متباعدة وتتطلب جهودا عظيمة وإستثمارات ضخمة ، ولأن الشركات لن تستطيع أن تستمر في الإنتظار طويلا في ظل المنافسة الآخذة بالتسارع والأسواق سريعة التغير ، لهذا فإن الإبتكار - التحسين يقدم بديلا فعالا من أجل التطوير المستمر والتنوع وملاءمة الإستخدامات .

والآن ماذا نعني بالإبتكار ؟ وما هي أبعاده الأساسية ؟ وما هو الشيء أو الأشياء التي تجعل الشركة إبتكارية أو غير إبتكارية ؟ .

أن الإبتكار يعني وفق تعريف شائع ومتداول بأنه التوصل إلى ما هو جديد ، إلا أن هذا التعريف عام وشامل مما يفقده القدرة على تحديد ما هو مطلوب للفهم والتطبيق. فالجديد قد يكون فكرة جديدة ، أو مفهوم جديد . ورغم أهمية الفكرة والمفهوم إلا أنهما لأغراض بيئة الأعمال واستخداماتها لا يكونان كافيين إذ لا بد من التطبيق الجديد في منتج جديد أو عملية جديدة . لهذا فإن الإبتكار هو التوصل إلى ما هو جديد بصيغة التطور المنظم والتطبيق العملي لفكرة جديدة[12]. مما يعني أن الإبتكار لا يقف عند عتبة الفكرة الجديدة وإنما يعبرها إلى التطبيق العملي في تحقيق الشركة لأهدافها في السوق . والجديد في هذا التعريف يمكن أن يغطي الحالات الثلاث : الجديد بالنسبة للشركة دون أن يكون كذلك في السوق كما في تشبه الشركة بالشركات الأخرى في إدخال المنتج على أساس (أنا أيضا : Me too) ، أو الجديد بصيغة التحسين كما هو الحال في تحسين القهوة سريعة الذوبان (Instant Coffee) إلى القهوة النشيطة (Bean Coffee) ، وأخيرا الجديد الذي لا يشبه ما سبقه كما في التوصل إلى عقار جديد للقضاء على السرطان الذي لازال غير موجود حتى الآن . وإن هذا الكتاب سوف يركز على نوعين الأخيرين .

كما يعرّف توم بيترز (T.Peters) الإبتكار تعريفا واسعا هو التعامل مع شيء جديد، أي شيء لم يسبق إختياره[13]. وهذا يوسع من الإبتكار إلى حدوده القصوى . لأن الشيء الجديد قد يكون كذلك بالنسبة للشركة المتعاملة ولا يكون كذلك مع غيرها من الشركات.

كما أن التعامل مع الشيء الجديد قد لا يعني إبتكاره داخل الشركة وإنما قد يعني أيضا شراءه من الآخرين (إسقاط عقبة لم تبتكر هنا H.I.N) أو تقليده .

أما تشيرميرهورن (J.R.Schermerhorn) وزملاؤه فيعرفون الإبتكار بأنه عملية إنشاء الأفكار الجديدة ووضعها في الممارسة[14]، مؤكدا على أن أفضل الشركات هي التي تتوصل إلى الأفكار الخلاقة ومن ثم تضعها في الممارسة . وهذا توسيع آخر في جعل الإبتكار عملية متكاملة من الفكرة إلى المنتج (الممارسة) ومن ثم إلى السوق (الميزة) وتأكيدا على رؤيته فأن تشيرميرهورن في كتابه الأحدث أكد على ذلك في معادلته عن الإبتكار :

الإبتكار = الميزة التنافسية [15].

والواقع أن البعض يعرف الإبتكار ليس كفرصة فنية (تكنولوجيا جديدة أو منتج جديد) يتم التوصل إليها في مختبرات البحث والتطوير في الأصل وإنما كفرصة سوقية . وهذا جانب من المساهمة اليابانية في هذا المجال ، حيث أن الشركات اليابانية ترى أن الإبتكار هو تمييز الفرصة في السوق وحشد الموارد من أجل الإمساك بها . وفي هذا التقريب للإبتكار من السوق فإنه يقرب المبتكر من المقاول (Entrepreneur) الذي يكون قادرا على تمييز الفرصة وقادرا على حشد الموهبة والموارد بسرعة للإمساك بتلك الفرصة وتحويلها إلى أعمال .

أما التوسيع الآخر للتعريف فنجده لدى شاني ولاو (Shani and Lau) فبعد أن ميّزا الإبداع (التوصل عن الفكرة) والإبتكار (التطبيق للفكرة الجديدة) كما عرضنا لذلك في بداية هذه الفقرة ، فإنهما يؤكدان على أن الفكرة الجديدة قد تكون تكنولوجيا جديدة ، منتجا جديدا ، عملية تنظيمية أو إدارية جديدة . كما قد يكون الإبتكار تقليدا لمنتج أو شخص أو فكرة مستخدمة في مكان آخر ويصبح تطبيقها فريدا عند وضعه في سياق جديد[16].

ولابد من ملاحظة أن هذا يوسع الإبتكار في التطبيق فلا يقصره على التكنولوجيا أو المنتج وأنا يمدها إلى الإبتكار الإداري والتنظيمي ، كما يوسعه أيضا وهذا هو المهم إلى التقليد لإيجاد شيء جديد منه عند وضعه في سياق جديد . ولابد من التأكيد هنا على أن التقليد ليس كله خارج الإبتكار . فالتقليد الإستنساخي (Duplicated Imitation) يمكن أن يخلو من الجديد الذي هو سمة الإبتكار ، إلا أن هناك نوعا من التقليد الذي نسميه

بالتقليد الإبتكاري (Innovative Imitation) الذي يأتي بالجديد فيما يدخل من تحسينات على ما يقلده إلى الحد الذي يتفوق في حالات عديدة على المبتكر الأصلي .

وهنا لابد أن نشير إلى إن التقليد ليس هو النقيض للإبتكار كما قد يعتقد الكثيرون، وإنما النقيض للإبتكار حقا هو الجمود والتحجر البيروقراطي الذي يقف عقبة حقيقية أما كل أشكال وأنواع الإبتكار في الحفاظ على الحالة القائمة في الشركة والسوق إزاء الحالة الجديدة التي يأتي بها الإبتكار ، والحفاظ على النظام مقابل الفوضى التي يمكن أن يأتي بها الإبتكار والحفاظ على مقاومة التغيير في مواجهة ما يأتي به الإبتكار .

ومقابل هذا التوسيع في مفهوم الإبتكار هناك محاولات مهمة من أجل تضييق الإبتكار. وهذا ما يمثله المفهوم الإقتصادي وبشكل خاص الشومبيتري (نسبة إلى الإقتصادي الأمريكي من أصل ألماني جوزيف شومبيتر J.A.Schumpeter) . ووفق هذا المفهوم فإن الإبتكارات تحصر في الإبتكارات التكنولوجية الجذرية التي تؤدي إلى تغييرات عميقة في الإنتاجية وتحفز النمو الإقتصادي وتنشئ الأعمال في قطاعات صناعية وخدمية وتحسّن الرفاهية الإجتماعية . فإبتكار المكننة الزراعية ألغى الكثير من الأعمال اليدوية في الزراعة وقلص الأيدي العاملة فيها وزاد الإنتاجية وحفز النمو الإقتصادي وحسن من الرفاهية الإجتماعية لقطاعات واسعة في المجتمع[(17)].

وضمن هذا المفهوم فإن بيتر دراكر (P.F.Drucker) يعرف الإبتكار بأنه (التخلي المنظم عن القديم)[(18)] ، مؤكدا في ذلك على ما قاله شومبيتر من أن الإبتكار هو هدم خلاق (Creative Destruction) . والواقع أن دراكر عندما يتحدث عن التخلي المنظم عن القديم ـ الماضي فإنه يعني بالمقابل الإدخال المنظم للجديد ـ المستقبل . ومع أن دراكر يؤكد على الإبتكار حسب مفهوم شومبيتر ، فإنه في المقابل يؤكد على أهمية الإستمرار في الإبتكار . فهو يرى أن مفتاح الإبتكار هو أن تجلس كل ثلاث سنوات وتضع بطريقة منهجية كل جوانب الشركة تحت الاختبار على طول حياتها: كل منتج، خدمة ، وتكنولوجيا ، وقناة توزيع . وفي عصر المعلومات والإدارة القائمة على المعرفة، فقد بدأ الحديث عن المعرفة بوصفها معلومات مكثفة والإبتكار بوصفه معرفة

مكثفة في سياق سلسلة مترابطة تبدأ من البيانات إلى المعلومات ثم إلى المعرفة [19] ومن ثم إلى الإبتكار[20].

ولعل من المناسب أن نشير إلى مساهمة التجربة اليابانية في مفهوم الإبتكار . وتتجلى هذه المساهمة في جانبين ، الأول يمثل في تقريب الإبتكار من السوق (المصب) بأسبقية عالية على الاقتراب من المنبع (البحث الأساسي والفكرة الكبيرة الجديدة) . فاليابانيون يرون أن الإبتكار هو القدرة على تمييز الفرصة وحشد الموارد للإمساك بها . والفرصة في هذه الحالة هي الشيء الجديد في السوق الذي يستجيب بشكل أفضل أو أسرع (أكثر قيمة) للزبون وليس الأكثر إرهاصا في العلم أو الأكثر جدة وتطورا في جبهة البحث . الثاني : هو أن الإبتكار ليس فقط هو الاختراق (Penetration) أي الإبتكار الجذري أو الوثبة الأستراتيجية أو التقدم الكبير المفاجئ في مجاله بل إنه قد يكون بمثابة تحسين صغير أو تعديل ذو أهمية في السوق وللزبون .

وهذا يعني أن الإبتكار هو فرصة جديدة (قد تكون مفهوما أو أسلوبا أو منتجا أو تقنية جديدة) ليس مهما أن تكون الشركة قد ابتكرتها (إسقاط عقبة لم يبتكر هنا NIH) . وهذه الفرصة قد تكون ابتكار جذريا كبيرا (يأخذ شكل الاختراق) أو تدريجيا صغيرا (يأخذ شكل التحسين) ولكنها تحقق ميزة للشركة على منافسيها . وإن التجربة شركة سوني (Sony) مع الترانزيستور الذي ابتكرته مختبرات بيل (Bell Labs) الأمريكية واستثمرته شركة سوني لتحقق نتائج كبيرة في السوق ، تقدم مثالا ملائما وتكرر القصة مرة تلو مرة مع أجهزة التلفاز والساعات الرقمية والحاسبات اليدوية وأجهزة الاستنساخ [21] .

ومن كل هذا نلخص إلى تعريف الذي نقدمه للابتكار بأنه **قدرة الشركة على التوصل إلى ما هو جديد يضيف قيمة أكبر وأسرع من المنافسين في السوق** . هذا التعريف يعني أن تكون الشركة الإبتكارية تكون هي الأولى بالمقارنة مع المنافسين في التوصل الى الفكرة الجديدة أو المفهوم الجديد ، وأو الأولى في التوصل إلى المنتج الجديد ، أو الأولى في الوصول الى السوق (أنظر الشكل رقم 1 - 2) .

الشكل رقم (1-2) : مفهوم الإبتكار – الأول إلى الفكرة ، المنتج ، والسوق

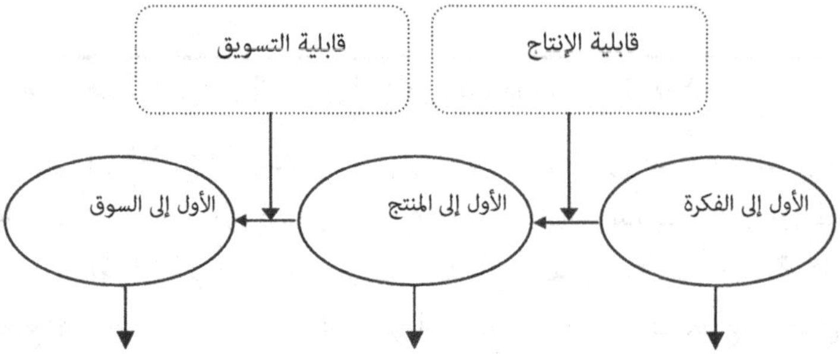

العامل المؤثر	الجدة – التحسين الكبير	الهندسة - كفاءة الإنتاج	القرب من السوق
الوسائل المساعدة	الخبرة الذاتية للمبتكر أو الشركة ، الأدبيات والدراسات، المـوردون، الزبائن ، والمنافسون..إلخ	الخبرة الهندسية ، مرونة تكنولوجيا العملية ، إدارة عمليات كفوءة ، وإدارة تكاليف كفوءة .	الخبرة التسويقية، التوجه إلى الزبون، قنوات التوزيع، سياسات التسعير، وترويج وإعلان.

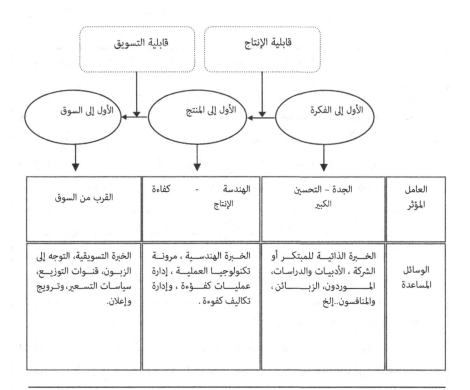

وهذا التعريف يؤكد أيضا على أن الإبتكار هو أولا : قدرة الشركة في حالتي الفرد المبتكر العامل في الشركة أو تداؤب قدرة أفرادها كفريق ، وثانيا : ما هو جديد وهذا هو جوهر الإبتكار بوصفه توليفا جديدا لما هو موجود أو كشفا جديدا غير مسبوق ، وثالثا: إنه يضيف قيمة أي أن ما هو جديد هو أيضا أكثر قدرة على معالجة المشكلة لم تحل حتى الآن أو تقديم معالجة أفضل من معالجة سابقة (وفي هذه الحالة فإن الشركة هي نفسها تمثل الزبون) أو تقديم منتج أو خدمة ذات قيمة أكبر للزبون من الأموال التي يدفعها،رابعا: أن ما هو جديد يكون أفضل مما يقدمه المنافسين . وهذا يعني إن الابتكار لا يكون قائما بذاته في شركات الأعمال وإنما لابد إن يستند إلى معايير المعايرة (Benchmarking).

خامسا: الإبتكار القائم على الزمن بالوصول الأسرع من المنافسين إلى السوق وهذا ما يقلص دورة حياة المنتج . ولعل السمتين الأخيرتين تطرحان فكرة النجاح التجاري وأهميته في الإبتكار (أنظر الإطار رقم 1) .

الإطار رقم (1) هل النجاح التجاري هو المعيار في الإبتكار ؟

حقا إن قطاع الأعمال يميل بأرجحية عالية إلى تقييم المشروعات والبرامج والقرارات عموما على أساس ما تحقق من نتائج مادية . بل إن قطاع الأعمال يبدو في أحيان كثيرة أن لم يكن على الدوام ، أنه يتصرف ببرجماتية عالية (ما هو نافع هو خير) من حيث أنه ينظر إلى العمل على أنه صحيح بمنطق الأعمال إذا كان يصنع النقود ويدر الأرباح . فالنجاح التجاري في الغالب يظهر هو المعيار الحاسم ومبرر وجود الأعمال . والإبتكار قد لا يشذ عن هذه القاعدة من حيث أن المهم هو أن تصل الفكرة الجديدة إلى السوق (المعيار التجاري الأول الإنتقال من تكلفة الإبتكار في داخل الشركة إلى عائد الإبتكار خارج الشرق في السوق) ومن ثم أن يكون ناجحا (المعيار التجاري أن يحقق الإنتشار الكافي من أجل المبيعات المتوقعة) . والسؤال الذي يطرح نفسه : هل إن النجاح التجاري بل هل إن السمة التجارية (Commercialization) جزء من الإبتكار وضرورة من ضرورات كونه إبتكارا ؟ والإجابة بالتأكيد من منظور الإبتكار : لا ليست جزء ولا ضرورة (وإن البحث الأساسي في الغالب ليس له غرض تجاري) . ولكن من منظور الأعمال فإن النجاح التجاري هو جزء لا يتجزأ من الإبتكار وربما هو غايته أيضا . فدورة الإبتكار من منظور الأعمال هي سلسلة مترابطة ومتكاملة من الفكرة إلى السوق . وهذا يمكن أن يكون مقبولا من زاوية معينة على أساس أن النجاح التجاري هو الإسم الذي تطلقه الأعمال على إنتشار الإبتكار وتطبيقه بنجاح واسع من جهة وتحقيقه للتعويض المجزي للباحث وما يحمل من تحفيز ومساندة من اجل تعجيل التوصل إلى الإبتكار .

وإذا كان في الماضي هناك نفور كبير من الباحثين والمبتكرين من كل ما يسم العلم والإبتكار بالطابع التجاري ، فإن مثل هذا التصور يكاد يكون جزء من تراث الإبتكار والمبتكرين وليس جزء من واقعهم في الوقت الحاضر . بل إن الكثير من المبتكرين الآن يتسابقون بروحية الأعمال أكثر من رجال الأعمال أنفسهم من أجل هذا النجاح التجاري . وبالنسبة لهؤلاء فإن براءة الإختراع بالنسبة لهم هي مشروع إقتصادي قبل أن يكون مشروعا علميا يخدم التراث المعرفي الإنساني .

ولقد أشارت دراسة حديثة إلى تزايد الباحثين ذوي الصلات التجارية الذين يتدافعون في سباق تسجيل البراءات حتى ضمن مشروع الجينيوم البشري (Human Genome P.) برغم خطورته الشديدة. ومع كل ذلك فإن النجاح التجاري لا يمكن أن يكون جزءا أصيلا من الإبتكار وإنما هو في أحسن الأحوال معيارا دالا على مدى قوة الإبتكار وحاجة الناس إليه . وفي حالات ليست قليلة فإن النجاح التجاري هو نتاج لجهد تسويقي يرتبط بصنع الحاجات المصطنعة لدى الزبائن أكثر من كونه نتاجا لجهد تعويضي دون أن يرتبط بخصائص الإبتكار وخصائص المنتج الإبتكاري .

لهذا لابد من التمييز في دلالات الإبتكار حسب المنظور والمجال . فالمنظور العلمي قد لا يرى في النجاح التجاري إلا تشويشا يحد من قدرة التقييم العلمي للإبتكار ومساهمته في التراث المعرفي الإنساني وفي جدواه في التطبيق . في حين يكون النجاح التجاري من منظور الأعمال هو كل ما يقف وراء دعم الأعمال لمشروعات البحوث والتطوير أصلا ،

- تي بيردسلي : بيانات حيوية ، مجلة العلوم ، مؤسسة الكويت للتقدم العلمي، العدد (1) كانون ثاني 1997 ،ص 23 .

فكما يلاحظ من التعريف أيضا أننا لم نشر إلى الإبتكار بوصفه عملية التوصل إلى فكرة جديدة أو معرفة جديدة أي الإبتكار في مرحلة البحث حسب ، لأن شركات الأعمال ترى أن العبرة في التطبيق التجاري الناجح للفكرة أو المعرفة الجديدة . كذلك فأن هذا

التعريف أشار إلى ما هو جديد دون أن يحصر ذلك في المنتج الجديد أو التقنية الجديدة لأن قصر الإبتكار على ذلك قد يجعل التعريف ضيقا جدا ، في حين أن الشركات الحديثة تميل إلى توسيع مفهوم الإبتكار ليشمل جميع الأنشطة والمجالات . فالشركة الإبتكارية هي التي تجعل الإبتكار مسؤولية الجميع سواء في الإدارة العليا أو في قسم البحث والتطوير أو في الخطوط الأمامية للعمال . فهو مسؤولية الإدارة في الإبتكار الإداري ، ومسؤولية العاملين في مجال التسويق في الإبتكار التسويقي .. إلخ .

ولا شك في أن الشركات القائمة على الإبتكار هي التي يكون الإبتكار هو المصدر الأساسي لميزتها التنافسية . ولقد تزايد التأكيد على أن الإبتكار هو مصدر لهذه الميزة في الفترة الأخيرة . فلقد أكد ميشيل بورتر (M.E.Porter) على أن الشركات تحقق ميزة تنافسية من خلال الإبتكار . وان بعض هذه الشركات (كالشركات اليابانية) تنشئ ميزة تنافسية بالإبتكار من خلال التطوير لفرصة سوقية جديدة والبعض الآخر (كالشركات الكورية) تحقق تلك الميزة من خلال التقليد الفعال للوصول الأسرع إلى الإنتاج الواسع . بل إن بورتر اعتبر القرب من الشركات الإبتكارية هو ميزة لأنه يحقق الاتصال القصير والتبادل المتطور للأفكار والإبتكار[22]. لهذا كله نجد الحديث يتزايد عن الحاجة إلى إدارة الإبتكار وأشكال التنظيم الجديدة لأنشطة الإبتكار، قياس الإبتكار وإنتاجه ، نظم حوافز ومكافآت الإبتكار، مداخل وإستراتيجية الإبتكار ، والإبتكار عالمي المستوى وغيرها الكثير مما يكشف عن هذا التحول السريع نحو أن تكون الشركات كبيرها وصغيرها بمثابة شركات قائمة على الإبتكار .

1-3- الإبتكار والأستراتيجية

لاشك في أن التطور في التكنولوجيا من جهة وفي ظروف السوق من جهة أخرى أديا خلال العقدين الماضيين وسيؤديان بقدر متصاعد في المستقبل إلى أن يصبح الإبتكار بعدا أساسيا من أبعاد الأداء الستراتيجي شأنه شأن : التكلفة ، الجودة ، المرونة ، والإعتمادية. وهذا ما أكده في وقت مبكر ولرايت (S.C.Whilewright) عندما إعتبر الإبتكار هو البعد الخامس من أبعاد الأداء الستراتيجي[23].

والواقع أن الشركات أصبحت تدرك أكثر من أي وقت مضى بـأن الإبتكـار هـو المصـدر الأكثر قوة في تحقيـق الميـزة التنافسـية المسـتدامة (Sustainable) سـواء في الشركات القائدة في السوق التي تتبنى مدخل الإبتكار الجذري أو الشركات التابعـة التـي تعتمـد على الإبتكار ـ التحسين . كما أن الشركة التي تسعى الى جعل الإبتكار هو محور نجاحها وقاعدة ميزتها التنافسية فأن الإبتكار الأستراتيجي سيكون هو الأكثر ملاءمة لها كما يرى ذلك كروسي (G.Grossi)[24].

والشركة الإبتكارية تختلف عن الشركات الأخرى التي لا تضع الإبتكـار محـورا أساسـيا في أسـتراتيجيتها ، ولقـد أشـار بيـتر دراكـر (P.F.Drucker) الى أن الحكمـة المسـيطرة الخاصة بأستراتيجية الشركة الناجحة يمكن أن تكون : من أجل الأحسن ، من أجل الأكثر، أما بالنسبة للاستراتيجية الإبتكارية فيجب أن تكون الحكمة المسيطرة هي : الى الجديد، الى المختلف[25].

ولا بد من مراعاة حقيقة مهمة هي أن الإستراتيجية لا يمكن أن تكـون واحـدة في كـل الظـروف . وإن الميـزة التنافسـية لا تكـون واحـدة في كـل الظـروف . وهـذا مـا يمكـن ملاحظته في مجال الإبتكار في ضوء ما طرحته صناعة الإلكترونيات التـي تتسـم بـالتطور السريع جدا . فعندما يكون التغير عاليا في صناعة معينة فإن مـدخل التحسـين المسـتمر هو الذي يمكن إتباعه وفي هذه الصناعة فلا ميـزة تنافسـية طويلـة الأمـد . وإنمـا تكـون هناك سلسلة متواصلة من المزايا التنافسية التي تنشأ عن التحسين المستمر الـذي يمكـن وصفه بالسلاسل من السـباقات (Series of Races) في كـل واحـدة منهـا هنـاك ميـزة تنافسية محدودة ولكن لا أحد يحقق ميزة تنافسية كبيرة أو طويلة الأمد إلا عند الفـوز المتكرر بالتحسينات المستمر على المنافسين (عملية متراكمة لتحسينات مستمرة) . إمـا في حالة الصناعة التي يكون فيها معدل التغير متواضعا ومحدودا ، فإن مـدخل الإبتكـار الجذري الذي يحل محل صناعة وعملية ومنتج جديـدين محـل عمليـة ومنـتج سابقين ، هو الملائم وفيه يمكن العمل على ميزة تنافسـية مسـتدامة مـن خـلال الريـوع الإقتصادية (Economic Rents) للإبتكار . وذلك من خلال الإستثمار الكبير في البحث والتطوير وأصوله المتخصصة التي تمكن من تحقيق سلسلة من الإبتكارات الجذرية.

ورغم أنها تتسم بالإنقطاع من إبتكار لآخر والحدوث في فترات متباعدة ، إلا أن كون الإبتكار جذريا وتعاقب الإبتكارات حتى في المدى الطويل يمكن الشركة من أن تحقق من خلالها الميزة التنافسية المستدامة(26).

ولا شك في أن الإقتصاديات المتقدمة المرنة سريعة التغير التي تسمى بإقتصاديات المقاولة تجد في المدخل الأول وسلسلة المزايا التنافسية المتواصلة والمتراكمة مدخلا ملائما في الصناعات الصاعدة كالصناعة الإلكترونية . في حين أن الإقتصاديات التي لازالت تعمل على فرص التكنولوجيا (دفع التكنولوجيا) دون فرص السوق (سحب السوق) ، ستظل تميل بصناعاتها نحو الإبتكار الجذري وميزته التنافسية الكبيرة . وإن كانت الضمانات محدودة في مواجهة إقتصاديات المقاولة واستراتيجيات الجودو (Judo Strategies) التي أصبحت تقوم على الحركة السريعة ، المرونة والرافعة وكل منها يمثل مبدأ تنافسيا في الشركات التي تعمل في صناعات سريعة التغير(27).

وإذا كان بورتر (M.Porter) قدم تصنيفه المعروف للأستراتيجيات التنافسية الثلاث: قيادية التكلفة ، التميّز ، والتركيز، فإن ديفيد أكير (D.A.Aaker) يقترح تصنيفا بخمس إستراتيجيات بديلة مضيفا إلى إستراتيجيات بورتر الثلاث إستراتيجيتين هما : ستراتيجية التداؤب (Synergy) والإستراتيجية الإستباقية (Preemptive Strategy) . وهذه الأخيرة تقوم على الإبتكار والقائم بالحركة الأولى (First Mover) في إدخال المنتج الجديد، وإيجاد السوق الجديد وكسب الزبون وولائه(28). كما أن روبرت برايس (R.M.Price) ميّز بين خمس أستراتيجيات : التكلفة الأدنى ، تمييز المنتج ، التركيز (أسماها التميّز المركّز Focused Differentiation) ، القائم بالحركة الأولى ، التابع السريع(29).

ويلاحظ أن برايس لم يكتفي بتحديد الأستراتحية الإستباقية أو القائم بالحركة الأولى، وإنما أضاف إليها أستراتيجية التابع السريع . فالقائم بالحركة (First Mover) يشير الى الشركة التي تصل وتتبنى الإبتكار أولا أي التوصل إلى الفكرة أولا والمنتج أولا، والسوق أولا . وحيث أن السوق أولا هو الأهم لأنه كل ما قبله هو تكلفة وإنه وحده الذي يمثل

العائد من ثم نقطة التعادل فالربح إضافة إلى كون الشركة الأولى في السوق سيجعلها تتسم بالتفرد والتميز ، فإن ظهور المنتج في السوق سوف يجعل اللحاق به محور نشاط الشركات المنافسة التي يمكن أن تأكل بسرعة من حصة الشركة الإبتكارية وخاصة من قبل المنافسين جيدي التعقب . لهذا لابد من أن تعمل الأستراتجية الإستباقية **أولا :** على المحافظة على القدرة الإبتكارية لكي تظل الشركة هي الأولى في السوق . **ثانيا:** ولمواجهة الشركات المنافسة التي تمثل التابع السريع لابد أن تكون الشركة الإبتكارية هي أيضا الأولى في تحقيق معدل التعلم الأسرع (بما يضمن تحقيق ميزة معدل التعلم من المنتج الجديد) . **وثالثا :** من ثم أن تكون الأولى في تطوير المنتج الجديد اللاحق .

وهذا ما لم تستطع الشركات الأمريكية رغم قدرتها الإبتكارية العالية الإضطلاع به، ولقد أشار تشارلس فيرجسون (C.H.Ferguson) إلى أن الإبتكارات والمنتجات الإبتكارية الأمريكية تحافظ على حصص مهمة في السوق العالمية عندما تكون الأسواق صغيرة والسعر غير حساس (في مرحلة الإدخال وجزء من مرحلة النمو) . ولكن مع تحول السوق الصغيرة إلى السوق الواسعة وتكنولوجيا التشغيل المرنة وقدرات تصنيعية عالية (أواخر مرحلة النمو ومرحلة النضوج) تتحول الصورة لصالح الشركات اليابانية[30].

أن قرار المنتج الذي ستقوم الشركة بإنتاجه يعتبر قرارا أستراتيجيا ، لان هذا القرار يرتبط باختيار قطاع الإنتاج وحجم المصنع ونمط الإنتاج والتنظيم الداخلي . ويترتب على قرار المنتج غير الملائم تكلفة عالية وآثارا طويلة الأمد ، لهذا فان القرار يعتمد عادة على دراسات معمقة اقتصادية وفنية . ولقد قدم روبرت سترنجر (R.Stringer) تصنيفا واسعا لأستراتيجيات الإبتكار مكونا من خمس أستراتيجيات تستخدمها الشركات الكبيرة (الإبتكار الجذري كأسبقية أستراتيجية وثقافية ، إستخدام أفراد مبتكرين ، تطوير مختبرات المشروعات غير الرسمية ضمن الشركة التقليدية ، إنشاء سوق الأفكار أو الفرق المستقلة ضمن الشركة ، إنشاء الشركة المزدوجة المكونة من جزء الشركة الموجه للأنشطة التقليدية المدرة للربح وجزء الشركة الموجه للأنشطة الإبتكارية) . والى جانب

ذلك هناك أربع أستراتيجيات أخرى موجهة من خارج الشركة الى داخلها (الإستيلاء أو المشروعات المشتركة أو التعاونية أو الإئتلافات مع وحدات إبتكارية خارجية ، إنشاء ودعم مشروعات ووحدات الأعمال الجديدة ، إنشاء التمويل الرأسمالي لمشروعات الشركة، وأخيرا المشاركة في تمويل ورصيد الصناعات المنبثقة الجديدة)[31].

أن كل هذه المحاولات إنما تكشف الإهتمام المتزايد بالإبتكار على المستوى الأستراتيجي . وبشكل عام يمكن تحديد أربع أستراتيجيات للمنتج يمكن الاختيار من بينها حسب ظروف وإمكانات كل شركة ، وهذه الأستراتيجيات الاربع هي[32] :

أولا : أستراتيجية الإبتكار الجذري : وهي أستراتيجية هجومية (Offensive Strategy) وتدعى أيضا أستراتيجية قائد السوق (Market Leader) أو الأستراتيجية الإستباقية. وهذه الأستراتيجية تستهدف أن تكون الشركة هي الأولى في مجالها في إدخال المنتجات الجديدة (والتكنولوجيا الجديدة) وفيما بعد الأولى في تطوير الجيل الجديد من المنتج . حيث تعمل على التوصل الى الفكرة الجديدة والمنتج الجديد بالاعتماد على قدرتها التكنولوجية ومن ثم الوصول الى السوق أولا مثل شركة (Texas Instruments) في ترانزيستور السليكون ، وقبلها شركة سوني في الترانزيستور بدلا من الصمامات المفرغة ، وكذلك ما قامت به شركة ولكنستون في الخمسينات عندما غزت الأسواق على نطاق واسع بشفرات الحلاقة من الفولاذ الذي لا يصدأ (Stainless Steel Raze) ، وفي الستينات قامت شركة (Texas Instruments) بغزو الأسواق بساعات إلكترونية رخيصة . والواقع أن هذه الأستراتيجية تعتمد على القدرة الذاتية للشركة ، أي أن ما يبتكر خارج الشركة لا يمكن أن يضمن للشركة القيادة في السوق ، كما أن التحالفات لا تضمن ذلك . فكما يقول بورتر (M.Porter) أن التحالفات تضمن التوسط وليس القيادة في السوق، وان الإبتكار هو الأفضل للتغلب على عدم المزايا المحلية في أي بلد وأفضل من التوريد من مصدر خارجي[33]. أن هذه الأستراتيجية تتطلب من الشركة القائدة أن تكون دائمة البحث عن مصادر حقيقية للإبتكار، ولقد حدد بيتر دراكر (P.F.Drucker) سبعة مصادر محتملة للإبتكار (أنظر الإطار رقم 2) .

الإطار رقم (2) : المصادر السبعة للإبتكار

لقد أشار دراكر (P.F.Drucker) الى أن هناك سبعة مصادر للإبتكار بوصفه نشاطا منظما ورشيدا هي :

أولا : المصدر الفجائي أو غير المتوقع : ويشتمل هذا المصدر على ما يأتي: النجاح الفجائي ، الفشل غير المتوقع ، الحدث الخارجي الفجائي .

ثانيا : مصدر التعارض بين الواقع كما هو والواقع كما هو يفترض أن يكون: حيث أن هذا التعارض يؤشر أن هناك فرصة للإبتكار . ويضم هذا المصدر على ما يأتي : الوقائع الإقتصادية المتعارضة (كتعارض الطلب المتزايد مع غياب الربحية)، تعارض الواقع والإفتراضات المتعلقة به ، التعارض بين قيم وتوقعات المستهلكين المدركة والواقعية ، والتعارض داخل تناغم الطريقة ومنطقها وإيقاعها

ثالثا : الإبتكار على أساس الحاجة لمعالجة سلسلة من العمليات (الحاجة الى طريقة) : أن الحاجة أم الإختراع وبالتالي فأنها تمثل فرصة كبرى للإبتكار.

رابعا : بنية الصناعة والسوق : لابد للسوق أن يتغير سواء بفعل المنافسة أو التغير في حاجات وتوقعات الزبائن. وهذا التغير يعتبر فرصة إبتكارية عظيمة . ويضم هذا المصدر ما يأتي : الإستجابة السريعة للتغيّر ، التنبؤ بالفرصة ، ومؤشرات تغير الصناعة

خامسا : العوامل السكانية : التحولات التي تطرأ على السكان وحجمهم وهيكل أعمارهم وتوزيعهم حسب العمل ومستوى التعليم والدخل . وأن تبدل العوامل السكانية يأتي بتغيرات تمثل فرصا من أجل الإبتكار ولأسواق وقطاعات سوقية جديدة .

سادسا : تبدل الإدراك والرؤية : أن تبدل إدراك ورؤية الأفراد في المجتمع يمكن أن يحمل معه فرصا عظيمة للإبتكار . وأن توقيت ذلك في الكثير من الأحيان يعتبر مسألة جوهرية . والأهم أن يأتي الإبتكار في التوقيت الملائم مع قدرة على التمييز بين الصرعة والتبدل الحقيقي الذي يمثل السوق الفعلية والفرصة الحقيقية.

سابعا : المعرفة الجديدة : أن الإبتكار القائم على المعرفة بكل تجلياتها العلمية والتقنية والإجتماعية يمثل مصدرا عظيما للإتيان بالأفكار والمنتجات والخدمات والمشروعات الجديدة .
المصدر : بيتر ف . دراكر (1988) : التجديد والمقاولة ، ترجمة د. حسين عبد الفتاح ، دار الكتب الأردني ، ص ص 38 وما بعدها .

وهذه الأستراتيجية تتطلب جهودا كثيفة من البحث والتطوير والتطبيقات الهندسية، لأن القيادة الفنية تستلزم موارد كبيرة ومقدرة على تحمل مخاطر كبيرة لا يمكن تحملها إلا من قبل الشركات الكبيرة . ومع ذلك لا بد للشركة أن لا تقيم مشروعات إبتكارها جيدا (أنظر الملحق رقم 1) . ومثل هذه الأستراتيجية لا تعتمد على الهيمنة على السوق في مجالها بالاعتماد على الفن التكنولوجي حسب ، وإنما أيضا القيام بإجراءات عدوانية للهيمنة على السوق باستخدام التسعير إعتمادا على منحنى التعلم الذي يكون سببا في خفض التكلفة مما يمكن الشركة من خفض السعر أكثر من المنافسين .

ثانيا : أستراتيجية الإبتكار - التحسين الجوهري : وهي أستراتيجية دفاعية (Defensive Strategy) وتدعى أيضا أستراتيجية إتباع القائد (Follow The Leader) . فلأن الأستراتيجية الأولى خطرة ومكلفة ، فان الشركات تفضل تبني وضعية دفاعية تمكنها من تجنب المخاطرة الناجمة من أن تكون الأولى في السوق حيث الابتكار يحمل عدم التأكد فنيا واقتصاديا . لهذا فان الشركات تتبنى الأستراتيجية الدفاعية عندما تكون لديها القدرة على التطوير واللحاق بسرعة بالشركة القائدة الأولى في السوق . وبهذه الطريقة فان الشركة التي تتبنى هذه الأستراتيجية عندما يكون الابتكار خاسرا ، لن تخسر شيئا ، وإذا كان رابحا لدى الشركة القائدة فأنها تسعى الى اللحاق بالأولى حيث تظل دائما هناك غنائم (Spoils) .

أن هذه الأستراتيجية - عكس الأولى - تتطلب قدرة ضئيلة في مجال البحث الأساسي إلا أنها تستلزم قدرة تطويرية وهندسية كبيرة تمكنها من الاستجابة الفنية السريعة للمنتج المطوّر من قبل قادة السوق . ولقد اتبع كبار المنتجين الأوربيين في مجال أشباه

المواصلات (Semiconductor) مثل فيلبس وسيمنس وثومسون ، هذه الأستراتيجية إزاء أندادهم الأمريكيين كما اتبعها اليابانيون في الستينات والسبعينات .

ثالثا : أستراتيجية الإبتكار - التحسين الموجهة نحو التميّز : وهي الأستراتيجية الموجهة للتطبيقات (The Application – Oriented Strategy) والتي تعتمد على قدرة الشركة الكبيرة على إدخال التعديلات على المنتج الحالي وتكييفه ليخدم قسما محدودا ومحددا من السوق . وان الشركة التي تتبع هذه الأستراتيجية عادة هي الشركات المتوسطة أو الصغيرة التي تدخل السوق في مرحلة نضوج المنتج لتقوم بتوجيهه من خلال التحسين والتطوير نحو فئة معينة من السوق . وهذه الأستراتيجية تستلزم جهودا ضئيلة في البحث والتطوير مع جهد قوي وكثيف في هندسة الإنتاج .

رابعا : أستراتيجية الإنتاج الكفء (The Efficient Production Strategy) : وهذه الستراتيجية تعتمد على كفاءة متفوقة في التصنيع والسيطرة على التكاليف . وإن المنافسة بالسعر والتوريد الفعال يكونان أكثر أهمية في هذه الأستراتيجية . وإن الشركات الصغيرة التي تتبع هذه الستراتيجية عادة تدخل السوق في مرحلة نضوج المنتج . وهذه الاستراتيجية لا تتطلب جهودا كبيرة في البحث والتطوير أو النشاط الهندسي ولكن بالمقابل تستلزم جهودا إنتاجية كبيرة وكفاءة عالية في السيطرة على الإنتاج . والواقع أن هذه الأستراتيجية قد لا تحمل شيئا ذا أهمية من الإبتكار إلا أنها ترتبط بالإبتكار من جانبين على الأقل . الأول من جانب التعلم حيث أن هذه الأستراتيجية تعول الكثير في خفض التكلفة على معدل التعلم في إنتاج المنتج الجديد الذي يكون قد بلغ ذروته في هذه المرحلة . والثاني هو أن الكثير من الإبتكارات تظل حتى في فترة متأخرة ، تحمل إمكانات عالية قابلة للإستخدام وتحقيق المزايا الإيجابية التي تكون هذه الأسراتيجية ملائمة لذلك من خلال ما تتميز من كفاءة عالية في الإنتاج . ويوضح الشكل رقم (1-3) هذه الاستراتيجيات ومستلزماتها الأساسية .

وحسب التركيز على النظام التشغيلي أو السوق يمكن تقديم تصنيفا آخر لأستراتيجيات الإبتكار كالآتي[34]:

أولا : أستراتيجية دفع التكنولوجية (Technology - Push Strategy) : حيث أن الإبتكار يتم بالتركيز على النظام التشغيلي داخل الشركة وحسب ضروراته دون إهتمام يذكر بالسوق وإحتياجاته . فهو موجه نحو تكنولوجيا الإنتاج والمنتج الذي يلائمها أولا مع اهتمام أدنى بالسوق . وفي هذه الأستراتيجية فان محور الإبتكار هو الإنتاج وحدود قدرته الفنية ، بينما وظيفة التسويق لا دور لها إلا خلق السوق لبيع المنتجات . وفي هذه الأسراتيجية يكون للجهد الفني والهندسي والإنتاجي الدور الأكبر في توجيه الإبتكار وإتجاهاته المستقبلية . ولقد أشار روبرت برايس (R.M.Price) إلى أن واحدا من الإخفاقات الأساسية في أستراتيجية التكنولوجيا الجديدة (الإبتكار) هو وضع دفع التكنولوجيا في مقابل سحب السوق وعدم القدرة على تحويل دفع التكنولوجيا إلى سحب السوق[35] .

الشكل رقم (1-3) : أستراتيجيات المنتج

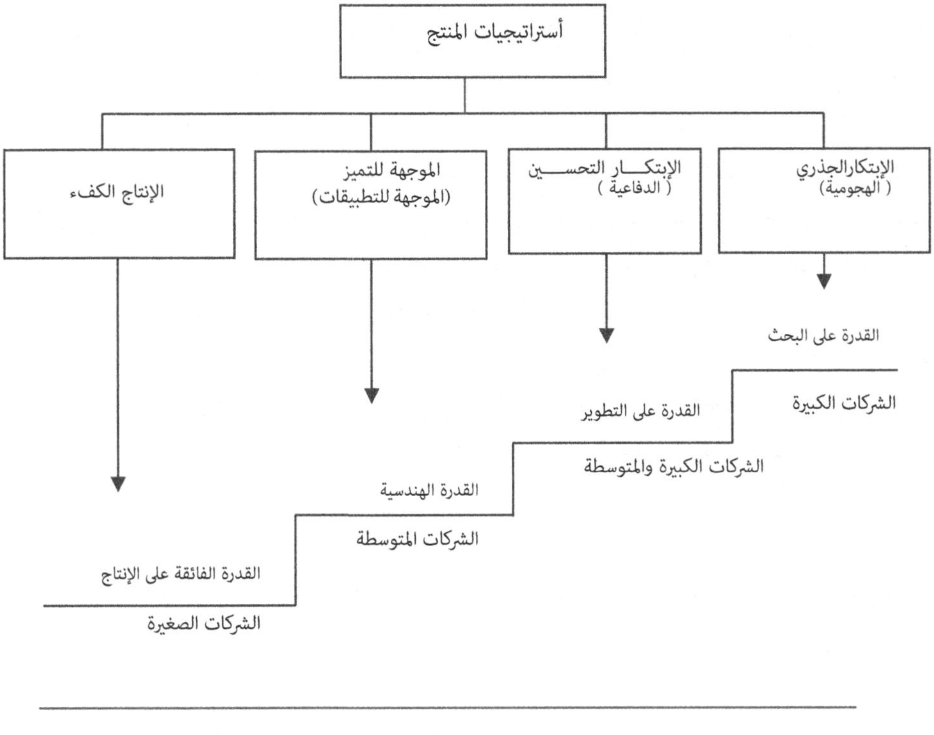

ثانيا : أستراتيجية سحب السوق (Market - Pull Strategy) : وفي هذه الأستراتيجية فان الإبتكار يركز على الزبون وإحتياجاته ورغباته . فالمنتج يتم إبتكاره بالاعتماد أولا على السوق مع اقل قدر من الاهتمام بالتكنولوجيا الموجودة وعمليات الإنتاج ، أي أن حاجات الزبون هي الأساس في الإبتكار ، وهذا هو المدخل التسويقي . وفي هذه الأستراتيجية يكون الجهد التسويقي وبحوث السوق وآراء أفراد المبيعات والموزعين دورا كبيرا في توجيه الإبتكار وإتجاهاته المستقبلية .

ثالثا : الرؤية الوظيفية المتبادلة (Interfunctional View) : وفيها فان الإبتكار (للمنتج) يتم تطويره من خلال التفاعل الوظيفي القائم على التعاون والتنسيق والتكامل بين الوظائف المختلفة : التصميم ، الهندسة ، الإنتاج ، التسويق ، ...الخ . وهذه الأستراتيجية رغم أنها الأفضل إلا أنها الأصعب في التنفيذ بالنظر الى التنافس بين الوظائف المختلفة .

أن الأستراتيجية المثلى للإبتكار لا يمكن تحديدها بشكل مطلق وإنما يمكن لكل شركة أن تحدد الأستراتيجية الملائمة حسب ظروفها الداخلية والخارجية وإمكاناته وحجمها وطبيعة المجال الذي تعمل فيه ، مما يتطلب القيام بالتحليل العميق للبيئة الداخلية والخارجية من اجل تحديد الأستراتيجية الملائمة التي تحقق لها الميزة في السوق .

وبعد لابد من التأكيد على أن كل إستراتيجية لها مزاياها وعيوبها ، ومصادر القوة والضعف فيها . وإن مما لا شك فيه هو أن الإبتكار أصبح ميزة تنافسية وإن الطلب عليه يتزايد لأنه يمكن أن يشكل الضمانة للبقاء والنمو . ولقد أشار بورتر (M.Porter) إلى أن الإبتكار لا يمثل ميزة على مستوى البلد والشركة وحسب بل إن الإقتراب من الإبتكار (أي إقتراب أي شركة من شركة إبتكارية) يمثل ميزة تنافسية[(36)] .

ومع ذلك فإن المزيد من الإبتكار لن يعني دائما وبالدرجة الأساسية المزيد من الإبتكار الجذري الذي تشير الدراسات إلى أنه يتسم بالدورة الإبتكارية والإنقطاع بين دورة إبتكارية (المعبر عنها بالمنحنى - S) ودورة إبتكارية أخرى (الفترة ما بين جيلين من المنتجات أو التكنولوجيات) . لهذا فإن الإبتكار ـ التحسين يمكن أن يقدم حلا إستراتيجيا جيدا سواء على صعيد إدخال التحسينات من أجل اللحاق بالمبتكر الأصلي صاحب الحركة

الأولى ، أو في إلتقاط فرص جديدة في السوق . وإذا كان القائم بالحركة الأولى ميزته تكنولوجية - هندسية فإن القائم بالتحسين ميزته في جانب منها هندسي - إنتاجي وفي جانب آخر تسويقي لان التحسينات عادة ما تكون على أساس حاجات السوق وفرصه .

4-1- نظريات الإبتكار

لاشك في أن الإبتكار قد أصبح مجالا واسعا ومتنوعا جراء هذه التراكمات الواسعة والمتنوعة من الإبتكارات . كما أن الجديد الذي يأتي به الإبتكار ليس له شكل واحد ولا مدى واحد ولا أسلوب واحد للتشكل والتطور . لهذا فإن تفسير الإبتكار وتوصيفه عادة ما يكون من خلال نماذج أو نظريات متعددة يمكن أن تشمل حالاته المختلفة . وهناك ثلاث نظريات حول الإبتكار هي(37):

أ - النموذج الفائق أو ما وراء النطاق المادي (Transcendental Model)

وهي النظرية التي تقوم على أساس أن الإبتكار يعتمد على نمط خاص من الأفراد هم المبتكرون العباقرة (Genius) ، وبالتالي فإن على الشركات أن تبحث عن الأفراد من هذا النمط العبقري الذين هم القادرون على التوصل إلى الإبتكارات الجديدة أسرع وأفضل من غيرهم من غير المبتكرين العباقرة حتى توفرت لهذه الفئة الأخيرة ظروف وموارد أفضل . وحسب هذا النموذج إن هناك عددا قليلا من الأفراد في الشركة هم المبتكرون الذين يبحثون ويقدمون النسبة الأكبر من الأفكار الجديدة والإبتكارية .

ب- النموذج الآلي (Mechanistic Model)

وتقوم هذه النظرية على أساس أن الحاجة هي أم الإبتكار . فالإبتكار يمكن أن يظهر بيسر أكبر عندما تكون هناك مشكلة تواجه الشركة أو الأفراد وتلح عليهم من أجل حلها . ولاشك في أن هذه النظرية تقوم على أساس وجود المشكلة أو الحادثة القادحة (Triggering Event) التي تدفع الأفراد إلى توجيه جهودهم الخاصة تلقائيا الى إبتكار ما يعالجون به هذه المشكلة .

وهذا النموذج يمكن أن يفسر الكثير من الإبتكارات مما يؤكد إفتراضه في أن هذه الإبتكارات أنتجت لمواجهة المشكلات التي تواجه الأفراد والشركات . فالجسور منذ القدم لم تبتكر إلا لمواجهة مشكلة الإنتقال من ضفة النهر إلى الأخرى ، وناطحات السحاب لم

تبتكر إلى لمواجهة نقص الأراضي في مراكز المدن وإرتفاع أثمانها ، والمصاعد لم تبتكر إلى لمواجهة الحاجة إلى صعود الطوابق المتعددة في البنايات العالية أولا ومن ثم في ناطحات السحاب .

ج ـ نموذج التركيب التراكمي (Cumulative Synthesis Model)

وهذه النظرية تقوم على جهود التفكير ، التحليل ، الترابط ، والتحقق من أجل التوصل إلى الأفكار ومن ثم إلى المنتجات أو الخدمات الجديدة . وهذه تفسر التحسينات الكثيرة على المنتجات الحالية من خلال التوليفة الجديدة أو إضافة مكون جديد أو سمة جديدة وغير ذلك مما يكشف عن إستنارة وتبصر يوصل إلى التوليفة الجديدة .

1-5- العملية الإبتكارية

إن العملية الإبتكارية فريدة في آلياتها وومضة الإلهام أو الإبتكار فيها . ورغم التطور الكبير الذي حصل في دراسة الإبتكار وعملياته ، إلا أن هذه العملية لازالت تتسم بعدم التأكد العالي الذي يعني أنها لازالت في جوانب منها غير مفهومة . وإن أكثر الدراسات المتفائلة والمنادية بإمكانات الفهم والتدريب على الإبتكار وخبراته ومهاراته ، والتي ترى أن القوانين الأساسية التي تهيمن على توليد الأفكار الجديدة قد إكتشفت الآن ، لا تتردد في القول أن عملية الإبتكار تتسم بالغموض [38] .

أما الطرف الآخر (ولنقل المتشائمين) فإنهم يرون أن الإبتكار عملية محيّرة وملغزة (Mysterious) وتتسم بقدر عال من عدم التأكد . فإذا كانت الخبرة جيدة في جمع المعلومات عن المشكلة والطرق المنهجية لدراستها ، فإن الخبرة تتضاءل الى مستوى عبارات عامة من الخبرات الشخصية للمبتكرين فيما يتعلق بجوهر عملية الإبتكار أي في ومضة الإلهام أو الإبتكار التي تنقل كل ما سبقها من سياق الى سياق جديد آخر ، ومن مستوى نوعي للتفكير والمعالجة الى مستوى نوعي أعلى آخر ، ومن التفكير المنظم في جمع وتحليل ومعالجة المعلومات الى الحدس وإنشاء المعلومات بطريقة غير واضحة تماما .

والإبتكار كما أشرنا في الفقرة السابقة يمكن أن يكون حلا جديدا لمشكلة قائمة أو يكون بمثابة التوصل إلى الجديد أصلا . والأول هو إبتكار ضمن المجال الحالي ، في حين أن

الثاني هو خارج المجال بل إنه عند نجاحه يمكن أن يلغي المجال السابق أو يغيره جذريا. فالسيارة ألغت استخدام العربات في النقل والسفر ، والطائرة غيرت جذريا النقل بالبواخر وحتى بالسكك الحديد ، والفاكس (Fax) ألغى استخدام التلكس (Telex) وهكذا . ومع أن الإبتكار الذي يتميز بمجالاته الطبيعية والإنسانية فإن العملية الإبتكارية في كل هذه المجالات واحدة في مراحلها وآلياتها وعملية توليدها للحلول أو الأفكار الجديدة .

فهذه العملية لدى شاني و لاو (Shani and Lau) تتكون من خمس مراحل هي: دراسة مجال المشكلة في جوانبها المختلفة ، إشباع الذهن بالمعلومات المتاحة ، فترة الإحتضان التي خلالها العملية المعرفية عند مستوى اللاوعي تصحح وتعدل وتعيد تشكيل المعلومات ، توقع الإلتماع بالفكرة الجديدة أو الحل الجديد ، إختبار الفرضية أو تقييم الحل[39].

وحسب دوبراين (A.J.DuBrin) فإن هذه العملية تتكون من المراحل التالية[40]:

أ - إيجاد المشكلة (Problem Finding) : حيث يكتشف الفرد أن شيئا ما له قيمة يمكن أن يعمل عليه أو أنه يسبب إضطرابا أو إزعاجا لا بد من معالجته .

ب - الإنغمار (Immersion) : في التركيز على المشكلة يصبح الفرد مغمورا فيها . فهو يطلب ويجمع المعلومات ذات العلاقة ويكوّن الخيارات بدون أي تنقيح أو تقييم .

ج - الحضانة (Incubation) : بعد تجميع المعلومات ، فإن الفرد يحتفظ بها في ذهنه ويقوم عقله اللاوعي في نشاط وتدوير حتى عندما عدم القيام بأي نشاط . وهذا في العادة مبرر ليذهب الفرد بالتمشي- أو السرحان خلال ساعات العمل ليهتم بالحل الخلاق للمشكلة . وبينما المشكلة تنضج بهدوء مع جمع المزيد من المعلومات ، فإن اللاوعي يحاول ترتيب المعلومات والوقائع في نمط له دلالة أو معنى .

د - التبصر (Insight) : وهذا هو الحدس الذي يومض في العقل بالحل أو الجديد غير المتوقع في وقت غير متوقع أيضا قد يكون أثناء التمشي- أو قبل النوم أو بعده أو عند الغسل .

ويمكن أن نضع وصفا ملائما لمراحل العملية الإبتكارية المتكاملة كما حددناها من الفكرة إلى السوق ، من خلال ثلاث مجموعات من العوامل حيث كل مجموعة تمثل مرحلة من مراحل ـ تطور العملية الإبتكارية وكالآتي :

أولا : عوامل التحسس (Sensation Factors) : وتضم هذه المرحلة عوامل الإدراك والتمييز لعمل شيء ما في مجال ما، وجمع المعلومات والحقائق ، ومن ثم إيجاد المشكلة . ويمكن أن نلاحظ أن الشركات الإبتكارية تكون ذات إدراك مسبق بضرورة وأهمية الإبتكار وبالتالي فأن باحثيها يبحثون عن المجال أو المجالات التي تكون قابلة للبحث ، ومن ثم جمع المعلومات وإيجاد الموضوع للإبتكار أو المشكلة للحل الخلاق. أما في الشركات التقليدية فإن المشكلات تستمر وتتفاقم ومن ثم يأتي الإدراك اللاحق لأهمية البحث عن الحل .

ثانيا : عوامل الإلتماع (Illumination Factors) : وهذه المرحلة تتضمن عوامل إحتضان المشكلة وإيجاد الفكرة الجديدة أو الحل الجديد بطريقة مفاجئة وغير متوقعة في الغالب فيما يسمى بعملية وجدتها (Eureka Process) في عبارة أرخميدس الشهيرة أو عملية الإندهاش (Aha Process) . والواقع أن ومضة الإلهام أوالإبتكار (Innovation Flash) هذه لا تمثل نشاطا واعيا كليا وإنما هي ترتبط بما دون الوعي بالأنشطة الذهنية التي لا يمكن السيطرة عليها أو إدارتها بشكل واعي من قبل الفرد ـ المبتكر . وهي المكوّن الحرج في عملية الإبتكار ، وهي أشبه بعبقر الشعراء الذي يأتي بدون موعد . وكلما كانت المعلومات والخبرات لدى الفرد حول الموضوع أو المشكلة أكبر زاد إنغماره في الموضوع أو المشكلة ، كلما زادت فرصة ظهور ومضة الإبتكار أو الإلتماع . ويمكن وصفها بأنها الإتيان بالجديد الذي يمثل نوعا من التجاوز على الحالة القائمة والخرق لها والقفز عليها ، بل أنها تكون عادة بمثابة الإتيان بالفوضى الى النظام من منظور الحالة القائمة . وقد تطول أو تقصر فترة الإنتظار لومضة الإبتكار أو الإتيان بالجديد لأنها كما أشرنا لا تخضع للعمل المنظم المنهجي . ومن أجل زيادة فرصة ظهور ومضة الإبتكار ، هناك توصيات مفيدة لهذا الغرض وهي[41] :

أ ـ التفكير المستمر بالمشكلة بما يسمح بنضوجها على المستوى المعرفي .

ب ـ إعادة تحديد المشكلة بطرق جديدة قدر الإمكان وبما يسمح بالنظر إلى المشكلة من زوايا متعددة .

ج ـ القيام بعصف الأفكار لقائمة من البدائل بدون إستبعاد أية إمكانات .

د ـ السماح بالتعبير الحر وبالحل الأبسط أو الأصعب أي من الأقل تغييرا إلى الأكثر تغييرا .

هـ ـ الشروع والتقدم بالتجربة والخطأ .

و ـ التمييز بين العقبات الواقعية والمتصورة حيث أن الكثير من هذه العقبات تكبح الإبتكار .

ز ـ ضرورة مراعاة الوقت المنفق في هذه العملية .

كما أن مما يحد من تقبل الأفكار الجديدة التي تأتي بها ومضة الإبتكار والنشاط الإبتكاري عموما وجود العقبات الذاتية التي ترتبط بالروتينيات المعتادة والتخوف من محاولة جديدة وما يمكن أن ينجم عنها من فشل . ومن أجل مواجهة هذه العقبات فأن من الممكن الإستفادة مما يأتي[42]:

أ - إسمح للجانب الأحمق (Foolish Side) فيك أن يخرج .

ب - كن صيّادا (Be a Hunter) للأفكار .

ج - إستخدم مسار التوقف على الصخور (Use Stepping Stones) : أن الأفكار المجنونة غير العملية وغير المألوفة التي لا تستطيع تنفيذها ، يمكن أن تستخدمها أحيانا كصخور توقف للقفز الى الأفكار العملية ، الخلاقة ، والجديدة .

د - كن ثوريا (Be a Revolutionary) : أغلب الأفكار والتطورات الجذرية الجديدة في التكنولوجيا ، العلم ، والأعمال ، تأتي عندما يقوم أحدهم بكسر القواعد .

هـ- لا تكن خائفا من المحاولة والفشل (Don’t Be Afraid To Try and fail) .

ثالثا : عوامـل الجنـي (Harvest Factors) : وتتضـمن هـذه المرحلـة عوامـل قبـول الفكـرة الجديـدة أو الحـل الجديـد والتطبيـق (حصـاد المنـتج الجديـد في الشركـة) والتسويق التجاري (حصاد العوائد من المنتج الجديد في السوق) ، وكذلك التحسينات اللاحقة على المنتج الجديد حتى يصل الى مرحلة النضـوج . وقـد يكـون مجـديا للشركة الإبتكارية أن تنظر نظرة طويلة الأمد للأفكار الجديدة حيث أن بعض الأفكـار الجديـدة لا تقبل لطموحها ولكن بعد فترة تعاود الظهور كأفكـار ملائمـة ، وبعـض الأفكـار تكـون مقبولة إلا أنها تفشل في التحول إلى منتج جديد ، أو تتحـول إلى منـتج جديـد ولكنهـا لا تنجح في السوق . ومثل هذا الفشل يكون ذكيا لأن ما سيأتي بعده سيكون أكثر نجاحا في ضوء خبرة الشركة وتعلمها من هذا الفشل . في حين أن بعض الأفكار لا تـنجح فقـط في التحول إلى منـتج جديـد وإلى منـتج نـاجح تجاريـا في السـوق ، وإنمـا أيضـا تكـون ذات إمكانات كبيرة لتطوير منتجات لاحقة .

ورغم هذا التصنيف للعوامل إلا أن العملية الإبتكارية هي عملية متكاملة ومتداخلة ما بين هذه المراحل وعواملها . دون أن يعني هذا عدم مراعاة هذه المراحل التـي غالبـا ما تكون مرشدا أو جيدا ومنهجيا في التقـدم في إيجـاد الحلـول الخلاقـة وتوليـد الأفكـار الجديدة. ومما يرتبط بذلك أيضا أن تكلفة الإبتكار وكذلك المخاطرة تأخـذ بالتزايـد مـع التقدم في هذه المراحل وعواملها . ففي مرحلة عوامل التحسـس تكـون تكلفـة الإبتكـار والمخاطرة في أدنى المستويات ، لتتزايد بشكل محدود في مرحلة عوامل الإلتماع ، ولتقفـز بشكل كبير في المرحلة الأخيرة مرحلة عوامل الجني . لأن في هـذه المرحلـة يـتم تجريـب النموذج الأول والإنتقال إلى الإنتاج التجـاري بكـل مـا يعنيـه مـن إسـتثمارات رأسـمالية وتدريب العاملين وشراء المواد وغيرها . والشـكل رقـم (1 - 5) يوضـح هـذا التزايـد في التكاليف .

ومن جهة أخرى فإن المرحلتين الأولى والثانية وجـزء مـن المرحلـة الثالثـة تمثـل مجـرد تكلفة تتحملها الشركة بدون أية عوائد ، ولكن في المرحلة الأخـيرة (عوامـل الجنـي) في جزئها الثاني تبدأ العوائد بالظهور ومع إستمرارها تظهر نقطـة التعـادل ومـن ثـم يظهـر الربح .

الشكل رقم (1-5) : تراكم المخاطرة والتكلفة لعوامل العملية الإبتكارية

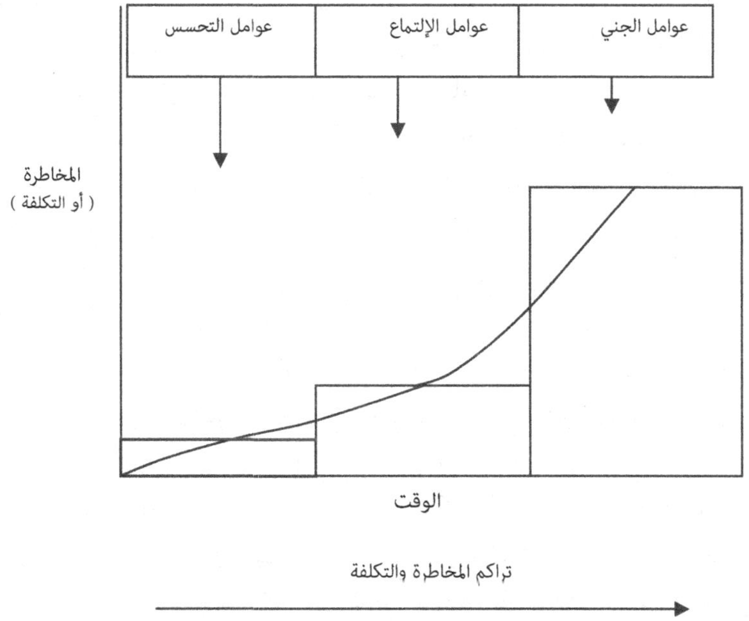

1-6- عوامل تحسين فرص الإبتكار

أن عملية الإبتكار كما أشرنا تتكون من مراحل متعددة : دراسة مجال المشكلة، تشبع الذهن بالمعلومات المتاحة ، فترة الإحتضان ، إنتظار الإلتماع أو ومضة الإبتكار، وأخيرا إختبار الفرض أو تقييم الحل الجديد . وهذه الخطوات هي ما يوصي به المختصون من أجل تحليل عملية الإبتكار وتحقيق العمل المنهجي فيه . ولكن الإبتكار يفترض أن يأتي بالجديد ، وأكثر الأحيان لا يأتي به . وإذا ما نجح فإنه يأتي بالجديد بطريقة محيّرة وملغزة (Mysterious) وغير مفهومة ولا يمكن أن تخضع للمنطق في الغالب . وفي هذا السياق نشير إلى أن للإبتكار مكونين أساسيين :

الأول : البعد المنطقي المنهجي النظامي القابل للتنظيم والسيطرة وهو البعد المرتبط بالموضوع أو المشكلة وجمع المعلومات عنها وتنظيمها وجدولتها وتقاسمها في مرحلة ما قبل توليد ما هو الجديد ، كما أن هذا البعد يرتبط بالجهد المنهجي في عملية التوثيق والمقارنة والتقييم لإمكانية التطبيق والإنتاج والتسويق .. إلخ في مرحلة ما بعد توليد ما هو الجديد .

الثاني : البعد الحدسي غير المنهجي والنظامي وغير القابل للتنظيم والسيطرة وهو البعد المرتبط بتوليد الجديد في مرحلة الإلتماع (Illumination) أو ومضة الإبتكار أو الإلهام (Flash of Inspiration) التي لا يمكن التحكم في ظهورها أو توقيتها وفي أحيان كثيرة لا يمكن توقعها . إنها عملية وجدتها (Eureka Process) أو عملية الإندهاش والفوز غير المتوقع في الغالب بالفكرة الجديدة . ولقد أشار الكثير من الباحثين والمبتكرين الكبار كيف أن هذه الفكرة الجديدة لا تبرق ولا تلتمع إلا بالصدفة أو في حالات الإسترخاء والفترة ما بين الإستيقاض من النوم واليقظة أو في الحقول أو أثناء الغسل في الحمام (كما في حالة العالم اليوناني أرخميدس Archimedes الذي خرج من الحمام وهو يصرخ وجدتها مكتشفا قاعدة الأجسام المغمورة) أو في حالات سماع الموسيقى الهادئة[43] .. إلخ .

والواقع أن نشاط إنشاء المعارف وتوليدها في الإنسان لا يستند إلى قواعد إستنتاجية معروفة تماما (كالتي تستخدم في الذكاء الصناعي) . وهذا ما توصلت إليه دراسة أعدت في معهد الدراسات المستقبلية في ستوكهولم ، حيث أكدت على أن الطاقة الإبداعية البشرية لا تخضع للقيود الصارمة التي تفرضها الحسابات التي تنفذ بإستخدام الحاسوب. ويشير عالم الفيزياء الرياضي (ر. بنزوز) من جامعة أوكسفورد ومنظرون آخرون الى أن الإبداع البشري ينطلق من آليات أو قواعد ما زالت مجهولة[44].

لهذا فإن الإبتكار في جانبه المنطقي المنظم قابل لأن يحسن أداؤه من حيث الوقت والمعلومات والموارد ، ولكنه في جانبه الحدسي فإنه يظل في الغالب صعب التنظيم والتحكم ليس فقط لأنه يتعامل مع الجديد الذي في الغالب لا نعرف عنه شيئا محددا أو واضحا ، وإنما أيضا لأننا لا زلنا لا نعرف عن الإبتكار نفسه في هذا الجانب الشيء

الكثير عن آلياته وتطوره وظهوره في إستنارة أخّاذة وومضة هي أقرب إلى الإلهام والوحي منها إلى المنطق والمنهجية . ومع ذلك فإن المبتكرين والشركات المبتكرة تسعى من أجل تعظيم مخرجات هذه المرحلة التي لا ضمانة في تجلياتها حسب تخطيطنا بالأساليب المنطقية النظامية والمنهجية . ويمكن أن نشير إلى العوامل الأساسية التي يمكن تساعد في تعظيم فرص وإحتمالات التوصل إلى الجديد في هذه المرحلة :

أولا : الفريق - التداؤب (Teamwork-Synergy) : هو مقدرة جماعية تتعاظم بالتكامل بين الأعضاء المشاركين . وفي الإبتكار فإن تطوير وتسويق المنتج الجديد (من الفكرة إلى المنتج إلى السوق) يتطلب فريقا متكاملا من الباحثين ، المصممين، المهندسين ، أفراد التصنيع ، والتسويق ، والمالية . من أجل تجنب عمليات التأخير من جهة وتحسين تكامل القدرات من جهة أخرى . ولعل الأهم في الفريق هو التفكير الجماعي من زوايا متعددة بالمشكلة المعنية مما ينمي عدد الأفكار المطروحة من الزوايا والإختصاصات والمهارات المختلفة . وفي نفس الوقت يتحقق التداؤب حيث أنه يظهر عندما تكون هناك ميزة تنشأ عن ترابط وظيفة أو مهارة أو إختصاص مع وظيفة أو مهارة أو إختصاص آخر مما ينتج قدرة أكبر من كلا القدرتين في حالة الإنفراد . ولا شك في أن الفريق وهو يتقاسم المعلومات والمهارات والخبرات حول الموضوع أو المشكلة يمكن أن تكون الآراء المتعددة ووجهات النظر المختلفة من مهارات وإختصاصات متعددة ووجهات النظر المختلفة من مهارات وإختصاصات متعددة ، قادحا قويا من أجل التوصل للجديد . ومع تكنولوجيا المعلومات وشبكة الحواسيب أصبح بإمكان الفريق أن يعمل سوية في كل الوقت حتى في حالة عمل أفراد الفريق كله أو بعضه من مواقعهم المتباعدة وحتى وهم في دول وقارات أخرى عبر العالم . وهذا ما أدى إلى ظهور نمط الفرق الجديد التي تدعى بالفرق الإفتراضية (Virtual Teamwork) التي ترتبط سوية إلكترونيا بواسطة حواسيب الشبكة . ولابد من التأكيد على أن الفرق الإفتراضية تتسم بالمرونة من حيث أنها تنشأ من أجل مشروع جديد مثلا لتنفرط بعد الإنتهاء من المشروع ، ليتشكل فريق إفتراضي جديد من أجل مهمة جديدة أو مشروع جديد مع إمكانية مشاركة عاملين آخرين مع الفريق

من خلال التشارك بمعلومات المهمة أو المشروع على حواسيب الشبكة في الشركة. وهذه المرونة في تشكيل الفرق الإفتراضية ومشاركة الآخرين معها ، يمكن أن تكون ذات أثر إيجابي معجّل لتوليد الأفكار الجديدة . ولعل تفسير ذلك يكمن في أن الفريق الإفتراضي لا يضم في كل مرة نفس الأفراد مما يساعد على تنوع أفراد هذه الفرق . ومثل هذا التنوع بدون شك له أثر إيجابي على المشروع الذي يعمل على شيء جديد (يختلف عما قبله ويتسم بالحاجة إلى المعالجة الجديدة) وليس على مهام تتسم بالتكرار والروتين .

ثانيا : تعدد فرق البحث والتطوير : إن الشركات تلجأ من أجل زيادة إحتمالية التوصل إلى الجديد في الإبتكار إلى زيادة تعدد الفرق البحثية كوسيلة في تعدد مجالات البحث المترابطة بما يعظم من فرص التوصل إلى الجديد . ولقد أشير إلى أن الشركات لديها في كل فترة من الفترات عدد من الفرق والبرامج التي يتم العمل عليها . ولقد أشارت ريبيكا هيندرسون في دراستها على الصناعة الصيدلانية الى أن واحد من أساليب تحسين إنتاجية المبتكرين في الشركات الإبتكارية هو تنوع الحقيبة (Portfolio Diversity) التي تعطي أفضل النتائج عندما يكون عدد البرامج أو الفرق البحثية ما بين (6 - 10)[45].

وإن مما يزيد من هذه الفرص أيضا هو إستخدام تكنولوجيا المعلومات وشبكة الحواسيب التي تربط ما بين هذه الفرق التي تتقاسم المعلومات والتشارك فيها . ولقد أشار غيتس وهمنغوي (Gates and Hemingway) إلى أن إستخدام تدفق المعلومات عبر الأدوات الرقمية لقواعد البيانات التشاركية (Collaborative Database) والبريد الإلكتروني وعالم الويب ، يجعل مقاسمة المعلومات ذا إستمرارية وعبر العالم . ,إن بعض الشركات مثل (Texas Instruments) تعطي جوائز لتقاسم المعلومات[46] لأن المعرفة (وكذلك الفكر الذي يكمن وراءها) تنمو بشكل أسي عند المقاسمة ، وأن الرافعة (Leverage) في عمل المهني - المفكر (الذي هو المنتج الأساسي للمعرفة في الشركات القائمة على المعرفة) تتحقق بمقاسمة المعلومات والمعرفة على أساس أن الرافعة تساوي قيمة المعرفة مضروبة بعدد العقد (الأفراد أو الفرق) المستخدمة لها. فكما أشار كوين

وزملاؤه (J.B.Quinn et al.) فأن هناك طريقتين تقوم من خلالها الشركات بإنشاء الرافعة في الأنشطة المهنية الفكرية هما : دفع الأفراد في تدريب أكثر كثافة من المنافسين (وهذا هو تقاسم الخبرة والمعرفة من خلال التدريب) وزيادة عدد المرافقين الذين يدعمون المهني (وهذا هو تقاسم المعرفة بين أعضاء الفريق)[47] .

ثالثا : التدريب على البرامج والألعاب الإبتكارية : رغم أن البعد الحدسي (قلب الإبتكار المولّد للجديد) غير قابل للتدريب والتعليم ، إلا أن كل تجربة إبتكارية سابقة يمكن أن تقدم خبرة ودرسا من أجل ترشيد و تحسين عملية الإبتكارات اللاحقة . وفي هذا السياق يكون تقاسم المعلومات حول ما أنجز في كل إبتكار بمثابة خبرة عميقة ومعرفة ضمنية ثمينة تفيد العاملين في مجال الإبتكار والتحسين . كما أن جهودا عظيمة أخذت تبذل من أجل إيجاد البرامج التدريبية والألعاب الإبتكارية التي تساعد على تحسين عملية الإبتكار فمثلا أن روبرت إبستين (R.Epstein) قدم عددا كبيرا من الألعاب الإبتكارية التي تساعد على تحسين القدرة على مواجهة المشكلات والتوصل إلى الحلول الإبتكارية التي تولد الجديد وكما يشير إبستين فإن هذه الألعاب الإبتكارية تقوم على مجموعة من البحوث العلمية التي تركز على إنبثاق السلوك الإبتكاري الجديد بالإعتماد على نظرية التوليد الذي تم تطويره منذ بداية الثمانينات ويتم العمل عليها حتى الآن[48] .

والأكثر من هذا هو أن الشركات أخذت تقدم التدريب على تجارب ومهارات الإبتكار للعاملين في كل المستويات إعترافا بتزايد أهمية الإبتكار والحاجة إليه . وكما أشرنا فقد أشار مسح أجري على الشركات الأمريكية فإن (25 ٪) من الشركات التي تستخدم أكثر من (100) عاملا تقدم تدريبا للعاملين في مجال الإبتكار[49] .

رابعا :التحدي : إن المنافسة التي توجد التحدي تقوم بدور المعجّل للإبتكار . فمثلا ظلت شركة فورد في العشرينات من هذا القرن لسنوات عديدة ترى أن الزبون يمكن يحصل على أي سيارة يريد مادام اللون أسود ، وسرعان ما هزمت شركة فورد بسبب هذا الإصرار على أن يكون لون السيارة أسودا ، من قبل منافستها جنرال موتورز (GM) التي أعطت للزبون ألوانا وتغييرات سنوية . والواقع أن الشركات المتنافسة لا

تركز على القيام بالجديد الأفضل من أجل الإبتكار حسب بل وأيضا التركيز على ضرب المنافس من خلال ذلك الإبتكار . وهذا ما يعطي للمنافسة دور المعجّل للإبتكار . والأمثلة كثيرة على ذلك . ففي بداية السبعينات كانت شركة بيبسي (Pepsi) أكثر إبتكارية من كوكاكولا (Coca Cola) مما جعل هذه الأخيرة تخسر قيادتها في السوق . ولكن الإدارة الجديدة لكوكاكولا بدأت تركز على ضرب شركة بيبسي وليس فقط على عمل الأفضل . فكان هناك المزيد من الإبتكارات في المشروبات الغازية في السنوات الخمس التالية لذلك أكثر مما كان في السنوات العشرين السابقة عليها [(50)] .

خامسا : التوليفة : إن جانبا مهما من الإبتكار كونه توليفة جديدة (New Combination) لأشياء قديمة . ويمكن القول أن الكثير من الإبتكارات هي في الحقيقة إبتكارات تم توليفها من أنظمة أو تكنولوجيا أو منتجات حالية معروفة ولكن تم ذلك بطريقة جديدة لم يفطن لها الآخرون وبهذا فهي تحقق ميزتان : ميزة الربط بين شيئين أو أكثر لم يتم ربطها من قبل، وميزة إن ذلك تم أسرع من الآخرين (عادة المنافسين) .

ولقد أشار دراكر (P.F.Drucker) إلى أن وراء إبتكار طائرة الأخوين رايت مصدرين من المعرفة . أحدهما آلة البنزين التي صممت في منتصف عقد الثمانينات من القرن التاسع عشر والتي إستخدمت في صنع أول سيارة . والمصدر الثاني فكان رياضيا أي ديناميات الطيران التي طورت أصلا في التجارب على الطائرة الشراعية . وقد طور كل من هذين المصدرين على إنفراد ، ولم يكن بالإمكان ابتكار الطائرة إلا عند جمع وتوليف هاتين المعرفتين معا . أما الحاسوب فقد تطلب ابتكاره تعاضد مالا يقل عن ست معارف علمية مختلفة : الاكتشاف الرياضي للنظرية الثنائية (التي تعود الى القرن السابع عشر والتي تمكن من التعبير عن جميع الأرقام برقمين إثنين) ، مفهوم جارلس بابيج (C. Babbage) ، البطاقة المثقبة ، صمام الأوديون (Audion Tube) الذي أبتكر عام 1906 ، المنطق الرمزي الذي تم تطويره ما بين 1910-1913 ، ومفاهيم البرمجة والتغذية المرتدة أثناء الحرب العالية الأولى في محاولات تطوير أسلحة مقاومة الطائرات [(51)] .

والمثال الآخر الذي يمكن تقديمه من شركة (IBM) . ففي أواخر عام 1988 تفوق برنامج حاسوب للعبة الشطرنج الذي يدعى (الفكر العميق) من جامعة كارنيجيه في مسابقة دولية قوية للشطرنج حاصلا على نقاط كافية أهلته لحمل لقب أستاذ دولي . وعقب ذلك بأشهر تمكن جاري كاسباروف (G. Kasbarof) بطل العالم بدون منازع وواحد من أشهر لاعبي الشطرنج في التأريخ من سحق الحاسوب في مباراة أقيمت لهذا الغرض[52] .

وفي مايس 1997 تغلب برنامج الشطرنج (ديب بلو) على جاري كاسباروف ، الذي ابتكرته الشركة . فكيف أمكن لبرنامج الحاسوب أن يتغلب على أذكى لاعبي الشطرنج بلا منازع ؟ فلقد استطاع علماء (IBM) تجميع كل نماذج المباريات التي لعبها كاسباروف وبرمجوها وأدخلوها على الحاسوب مع إضافة نهايات الفوز في توليفة جديدة متقدمة على كل مباراة من المباريات السابقة . وهكذا أمكن هزيمة كاسباروف[53] .

ولابد من أن نلاحظ أن التوليف كإتجاه قوي وفعال في إيجاد الأشياء الجديدة تكون عناصره الأساسية عادة متاحة مما يسهل عملية الإبتكار وتوليد التوليفة الجديدة ولكن المطلوب فقط طريقة جديدة أو سياق جديد لجمعها أو ترابطها . ولا شك في أن الكثير من المنتجات في الوقت الحاضر هي عبارة عن توليفة جديدة أكثر منها كمنتجات جديدة جذريا. ومن جهة أخرى فأننا يمكن أن نلاحظ أيضا أن بعض التوليفات يمكن أن تكون عبارة عن تحسينات وتغييرات محدودة في الأنظمة أو المكونات الأصلية ، مما يجعلها تدخل ضمن الإبتكار – التحسين .

سابعا : مشاركة العاملين : إن مشاركة العاملين أصبحت سمة بارزة في الشركات الحديثة وخاصة في الشركات كثيفة المعرفة والقائمة على الإبتكار ، ليس فقط لأن هذه المشاركة تقدم فرصا أفضل لتوظيف قدرات العاملين وتحسين روحهم المعنوية ، وإنما أيضا لأن مثل هذه الشركات أصبحت أكثر إستخداما للأفراد الذين يتميزون بالقدرات العلمية والفنية والمهارة العالية التي تؤهلهم ليكونوا موضع ثقة وتمكنهم من المشاركة بكفاءة عالية . ومع أن مشاركة جميع العاملين لا يتوقع منها أن تجعل جميع العاملين مبتكرين ، وإنما هي تساعد على تقديم الأفكار الكثيرة من أجل التحسين وما يمكن تطويره فيما بعد إلى إختراق

كبير . فإذا كان العاملون في الإنتاج هم الأكثر تحسسا للمواد الأولية وسماتها وللآلات وخصائصها وللمنتجات وعيوبها ومزاياها .. إلخ ، والعاملون في التسويق هم الأقرب إلى الموردين وقدراتهم والمواد وتأثيراتها على المنتج وإمكانات تحسينها ، وهم الأقرب أيضا إلى الزبائن ورضاهم من مزايا المنتجات الحالية وشكواهم من عيوب جودتها وعدم ملاءمتها ونواقصها التي لابد من تغييرها ، نقول إذا كان هذا هو حال العاملين في الإنتاج والتسويق مثلا ، فإنهم سيكونون قادرين على تحديد مصادر الشكوى والنقص ومقترحات التحسين والتطوير التي يمكن أن يستفيد منها الباحثون والمهتمون بالبحث والتطوير من أجل تسريع وتعجيل عملية التوصل إلى الجديد . ولقد كشفت الدراسات عن أن أكثر من نصف مجموع الأفكار عن المنتج الجديد يأتي من داخل الشركة . وإن الشركة يمكن أن تتوصل إلى الأفكار من خلال نشاط البحث والتطوير (R& D) الرسمي ، ومن العاملين في التسويق والإنتاج وغيرها . وتشير هذه الدراسات أيضا إلى إن العاملين في شركة تويوتا (Toyota) يقدمون سنويا مليون فكرة بما يعادلها المتوسط (35) فكرة / عامل وإن (85 ٪) منها يأخذ طريقة للتنفيذ[54].

والواقع أن هذه المشاركة قد تبرر الى حد كبير تميز الشركات اليابانية في الإتجاه نحو التحسين أو الكايزن (Kaizen) ، حيث الشركة لدى اليابانيين ليست آلة وإنما هي كائن حي . وأن التوصل الى المعلومات أو المعرفة الجديدة يكون بمثابة رؤى متاحة للإختبار والإستخدام من قبل الشركة كلها . وفي ظل هذا الإنتشار الواسع للمعلومات والمشاركة الواسعة للعاملين ، فأن إحتمالات التوصل الى الفكرة الجديدة تكون أكبر . وربما هذا ما يفسر ما أكد عليه نوناكا (I.Nonaka) من أن المديرين اليابانيين يديرون السرنديبية (Serendipity) (موهبة إكتشاف الأشياء مصادفة) لصالح الشركة ، وذلك لأن مثل هذه المشاركة تساعد على ذلك[55].

ثامنا : الميل إلى الفشل بدلا من تجنب المحاولة خوفا من الفشل : إن واحدة من عقبات عدم تفتح الفكرة أو عدم إتاحة الفرص الملائمة لها هو عدم قبول الفشل بمعناه الواسع . وهذا قد يعني :

ـ عدم قبول المحاولة لأي شيء جديد والتطير منه .
ـ عدم قبول الأفكار الطموحة أو المجنونة أو الحمقاء (خارج السياق) .
ـ عدم توفير أساليب إلتقاط الأفكار الجديدة فور ظهورها (أن الأفكار الجديدة عادة ما تومض في فترات الإسترخاء ومن غير ميعاد مسبق أو مكان محدد لهذا فأن الكثير من المبتكرين يضعون الورقة والقلم في أماكن متعددة من مواقع تواجدهم من أجل تسجيل أية فكرة تراودهم في أي موقع أثناء المشي أو الأكل أو الطريق الى العمل .. إلخ) .
ـ عدم قبول الفشل عند وقوعه بوصفه بذرة ممكنة من أجل ما هو جديد ناجح .
ـ عدم السماح للأفراد الذي فشلوا في المرة السابقة أن يحاولوا مرة أخرى .

تاسعا : الإستخدامات الجديدة : لابد من التأكيد على أن أحد الدروس الأساسية المستنبطة من مجال الإبتكار هو أن المبتكرين يجولون عادة حول الإبتكارات السابقة والأفكار القديمة من أجل إكتشاف إستخدامات جديدة (New Uses) لها بأرجحية أعلى على التطلع إلى البحث عن أفكار جديدة جذريا ترود آفاق ومجالات جديدة تماما . ولقد درس هارجادون وساتون (Hargadon and Sutton) تأريخ الإبتكار التكنولوجي وتوصل إلى ما يؤكد ذلك من خلال ما أسماه بدورة سمسرة المعرفة . فلقد أشار إلى درسين أساسيين توصلا إليها من دراسة هذا التاريخ . الأول هو إن أفضل المبتكرين النظاميين إستخدموا الأفكار القديمة كمواد أولية من أجل أفكار جديدة في سياقات جديدة تمثل إستخدامات جديدة لتلك الأفكار القديمة . والمثال القوي في هذا المجال هو أن المحرك البخاري (Steam Engine) الذي إستخدم في المناجم قبل (75) سنة من تفكير روبرت فالتون (R.Falton) بعمق فيه ليتمكن من إستخدامه إستخداما جديدا في الزوارق الآلية (Powering Boats) التي كانت مقبولة ووجدت لها سوقا واسعة . والدرس الثاني : هو أن هؤلاء المبتكرين كانوا ينتقلون من وثبة لأخرى المرة تلو الأخرى من إستخدامات أو توظيفات جديدة للأفكار القديمة ولكن في سياقات أخرى بما في ذلك تلك غير المتوقعة جدا ضمن الصناعة نفسها أو في صناعات أخرى . وهذا يفسر قول إديسون : لكي تبتكر فأنت تحتاج إلى خيال جيد وكومة أشياء مستعملة (Pile of Junk)[56] . وضمن هذا الدرس ما أكد عليه دراكر في كتابه الأخير(تحديات القرن الواحد والعشرين) الى أن

أحد الإفتراضات التي سادت ثم بادت في الإدارة في الماضي ولم يعد لها تأثير في الوقت الحاضر هو أن هناك حدودا فاصلة بين الصناعات [57] .

وهذا يعني - وربما هذا هو الدرس الثالث الذي نضعه في هذا المجال- أن الإبتكارات المهمة عادة لا يمكن أن تحصر في مجال ضيق ولا تستنفذ إمكاناتها الكاملة في مجال واحد . وإن إنتشار الإستخدامات والتطبيقات الجديدة إلى مجالات أخرى هو حقا مجال فعال من أجل إستنفاذ القدرات الممكنة في الإبتكار الذي يطور مجالا (المجال الذي يطبق فيه أولا) فتكون بينه وبين المجالات الأخرى الممكنة والسياقات الأخرى فجوة يتم تجاوزها من خلال الإستخدامات الجديدة . ولعل المبتكرين والباحثين يميلون إلى مثل هذا الخيار لأنه يقلص من عدم التأكد الكبير في إرتياد مجالات غير مطروحة سابقة تماما .

1-7- العلامات الدالة على الإبتكار في الشركات

لابد من التأكيد على إننا ليس لدينا قانون يمكن أن يحدد كيف يأتي الإبتكار ، كيف يتم تعظيم نتائجه الجديدة التي لا زالت غير معروفة . فالإبتكار قد يخضع لقانونه الخاص لنسميه (عبقر) ولكن لا أحد منا يعرف عبقر ، وحتى المبتكرين أنفسهم لا يعرفون ما هو (عبقر) رغم أنهم يمارسونه من حين لآخر .

ومع ذلك فنحن الآن لدينا الخبرة الواسعة في مجال الإبتكار وقصصه وصدفه ومراحله ومفاهيمه وأساطيره وخرافاته وغير ذلك الكثير . وربما يكون من هذا الكم المتراكم من مفاهيم وأساليب وإنجازات الإبتكار ما يساعد على إستخلاص كل ما يجعل الإبتكار ممكنا في الشركة . وهذا لا يعني بالتأكيد وصفة جاهزة ولا قواعد صلبة يمكن أن تجدها في كل الشركات وفي كل الظروف والبيئات ، وإنما هي علامات وإشارات على إمكانية الإبتكار في الشركة . وهذه العلامات يمكن أن تكون مرشدة جيدة في الغالب ولا تكون كذلك في حالات معينة وهذا يعود في جانب منه الى أن الإبتكار شأنه شأن أي نشاط آخر للإنسان هو (عملية) (Process) وليس هيكلا جامدا (Static Structure) . ونعرض فيما يأتي لهذه العلامات والإشارات :

أولا : علامة المبتكر : إن نقطة البداية التي من الضروري أن تكون هي المبتكر نفسه. فمن الأفراد من ينظر خارج الصورة ويحب أن يغرد خارج السرب ويتطلع إلى ما هو أبعد من كفاءة الحالة القائمة . مثل هؤلاء الأفراد لا بد أن يكون للشركة حصة منهم في ملاكها . وأبرز سمات هؤلاء :

- تفضيل عدم التأكد في العمل والظروف .
- النفور من الخطط ، الموازنات ، والبرامج المحدد مسبقا
- طرح الأسئلة وتقديم الأجوبة غير المألوفة .
- التفكير المستقل عما هو متعارف عليه في الشركة .

ثانيا : علامة الجديد ليس غريبا : حقا إن كل جديد هو إلى حد ما يعتبر غريبا لأنه غير مألوف سابقا . ولكن في الشركة التي يمكن أن تكون إبتكارية يكون الجديد مألوفا لأنه مركز إهتمامها الأول ، وموضوع لقاءاتها وإجتماعاتها ، والعنوان الأكثر ألفة في شعاراتها وسياساتها وبرامجها وورشها وعلبها الزجاجية وجدرانها وصور مبتكريها وغيرها الكثير حتى ليصبح الجديد موجودا في كل أنحاء الشركة ، وربما هو المولود الذي ينتظره الجميع بالإسم واللوازم والمستلزمات وكذلك بالآمال والإحتفاء .

ثالثا : علامة التعلم والتقاسم : إن الإبتكار عندما يأتي قد لا يعرف عنه إلا فريقه ولكن الجميع في الشركة يتوقعونه . وعندما يأتي لابد أن يعرفه الجميع ويتقاسم معارفه ومعلوماته وآثاره ونتائجه لكي يكون جزء من معرفتهم الضمنية التي تشكل الكيان المعنوي الحقيقي القوي للشركة . وإذا كانت المعرفة هي جيل جديد من البيانات والمعلومات المنظمة المتقاسمة في الشركة ، فإن الإبتكار هو الجيل الثاني للمعرفة المنظمة والخلاقة في الشركة الذي يجب أن يتحول وبسرعة إلى معرفة ضمنية في الشركة عن طريق التعلم والتقاسم ما بين جميع أفراد الشركة .

رابعا : علامة المعايرة : إن المعايرة (Benchmarking) هي الأكثر تأشيرا للإدارة على موقعها الإبتكاري والمهام التي تنتظرها . وعن طريق المعايرة فإن الشركة تعرف جيدا هل هي الأولى أم الثانية أم الثالثة في الإبتكار . فإذا كان الجواب أنها الأولى ، فهناك ستكون المهام الأصعب . لأن الأول لا يتفوق على الثاني والثالث إلا

في القليل جدا الذي يكون عادة هو الأصعب في التطوير والإبتكار . ولأن الثاني والثالث لن يتركوا الشركة الأولى في وضع مريح في ظل التنافس الشديد . أما إذا كانت الشركة في المواقع الأخرى ، فإن عليها مهام كثيرة جدا ولكنها ليست صعبة في أي حال . مع ملاحظة مهمة هو أن المعايرة (المقارنة بالأفضل دون نسيان الترتيب في كامل المجموعة) تكون على ثلاثة أنواع . الأول : معايرة الخارجية مع المنافس الأفضل في السوق ، الثاني : المعايرة الداخلية : مقارنة الأفراد أو الفرق أو الأقسام أو الإدارات أو الفروع في الشركة مع الفرد الأفضل والفريق الأفضل والقسم الأفضل والإدارة الأفضل والفرع الأفضل في نفس الشركة ، والثالث : المعايرة التأريخية مقارنة بالإبتكار الحالي مع إبتكارات الفترة الماضية[58] .

ولابد من إغناء هذه المعايرة في أنواعها الثلاثة بالمعايرة الخلاقة (Creative Benchmarking) . وفيها لا تتم المقارنة على مستوى الأداء الكلي للشركة مع الشركة المنافسة المتفوقة ، وإنما تكون بتحديد عوامل خبرة الزبون وما يفضله في الشراء ومن ثم تحديد الشركة المتفوقة (سواء كانت ضمن مجال عمل الشركة المعنية أو من خارج مجالها) في كل عامل من عوامل خبرة وتفضيل الزبون في الشراء من أجل المقارنة معها[59] . ومثل هذه المقارنة بقدر ما تعالج مسألة الغموض الذي ينشأ عند المقارنة الكلية ، فأنها تقدم فرصا أكبر وأوسع من داخل الصناعة ومن خارجها من أجل التطوير الحالي والمستقبلي لمنتجات الشركة وعملياتها.

خامسا : علامة الفريق : إن الفريق أصبح ضرورة في الإبتكار لأنه يوفر فرصا أفضل لتوليفات الأشياء والأفكار ما بين المجالات والإختصاصات المختلفة . كما أنه يحقق المدخل التزامني في عمليات التطوير من الفكرة إلى المنتج إلى السوق في دورات أقصر بإستمرار . والفريق أيضا هو أساس تقاسم المعلومات (قلب إدارة المعرفة) والتعلم (قلب المعرفة الضمنية في الشركة) . فالشركة يجب أن تكون مزرعة كثيفة الفرق والموجهة للمشروعات الجديدة (من الفكرة إلى المنتج إلى السوق) . ولابد من أن نتذكر دائما إن الفريق هو أبعد ما يكون عن اللجان الإدارية المعروفة سابقا والتي

تعمل في إطار التنظيمات التقليدية الهرمية ، وهو أبعد ما يكون عن حالة التخصص والجزر المهنية المستقلة . ففي ظل تكنولوجيا المعلومات (IT) فإن الفرق هي وحدات قوسية في التنظيم الشبكي أو نسجات سريعة التغير في التنظيم العنكبوتي مع إمكانية عالية لتبادل المعلومات الفوري والإستجابة الفورية مع تغذية مرتدة بـ (360) درجة وطوال الوقت مع تنافذ عالي لتقاسم المعلومات والمعرفة بين الفرق وبين الفرق وبقية الشركة في كل وقت من الأوقات . لهذا فأن الشركات أخذت تعطي مكافآت وجوائز من أجل تقاسم المعلومات والتشارك في المعرفة ، بل أن غيتس وهمنغواي (Gates and Hemingway) أعتبر تقاسم المعرفة جزء من الذكاء الفكري للشركة وأنه يجب رعايته من خلال السياسات ، المكافآت ، والمشروعات الخاصة التي تنشئ ثقافة مقاسمة المعرفة [60].

سادسا : علامة الإدارة الإبتكارية : إن الإدارة ليس عليها أن تمارس دعم ومناصرة الإبتكار وحسب ، بل عليها أن تمارس الجهد الإبتكاري . وهذا ضروري من أجل رؤية ورسالة وأهداف وسياسات ومفاهيم الشركة الجديدة التي تمثل أفضل إستجابة للبيئة المتغيرة . كما أنه ضروري من أجل توفير المناخ الإيجابي الداعم والنصير للإبتكار في الشركة . والواقع أن هذا المناخ الإيجابي بقدر ما يدخل بشكل أساسي ضمن عملية التحفيز المعنوي ، فأنه يدخل ضمن الإبتكار الإداري لآليات وتنظيمات وأساليب جديدة تمكن الفرد أو الفريق أو القسم الإبتكاري من أن يقوم بدوره بأقل قدر من العقبات أو الروتينات أو الإجراءات غير الضرورية دون أن يؤدي ذلك إلى الفوضى في العمل أو الهلامية المائعة على حساب المسؤوليات والمهام وعلى حساب التعلم والتقاسم للمعرفة الجديدة (الإبتكار) وإبقائها وتداولها داخل الشركة . ولقد أشار أرجريس (C.Argyris) في دراسته (تعلم كيف يتعلم الأذكياء) الى الإجراءات الإدارية والتنظيمية الدفاعية التي يحافظ من خلالها المديرون على مكانتهم وإحساسهم بالأمان . وقد علق روجر مارتين (R.Martin) في دراسته حول (تغيير عقل الشركة) على ذلك بأن الشركات قد تقاوم التغيير ليس لتأمين الأفراد ، وإنما لأنها جعلت الأفراد يعملون بالكيفية التي أصبحوا يعملون بها . ولكي تتقبل الشركة التغيير،

فهي بحاجة الى تفهم طرقها وممارساتها الخاصة التي أدت الى السياق السائد من القصور الذاتي (Inertia) الذي يفرض على الأفراد أن يعملوا بنفس الطريقة التي يعملون بها التي تتجه نحو فرص الماضي المتقادمة وليس نحو فرص المستقبل التي تتطلب التغيير[61] . ولعل هذا كله يطرح مشكلة الحالة القائمة في الشركة بكل أبعادها كمصالح إدارية وآليات تنظيمية وروتينيات وقواعد عمل مألوفة ومعتادة تحد من التغيير الذي يأتي به الإبتكار .

1-8- الإبتكار والحالة القائمة

في الماضي كان يمكن للشركات أن تستمر لسنوات بدون تغيير ، فلم تكن المنافسة ذات أهمية كبيرة والسوق هي سوق المنتجين ، كما أن المنافسين أنفسهم لم يكونوا في السابق يأتون بأساليب جديدة بسرعة وتنوع عاليين . أما في الوقت الحاضر فإن تزايد عدد المنافسين وتنوعهم وإتجاه الشركات المتعاظم نحو الإبتكار جعل الحالة القائمة (Status Quo) مهددة تهديدا خطيرا بالتدهور بسرعة بالإبتكارات الجذرية (في فترات متباعدة) والتحسينات (في فترات متقاربة جدا قد تصل إلى أسابيع أو أشهر). وهذا ما يجعل الشركات تتجه أكثر فأكثر نحو تخفيف كل ما يقيد الإبتكارات ويقوي الحالة القائمة . إن الشكل رقم (1-6) يقدم مقارنة بيانية للحالة القائمة التي قد تستمر لسنوات على حالها بدون تغييرات أو تهديدات في الماضي والحالة القائمة التي تتدهور بسرعة كبيرة (بالأشهر بدلا من السنوات) ولا يحافظ على تنامي مبيعاتها وعوائدها من جديد إلا الإبتكارات الجذرية أو التحسينات المستمرة . فالحالة القائمة قد تستمر كما هي بدون تغيير لفترة طويلة ، إلا أن هذه الحالة لم تعد ممكنة في ظل المنافسة الحالية . حيث أن الحالة القائمة تأخذ بالتدهور عند إستمرارها لأن المنافسين يدخلون تغييرات على منتجاتهم وعملياتهم مما يحد من مزايا الحالة القائمة .

أن أفضل مقابلة يمكن أن تقدم صورة ودلالة واضحة للإبتكار هي المقابلة بين الابتكار والحالة القائمة . لماذا ؟ لأن الحالة القائمة ببساطة هي نتاج الماضي وان الحاضر هو ذروتها في الجدة والتكوّن ، في حين إن قاعدة الابتكار السفلى هي الحاضر وأن المستقبل يمثل سفوحه وذروته. بعبارة أخرى إن الحالة القائمة يمكن التعبير عنها في

معادلة بوترفيلد (L.Butterfield) ما يكون يساوي ما كان (What is = What was)[62] ، في حين أن الإبتكار يتمثل في المعادلة التي تعبر عن جدته وعدم تأكده المطلق (ما يكون = ما لم يكن حتى الآن) (What is = What doesn't be yet) . وكما يقول ليفيت (T.Levitt) أن الإبتكار أمر غير طبيعي وأنه لا يحدث تلقائيا أو بسهولة . فالشيء الوحيد التلقائي هو السكون والإستمرار على الشيء المألوف أي على الحالة القائمة[63] .

الشكل رقم (1-6) : الحالة القائمة في الماضي والحاضر

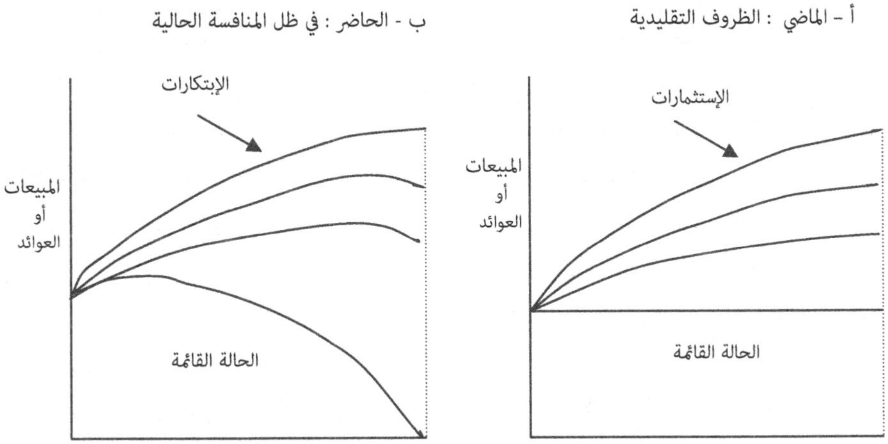

والشركات في العادة تميل نحو الحالة القائمة وتتحيز لها. فهي تمثل إستثمارا عاطفيا (عادات وتقاليد وذكريات) وإستثمارا إقتصاديا (نظم وتكنولوجيا ومواد)[64] . ولقد أكدت دراسة سيلفر وميتشل (Silver and Mitchell) على وجود ما يسمى (نزعة الحالة القائمة) وتأثيرها في صنع القرار في الشركات[65] . كما أن ساموليسون وزكهاوسر (Samuelson and Zeckhauser) أكدا على تأثير تحيز الشركات والمديرين الى الحالة القائمة[66] .

وأن ما يصنع قوة الحالة القائمة هو أن الجميع في الشركة يعرفونها بدقة حيث هي تتجسد في هياكل وسياسات وقواعد 0 والجميع يستطيعون أن يتحدثوا عنها بوضوح من خلال البيانات الصلبة (الإنجازات الكمية ، الأشكال المنظورة ، الميزانيات الرقمية)، وعن تكاليفها وعوائدها وأرباحها وخسائرها . وهذا ما يجعل التفكير محصورا داخل الصندوق (Inside of Box) .

أما الإبتكار فإن بياناته الصلبة (الخاصة بالفترة الماضية) فلا تكشف في الغالب إلا عن عدد أكبر من حالات الفشل في مقابل عدد أقل جدا من حالات النجاح ، كما أنه لا يقدم عن المستقبل إلا بيانات التكلفة دون بيانات العائد ، إلا بيانات عما يجيب أن توفره الشركة دون بيانات تذكر عما يمكن أن يقدمه الإبتكار لها لصعوبة التنبؤ، لأن ببساطة الجديد الذي يعد به الإبتكار قد يأتي أولا يأتي . والحقيقة أنه لا أحد يعرف أي شيء عن ذلك قبل إلتماعة (ومضة الإبتكار) الفكرة الجديد ، قبل نفاذ البصيرة إلى الفكرة الجديدة في أولى تجلياتها . أي أنه مغامرة خارج كل ما هو يقين في الحالة القائمة . ويمكن إستخدام هذه الإستعارة من أجل توضيح أبعاد تأثير الحالة الراهنة على التفكير في حدود أو داخل الصندوق . أن الشكل رقم (1-7- أ) يشتمل على تسع نقاط مطلوب المرور بها كلها بإستخدام أربعة خطوط مستقيمة متصلة بدون رفع اليد عن الورقة وبدون العودة على نفس الخط . وهذا السؤال يمكن حله من خلال إضافة نقطتين إفتراضيتين خارج الصندوق كما في الشكل رقم (1-7 - ب) .

إن أصحاب الحالة القائمة هم أصحاب نطاق العمل (Incumbents) الذين أدخلوا المنتجات المباعة والتي تنتمي للجيل السابق للمنتج الجذري الجديد . الذين يكونون مفتونين بنجاحهم السابق وتكوين حصتهم السوقية الملائمة والمحافظة عليه . وفي مقابل هؤلاء هناك الداخلون الجدد الذين لا تقيدهم الحالة القائمة لأنهم جدد على الصناعة ، ولا تقيدهم بيروقراطيتهم لأنها لم تتشكل بعد ، وليس لديهم من تراث الماضي كما أنه ليس لديهم ما يخسرونه من حصة سوقية أو مركز تنافسي عندما يأتون بالمنتج الجديد ليكتسح في بعض الأحيان الصناعة كاملة ويوجد فاصل شاهق بين نجاح سابق وفشل لاحق للشركات ، بين موت وحياة الكثير من الشركات .

الشكل رقم (7-1) : النقاط التسع وخطوط التوصيل

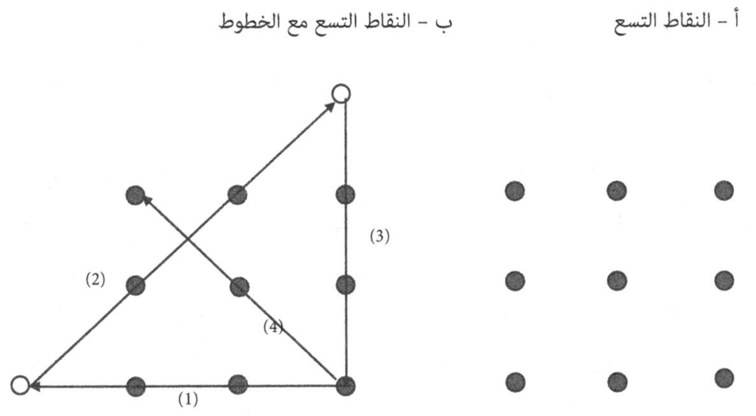

Source: Charlan J.Nemeth: Managing Innovation: When Less is More, California, Management Review, Vol (40), No.(1), Fall (1997), pp59-73.

إن أصحاب الحالة القائمة يعوقون إدخال الإبتكارات ويشكلون عقبات أمامه للأسباب الثلاثة التالية[67]:

أ - **الحوافز المتصوّرة (Perceived Incentives)** : حيث أنهم يتصورون أن هناك حوافز أكبر في الحالة القائمة وحوافز أقل عند إدخال الإبتكارات الجديدة بالمقارنة مع نظرائهم من غير أصحاب النطاق أو الشركات القائمة وهذا السبب مشتق من التدفق الحالي للربح من المنتجات الحالية القائمة على التكنولوجيا المستخدمة التي يمكن للإبتكار أن يجردها من عوامل قوتها ويخفيها .

ب - **المرشحات التنظيمية (Organizational Filters)** : وهي الهياكل القائمة التي تغربل المعلومات غير ذات العلاقة بالمهام المهمة للشركة في حالتها القائمة مع تركيز إهتمام الشركة على تلك المهام .

ج - **الروتينات التنظيمية (Organizational Routines)** : حيث أن الشركات القائمة تطور روتينيات وإجراءات تنظيمية لتنفيذ المهام المتكررة للتصنيع والتوزيع للحجوم الكبيرة من المنتجات الحالية بكفاءة . وهذا ما ينطبق على قسم البحث والتطوير حيث أن الروتينات هي التي توجه هذا القسم نحو تطوير الإبتكارات التدريجية في إطار الحالة القائمة والتكنولوجيا الحالية وليس خارجها .

لهذا كله نقول أن الإبتكار بحاجة إلى الحماسة والطموح من أجل القفز على الحالة القائمة وأرجحياتها وروتيناتها ، وهذا ما لا يتوفر إلا في الشركات الإبتكارية وفي القيادات الإبتكارية التي تكون راعية لأولئك الذين يمكن أن يبشروا بالأفكار الجديدة. والذين يطرحون الأسئلة عن الحالة القائمة فيكون الإبتكار هو القيام بما مختلف عن ذلك التي تمتلئ به الحالة القائمة وتدافع عنه بكل قوة المكانة الإدارية والروتين التنظيمي والإعتياد الإنساني . والجدول رقم (1 - 8) يقدم نماذج من الأسئلة التي يمكن طرحها من أجل تحديد ميل الشركة نحو الحالة القائمة أو الإبتكار . لعل كل هذا الذي ذكرناه يوضح مقاومة التغيير التي تظهر في الشركات القائمة ضد الإبتكار والتي تكون ذات تأثير معوق للأخذ ببرامج الإبتكار وتأثير محبط على الأفراد المبتكرين.

والواقع أن الإبتكار عمل خلاق غير مألوف وكسر للمألوف الذي نعتاد عليه في الحالة القائمة . وكلما كان الإبتكار (من الفكرة الى المنتج - العملية ثم الى السوق) ناجحا أدى ذلك الى تغيير قوي وسريع وملحوظ في الحالة القائمة التي يمكن تصويرها كمرآة تتشظى تحت تأثير ومضة الإبتكار المولّدة للجديد.

الجدول رقم (1-8) : المقارنة بين الإبتكار والحالة القائمة

الحالة القائمة	الإبتكار
- هل لديك توصيف للمنتجات الشائخة (Aging Products) .	- هل لديك توصيف للمنتجات الجديدة الواعدة (Promising Products) .
- كم نسبة منتجاتك الحالية التي كانت موجودة قبل ثلاث سنوات ؟	- كم نسبة المنتجات الجديدة التي لم تكن موجودة قبل ثلاث سنوات ؟
- كم نسبة منتجاتك الحالية التي تعتبر منتجات نمطية في السوق ؟	- هل لدى شركتك منتجات حققت نجاحا مدويا في السوق .
- كم نسبة منتجاتك الحالية التي تستخدم نفس تكنولوجيا المنافسين ؟	- كم نسبة المنتجات التي تستخدم تكنولوجيا جديدة تميّزك عن المنافسين.
- هل لدين منتجات تستخدم نفس المواد الأولية التي يستخدمها المنافسون ؟	- هل لديك منتجات تستخدم مواد أولية جديدة حققت ميزة على المنافسين ؟
- هل لديك منتجات تناقصت مبيعاتها خلال الفترة الماضية ولازالت في الخدمة ؟	- هل لديك منتجات زادت من حصتك الكلية في السوق ؟
- هل لديك منتجات مبيعاتها دون مستوى مبيعات المنافسين الأساسيين الذين يبيعون منتجات مماثلة ؟	- هل لديك منتجات مبيعاتها تزيد على المنتجات المماثلة للمنافسين الأساسيين ؟
- كم نسبة منتجاتك الحالية التي وردت شكاوى عنها : من العاملين، الموزعين ، والزبائن ؟	- كم نسبة المنتجات التي تم تحسينها أو ابتكارها من خال الاستفادة من شكاوى الواردة من العاملين، الموردين، الزبائن.

وهذا التشظي قد يكون واضحا ومدويا أحيانا . وهذا يعود الى أن الحالة القائمة بإطرادها تصبح مألوفة ومتغلغلة في أنظمة وسياسات وقواعد الشركة التي تجعل

الإستقرار فيها هو القاعدة وكل ما يؤثر على إطرادها هو الإستثناء. كما في الشكل رقم (1 - 9).

لهذا لا يمكن أن تستجيب بسهولة وبدون مقاومة للجديد الذي يأتي به الإبتكار. فعندما الأشياء تمضي وفق مسار إعتيادي طبيعي ، فإن الأشياء تبدو للكثيرين وكأن هذه هي طبيعة الأشياء وأن كل شيء على ما يرام. ولكن ثمة القليل من الأفراد (المبتكرين) هم الذين سيسألون لماذا هذا المسار ؟ ولماذا هذا المسار يبدو على ما يرام ؟ . وبمجرد طرح مثل هذه الأسئلة التي تخرج عن السياق المألوف فإن العملية الإبتكارية يمكن أن تكون قد وجدت لها موطئ قدم (Foothold) . ليس فقط لأن الإبتكار يمكن أن يبدأ بأسئلة خلاقة خارج المألوف المتعارف عليه ، وإنما أيضا لأن مثل هذا الطرح يمكن أن يكسر ما يسمى بقانون ميرفي (Murphy's Law) حيث كل شيء يمكن أن يمضي بشكل خاطئ فإنه يستمر كذلك ، أو ما أسميه بدورة المألوف التي تقوم على أن كل شيء يستقر في الهياكل والتنظيم سواء كان صحيحا في مرحلته أو غير صحيح فإنه يصبح هو الصحيح المألوف.

الشكل رقم (1-9) : ومضة الإبتكار كسر المألوف في الحالة القائمة

وقد تبدأ هذه الدورة بالإبتكار الأول الذي يكون متفوقا في مرحلته لتتكامل خطوات الدورة في ظهور جدوى الممارسة ، تزايد الإتباع والتبني ، ومن ثم تتشكل في الإدارة الروتينات والإجراءات والقواعد ، وفي ثقافة الشركة العادات والتقاليد والطقوس . ولكن كل هذه الممارسات تصبح غير ملائمة فيما بعد بسبب ظهور الحاجة لحل المشكلات ولتطوير الحالة القائمة بطرح أسئلة خارج المألوف ، أو بضغط الحاجة الى مواجهة المنافسين والتفوق عليهم ، أو أي سبب آخر لتبدأ دورة المألوف الجديدة (أنظر الشكل رقم 1 - 10) . ومن أجل المزيد من التحليل والدراسة للإبتكار بالعلاقة مع الحالة القائمة سنتناول هذا الموضوع بالعلاقة مع الأفراد (الآخذين بالمخاطرة) والشركات (الشركات الصغيرة والإبتكار)

أولا : الآخذون بالإبتكار والنافرون منه

الشكل رقم (1-10) : دورة حياة المألوف الأولى والثانية

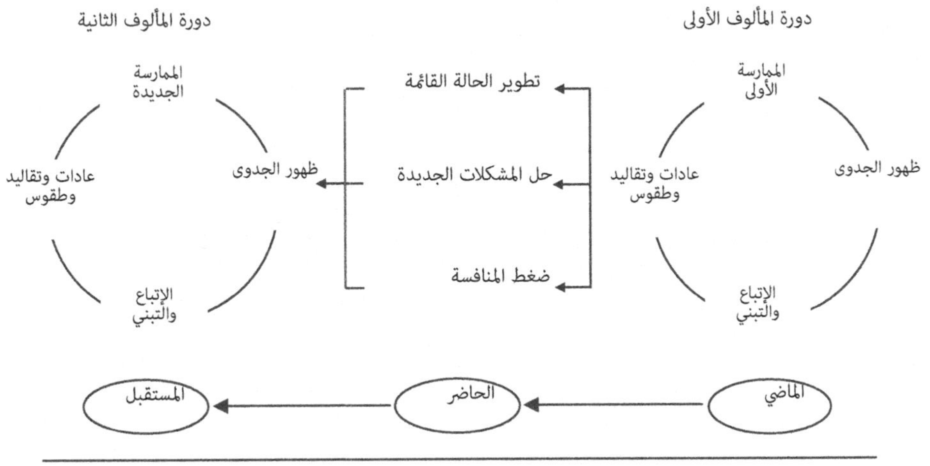

حيث أن الإبتكار (الجذري) هو نشاط من أجل الجديد الذي لازال غير معروف حتى الآن ، فإنه يمثل قرارا في ظل عدم التأكد (Uncertainty) . وهذا يتطلب نمطا من

الأفراد الذين يتحملون المسؤولية ويأخذون بالمخاطرة (Risk-Takers) . وهذا خلاف المحافظين الذين يميلون إلى الحالة القائمة وفي ظروف السوق القائمة على المنافسة فإنهم يرفضون الإبتكار الجذري (المخاطرة العالية) ويتجنبون الإبتكار- التحسين الجوهري (المخاطرة المتوسطة) وفي أحسن الأحوال يقبلون التحسينات الصغيرة . وهذه الفئة من الأفراد تكون أغلبية الأفراد في الشركات الذين يمثلون نمط النافرين من المخاطرة (Risk-Averters) .

إن الباحثين وجدوا الأفراد هم في الغالب نافرون من المخاطرة . وهؤلاء هم الذين يختارون بين بديلين يكسبان . وإن الذين يأخذون بالمخاطرة هم فقط الذين يختارون بين خسارتين . لتوضيح ذلك نفرض أن شركة (س) لديها (600) زبون مستهدف وإنها تحاول أن تقرر بين مشروعين ، وإن مدير التسويق فيها أبلغ إدارة الشركة أن (200) زبون يكسبون بشكل مؤكد في المشروع الأول ، في حين أن (600) زبون سيتم كسبهم في المشروع الثاني ولكن بإحتمال الثلث (33 ٪) وبإحتمال الثلثين إن لا يتم كسب أحد من الزبائن فيه . فأي المشروعين تختار ؟ إذا أنت مثل أغلب الناس تفكر بطريقة عصفور في اليد خير من عشرة على الشجرة ، فإنك ستختار المشروع الأول . أي البديل بأن (200) زبون سيتم كسبهم بشكل مؤكد مفضل ذلك على مخاطرة (600) زبون بإحتمال الثلث . إنك إذن نافر من المخاطرة وتختار بين مكسبين محتملين .

ولكن لنفترض أن مدير التسويق عرض الموضوع بشكل آخر مشيرا إلى أن المشروع الأول سيخسر (400) زبون من الزبائن المستهدفين البالغ عددهم (600) بشكل مؤكد، وفي المشروع الثاني فإن الشركة ستخسر (600) زبون مستهدف كلهم بإحتمال الثلثين ، فأي بديل تختار ؟ في هذه الحالة سيكون المشروع الثاني هو الأفضل .

ويمكن أن نلاحظ عند التمعن في كلا المشهدين المستقبليين (السيناريوهين) أن المنافع متساوية إحصائيا ، وإن كلاهما يعطيان نفس النتائج ، إلا أنهما يختلفان في طريقة الصياغة . حيث أن السيناريو الأول يبرز المنافع أو المكاسب (أي أن الزبائن الذين ستكسبهم الشركة هم المنظورون في السيناريو الأول) ، في حين أن الثاني يبرز الخسائر (أي الزبائن المفقودين هم المنظورون في الثاني)[68]. ومع ذلك فإن الأفراد المحافظين

يميلون للمكاسب وينفرون من المخاطر ، في حين أن الأفراد الباحثين عن المخاطرة (الأقرب إلى مشروعات الإبتكار) يميلون إلى المخاطر ويقبلونها .

ويمكن أن نلاحظ أن الشركات الصغيرة أو التي تنشأ على أساس إبتكار جديد تم التوصل إليه ، يمكن أن تميل إلى الأخذ بالمخاطرة لأنه ليس لديها الكثير لتخسره . فتكون هذه الشركة هي الأقرب إلى البحث عن المخاطرة وتبني الإبتكارات الجذرية . بينما الشركات الكبيرة والتي تستثمر في الحالة القائمة الكثير من الأموال والخبرة التنظيمية، فأنها تبدو في الغالب محافظة أكثر .

ويمكن أن نقدم مثالا عن فئات الأفراد في الآخذين بالمخاطرة أو النافرين منها . فلو إفترضنا في عملية إتخاذ القرار أن هناك ثلاثة بدائل للإختيار هي : الإبتكار الجذري، الإبتكار - التحسين ، وعدم تبني أي منها (بديل الحالة القائمة) . وهناك حالتان محتملتان من الحالات الطبيعية هما : السوق المواتية وغير المواتية . والشكل رقم (1 - 11) يوضح ذلك من خلال مصفوفة القرار . ويمكن أن نلاحظ أن الإبتكار الجذري يمثل الحالة المثالية عندما يتم تبني الإبتكار والسوق تكون مواتية ، ولكن في حالة السوق غير المواتية فإن الإبتكار الجذري سيمثل مخاطرة عالية . وفي كلا الحالتين فإن البديل يمثل أعظم الأعظم (Maximax) سواء في المكاسب عندما يتم إختيار الإبتكار الجذري وتكون السوق مواتية ، أو في الخسائر عندما تكون السوق غير مواتية .

الشكل رقم (1-11) : مصفوفة القرار

		حالات الطبيعية السوق مواتية	السوق غير مواتية
البدائل	الإبتكارالجذري	الحالة المثالية	مخاطرة عالية
	التحسين	ملائمة	مخاطرة منخفضة
	الحالة القائمة	لا مكسب	لا خسارة

أما عند إختيار الإبتكار - التحسين وتكون حالة السوق مواتية ، فإن النتائج تكون جيدة وملائمة (دون المثالية) ، وفي حالة السوق غير المواتية فإنه سيمثل مخاطرة منخفضة. وهذه تمثل حالة أدنى الأعظم (Maximin) . أما البديل الثالث إستمرار الحالة القائمة، فلا مكسب في ظروف السوق المواتية ولا خسارة في ظروف السوق غير المواتية . وهذه حالة أدنى الأدنى (Minmin) (يلاحظ أننا أهملنا الفرصة البديلة الضائعة في هذا المثال) . إن إختيار البديل الأول هو الذي يتبناه الأفراد أو المديرون الذين يبحثون عن المخاطرة . في حين أن الأفراد الذين ينفرون ويتجنبون المخاطرة سيتبنون بديل عدم التبني أو الحالة القائمة .

ثانيا : الإبتكار والشركات الصغيرة

إن المشروعات أو الشركات الصغيرة عادة ما ينظر إليها بوصفها الشركات التي تولد فرص العمل وبالتالي فإنها في فترات الركود تظهر هذه المشروعات وتتوالد بطريقة الأميبا ، وتمتد في تجاور أفقي كبير ملفت للنظر . ولكن هذه المشروعات الصغيرة أيضا في الغالب هي التي تأتي بالإبتكارات المتعلقة بالمنتجات والخدمات الجديدة . وإذا كانت هذه الشركات قد تتحدد في الدول النامية بأنها الشركات التي تستخدم عشرة عاملين فأقل، فإنها في الدول المتقدمة كما في الولايات المتحدة فإنها توظف (100) عامل فأقل[69] .

ولعل الأهم في هذه الشركات أنها أكثر قدرة على إستخدام الموارد والبراعة المحلية في إدخال المنتجات والخدمات المحلية الجديدة مهما كانت بسيطة في سوق الأعمال في الدول النامية[70]، إلا أنها في الدول المتقدمة هي الحالة المبادرة بتبني أغلب الإبتكارات وهي التي تنشأ بالأصل كتطبيق لمشروع أو مفهوم جديد . ولقد تساءل سترنجر (R.Stringer) هل إن الشركات الصغيرة هي مصدر لأغلب الإبتكارات الجذرية (الإختراق) ؟ وأجاب هي كذلك لأنها تكون أكثر مرونة في إدخال هذه الإبتكارات لعدم خضوعها لقيود بيروقراطية وليس لديها إلا القليل من الإستثمار العاطفي والإقتصادي في الحالة القائمة . وحسب شركة البحوث (Cogentics, Inc.) والتي تعقبت سجلات العمالة والمبيعات لما يقرب من (9) ملايين من الشركات الصغيرة والجديدة ، فقد ظهر أن

هذه الشركات هي المسؤولة عن (55 ٪) من الإبتكارات في (362) صناعة مختلفة و (95 ٪) من الإبتكارات الجذرية[71].

وقد يلاحظ أن الشركات الصغيرة أصبحت تواجه إمكانية السحق من قبل الشركات العملاقة مفتولة العضلات ذات الإمكانات المالية والتكنولوجية الهائلة ، ومع ذلك فأن هذا لا يمكن أن يعني أن الشركات الصغيرة والمشروعات الفردية لن تستمر في القيام بنفس دورها المهم . وكما يقول دراكر(P.F.Drucker) لاشيء يعتبر أبعد عن الحقيقة من الأسطورة القديمة الشعبية عن أن المشروع الصغير والفردي يجري إعتصاره خارج السوق بواسطة العمالقة . لأن شركات النماء الإبتكارية في الخمسة والعشرين عاما الأخيرة الماضية بدأت كلها صغيرة . وقامت هذه الشركات الصغيرة بأعمال أنجح بكثير من الشركات العملاقة[72].

وحتى عندما أصبحت هذه الإبتكارات أكثر تعقيدا وتتطلب قدرات مالية وتكنولوجية عظيمة ، فأن الشركات الصغيرة أصبحت تستخدم قدرات الشركات الغنية بالموارد (Resource-Rich Firms) المالية والتكنولوجية من خلال الشراكة[73].

والواقع أن الشركات الصغيرة عادة ما تنشأ على أساس إدخال عملية جديدة أو منتج جديد أو خدمة أو طرق جديدة . فيكون إرتباطها العاطفي والإقتصادي أولا بالإبتكار الذي قامت عليه . ولكن ما أن تنمو وتكبر حتى تتكون بروقراطيتها (الهياكل والنظم والقواعد) وثقافتها (القيم وعادات والطقوس) ، حتى تتحول الى شركات محافظة أكثر ميلا للحالة القائمة وأقل مرونة وإستجابة للتغيرات ، وحتى عندما تدخل التغييرات في العمليات والمنتجات فإنها تكون أقل إبتكارية .

ولقد أشار سترنجر (R. Stringer) إلى أن دراسة (25) رزمة سلعية إستهلاكية أطلق أغلبها من قبل الشركات الكبيرة عام 1998 ، كان تقييم أكثر من (93٪) منها على أنها غير إبتكارية بشكل كبير. وإن الشركات الصغيرة أنتجت بالمتوسط (2.4) مرة من الإبتكارات لكل عامل قدر الشركات الكبيرة[74]. وهناك أسباب أساسية تجعل الشركات الصغيرة أكثر إبتكارية منها :

أولا : إن الشركة الصغيرة تدار من قبل مدير المشروع أو المقاول (Entrepreneur) الذي يتمتع بروح الأخذ بالمبادرة وبمهارات المقاولة في تفحص البيئة وإكتشاف الفرص فيها . فالمقاول كلمة ترتبط بمستغلي الفرص التجارية ، فهم الذين ينتهزون الإمكانات التي يفشل الآخرون في إدراكها أو إستغلالها [75]. في حين أن الشركات الكبيرة تدار من المديرين والمديرين التنفيذيين الذين هم أكثر إرتباطا بالحالة القائمة ومزاياها .

ثانيا : إن الشركات الصغيرة عادة ما تكون بسيطة في تنظيمها وموجهة نحو النشاط الأساسي (منتج جديد أو محسن أو خدمة جديدة أو محسنة) ، في حين أن الشركات الكبيرة عادة ما تنشأ وظائف كثيرة تتقاسم الإهتمام مع النشاط الأساسي مما يحرم الأخير فرصة التركيز للموارد والمواهب والإهتمام .

ثالثا : إن الشركات الصغيرة بفعل الحجم تنسم بالرشاقة وخفة الحركة في التغيير . كما أن الإستثمارات المحدودة تجعل الإنتقال إلى الجديد أقل مخاطرة بكثير مقارنة بالشركات الكبيرة إذا هي أرادت .

رابعا : إن الشركات الصغيرة عادة ما تكون أقرب إلى السوق وبالتالي تكون أكثر إندماجا بالتغيرات الآنية والسريعة في السوق مقارنة بالشركات الكبيرة التي قد تبدو عملاقا ديناصورا أكثر إرتباطا بالماضي وبطيء الإستجابة للتغييرات الحالية. ومما يتندر على الديناصور بحجمه الكبير أنه إنقرض لان الحيوانات الأخرى كانت تأكل ذيله الطويل دون أن يشعر بذلك إلا في اليوم التالي !.

خامسا : في الشركات الصغيرة هناك المقاول الذي يكون مستعدا للمحاولة وصيادا للفرص والقليل من الأفراد الذين يقولون للأفكار الجديدة : ماذا .. ولكن . فيسود فيها إتجاه : إعملها فقط (Just Do it) . أما في الشركات الكبيرة فهناك الكثير من القواعد ، الكثير من القيود التي تضعها الأقسام الوظيفية ومنها على سبيل المثال محاسبة التكلفة التقليدية . ولقد إنتقد دراكر المحاسبة التقليدية مؤكدا على أنها تواجه تحدي إستبعاد المحدد الرابع المتمثل في عدم قدرتها على إحتساب وتسجيل عدم الإستثمار فيما يؤدي إلى تغيير الإنتاج أو المنتجات[76] . وفيها الكثير من المستويات، الكثير من الإجتماعات ، والقليل جدا من الرغبة في : إعملها فقط .

وإن العدد الكبير من المستويات والأقسام والوظائف التي لا بد أن تدلو بدلوها في كل صغيرة وكبيرة والعدد الكبير من المستشارين من أصحاب الحل والعقد في ضوء خبراتهم السابقة ، يجعل من الشركة الكبيرة أقرب إلى إطفاء ضوء المصباح الجديد - الفكرة الجديدة في الشركة بتعدد جهات التعليق عليها وكثرة (لكن) التي تثار حولها . أنظر الشكل رقم (1 - 12) .

ثالثا : الشركة الإبتكارية والصناعة

أن الحالة القائمة لا تقتصر على الشركة وحسب بل أنها تتعداها إلى تأثيرات الصناعة بوصفها الإطار المتخصص الذي تعمل فيه الشركات وتخضع لمعاييره القياسية والقواعد والممارسات السائدة فيها التي يلتزم بها المنافسون وتتوقع والأطراف الأخرى كالزبائن والموردين وغيرهم الإلتزام بها .

إن السؤال من يقود الصناعة لابد من أن يعني عن مدى تأثير الصناعة أو بيئة الصناعة بوصفها الحصيلة الكلية لكل التفاعلات والتجارب والقواعد والمبادئ المتعارف عليها التي تحكم الشركات العاملة في صناعة معينة . فهي تؤثر بالشركات بالحالة القائمة وقواعدها المتعارف عليها كما أن الشركات من خلال ما تأتي به من جديد تؤثر فيها. ومن أجل الإجابة على : من يقود الصناعة نشير إلى الملاحظات الآتية :

أولا : إن الشركات القائمة على الإبتكار الجذري (وميزتها في الإختراق الجديد) تعمل كشركات قائدة تأتي بالمبادئ وقواعد اللعبة الجديدة . وهذا يكون له تأثيرا كبيرا وربما جذريا في الشركة والشركات المنافسة وبالمحصلة في الصناعة كلها .

ثانيا : إن الشركات القائمة على التحسين (وميزتها في التعديلات المستمرة) هي أيضا تؤثر في البيئة التي تعمل فيها ولكن في حدود معينة . وكلما كان هناك عدد كبير من الشركات المنافسة على أساس التحسين كان ذلك سببا في سرعة تغير الحالة القائمة للصناعة قبولها للتغيرات الجزئية (التحسين) والكلية (الإبتكار) .

الشكل رقم (1-12) : إنها مجرد فكرة

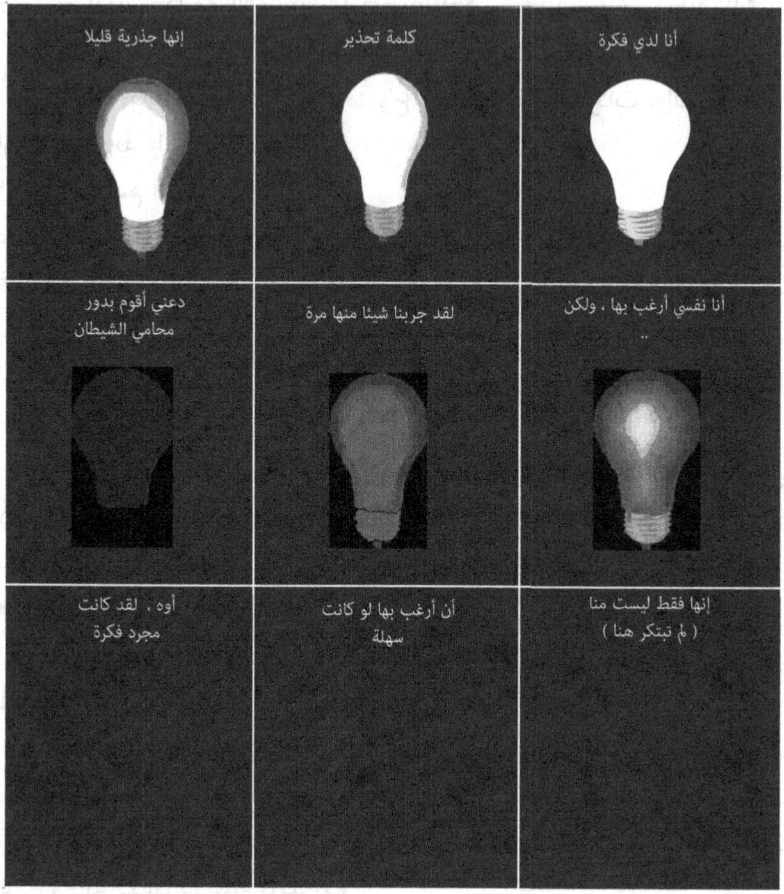

Source: Tom Peters and Nancy Austin (1985):A Passion for Excellence, Time Warner Company, New York, p225.

ثالثا : في بيئة الصناعة التي يعمل فيها عدد كبير من الشركات المحافظة (الشركات التي تركز على حماية قدراتها وبراءاتها بشكل أساسي) ، فإن الإبتكار يكون محدودا والحالة القائمة أقوى في الإستمرار وذات عقبات كبيرة . كما إن قبول الإبتكار وتعلمه يكون بطيئا

جدا ، مما يجعل بيئة الصناعة المحافظة هي التي توجه الصناعة ولها تأثيرها الواضح في توجيه الشركات المتفردة بما في ذلك الشركات التي تكون ذات ميل أفضل نحو الإبتكار أو التحسين لفترة قد تكون طويلة أحيانا .

رابعا : في الصناعات كثيفة التغير (Change - Intensive Is.) ومع شركات عديدة تتجه نحو التغيير وإدخال التطورات الجديدة على الحالة القائمة ، فأنها تكون حالة مثالية من أجل تفاعل فعال وقوي ومتنوع وواسع بين الشركات والصناعات لصالح الإبتكارات الجذرية والتحسينات .

1-9- الإبتكار وعدم التأكد

إن عدم التأكد (Uncertainty) هو السمة المحددة والأكثر بروزا في الإبتكارات. وظروف عدم التأكد خلافا لظروف المخاطرة تكون كل البدائل ممكنة في المستقبل فلا أرجحية ولا إحتمالية في الظهور مع عدم التأكد حول ما سيكون وهذا هو النشاط الإبتكاري والإستثمار فيه : يأتي أو لا يأتي وعلى المبتكر أو الشركة الإبتكارية أن تتحمل النتائج .

وهذا خلاف لظروف المخاطرة حيث هناك إحتمالات لظهور الحالات الطبيعية والبدائل على الأقل إعتمادا على الخبرة التقديرية أو إستنادا إلى البيانات التأريخية أو الحالات السابقة القابلة للمقارنة ، وهذا مال لا يمكن فعله مع الإبتكار لأن كل إبتكار هو فريد في ذاته وجديده غير معروف تماما .

ولقد حدد فريمان (C.Freeman) ثلاث فئات عريضة لعدم التأكد الذي يترافق مع النشاط الإبتكاري وهي[77]:

1- عدم تأكد الأعمال العامة (General Business) : وينطبق على كل القرارات ذات العلاقة بالمستقبل بالمدى الذي تتأثر فيه بالعوامل البيئية السياسية ، القانونية، الإقتصادية .. إلخ . وحيث أن الإبتكارات تتعلق بفترة أطول من قرارات الإستثمار الأخرى ، فإنه يكون ذا عدم تأكد أكبر .

2- عدم تأكد السوق (Market Uncertainty) : ويشير إلى المدى الذي عنده الإبتكار سيكون ناجحا تجاريا بالنسبة لمواصفة المنتج المعطاة .

3- عدم التأكـد الفنـي (Technology Uncertainty) يشـير إلى المواصـفات القياسـية لأداء التكنولوجيا الجديدة أو المنتج الجديد في ظل الظروف التشغيلية المختلفة . والواقع أن درجة عدم التأكد تزداد كلما إتجهنا نحو البحث الأساسي وإبتكار الفكرة الأساسية الجذرية (الإختراق الأساسي) ، ليأتي بعدها إبتكارات المنتج الجذرية، وتخفض درجة عدم التأكد كلما إتجهنا نحو التحسينات الفنية والسوقية . والجدول رقم (1-13) يوضح درجة عدم التأكد المترافقة مع مختلف أنواع الإبتكار .

الجدول رقم (1-13) : درجة التأكد المترافقة مع مختلف أنواع الإبتكار

1- عـــدم التأكـــد المطلـــق أو الحقيقـــي (True Uncertainty)	- البحث الأساسي . - الإختراع الأساسي .
2- درجة عالية جدا من عدم التأكد[1]	- إبتكارات المنتج الجذرية . - إبتكارات العملية الجذرية خارج الشركة .
3- درجة عالية جدا من عدم التأكد[2]	- إبتكارات المنتج الرئيسي (Major) . - إبتكـــارات العمليـــة الجذريـــة في الشرـــكة أو النظام نفسه .
4- عدم التأكد المتوسط (Moderate)	- أجيال جديدة من المنتجات القائمة .
5- عدم التأكد القليل (Little)	- الإبتكار المرخص . - تقليد إبتكارات المنتج . - تعديل المنتجات والعمليات . - التبني المبكر للعملية الناشئة .
6- عدم التأكد القليل جدا (Very Little)	- نموذج جديد . - تمييز المنتج . - وكالة لإبتكار منتج قائم . - التبنـــي المتـــأخر لإبتكـــار عمليـــة قائمـــة في الشركة نفسها . - تحسينات فنية محدودة .

Source: C.Freeman (1974): The Economics of Industrial Innovation, Penguin Books, London, p226.

1-10- المبادلات في الإبتكار

ثمة مبادلات (Tradeoffs) في الإبتكار لابد من مراعاتها بحكمة على الأقل من جانبين . الأول : من أجل التوصل إلى القرار الأمثل أو الأفضل حيث أن المبادلة تعني إمكانية تعدد الخيارات بمبالغ أو كميات أو مقادير مختلفة ومتعاكسة لابد من إختيار توافقية منها . والثاني : أن بعض هذه المبادلات قابلة للتحسين وأحيانا قابلة للإلغاء خاصة وإن بعض المبادلات هي زائفة وليست حقيقية .

المبادلة الأولى : الإبتكار / المخاطرة (1)

إن السعي من أجل سياسة طموحة في الإبتكار لابد من أن تعني المزيد من الإستثمارات المستخدمة في البحث والتطوير . وهذا يعني بدوره المزيد من المخاطرة في ظروف عدم تأكد عالي جراء طبيعة البحث والتطوير في مجال غير معروف وليس هناك معلومات أو خبرات سابقة فيه . والمبادلة تكون ما بين حجم الإستثمارات المستخدم وحجم المخاطرة التي يمكن تحملها . أن الشكل (1 - 14) يوضح هذه المبادلة في السياسة المحافظة (إستثمار أقل ـ مخاطرة أقل) أو الطموحة (إستثمار أكبر ـ مخاطرة أكبر) .

المبادلة الثانية : الإبتكار / المخاطرة (2)

ولأن الإبتكار نشاط غير مؤكد بدرجة كبيرة ، فإن إستثمار مبلغ (س) في مشروع واحد للبحث والتطوير يعني مخاطرة عالية (وضع كل البيض في سلة واحدة) . ومن أجل الحد من هذه المخاطرة فإن التجربة يمكن أن تدفع نحو تعدد مشروعات البحث والتطوير من أجل زيادة إحتمالية التوصل إلى نتيجة إيجابية في مشروع واحد أو أكثر من بين خمسة أو سبعة مشروعات . وإذا كان الأمر كذلك فقد يلجأ بعض الشركات إلى المبالغة في عدد المشروعات من أجل زيادة إحتمالية التوصل إلى النتائج الإيجابية .

ولكن هذا يؤدي بالمقابل إلى تقليص الموارد المتاحة لكل مشروع وبالتالي تشتيت هذه الموارد بما يعرض كل مشروع للتوقف في مراحل تقدمه دون القدرة على إكماله لنقص الموارد .

الشكل رقم (1-14) : مبادلة الإبتكار / المخاطرة

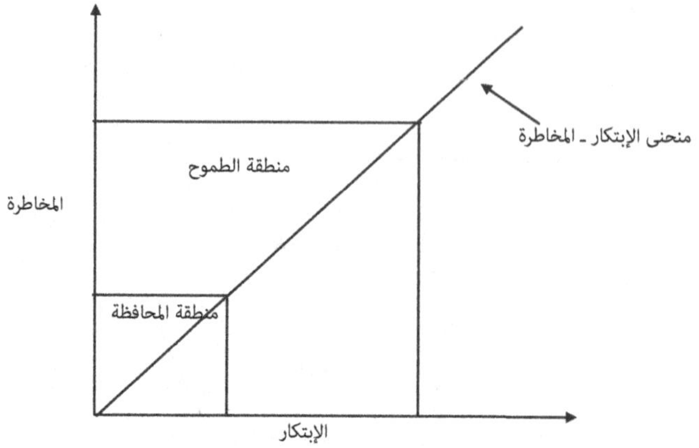

والشكل رقم (1 - 15) يوضح هذه الحالة وأهمية إختيار المبادلة الملائمة عند عدد ملائم من المشروعات ومستوى ملائم من المخاطرة . وهو يوضح أن المبادلة في هذه الحالة ضرورية بين مشروع واحد بموارد كبيرة جدا ومخاطرة عالية جدا ، وبين عدد ملائم من المشروعات ، وبين عدد كبير من المشروعات فتزداد المخاطرة مرة أخرى ليست فقط لعدم التأكد من النتائج كما في الحالة الأولى وإنما بسبب نقص الموارد . ولقد إشارات إحدى الدراسات إلى ما بين (5 - 7) مشروعات يمثل العدد الملائم حيث تقل المخاطرة في كل مشروع مع زيادة فرص التوصل إلى نتائج إيجابية . في مقابل تزايد المخاطرة عند تقليص العدد أو زيادته بشكل كبير .

المبادلة الثالثة : النظام / الفوضى

إن الشركة في بعدها التنظيمي البيروقراطي تقوم على أولوية النظام (Order) . كما أن الشركة في بعدها القائم على الإبتكار تقوم على تحرير النشاط الإبتكاري من القيود التنظيمية والإشراف والرقابة .

الشكل رقم (1-15) : مبادلة تعدد المشروعات / المخاطرة

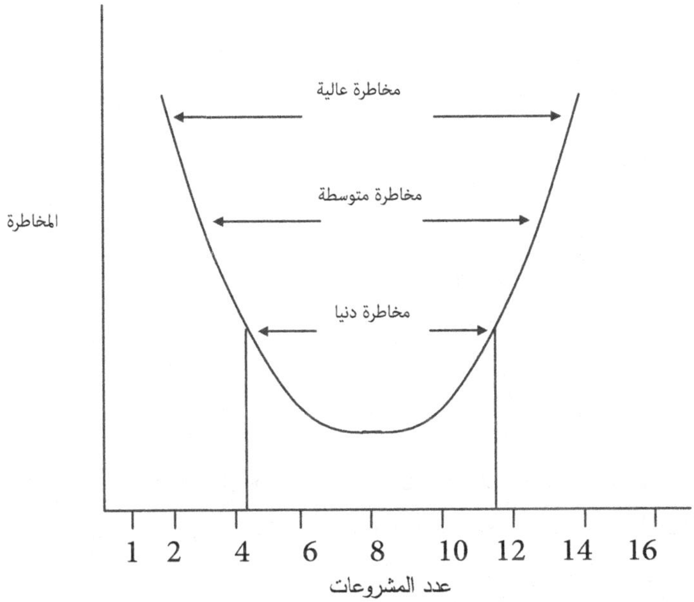

وإذا كان البعد الأول يحمي النظام والهرمية ويعمل وفق مهام محـددة ، فـإن الثـاني يمكن أن يتجاوز كل هذه القيود ليصـل إلى الإنفتـاح وربمـا إلى الفـوضى (Chaos) مـن أجل الفوز بالإبتكار . ولاشك في أن تحقيق التوازن بين الإثنين النظام والفوضى، الإنغـلاق والإنفتاح ، والتقييد والمرونة يتطلب هذا النوع من المبادلة .

وإن الشـكل رقـم (1 - 16) يوضـح أبعـاد هـذه المبادلـة ومنطقـة التـوازن النظـام والفوضى ، آخـذين في الإعتبـار أن الدراسـات التـي تناولـت الأبعـاد التنظيميـة للإبتكـار أكدت على خيارين :

الأول : هو التخلص من أشكال التنظيم التقليدية العمودية الهرمية لصالح الأشكال التنظيمية الجديدة الأفقية كالتنظيم الشبكي والعنكبوتي التي تكون أكثر ملاءمة للعمل المعرفي وأنشطة البحث والتطوير .

الثاني : المزج بين كلا البعدين بما يضمن قدرا من النظام وقدرا من التحرر من النظام والقيود التنظيمية . وهذا ما يتحقق من خلال جماعة الإبتكار (Community of Creation) لدى ساوني وبرانديلي[78] (Sawhney and Prandlli) ووحدات العمل المستقلة (Skunkwork) لدى توم بيترز[79] (T.Peters) .

الشكل رقم (1-16) : المبادلة بين النظام والفوضى في النشاط الإبتكاري

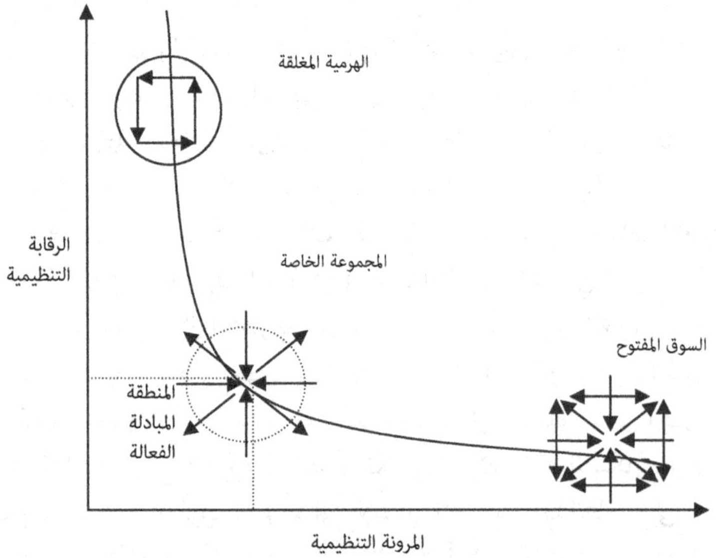

1-11- مفارقة الإبتكار والتعلم

إن أهم إنجازات الابتكار يتمثل في الإبتكار نفسه وفي كونه يولّد التعلم الجديد. فالإبتكار بهذا المعنى هو معرفة كثيفة وجديدة يتسم بتعلم عالي الأداء . والواقع أنه ليس

هناك مصدر أكثر غنى في التعلم من الابتكار . وحتى الفشل (Failure) فيه يمثل مصدرا ذكيا للتعلم . حيث أن الفشل مجال خصب ومشبّع بالتصحيحات (التعلم الجديد) التي يمكن القيام بها بسهولة لأن الفشل نجم عنها . لهذا فالفشل في الإبتكار في هذه الحالة يمكن أن يحدد طبيعة وإتجاه الابتكار القادم . وقد إستنتجت إحدى الدراسات التي أجريت على أكثر من (150) منتجا جديدا ، إن التعلم أو المعرفة التي إكتسبت من الفشل كان هو الوسيلة في تحقيق النجاحات المتتالية [80] .

وفي ظل المنافسة لا يعود الإبتكار وحده هو الذي يتطلب السرعة وإنما التعلم من الإبتكار بالدرجة الأولى ، ولنا أن نلاحظ في هذا مفارقة كبيرة ومستمرة . فالإبتكار عندما ينشأ تكون الشركة في أشد الحاجة إلى التعلم (بمعنى الاستيعاب ، التطبيق ، والإنتاج بالتكلفة الأدنى حسب منحنى التعلم) ، ولكن الوصول الى تحقيق أفضل مستوى تعلم يعني أن الشركة تكون في اشد الحاجة الى الإبتكار بعد أن وصل المنتج الجديد الى أقصى- حالات الإستغلال والإنتشار . أي أن الإبتكار عندما يأتي فأنه يكون في أفضل حالاته، وهو بهذا المعنى سيلغي التعلم السابق الذي أصبح في أفضل معدلات التعلم (وأدنى تكلفة للوحدة المنتجة) . ولتبدأ دورة جديدة من الحاجة للتعلم من جديد للإبتكار الجديد .

فكيف يمكن للإدارة الإبتكار والتعلم معا لصالح الشركة ؟ كيف يمكن أن يكون التعلم في أعلى معدلاته ومع ذلك لا يكون ذلك على حساب الإبتكار في الشركة ؟ والإجابة تكمن فيما أشرنا إليه مرارا في إستدامة الإبتكار ، في أن يكون الابتكار رشيميا (Seminal) حيث كل إبتكار يحمل بذور تطوره المستقبلي اللاحق الى ابتكار جديد . إن مفارقة الإبتكار والتعلم تكون مؤلمة حقا في حالة الإبتكار الوحيد الذي سرعان ما تصل الشركة ومنافسوها على حد سواء بمعدل التعلم الى أقصاه . ومن أجل حل الإشكال في هذه المفارقة لصالح الشركة فلا بد أن تكون الشركة دائمة الإبتكار . وهذا ما يجعل فترة العلم بمثابة فترة الوثوب السريع الى الإبتكار الجديد . لهذا فإن على الشركة الإبتكارية أن تقيس الإبتكار والتعلم بنفس الوسائل من أجل الحد من هذه المفارقة . ومن أجل التوضيح نشير الى أن العلم يمكن قياسه من خلال أولا : معدل التعلم (Learning Rate) أو معادلة مجموعة بوسطن الاستشارية (CBG) التي تقوم على إنخفاض تكلفة الوحدة

بمقدار الثلث عند كل مرة يتضاعف فيها الإنتاج . وثانيا : بما يدعى منحنى منتصف الحياة (Half-life Curve) الذي طورته (Analog Devices) وهو الذي يقيس الوقت الذي تأخذه الشركة لإنجاز (50 ٪) من التحسين في الأداء أو الأداء المتوقع[81] .

وفي الإبتكار فإن على الشركة أن تضع معدل الأداء الذي عنده تكون قد بدأت بتطوير المفهوم الجديد ، ومعدل التعلم الذي عنده يبدأ العمل على المنتج الجديد ، ومعدل التعلم الذي عنده يتم التخلي عن إبتكار المنتج السابق وإحلال إبتكار المنتج الجديد . ونفس الشيء يمكن فعله عند استخدام منحنى منتصف الحياة الذي يكون ما قبل (50 ٪) من الأداء المتوقع للإبتكار الحالي هو فترة التوصل الى المفهوم والمنتج الجديد و (50 ٪) هي الفترة الأقصر من أجل إيصال المنتج الجديد الى السوق .

12-1- الإبتكار وثقافة الشركة

إن ثقافة الشركة (Corporate Culture) هي الإتجاه الغالب أو السائد في الشركة، وهي الطريقة الخاصة لتصور وعمل الأشياء التي تميز الشركة عن غيرها وتعطي طابعا ذا دلالة عن ماضي الشركة وأحداثها الأساسية وتطورها المحتمل . وإذا كانت الشركات تطور ثقافتها من أجل إكساب العاملين هوية متميزة وتحقيق الفهم المشترك لأهدافها ومبادئها وطريقة المعالجة لأعمالها ، فإن ذلك يتم من خلال مجموعة العناصر الصلبة والناعمة المؤثرة في الثقافة[82]. والعناصر الصلبة (Hard Elements) تتمثل في الهيكل التنظيمي ، الأنظمة ، والقواعد والإجراءات الروتينية المحددة . أما العناصر الناعمة (Soft Elements) فتتمثل في الأسلوب والمهارات ، القيم والمبادئ ، وأخيرا الرموز والقصص والشعائر الخاصة بالشركة .

ولتوضيح هذا التمييز للعناصر المكونة لثقافة الشركة ، نشير إلى أن الشركات عموما يمكن أن تصنف إلى شركات محافظة (Conservative) وشركات قائمة على الإبتكار (Innovation-Based) . وفي الشركات المحافظة والتي عادة ما تعمل في بيئات أعمال مستقرة ، فإن الأبعاد الصلبة لثقافة الشركة تنشأ وتتطور عبر تطور الشركة لتكسبها أبعادها الرسمية والهرمية والوظيفية المتخصصة والإجراءات وأسسها قوية الضاربة في هرمية الشركة ورسميتها وتواتر قواعدها وتعاقب إجراءاتها . لتأتي العناصر الناعمة

كملحقات لتدعيمها . أما في الشركات القائمة على الإبتكار والتي تعمل في بيئات أعمال متغيرة ، فإن العناصر الصلبة تضعف وتتقلص ليتم التعويل بدرجة أكبر على العناصر الناعمة المكونة للثقافة من أجل تعزيز هوية الشركة وتميّزها . ومما لا شك فيه أن الشركات القائمة على الإبتكار والتي تعزز فيها العناصر الناعمة تكون أكثر قدرة على الإستجابة للأهداف والمطالب والتغيرات الجديدة في السوق .

ومع هذا التصنيف للشركات (محافظة وإبتكارية) على أساس عوامل الثقافة الصلبة والناعمة ، فإننا يمكن أن نلاحظ البعد الآخر في واقع ثقافة الشركة التي تكون في أفضل حالاتها في التقييم عندما تعمل على تحقيق هوية مشتركة لجميع العاملين وإيجاد وحدة التصور لأهدافها ومبادئها وأساليبها في عمل الأشياء . ومثل هذه الوظيفة التي تضطلع بها ثقافة الشركة في الشركات ذات الرؤية (Visionary Firms) الكبيرة والمهمة والقائدة في مجالها ، والتي تطور ثقافات شبيهة بالعبادة (Cult-Like Cultures) . ومثل هذه الثقافات بقدر ما تقوم ببدور الرابطة الفعالة والغراء القوي لتحقيق وحدة الشركة وبالتالي زيادة الإنتاجية وتحسين الإنسجام والروح المعنوية ، فإنها من جهة أخرى تعمل على تكريس الحالة القائمة وإحباط الإبتكار . فالإبتكار يتطلب ثقافة مختلفة بشكل جذري عن تلك الثقافات التي تشجع التماسك ، الولاء ، والمعايير المحددة للإتجاهات والسلوكيات الملائمة[83]. حيث أن الإبتكار هو التفكير والنظر خارج الصندوق (الشركة و ثقافتها الحالية) والإتيان بالجديد الذي فيه يمكن أن يظهر الإبتكار كقوى سوداء مهددة للنظام بالفوضى ، والهدوء بالإضطراب والتغير ، والتماسك بأشكال غير متوقعة من التراخي والتفكك . لهذا فإنه قد يصطدم بثقافة الشركة التي تدعم في توجهها العام ماضي الشركة وحالتها القائمة في الحاضر . وإذا ما نظرنا إلى ثقافة بعض الشركات الكبيرة نجد مثلا أن (IBM) كانت لديها قيم جوهرية في (إحترام الفرد العامل والإصغاء للزبون) كما كانت لديها قواعد محددة لما يجب القيام به تتعلق بإرتداء الملابس الغامقة ، تشجيع الزواج، عدم تشجيع التدخين ، ومنع تناول الكحول . كما أن شركة ديزني لاند (Disneyland) كانت لديها صرامة إزاء سلوك العاملين الخاص بالهيئة المحكمة فهي لا تسمح بشعر الوجه أو تدلية الحلي . وإن القادمين الجدد للعمل في هذه الشركة كانوا

يخضعون لجهد كثيف من أجل إطلاعهم على إيديولوجيا الشركة وأهدافها وقواعدها. ومن الواضح أن هذه الممارسات كلها تعمل على إدخال الفرد -العامل إلى الصندوق في التفكير والسلوك . وفي مقابل ذلك نجد أن شركات أخرى كانت تتجاوز القواعد المحددة في محاولة لإضفاء ثقافة مرنة ورؤية مفتوحة للشركة . فمثلا دليل العمل في شركة (Nordstrom) الذي يقدم للعامل لا يتضمن إلا بطاقة صغيرة (5 × 8) مع قاعدة واحدة : إستخدام تقديرك الذاتي في كل الحالات ، ولا قواعد إضافية[84] .

لهذا لابد للشركة من أن تحقق قدرا معقولا من التوازن ما بين وظيفة ثقافة الشركة في إيجاد الهوية ووحدة التوجه والتفكير والسلوكيات في الشركة (وهذا ما يمثل داخل الصندوق) من جهة وبين الحاجة المتزايدة إلى الإبتكار كمصدر لتجدد الشركة وميزة تنافسية مستدامة من خلال الإتيان بالحلول الجديدة غير المألوفة لمشكلات مألوفة أو بالأشياء الجديدة مما هو خارج الصندوق من جهة أخرى . ولاشك في أن جميع الشركات تتدافع من أجل رفع شعارات الإبتكار والإبتكارات المستمرة ، إلا أن هذا الصخب في الأقوال (المستهدف من قبل الشركة) قد لا يكون كذلك في الأفعال (واقع ومواقف الشركة الفعلية) (انظر الملحق رقم 2 حول تقييم الإختلافات الثقافية) . وإن أحد أسباب هذا الإفتراق ما بين الأقوال والأفعال هو بالتأكيد ثقافة الشركة التي تصر في حالات عديدة على بقاء العاملين ضمن النظرة الواحدة وداخل الصندوق . وفي مقابل ذلك فأن الإبتكارات المستمرة تمثل ثقافة جديدة وأكاد أقول إبتكارا ثقافيا موازيا قادرا عل التنافذ بقوة ليس فقط بين الأقوال والأفعال (لأن رؤية الشركة في الأصل هي للتنفيذ حتى في المدى المتوسط أو الطويل) ، وإنما بين ما داخل الصندوق (الشركة) وخارجها (المنافسين وبدرجة أكبر الزبائن) .

وكما أن الشركات تختلف عن بعضها البعض في القدرة المالية والتكنولوجية والبشرية والإبتكارية ، فإنها أيضا تختلف في ثقافة الشركة وموقفها من الإبتكار . ويمكن في هذا السياق أن نرسم طيفا شمسيا لثقافة الشركة كسلسلة متواصلة للمواقف المختلفة من الإبتكار تمتد بين نهايتين قصوتين . النهاية القصوى الأولى وتمثل ثقافة الشركة المحافظة المتطرفة ، وهذه يمكن أن يمثلها محطمو الإبتكار أو لوديت الإبتكار (Luddite

Innovation) بكل ما يعنيه ذلك من إتخاذ مواقف تصل إلى التحطيم والتخريب ضد الإبتكار والمبتكرين . والنهاية القصوى الثانية تتمثل في ثقافة الإبتكار المستمر . وهذه يمكن أن تمثلها الشركات القائمة على الإبتكار بكل ما يعنيه ذلك من إعتبار الإبتكار استثمارا وليس نفقة ، وميزة تنافسية مستدامة وليس من العوامل المساعدة عليها ، ومجالا للتجديد والتوسع وليس مجالا مهددا لإمكانات الشركة الحالية بالتقادم .. إلخ . والشكل رقم (1-17) يوضح هذه السلسلة المتواصلة لثقافة الشركة بالعلاقة مع الإبتكار .

الشكل رقم (1-17) : السلسلة المتواصلة لثقافة الشركة حيال الإبتكار

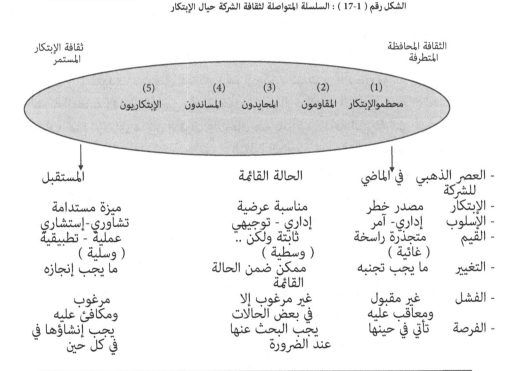

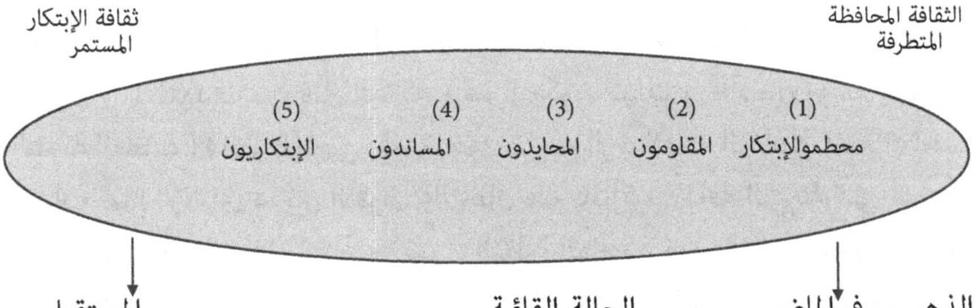

- العصر الذهبي للشركة	في الماضي	الحالة القائمة	المستقبل
- الإبتكار	مصدر خطر	مناسبة عرضية	ميزة مستدامة
- الأسلوب	إداري- آمر	إداري - توجيهي	تشاوري-إستشاري
- القيم	متجذرة راسخة (غائية)	ثابتة ولكن .. (وسطية)	عملية - تطبيقية (وسلية)
- التغيير	ما يجب تجنبه	ممكن ضمن الحالة القائمة	ما يجب إنجازه
- الفشل	غير مقبول ومعاقب عليه	غير مرغوب إلا في بعض الحالات	مرغوب ومكافئ عليه
- الفرصة	تأتي في حينها	يجب البحث عنها عند الضرورة	يجب إنشاؤها في في كل حين

إن إعتبار الإبتكار ميزة تنافسية مستدامة تتجدد من خلاله قدرات الشركة ومركزها التنافسي في السوق أخذ يفرض على الشركات أن تتحرك بثقافتها نحو المزيد من المرونة وقبول التغيير والأفكار الجديدة والقيم التي تعزز النشاط الإبتكاري في الشركة. ومع أن تغيير ثقافة الشركة التي تكونت عبر تراث الشركة وأحداثها الأساسية وأبطالها التاريخيين مسألة صعبة جدا ، إلا أن هذا لا يعني بقاء ثقافة الشركة في معزل عن التغييرات التي تعصف بالشركة والقوى المؤثرة فيها والظروف السائدة حولها .

فعلى صعيد التغييرات الداخلية فقط أشار روجر بينيت (R.Bennett) إلى أربعة عوامل لتغيير ثقافة الشركة : إدخال ملاك جديد في الشركة ، برامج الحوافز المشجعة للمداخل وطرق العمل الجديدة ، وتبنيها للأفكار الجديدة ، وأخيرا ترقية الأفراد ذوي الإتجاهات الثقافية المرنة والملاءمة[85] .

أما على الصعيد الخارجي فإن الظروف الجديدة التي تحيط بالشركة لابد من أن يفرض عليها إتجاهات جديدة في التفكير والعمل والتي تستدعي تغييرا جديا في ثقافة الشركة . إن إنتشار إستخدام الإنترنت وظهور شركات الدوت (Dot Coms.) بأساليبها الجديدة ونماذج أعمالها المبتكرة ، لابد أن يفرض على الشركات التحرك بجدية بثقافة الشركة نحو الإستجابة لهذه التغييرات في الظروف التي أصبحت أكثر إبتكارية في نماذج الأعمال ومفاهيمها ، ومرونة في أساليبها وسرعة في سباقها على أساس الزمن ودولية في عولمة الرؤية والأنشطة (أنظر الإطار رقم (3) حول الإنترنت وثقافة الشركة والإبتكار) .

الإطار رقم (3) : الإنترنت وثقافة الشركة والإبتكار

لاشك في أن الإنترنت يمثل الشكل الأرقى لتكنولوجيا المعلومات والإبتكار الأقوى والأوسع في وسائل الإتصالات والقطاع الأكثر نموا وتطورا منذ منتصف التسعينات حتى الآن . ولعل الأكثر أهمية لنا هو أن الإنترنت يمثل التحدي الأكبر للإدارة ليس فقط في تغيير أشكال التنظيم وأساليب إدارة الأشياء بإتجاه أشكال التنظيم الشبكي والإدارة الرقمية ، وإنما أيضا في تغيير ثقافة الشركة نفسها .

إن ثقافة الشركة هي النمط الراسخ لشخصية الشركة الذي يحدد قيمها ومعاييرها وسلوكياتها في الإستجابة للأحداث . إلا أن هذا الرسوخ في الثقافة في الثبات والاطراد لا يعادله في الأهمية من أجل التغيير إلا الظروف والأحداث الخارجية الجديدة. والإنترنت بدون شك هو الحدث الأكثر بروزا وتأثيرا وعمقا (كمفاهيم وأساليب) وإتساعا (كمجالات وعلاقات) منذ عقود طويلة . ولعل هذا هو ما يجعل الثقافة بحاجة الى التغيير للإستجابة لهذا الحدث ، ويمكن أن نحدد عوامل أساسية في تغيير الثقافة للإستجابة للإنترنت :

أولا : السرعة القصوى : إنها سرعة الفعل والإتصالات والإستجابة لكل ما يحدث على الصعيد المحلي ، الوطني ، الإقليمي ، والدولي بسرعة تفوق السرعات السابقة المعروفة بعشرات الأضعاف .

ثانيا : مساندة المخاطرة : إن الجديد أصبح يأتي من كل العالم الى كل أسواق العالم، والذي يتردد في الإستجابة لا يخسر الفرصة الجديدة حسب بل يخسر فرصته السابقة أيضا (أي حصته الحالية في السوق) . وإن الإبتكار هو الفرصة الأكثر ضمانا عندما تصبح المخاطرة هي الأكثر ظهورا في حالة الإستقرار وعدم الإستجابة للتغيرات الجديدة .

ثالثا : تقاسم المعلومات والمعرفة : حيث أن السمة الأبرز في الإنترنت هي التبادل الرقمي للمعلومات ، فإن تقاسم المعلومات والمعرفة (التعاون) هو الأكثر بروزا داخل الشركة ومع الموردين والزبائن . وهذا يوجد ثقافة اتصال مفتوحة على الخارج بشكل لم يسبق له مثيل دون أن يكون ذلك إلا تأكيدا جديدا على النمط الحالي للشركة في العمل والإتصال والإستجابة .

رابعا : إدارة المعرفة هي إدارة القوة الذهنية التي هي أكثر تخصصا ومهنيا بدلا من إدارة الأشياء . وهذا لا يعني فقط أن المعرفة قوة وإنما أيضا توليد المعرفة الجديدة (ابتكارها) وتقاسمها هو الأكثر قوة وتأثيرا في أعمال الشركة وتطورها .

خامسا : فرق العمل المتحركة : وهذه أصبحت الشكل الأكثر ظهورا وقبولا في إنجاز الأعمال ، حيث الفرق تنشأ لمهام وتنتهي بإنتهائها لتشكل من أجل مهام أخرى .

وأهم سمة فيها أنها مؤقتة لا دائمة ، متعددة لا واحدة ، ومتغيرة لا ثابتة ..الخ .
سادسا : انتفاء الرقابة : حيث أن الثقة هي الأساس في التعامل مع عاملين يزدادون قدرة مهنية وفكرية في إدارة معرفة الشركة الضمنية والصريحة . وإذا كانت الثقة تصبح موردا جديدا من موارد الشركة المتعلقة برأس المال الفكري ، فإن الإنترنت بفعل ما يؤدي الى مرونة موقع العمل وتنوع العلاقات وإنتقال قدرة الشركة من موجوداتها المادية الى موجوداتها الذهنية في أفرادها ، سيجعل هذه الثقة هي القانون الأساسي في علاقات الشركات بأفرادها في عصر الإنترنت .

ولابد من التأكيد على العقبات الأساسية التي تواجه الشركة في تكييف وتغيير ثقافتها من أجل الإستجابة للإبتكار الذي يتزايد دوره وتأثيره في تكوين قدرات الشركة المادية والمعنوية وميزتها التنافسية . وهذه العقبات هي :
أولا : عقبة تغيير الثقافة : حيث أن الحالة المثالية في ثقافة الشركة أن تكون القيم والمعتقدات والتوقعات متقاسمة بين الأفراد العاملين في الشركة . وإن الإبتكار لابد من أن يعني هز هذه القيم والمعتقدات وإدخال قيم وأفكار جديدة غير متقاسمة ولا متشاركة بين العاملين . وهذا بقدر ما يخلق مقاومة تغيير من قبل " حراس قيم الشركة " ، فإنه يوجد قدرا من الإرباك وعدم الإستقرار في المفاهيم وطرق التفكير والعمل لدى العاملين في الشركة . أن هذه العقبة لا يمكن مواجهتها إلا من خلال وضع الإدارة للأهداف والقيم الجوهرية الجديدة بشكل واضح وصريح والتدريب على ذلك لإيجاد رموز ودلالات وتعابير وطقوس تدعم ثقافة الشركة الموجهة نحو الإبتكار .
ثانيا : عقبة الملائمة بين متطلبات الإبتكار في التغير ومتطلبات الثقافة في إيجاد الإنسجام والنظامية و حتى الإنضباط : وهذا يتطلب حسب ريبيكا هندرسون (R.Henderson) التوازن والتوفيق بين الإثنين . فقد أكدت على أن مشكلة الإبتكار لا يمكن حلها في معرض تحليلها للجمع بين التنظيم الوظيفي و الموجه إلى المنتج ، إلا بزرع ثقافة فعالة يستطيع فيها كل فرد من أفراد الشركة أن يلبس قبعتين

(To Wear Two Hats) : القبعة الوظيفية (الإنضباط) والقبعة الموجهة للمعالجة الجديدة (الإبتكار)[86].

ثالثا : عقبة رهاب الإبتكار : أن بعض الشركات التقليدية تعاني بحق من الخوف غير الطبيعي من الإبتكار لأسباب تتعلق بالمناخ التنظيمي والتقاليد المحافظة في الشركة وجراء عدم القدرة على الإبتكار ومجاراة المنافسين فيه . فمثلما توجد فوبيا أو رهاب الأماكن المظلمة أو رهاب الأماكن أو الأصوات العالية ، كذلك هناك رهاب الإبتكار (Innovation Phobia) وهو الهلع المرضي من أي شيء جديد أو أي شيء أو موقف يتطلب السعي من أجل الإبتكار . ومع أن الحياة لم يكن لها أن تكون كما هي الآن ما لم يكن هناك إبتكار . ومع إن معرفة الإدارة مؤكدة بأن الإبتكار موجود في كل زاوية أو ركن من أركان الشركة ، إلا أن بعض الإدارات تتطير من الإبتكار وتحس بالخوف الشديد عندما تفكر بالحاجة إلى الإبتكار ليس فقط لأن الإبتكار يتطلب مبتكرين ، وإنما أيضا لأن هذه الإدارة تعتقد أن الإبتكار هو عمل الآخرين وليس عملها . لهذا فهي تكرر العبارات مثل :

- إن الأمس أحسن من اليوم ، فما الجدوى ؟.
- إن ما نراه قديما اليوم كان جديدا من قبل ، فما الجدوى ؟ .
- إن ما قلنا له واو (WOW) بالأمس نقول له أف الآن ، فما الجدوى ؟ .
- حتى إن قمنا بحل مشاكل اليوم فإن للغد مشاكله أيضا ، فما الجدوى ؟ .
- قد نستطيع أن نعمل شيئا ولكن دائما يكون ما لا نريد ، فما الجدوى ؟ .
- حتى لو حاولنا (90) مرة فلن يكون الحل إلا في المرة (91) ، فما الضمان ؟.

رابعا : عقبة تقاسم المعرفة والإبتكار : إن الشركات القائمة على المعرفة والإبتكار سرعان ما تواجه عقبة حقيقية تتمثل في أن الإبتكار يقوم به البعض وهذا الإبتكار لا يحقق منفعته القصوى إلا بعد أن يتحول من معلومات ومعرفة لدى البعض إلى معلومات ومعرفة لدى الجميع في الشركة . وهذا عادة ما تقوم به الثقافة التي تتطور بشكل تدريجي، إلا أنه مع ثقافة الإبتكار لا يعود بالإمكان الإنتظار طويلا ولابد من إيجاد آليات

وأشكال التنظيم وحوافز من أجل التقاسم والتشارك في المعلومات والمعرفة الجديدة (الإبتكار) .

1-13- أساليب الحث والتعجيل لعملية الإبتكار

إن المنافسة وظروف السوق المتغيرة والميل المتزايد للزبائن نحو الأشياء الجديدة وكذاك ثورة المنتجات الجديدة ، أدت وبقوة الى المزيد من الطلب على الإبتكار والمبتكرين وأيضا على الأساليب والأدوات التي تساعد في تعجيل توليد الأفكار الجديدة وتحقيق المنتجات والعمليات والطرق الإبتكارية الجديدة .

ومع أن بعض الشركات تجد نفسها أحيانا مليئة بالأفكار الجديدة التي تحتاج إلى تمثلها وتحويلها إلى منتجات وطرق جديدة ، لهذا فهي تشعر أنها ليست بحاجة إلى المزيد من الأفكار الخلاقة . ومع أن البعض الآخر من الشركات يجد أن القليل من الإبتكار هو الأفضل في تحقيق النتائج الجيدة في سوق الأعمال ، لأن دع ألف زهرة وزهرة تتفتح قد تؤدي إلى تشتيت الموارد وهدرها في المشروعات المبالغ فيها الموجهة للإبتكار . وأن البعض الآخر يعاني من الخوف من الإبتكار أو ما يمكن تسميته برهاب الإبتكار . ومع أن بعض الشركات تواجه صعوبات في الإبتكار لا لنقص في القدرة الإبتكارية حقيقة وإنما جراء العقبات الإدارية والتنظيمية والأفكار المغلوطة عن الإبتكار وقدرات الأفراد الإبتكارية وجراء الخرافات المشعشة في رؤوس الكثيرين من الإداريين التي تحول دون تحقيق القدرة الإبتكارية الممكنة في الشركة (أنظر الإطار رقم (4) حول إفلاس الخرافات في الإبتكار) . ومع أن شركات أخرى تعمل في مجالات بطيئة التغيرات لا تجد في الإبتكار أية ميزة إلا في الفترات المتباعدة الطويلة .

الإطار رقم (4) : إفلاس الخرافات في مجال الإبتكار

كل شخص يعرف أن الابتكار هو القدرة على التعبير عن الأفكار التي تكون جديدة وذات قيمة ، وأن الإبتكار يكون غامضا وهذا صحيح . كما أننا جميعا نعرف أن الإبتكار موضوع في الدماغ الملائم والصحيح . ولكن البحث المنهجي حول العملية الإبتكارية في الأفراد يظهر شيئا آخر. وفي الواقع أن الكثير من المفاهيم الشائعة حول

الإبتكار يمكن إثبات تداعيها عندما ننظر الى عملية الإبتكار بشكل متأني . مما يكشف أن الكثير من هذه المفاهيم هي خرافات تصول وتجول مؤدية الى إعاقة الإبتكار والمبتكرين . وهذه الخرافات هي .

الخرافة (1) : الإبتكار نادر (Rare) : فعليا البحث يظهر أن العمليات العصبية تؤكد أن الإبتكار عالمي (Universal) . وإذا كان التعبير الإبتكاري نادر ، فأن الكثير من القدرة على الإبتكار يظهر مع التنشئة المحفزة ، فنحن كلنا لدينا القدرة المحتملة لموزرت وآينشتاين و وبيكاسو. وعلينا أن نعرف كيف ننزع هذه الإمكانية ؟

الخرافة (2) : فقط ذوي الذكاء العالية لديهم الإبتكار : بعض الدراسات تظهر الارتباط بين الذكاء و الإبتكار ، و لكن دراسات الارتباطات لا تلقي الضوء على علاقة سببية بينهما . بعبارة أخرى ليست هناك دراسة تظهر إن أية درجة خاصة من الذكاء تكون ضرورية من اجل الإبتكار ، وهناك الكثير من الفنانين ، المبتكرين ، الشعراء، والمؤلفين الموسيقيين كانوا ذوي الذكاء المتوسط .

الخرافة (3) : الإبتكار لا يمكن دراسته : إن أول مختبر لعلم النفس أقيم في أواخر القرن التاسع عشر وقبل ذلك الكثير من الناس إدّعوا أن التفكير و السلوك الإنساني سيكون دائما دون الوصول الى الفهم العلمي . و لكن التعلم ، الذاكرة ، التطور ، وبعض الجوانب الأخرى للسلوك الإنساني تدرس الآن بشكل اعتيادي في المختبرات حول العالم، و أن تقدما مهما قد أنجز على كل جبهة من جبهات البحث حول الإبتكار التي بدأت في الخمسينات وتطورت الدراسات المختبرية المتأنية فيه في السبعينات .

الخرافة (4) : إنه في دماغك الملائم : الدراسات على عدد قليل من مرضى (Split Brain) في الستينات حفزوا على دراسة خبل الدماغ الأيسر و الدماغ الأيمن. هناك دراسات كثيرة لم تكشف الموقع العصبي من اجل الإبداع . و الأفراد الذي يدعون إنهم قادرون على أن يدربونك لاستعمال الجانب الساكن من دماغك فإنهم يضللونك ويضللون أنفسهم أيضا .

الخرافة (5) : أن الإبتكار غامض : فعليا بعض الجوانب المهمة من العملية الإبتكارية في الأفراد هي غير مدروسة جيدا . العملية سيشعر بها دائما وعلى الأرجح أنها غامضة

لأن مشاعر الإحباط و الغموض غالبا تصاحب العملية. ولكن بعض القوانين الأساسية التي تهيمن على توليد طاقة الأفكار الجديدة اكتشفت الآن ، وأن تطبيقات عملية للعلم الأساسي تنطلق بشكل جيد .

الخرافة (6) : الإبتكار لا يمكن تعلمه : في الواقع كل واحد فعليا يستطيع أن يتعلم أن يعبر عن الإبداع الأعظم . المفتاح هو تطوير بعض المهارات أو القدرات البسيطة التي هي سهلة التعلم. وهذا يفسر الكثير من المراكز الموجهة نحو تطوير مهارات التفكير والنشاط الإبتكاري .

Source: Robert Epstien (2000) : The Big Book of Creativity Games, McGraw-Hill, New York,pp3-5.

نقول مع كل هذه الحالات ، يظل الإبتكار مطلوبا وملحا والحاجة إلى الأفكار والممارسات والطرق الإبتكارية الجديدة ، ملحة ومتصاعدة في جميع الشركات التي تتمتع بحس جيد للأعمال وبإهتمام من أجل البقاء والنمو في المستقبل .

وفي مثل هذه الشركات يتزايد النشاط من أجل البحث عن أساليب تنمي الإبتكار وتعجل بتوليد أفكاره الجديدة ، وإلى ما يجعل الأفراد في الشركة هم الأسرع والأفضل من منافسيهم في إيجاد وتطوير هذه الأفكار وما يرتبط بتحويلها إلى منتجات جديدة وأسواق جديدة .

ولكن السؤال الذي يطرح نفسه هو : هل بالإمكان تعلم الإبتكار ومن ثم إيجاد أساليب من أجل حثه وتعجيله ؟ ومن أجل الإجابة فإن أدبيات الإبتكار تقدم وجهتي نظر متضادتين هما :

أولا : إن الإبتكار قابل للتعلم : فالإبتكار نشاط إنساني شأنه شأن الأنشطة الأخرى . وإن التطور الكبير في إتجاه تعلم الإبتكار تؤكده البرامج التدريبية والأساليب المتزايدة من أجل حث وتعجيل عملية الإبتكار . وإذا كان هناك بعض الجوانب الغامضة في الإبتكار فإن هذه المسألة ليست سوى مسألة وقت من أجل التوصل إلى ما يمكن قياسه وعندئذ كل ما يمكن قياسه يمكن تعلمه .

ثانيا : إن الإبتكار غير قابل للتعلم : وهذا ما نجده في ومضة الإبتكار والحدس الذي هو المكون الأعمق والأكثر حرجا في عملية الإبتكار . وهذا المكون هو الذي ما لا يمكن تعليمه أو وضع دليل العمل (Handbook) أو كتاب القواعد (Rules Book) فيه أو تنظيم برنامج تدريبي من أجله . وإن أساليب حث وتعجيل عملية الإبتكار إنما هي أساليب تجريبية (المحاولة والخطأ) وأنشطة إحتمالية وفي أحسن الأحوال ترجيحية ولا دليل مؤكد على علاقة سببية أو علاقة تقريبية قابلة للتحديد بشكل كمي . بل أن كل أسلوب من أساليب حث وتعجيل عملية الإبتكار له مزاياه المعجلة وعيوبه المعوقة والمبعثرة للجهود .

والواقع إن كلا وجهتي النظر تحمل أسبابها المؤيدة . فالأولى ترى أنه من غير الممكن ترك خبرتنا الواسعة المرتبطة بتاريخ الإبتكار وتجارب المبتكرين بدون تنظيم وبدون تحويلها إلى أساليب قابلة للإستفادة بأية نسبة ممكنة لصالح تعجيل عملية الإبتكار وتحسينه. في حين أن الثانية تحمل أسبابها المؤيدة في ومضة الإبتكار وحدس المبتكر وما يترافق معه من حالات وطرق متنوعة يستخدمها المبتكر في توليد أفكاره الخلاقة الجديدة بما لا يمكن وضعه في ظروف محددة وخطوات موصوفة لتشير إلى نتائج إبتكارية . بل إن هذه الظروف وتلك الخطوات نفسها ليست هي الإبتكار بحد ذاته وإنما هي ما يحيط به. وشتان في هذه الحالة بين البيضة والعش الذي يحتضنها والشجرة التي تحمل هذا العش . وعليه فإن ما سنعرض له من أساليب لحث وتعجيل عملية الإبتكار وتوليد الأفكار الجديدة ، يمثل أدوات مساعدة قابلة للمساهمة في هذا المجال . مع التأكيد على أن هذه الأساليب كثيرة ومتنوعة ، لهذا نستعرض لبعض هذه الأساليب التي نجدها مهمة في الإستخدام وكذلك في إعطاء الفكرة الواضحة عن مضمون وخصائص هذه الأساليب :

أولا : عصف الأفكار

يعتبر عصف الأفكار (Brainstorming) أسلوبا واسع الإنتشار والإستخدام وممارسة خلاقة في هذا المجال . وفي هذه الممارسة يقوم مجموعة من الباحثين والمهتمين بالإبتكار بعقد جلسات لطرح أفكارهم بأسلوب حر ومشجع حول المشكلة الحالية أو للتوصل الى الأفكار الخلاقة الجديدة التي يمكن أن تساهم في تسريع عملية الإبتكار أو الإلتماع وزيادة فرصها . وهناك بعض التوجيهات والقواعد الأساسية التي يمكن أن تساهم

في ضمان أن تكون جلسات عصف العقول مولدة فعالة للأفكار الجديدة والخلاقة وتجنب كل ما يعيق ذلك . أنظر الإطار رقم (5) .

ومع تكنولوجيا المعلومات وإستخدام شبكات الحواسيب الإلكترونية ، فإن نمط الإجتماعات واللقاءات الإليكترونية أصبح شائعا مما بات ممكنا القيام بجلسات عصف الأفكار الإلكترونية بطريقة اللقاءات عن بعد والتحاور عبر شبكة الحواسيب الإلكترونية وليس عبر الإتصال وجها لوجه .

الإطار رقم (5) : أسلوب عصف العقول

أولا : **قبل الجلسة**

1- حدد الغرض من الجلسة . هل هو :

أ - لإيجاد إستخدمات للفكرة الجديدة ؟

ب – لإيجاد طريقة أفضل لعمل شيء ما ؟

ج – لإيجاد حل للمشكلة ؟

2- دوّن الملاحظات حول أية أفكار تتعلق بالموضوع .

ثانيا : أثناء الجلسة

3- حدّد من يأخذ الملاحظات

4- إسأل أعضاء الجماعة أن يقدموا أية فكرة تأتي على بالهم .

5- أكتب الأفكار على اللوحة ، على مخطط ، أو العارض الضوئي أو المسلاط ليستطيع كل أعضاء الجماعة أن يرونها .

6- شجّع أعضاء الجماعة أن يطوروا أفكار الآخرين وأيضا يومضوا أو يقدموا أفكارهم بإتجاهات مختلفة .

7- تجنب التقييم من قبل أي عضو في الجماعة . كل الأفكار صالحة ولو كانت الغريبة أو حتى إذا بدت مكررة لما قيل سابقا .

8- ولّد القوة الدافعة بإستمرار لتحتفظ الجماعة بزخم العمل والمشاركة .

9- توصل إلى العدد المستهدف للأفكار (مثلا 75 فكرة) في (15-30) دقيقة بعد بدء الجلسة .

10- صنف الأفكار المتولدة في (5-6) مجموعات من الممكن إضافة أخرى تكون مقترحة بواسطة التصنيف .
11- إسأل المجموعة أن ترتب الأفكار بشكل متدرج في كل تصنيف حسب أسئلة مثل :
أ ـ كيف هو جديد ؟
ب ـ كيف صلته بالموضوع ؟
ج ـ كيف جداوه ؟
12- قرر النشاط الذي يتخذ لتطوير الأفكار المفضلة .
Source: Derek Torrington and J.Weightman(1985): The Business of Management, Prentice Hall International, Englewood Cliffs, New Jersey, pp344-345.

وإذا كانت الفرق الإفتراضية (Virtual Teamworks) أصبحت شائعة ، فأن هذه الفرق في شركة (Texas Instruments) أصبحت ظاهرة يومية . فالمصممون يعملون سوية رغم إنتشارهم عبر العالم ، فالمهندسون في الهند يعملون مع أعضاء آخرين في اليابان لتطوير رقيقة جديدة ، وعند الإنتهاء من التصميم يتم إرساله إلى تكساس عبر الحاسوب من أجل تصنيعه[87] .

وهذا يعني أن عصف الأفكار الإلكتروني يمكن أن يتم عبر العالم وفي لقاءات ومحاورات فورية ومباشرة عبر شبكة الحواسيب ، وهذا يمكن أن يتم عبر جلسات عصف أفكار جماعية في آن واحد أو عصف أفكار ثنائية حيث يكون الموضوع والأفكار متاحة من أجل المشاركة . كما أن بالإمكان مشاركة كل فرد من العاملين في الشركة بل وحتى من خارج الشركة (مثلا الزبائن والموردين) على الأقل في مرحلة توليد الأفكار . مما يتيح توليد أكبر عدد من الأفكار والتفاعل بين مجموعة أكبر من الأفراد .

ثانيا : كتابة الأفكار

أن كتابة الأفكار يستخدم في توليد الأفكار الجديدة . وإذا كان عصف الأفكار يمثل طريقة جماعية لإيجاد أكبر عدد من الأفكار الجديدة ، فأن كتابة أفكار (Brainwriting) تمثل طريقة فردية من أجل أن يكتب ويدون الفرد أفكاره وذلك بإعطاء الوقت الملائم من

أجل إختلاء الفرد بنفسه والتسجيل لأكبر عدد من الأفكار الجديدة أو الأفكار الخلاقة التي ترد على ذهنه في الموضوع المعني أو لمعالجة المشكلة التي يواجهها .

وهناك في الوقت الحاضر الكثير من برامج الحاسوب التي تساعد من خلال طرح عدد كبير من الأسئلة على التوصل الى أفكار أو معالجات جديدة للمشكلات المطروح . ومن هذه البرامج (IdealFisher) الذي يسهل كتابة الأفكار . حيث أن البرمجية تحتوي على ثلاثة آلاف سؤال مصممة لتساعد المستفيد على أن يفكر بالحلول لمشكلات الأعمال كتطوير ستراتيجية التسويق ، إبتكار وتطوير المنتج الجديد أو الخدمة الجديدة [(88)] .

ومع التأكيد على أنه لا غنى عن العقل المبدع الخلاق ، إلا أن مثل هذه الأدوات المساعدة مفيدة جدا من أجل تسريع عملية الإبتكار والتطوير للأفكار من أجل معالجة المشكلات حيث أن الإبتكار في الحالات الكثيرة يكون بحثا عن حل خلاق جديد لمشكلة قديمة . لاشك في أن كتابة الأفكار تمثل وسيلة ناجعة من أجل كتابة الكثير من الأفكار التي يبدو في أحيان كثيرة أنها تأتي وتذهب بسرعة مما ينصح مرارا أن يتم وضع ورقة وقلم في مواضع كثيرة يتواجد فيها الفرد الذي ينشغل بالتفكير والبحث عن حلول خلاقة في موضوع معين أو مشكلة معينة .

ثالثا : أسلوب الترابطات

ويقوم أسلوب الترابطات بتكوين جماعة من (5-7) أفراد مع رئيس جلسة يتميز بكونه خبيرا ومشاركا في المشكلة ويتسم أفراد الجماعة بالدافعية والإهتمام والقدرة الإيحائية ولديهم الرغبة بالمواظبة والمثابرة ، ويكونون متنوعي الخبرات والمعارف والمهارات . وتعقد هذه الجماعة جلسة لا تستغرق أثر من ساعة.

إن أسلوب الترابطات (Synectics) يميل إلى تهيئة المشاركين في المشاركة المبدعة وفي الإقتراب من المشكلة ، وهذا خلاف عصف الأفكار التي تطرح المشكلة عند بدء الجلسة وتطلب الأفكار والحلول حولها . ففي أسلوب الترابطات التي قام بتطويرها عام 1994 غوردون (W.J.J.Gordon) يتم إستخدام آليتين : جعل الغريب مألوفا وجعل المألوف غريبا . ففي البداية يتم تعريف المشكلة (الجديد) لتأخذ طابعا مألوفا. وقد تكون هذه المشكلة أشياء بسيطة ومألوفة فيتم إتباع الآلية المعاكسة لجعل المشكلة غريبة

وغير مألوفة . وإن النظر إلى المشكلة من هذه الزوايا المختلفة يجعل التوصل إلى الحل الإبتكاري الجديد أسهل[89].

ويدرب المشاركين على بعض الآليات الإجرائية في تكوين تماثلات (Analogies) تساعد على تقديم صور ذهنية عن المشكلة وبإستخدامها فإن غير المألوف (Unfamiliar) يصبح مألوفا وأدناه توصيف لأربعة تماثلات تستخدم في هذا الأسلوب[90]:

أ - **التماثل الشخصي (Personal Analogy)** : وذلك بإسقاط نفسك في جوهر المشكلة. ففي حالة تطوير المنتج فإن هذا التماثل قد يجعلك أنت المنتج ففي هذا التماثل لعب أحد المديرين دور مقلة العين ، وآخر لعب دور العدسات اللاصقة. مقلة العين الحساسة تدافع ضد العدسات اللاصقة الصلبة غير الحساسة . إن مخرجات جلسة التماثل كانت جهود بحث جديد على مواد لوسادة عالية التكنولوجيا للعدسات اللاصقة .

ب - **التماثل المباشر (Direct A.)** : ويكون بالنظر إلى المشكلة في وضع أو مجال مختلف . فمثلا إن الطابعات فائقة السرعة تطبع لتحريك أسرة الطباعة على الورقة بدلا من تحريك الناقل (Carriage) إلى الخلف والأمام . لماذا لا يستخدم نفس المبدأ في الطابعات الإلكترونية الأخرى ؟ وهذا ما يستخدم الآن .

ج _ **التماثل الرمزي (Symbolic A.)** : وإستخدام هذا التماثل يعطي حرية ورؤية أكبر. إن تطوير رقائق البطاطا برنجلز (Pringles Potato Chips) ، إستلزم تماثلا رمزيا فجماعة الترابطات طلب منها حل مشكلة ضغط رقائق البطاطا في حيز صغير بدون أن يؤدي هذا الضغط إلى سحقها . لقد تمثلت المهمة الإبتكارية في إيجاد حل لهذه المشكلة . وفي النهاية وجدت الجماعة التماثل فيما يتم فعله في صناعة الورق . ولقد أنجز هذا العمل الخلاق بأن يتم ضغط رقائق البطاطا عندما تكون ندية في الحيز المطلوب .

د - **التماثل الخيالي (Fantasy A.)** : ويتمثل في التفكير الجامع من أجل التوصل للحلول الجديدة . والمثال هو عن ما كان أحد المهندسين يحاول تطوير جهاز لربط

سلكين كهربائيين ، تخيل أن الأسلاك يتم مسكها بأسنان فردين يواجه أحدهما الآخر. وخارج هذا التخيل أتت فكرة رقيقة القاطور او التمساح (Alligator Chip).

رابعا : أسلوب النزهة القصيرة

إن أسلوب النزهة القصيرة (Excursion Method) يتطلب من القائم بحل المشكلة إختيار كلمة (أو كلمات) ثم إيجاد كلمات مشتركة معها يمكن التوصل من خلالها إلى حل أو حلول جديدة للمشكلة . فقد قام مجموعة من المديرين في الأسواق المركزية بإستخدام هذا الأسلوب لتطوير طرق توفير النقود دون التضحية بجودة الأطعمة أو الخدمة. فقاموا بإختيار كلمات (المواطن ذي الأقدمية) (Senior Citizen) من أجل النزهة القصيرة . وكانت إشتراكات الكلمات معها هي : الزبون المعول عيه ، التحرك ببطئ، مزدهر، وافر ، ملائم ، موازنة محدودة ، متسوق متأني ، والشخص حامل الحقيبة (Bag Person) . وكانت تسميته (الشخص حامل الحقيبة) بعدئذ مرتبطة بالمشكلة. ففي الماضي كان كبار السن غالبا ما يحلمون حقائب تسوقهم الخاصة . فلماذا لا يبيعون حقائب التسوق الدائمة بتكلفة زهيدة تقنع المسوقين بحمل حقائبهم الخاصة، ويقتصدوا بكميات مهمة من الحقائب والأكياس الورقية والبلاستيكية[91].

المصادر

1. الفين توفلر (1990) الموجة الثالثة ، ترجمة عصام الشيخ قاسم ، الدار الجماهيرية للنشر والتوزيع والإعلان ، بنغازي ، ص ص 17 - 18 .
2. Laird W.Mealiea and G.P.Latham (1996): Skills for Managerial Success, Irwin, Chicago, p451.
3. بيتر ف. دراكر (1995) : الإدارة ، ترجمة محمد عبد الكريم ، الدار الدولية للنشر والتوزيع ، القاهرة ، الجزء الثالث ، ص 242
4. Keith Pavitt : What We Know about the Strategic Management of Technology, California Management Review, Vol(32), No.(3), Spring 1990,pp17-26.
5. Glem Rifen: Product Development, HBR, Vol.(72), No.(4), July-August 1994, p11.
6. بيتر ف. دراكر (1988) : التجديد والمقاولة ،ترجمة د.حسين عبد الفتاح، دار الكتب الأردني ، عمان .
7. Larid W.Mealiea and Gary P.Latham (1996): Skills for Managerial Success, Irwin, Chicago, p452.
8. A.B.(Rami)Shani and J.B.Lau (1996):Behavior Organizations, Irwin, Chicago, pm15-9. and Stephen P.Robbins and M.Coulter(2001): Management, Prentice Hall, New Jersey, p354.
9. Frederic M. Scherer (1986): Innovation and Growth, Murray Printing Co.p6.
10. A.B.(Rami)Shani and J.B.Lau, pm15-9. And Andrew J.Dubrin (1994):Contemporary Applied Management, Irwin, Burr Ridge, Illinois, p24.
11. A.B.(Rami) Shani and J.B.Lau, op cit, pM15-14.

10\. Robert Kreitner, Management Boston, Houghton Mifflin Co., 1989, p118.

13\. توم بيترز : ثورة في عالم الإدارة (1995) ، ترجمة محمد الحيدري ، الدار الدولية للنشر والتوزيع ، القاهرة ، الجزء الأول ، ص 386 .

14\. John R.Schermerhorn, Jr. et al., (1997): Organizational Behavior, John Wiley and Sons, Inc. New York, p409.

15. John R.Schermerhorn, Jr. (1997): Management, John Wiley and Sons, Inc. p377.
16. A.B.(Rami) Shani and J.B.Lau, op cit, pM15-14.
17. Maureen Mckelvey (2000): Evolutionary Innovation, Oxford University Press, p1.
18. بيتر دراكر (1994) : الإدارة للمستقبل : التسعينات وما بعدها ،ترجمة د. صليب بطرس ، الدار الدولية للنشر والتوزيع ، القاهرة ، ص 514 .
19. Stan Davis and Jim Broken : The Coming Knowledge-Business, HBR ,Vol (72), No.(5), Sep-Oct 1994, pp165-170.
20. أن سلسلة البيانات - الإبتكار يطرحها المؤلف كإستشراف مستقبلي في ضوء التطور الحاصل حتى الآن بالإنتقال من البيانات الى المعلومات ومن ثم الى المعرفة لنضيف ومن ثم الى الإبتكار .
21. مصدر سابق ، ص 221 .
22. Michael E.Porter: The Competitive Advantage of Nations, HBR, Vol(68),No.(2),March-April 1990,pp73-93.
23. S.C.Wheelwright, Competing through Manufacturing , in Ray Wild (ed) (1989): International Handbook of Production and Operations Management, Cassell Educational Ltd, London,p15.
24. Giovanni Groissi: Promoting Innovation in a Big Business, Long Range Planning, Vol(23),No.(1), Jan 1990, pp41-51.
25. مصدر سابق ، ص 253 .
26. Robert G.Harris and D.C.Mowery: Strategic for Innovation: An Overview, California Management Review, Vol.(32), No.(3), Spring1990, pp7-16.
27. David B.Yoffie and M.A.Cusumano: Judo Strategy, HBR, Vol.(77), No.(1), Jan-Feb 1999, pp71-81.
28. D.A.Aaker (1995): Developing Business Strategies, John Wiley and Sons, Inc, New York, p 234.
29. Robert M.Price: Technology and Strategic Advantage, California Management Review, Vol(38), No.(3), Spring 1996, pp38-55.
30. Charles.H.Ferguson: Computers Keiretso and The Coming of The U.S., HBR, Vol. (68), No. (4), July - Aug, 1990, pp55-70.

31. Robert Stringer: How to Manage Radical Innovation, California Management Review, Vol.(42), No.(4), Summer 2000, pp70-88.

32. RichardJ.Tersine(1980) : Production/Operations Management, North Holland, p189.

33 Michael. Porter: The Competitive Advantage of Nations, HBR,Vol(68), No.(2), March-April 1991, pp73-93.

34. Roger G.Shroeder (1989): Operations Management, McGraw-Hill Book Company, New York, p86.

35. R.M.Price, op cit, p41.

36. M.Porter, op cit,pp73-93.

37. Derek Torrington and Jane Wieghman (1985): The Business of Management, Prentice Hall International Englewood Cliffs, New Jersey, p337.

38. Robert Epstein (2000): The Big Book of Creativity Games, McGraw-Hill, New York, pp3-5.

39. A.B.Rami Shani and J.B.Lau, op cit, p 415-8.

40. Andrew J.DuBrin (1994): Contemporary Applied Management, Irwin, Burr Ridge, Illinois , pp26-7.

41. Larid W.Mealiea and G.P.Latham (1996): Skills for Managerial Success, Irwin, Chicago, p454.

42. Andrew J.Dubrin ,op cit,p28.

43. و.أ.ب. بفردج : فن البحث العلمي، ترجمة زكريا فهمي ، دار إقرأ ، بيروت، 1992 ، ص ص 124-129 .

44. جون ل. كاستي :مواجهة الحدود المنطقية للعلم ، مجلة العلوم ، مؤسسة الكويت للتقدم العلمي ، المجلد (13) العدد (2) ، شباط 1997، ص ص 4-7.

45. Rebecca Henderson : Managing Innovation In the Information Age , HBR, Jan-Feb (1994) pp100-105.

46. Bill Gates and C. Hemingway (1999): Business and The Speed of Thought, Penguin Books, London, p261.

47. James B. Quinn, P.Anderson and S.finkeltien :Managing Professional Intellect ,HBR, Vol(74),No.(2),March-April 1996,pp71-80.

48 Robert Epstein (2000): The Big Book of Creative Games, McGraw-Hill, New York, pp5-6.

49. Larid W.Mealiea and G.P.Latham (1996): Skills for Management Success, Irwin Chicago, p451.
50. Andrall E.Pearson, Tough-Minded Ways to Get Innovation, HBR, Vol (71),No.(3), May-June 1988.pp(99-106).
51. Peter F. Drucker: The Discipline of Innovation, HBR, Vol(76),No.(6),Nov-Dec 1998,pp149-157.
52. سي أوين بايبك (1995) : إرتقاء التقدم ، ترجمة محمد عبد القادر وزهير صندوقة ، دار الشروق ،عمان ، ص ص 291-292.
53. تشارلز فاين : مع دقات الساعة ، نشرة خلاصات ، الشركة العربية للإعلام العلمي ، القاهرة ، العدد 155 ، حزيران 1999 ، ص4 .
54. P.Kotler et al., (1996): Principle of Marketing, Prentice Hall, London, p515.
55. Ikujiro Nonaka: The Knowledge-Creating Company, HBR, Vol.(69), No.(6),Nov-Dec 1991, pp96-104.
56. Andre Hargadon and R.I.Sutton: Building Innovation Factory, HBR, Vol.(78), No.(3), May-June, 2000, pp157-160.
57. بيتر ف. دراكر : تحديات الإدارة في القرن الواحد والعشرين ، نشرة خلاصات، الشركة العربية للإعلام العلمي، القاهرة، العدد (159) ، آب 1999، ص4 .
58. J.Krajewski and B.Ritzman (1996): Operations Management: Strategy and Analysis, Addison-Wesley Publishing Co. Reading, Massachusetts, p
59. Dawn Iacobucci C.Nordhielm: Creative Benchmarking, HBR, Vol (78), No.(6), Nov-Dec 2000.pp24-25 and 28.
60. Bill Gates and C.Hemingway, op cit, p260.
61. Roger Martin : Changing the Mind of the Corporation, HBR,Vol(71),No.(5),pp81-94.
62. Leslie Butterfield (Ed): Excellence in Advertising Butterworth Heinemann, Oxford, 1999, p164,
63. ثيودور ليفيت (1994) : الإدارة الحديثة ، ترجمة د. نيفين غراب ، الدار الدولية للنشر والتوزيع ، القاهرة ص 65 .
64. Robert Stringer: How to Manage Radical Innovation, California Management Review, Vol(42),No.(4), Summer 2000, pp70-88.

65. Cited in: William S.Silver and T.R.Mitchell: The Status Quo Tendency in Decision Making, Organizational Dynamics, Vol (14), No.(4), Spring 1990,pp34-46.

66. William Samuelson and R.Zeckhauser: Status Quo Bias in Individual Decision Making, Journal of Risk and Uncertainty Vol(1),1988,pp1-49.

67. Rajesh K.Chandy and G.J.Tellis: The Incumbent's Curse? Incumbency Size, and Radical Product, Innovation, Journal of Marketing, Vol (24), No.(3), July 2000, pp1-17.

68. Robert J.Strenberg et al.,: Creativity as Investment, California Management Review, Vol.(40), No.(1), Fall 1997, pp8-21.

69. ILO: The Promotion of Small and Medium-Sized Enterprise, Report VI, Geneva, 1986, pp5 and 8.

70. Ibid, pp10-11.

71. Robert Stringer: How to Manage Racial Innovation, California, Management Review, Vol.(42), No.(4), Summer 2000, pp70-88. and Richard L.Daft (2001): Management, The Dryden Press, p170.

72. مصدر سابق ، ص 247 .

73. Rajesh K.Chandy and G.J.Tellis: The Incumbent's Curse? Incumbency, Size, and Radical Product Innovation, Journal of Marketing, Vol(64), No.(3), July 2000, pp1-17.

74. Rebert Stringer, op cit, p71.

75. ديف فرانسيس ومايك وودكوك (1995) : القيم التنظيمية ، ترجمة عبد الرحمن أحمد الهيجان ، معهد الإدارة العامة ، الرياض ، ص 220.

76. مصدر سابق ، ص ص 472-473 .

77. C.Freeman (1974): The Economics of Industrial Innovation, Penguin Books, London, pp223-7.

78. M.Sahney and E.Prandelli: Communities of Creation, California, Management Review, Vol (42), No.(4), Summer 2000, pp24-53.

79. Tom Peters and N.Austin (1985): A Passion for Excellence, Warner Books, N.Y.

80. David A.Garrin: Building a Learning Organization, HBR, Vol.(71), No.(4), July-Aug 1993, pp78-91.
81. Ibid, p89.
82. William McEloy: Implementing Strategic Change Through Project, International Journal of Project Management, Vol.(14), No.(6), 1996 , pp 315-6.
83. Charlan S. Nesmith: Managing Innovation, CMR, Vol.(40), No.(1), Fall 1997, pp59-74.
84. Ibid, pp60-61.
85. Roger Bennett (1996): Corporate Strategy and Business Planning, Pitman Publishing, p
86. Rebecca Henderson: Managing Innovation in Information Age, HBR, Vol.(72), No.(1), Jan-Feb 1994, pp101-105.
87. John R.Schermerhorn Jr. et al, (1997): Organizational Behavior, John Wiley and Sons, Inc New York, p210.
88. Andrew J.DuBrine, op cit, pp33-34.
89. ألكسندرو روشكا (1989) : الإبداع العام والخاص ، د.غسان عبد الحي أبو فخر ، سلسلة عالم المعرفة ، العدد 144، الكويت، ص ص 188-191.
90. Andrew J.DuBrine op cit, pp35-36.
91. Ibid, p37.

الفصل الثاني

العوامل المؤثرة في الإبتكار

2-1- المدخل

2-2- أنواع الإبتكار

2-3- أنماط الشركات حسب الإبتكار

أولا : نمط الإبتكاري - القائد

ثانيا : نمط المقلد الإبتكاري

ثالثا : نمط المقلد الإستنساخي

رابعا : نمط غير المتكيّف

2-4- تطور الإهتمام بالإبتكار

2-5- العوامل المؤثرة في الإبتكار

أولا : مجموعة الخصائص الشخصية

ثانيا : مجموعة العوامل التنظيمية

ثالثا : مجموعة عوامل البيئة العامة في المجتمع

❁ المصادر

2-1- المدخل

ما الذي يميز الشركات الإبتكارية ؟ لا بد أنها تتميز بسمات تجعلها أكثر قدرة على الإتيان بالإبتكارات وتبينها وإخراجها الى السوق أكثر وأسرع من المنافسين . ولعل السمة الأبرز أنها شركة استقطاب للأفراد المبتكرين الذين يتمتعون بخصائص خاصة تجعلهم أكثر قدرة من غيرهم على الإبتكار وتقبل الجديد والدفاع عنه في مواجهة العقبات من الأفراد الآخرين ومن الإجراءات والروتينات التنظيمية . ولعل هذه السمة هي التي تجعل الأفراد المبتكرين يمثلون الموجودات الحقيقية الأكثر جدوى في تطور الشركة .

كما أن السمة البارزة الأخرى تتمثل في العوامل التنظيمية الملائمة التي تعمل على دعم الإبتكار ومساندته من خلال المناخ التنظيمي الذي يحفز على الإبتكار ويمكن المبتكرين من الحصول على الموارد اللازمة من أجل تطوير الأفكار الجديدة واختيارها وتحويلها الى منتجات جديدة . وكل هذه الخصائص الفردية والتنظيمية لا بد من أن تتكامل مع البيئة العامة التي تحث بالتعليم وتحفز بالتشريعات واللوائح وتكافئ في السوق: الإبتكار والمبتكرين والشركات الإبتكارية . فكما أننا لا نستطيع التخيل أن السمكة الموجودة في الماء لا تشرب منه ، كذلك لا نستطيع تصور إمكانية الإبتكار من قبل الأفراد إلا في بيئة إبتكارية تعظّم الإبتكار وأصحابه .

2-2- أنواع الإبتكار

أن الإبتكار ظاهرة ذات تأريخ طويل في مسيرة التطور الإنساني ، وهو ظاهرة معقدة وعميقة . وهذا ما يجعل تجربة الأفراد وكذلك الشركات وخاصة في عصرنا الحديث، ثرية في مجال الإبتكار ودلالاته . لهذا تتنوع دلالات الإبتكار وأنواعه ولازال يحمل الكثير من الأبعاد في تطور دلالاته والآفاق الجديدة التي يرودها في المستقبل . وفي ضوء خبرتنا الحالية فأن الإبتكار يمكن أن يأخذ في الشركات الدلالات الآتية :

أولا : الإبتكار يمثل التميّز (Differentiation) : وفي هذا فإن الإبتكار هو الإتيان بما هو مختلف عن الآخرين المنافسين أو غير المنافسين . فهو ينشئ شريحة سوقية من خلال الإستجابة المتفردة لحاجاتها عن طريق الإبتكار .

ثانيا : الإبتكار يمثل الجدة (Novelty) : وفي هذا فإن الإبتكار هو الإتيان بالجديد كليا أو جزئيا في مقابل الحالة القائمة (العملية الحالية أو المنتج الحالي) التي تمثل القديم أو ما هو سابق على الإبتكار. والإبتكار بهذا يمثل مصدر التجدد من أجل المحافظة على حصة الشركة السوقية وتطويرها وهذه الدلالة هي التي تجعل (الإبتكار = الميزة التنافسية المستدامة Sustainable) .

ثالثا : الإبتكار هو التوليفة الجديدة (New Combination) : وفي هذا فإن الإبتكار يمكن أن يكون بمثابة وضع أشياء معروفة وقديمة في توليفة جديدة في نفس المجال (توليفة الأشياء) أو نقلها إلى مجال آخر لم تستخدم فيه من قبل (توليفة الشيء - المجال الجديد). وإن بعض الشركات أخذت تعمل في هذا المجال من أجل إيجاد توليفات جديدة من الأفكار الحالية أو في نقل مجموعة الأفكار إلى مجالات أخرى في توليفات جديدة أيضا (أنظر الشكل رقم 2 - 1) .

الشكل رقم (2-1) : الإبتكار توليفة الأشياء - المجال

أن المشط يتحول الى إستخدامات جديدة في نفس المجال أو مشط في جزازة العشب أو أسنان في الحصادة .
الشكل مقتبس من :

Source: Andrew B.Hargadon: Firms as Knowledge Brokers, California Management Review, Vol(40), No.(3), Spring 1998, pp203-227.

وهذا ما يمثل في حقيقة الأمر إعادة الإبتكار (Re-innovation) من خلال توليفة الأشياء السابقة أو توليفة القديم مع المجال الجديد وهو بمثابة إكتشاف المجالات الجديدة. ومن أجل المزيد من التوضيح للتوليفة كدلالة للإبتكار أنظر الإطار رقم (1) حول دورة سمسرة المعرفة .

الإطار رقم (1) : دورة سمسرة المعرفة

إن واحدة من الطرق الأساسية المتاحة لدراسة الإبتكار هي دراسة تاريخ الإبتكار وإستخلاص الدروس الأساسية ليس فقط عن طبيعة الإبتكار وإنما أيضا عن مراحله.
والشركات بدون شك تمتلك الكثير من الإبتكارات خلال تاريخها مما يسمح بإستنباط الدروس الكثيرة منها . ولعل ما قدمه هارجادون وساتون (Hargadon and Sutton) فيما أسمياه بدورة سمسرة المعرفة (Knowledge-Brokering Cycle) يمثل درسا مهما. فمن دراسة تاريخ الإبتكار التكنولوجي توصلا إلى أن المبتكرين الأفضل ليسوا هم العباقرة المتوحدون المنعزلون (Lone Geniuses) وإنما هم الأفراد الذين يأخذون الأفكار القديمة المعروفة في سياق ويطبقونها بطرق غير معروفة وفي سياق مختلف أي توليفة الأشياء - المجال . كما هو الحال في إستخدام المحرك البخاري الذي أكتشف في بداية الثورة الصناعية ، من قبل روبرت فالتر (R.Fulter) في صنع الزوارق الآلية (Powering Boats) . وان توماس أديسون (T.Edison) الذي يعتبر بطلا إبتكاريا (حيث حصل في ست سنوات على 400 براءة إختراع) ، كانت إبتكاراته تعج بإستخدام الأفكار ، المواد ، الأشياء القديمة بطرق جديدة . فالحاكي (Phonograph) مزج عناصر عديدة من أعماله السابقة (توليفة الأشياء المعروفة) مثل آلة الإبراق ، التلفون، والمحركات الكهربائية . وإن إستخدام الأفكار من أجل توليد أفكار أو منتجات أو إستخدامات جديدة هو ما يسمى بأستراتيجية سمسرة المعرفة . حيث أن الشركات التي تقوم بهذه الإبتكارات تقوم بدور الوسطاء والسماسرة ما بناء تجميعات غير متصلة من الأفكار . إن دورة سمسرة المعرفة تتكون من أربع مراحل أساسية هي :
1- الإستيلاء أو الإستحواذ على الأفكار الجيدة : إن سماسرة المعرفة يغربلون بشكل متواصل من أجل الأفكار الواعدة ، وأحيانا في المواقع التي تتسم بعدم التوقع العالي

. إنهم يرون الأفكار القديمة موادهم الأولية الأساسية.
2- الإحتفاظ بالأفكار حية لكي تبقى مفيدة : إن السماسرة الفعالين أيضا يحتفظون بالأفكار حية من خلال نشر المعلومات حول أولئك الذين يعرفون ماذا في الشركة .
3- تصور إستخدامات جديدة للأفكار القديمة : وهذا يكون حيث الإبتكارلت تتم إثارتها، وحيث الأفكار القديمة يجري الحصول عليها وتذكرها في البحث عن سياقات جديدة.
4- وضع المفاهيم الواعدة في الإختبار : الإختبار يظهر حيثما الإبتكار يمتلك فرصة تجارية وإنه أيضا يعلّم السماسرة دروسا ثمينة ، حتى عندما الفكرة تخفق إخفاقا تاما.
Source: Andrew B.Hargadon: Firms as Knowledge Brokers, California Management Review, Vol(40), No.(3), Spring 1998, pp203-227.

رابعا : الإبتكار هو أن تكون القائم الأول في الحركة (To Be First Move) : وفي هذا تمييز لصاحب الإبتكار بأنه الأول في التوصل إلى الفكرة والمنتج والسوق عن الآخرين وهم المقلدون والتابعون . وحتى في حالة التحسين (الإبتكار الجزئي) فإن صاحب التحسين يكون الأول في ما أدخل على المنتج من تعديلات . وهذه هي سمة السبق في الإبتكار أي أن يكون صاحب الإبتكار أسرع من منافسيه ، في التوصل والإدخال إلى ما هو جديد أو محسّن .
خامسا : الإبتكار هو القدرة على إكتشاف الفرص : أن الابتكار في إنتهاز الفرص (وأفضل تسمية إكتشاف الفص بدلا من إنتهازها) يمثل نمطا من أنماط الابتكار الذي يستند على قراءة جديدة للحاجات والتوقعات ورؤية خلاقة لإكتشاف قدرات المنتج الجديد في خلق طلب فعال ولإكتشاف السوق الجديد الذي هو غير موجود حتى الآن ولا دلائل على حجمه وخصائصه . لهذا يراه المبتكر في إكتشاف الفرص و ولا يراه الآخرون - المنافسون . ولابد من أن نشير الى إكتشاف الفرص قد تعاظمت أهميته مع الإنترنت من أجل إيجاد نماذج الأعمال الجديدة في شركات الدوت (Dot-coms) التي أخذت تتوالد بطريقة إنشطارية مذهلة معبرة عن موجة واسعة جديدة من إكتشاف الفرص على الإنترنت (أنظر الإطار رقم 2) .

الإطار رقم (2) إكتشاف الفرص بين الإنترنت والهندسة البيولوجية

إذا كان المحرك التجاري منذ بداية الثورة الصناعية هو مصدر الفرص الجديدة سواء في محركات القطارات أو الزوارق الآلية أو السيارات والمجالات الأخرى في تطبيقات لا حصر لها ، فإن الترانزستور كان كذلك منذ نهاية الأربعينات من القرن الماضي في سيل متنوع من الأجهزة الكهربائية المصغرة . واليوم فإن الإنترنت هو الآن مصدر هذه الفرص . ولقد كان الإنترنت في عقد التسعينات ولازال حتى الآن هو مصدر الفرص الجديدة في الأعمال الألكترونية (المصدر الأكثر حيوية للنجاح) وذلك بتحويل كل شئ من الأساليب المادية الى الأساليب الإلكترونية ، ومن إدارة الأشياء المادية الى الإدارة الرقمية ، ومن أنماط العلاقات والأعمال المباشرة الى أنماط العلاقات والأعمال عن بعد ، ومن الشركات المادية المتكاملة في أبنيتها و آلاتها وتسويقها الى الشركات الافتراضية (Virtual Firms) كشركات فارغة إلا من عقودها مع الموردين والموزعين والزبائن ، ومن الحيز السوقي الذي تنشأ فيه القيمة المادية الى الفضاء السوقي (Marketspace) الذي تنشئ فيه القيمة الافتراضية للسلعة .

ورغم كل هذه التحولات والمظاهر الآخاذة فإن البعض يرى الإنترنت لن يكون مصدر الفرص الجديدة المهمة . وفي هذا يقول دراكر(P.F.Drucker) إن الإنترنت ليس أعظم إبتكار في التاريخ ، فهو ليس مثل ابتكار السكك الحديد التي نقلت العالم إلى ما بعد الثورة الصناعية ، وهو ليس مثل الكهرباء التي نقلت الصناعة الى عصر الإلكترونيات . ويرى دراكر أن الصناعات التي ستتأثر أكثر بالإنترنت ليست صناعة الحاسوب أو الاتصالات ، وإنما التطور الحقيقي سيكون في الثورة البيولوجية .

ولهذا فإن مصدر الفرص الجديدة والمتنوعة في القرن الجديد لن يتمثل في الفيزياء التي سادت القرن العشرين بما قدمت من إنجازات عظيمة من تطويرات محرك الاحتراق الداخلي الى المفاعل النووي الى الترانزستور إلى الإنترنت وغيرها من الاختراقات التي شكلت الحياة والأعمال ، وإنما سيكون في الهندسة البيولوجية (Bioengineering). فالقرن الجديد هو قرن البيولوجيا . إن خرطنة الجينيوم البشري يتكامل بشكل كبير في وضوح أكبر مع تصاعد البيولوجيا . والواقع أن تباشير الفهم الجديد لشفرة الحياة يحول أكثر

الصناعات ابتداء من الزراعة والكيماويات الى الرعاية الصحية والصيدلانيات وغيرها الكثير إلى ميدان فعال واسع للفرص الجديدة الحافلة بالتطبيقات البيولوجية . فالشركات تقوم باكتشاف النفائس في البيولوجيا أو علوم الحياة ، والتي تمثل بحق صفقة عظيمة لاستثمارات البحث والتطوير من أجل إنشاء كل أنواع المنتجات الجديدة بالإعتماد على الهندسة البيولوجية . إن مجالا جديدا واحدا هو التشبه البيئي الحيوي (Biomimicry) أصبح ينتج فرصا تجارية عظيمة تشكل ابتكارات مثيرة . ففي عام 1999 في أولمبياد سدني مثلا فإن العديد من السباحين ارتدوا بدلات مصنوعة من مواد ذات إعاقة منخفضة طورت بواسطة التشبه البيئي لجلد القرش . كما أن الباحثين درسوا تورق الأشجار من أجل بناء خلايا شمسية أكثر كفاءة . وهم يعتقدون أن فهم وتبني طريقة عمل أجنحة الفراشة لتشتيت الحرارة ، سيقود الى نظام تبريد جديد لحماية رقائق الحاسوب من الحرارة المفرطة . وإن البيولوجيين يعتقدون أن جزيئات دي أن أي (DNA Molecules) يمكن في المستقبل أن تستخدم لخزن ومعالجة البيانات حيث أن غرام واحد من (DNA) يمكن أن يخزن بيانات كثيرة تعادل ترليون من الأقراص المدمجة (CDs) . بل إن الاستنساخ يحمل الكثير من الفرص الجديدة . وكما أشارت إحدى الدراسات الى أن هذا يمتد الى استنساخ البشر (Cloning of Humans) الذي قد يكون جاريا الآن في المختبرات السرية . وإن كل واحد منا عليه أن يكون جاهزا من أجل الأبعد ألا وهو السلع الراقية : نسخة جديدة كليا منك .

وهذا كله يشير الى أن اكتشاف الفرص لا بد من أن يتجه بأرجحية عالية إلى هذا المجال الحيوي الذي لازالت الشركات الكثيرة بعيدة عنه تماما رغم أنه الأقرب الى الابتكار في اختراقات وتحسينات متلاحقة وكذلك في اكتشاف الفرص الجديدة .

- بيتر ف. دراكر : تحديات الإدارة في القرن الواحد والعشرين ، نشرة خلاصات الشركة العربية للإعلام العلمي ، العدد 159 ، آب 1999 ، ص ص 7-8 .
- Stephen P.Robbins and M.Couter(2001): Prentice Hall, New Jersey,p355.
- +++ : The Biology Century Dawns, HBR, Vol(79),N0.(4), April 2001, p128.

لقد قدمت تصنيفات عديدة للإبتكار حسب خصائص أو طبيعة أو مجال الإبتكار أو دلالاته المختلفة بوصفه ظاهرة معقدة المضامين وواسعة الأبعاد . ولعل التصنيف الأكثر شيوعا هو الذي يصنف الإبتكار إلى نوعين : الإبتكار الجذري (الإختراق) والإبتكار - التحسين التدريجي . وفي إطار هذا التصنيف فإن سلومون وستوارت (Solomon and Stuart) يصنفان الإبتكارت في ثلاث أنواع :

أ - **الإبتكارت المستمرة :** وهي التي تأتي بتغيرات صغيرة تدريجية كما في تغييرات مركز المنتج ، توسعات الخط ، تنويعات لتخفيف ضجر الزبون كما في الحليب المطعم بالعسل أو الموز .

ب - **الإبتكارات المستمرة الديناميكية :** وهي تغييرات أكبر في المنتج الحالي وتكون ذات تأثير معقول على طريقة الناس في عمل الأشياء وتحقيق تغيرات سلوكية معينة كما في هواتف اللمسة - النبرة (Touch-Tune T.) ، آلات التصوير آلية التركيز .. إلخ .

ج - **الإبتكارات المتقطعة :** وهي التي تنشئ تغييرات رئيسية فيما قبلها من تكنولوجيا أو منتجات وفي بعض الحالات تغير أسلوب الحياة الذي نعيشه مثل إبتكارات السيارة، الطائرة ، الهاتف ، التلفزيون ، والحاسوب[1] .

كما تصنف الإبتكارات إلى إبتكارات العملية (Process I.) وهي الإبتكارات الموجهة للتكنولوجيا والنظام التشغيلي . وإبتكارات المنتج (Product I.) والتي تتجه نحو إدخال منتجات جديدة إلى السوق . وإذا كان النوع الأول يدخل منتجات صناعية في سوق الإنتاج فإن الثاني يدخل منتجات إستهلاكية في سوق الإستهلاك[2] .

كما أن البعض يميز بين الإبتكار الداخلي الذي يتم تطويره داخل الشركة وبقدرتها الذاتية ، والإبتكار الخارجي الذي يتم الحصول عليه عن طريق الترخيص أو شراء الشركة بالكامل صاحبة الإبتكار (أي عن طريق الإستيلاء Acquisition)[3] . أن بعض الشركات لا تميل الى الإسلوب الأخير لمجرد أنه لم يبتكر في نفس الشركة (عقبة لم يبتكر هنا)، وهذا ما عانت منه الشركات الأمريكية طويلا في مقابل الشركات اليابانية التي لم تتورع عن أخذ الفكرة الجديدة من أي مصدر داخلي أو خارجي على حد سواء .

وهناك من يصنف الإبتكارات الى إبتكارات متجسدة (Embodied) والتي تتجسد في الآلات ومنتجات جديدة ، وغير المتجسدة التي تظهر في النظريات والمفاهيم الجديدة. حيث أن العقود الحالية تميّزت بشكل أساسي بالتقدم العظيم في قدرتنا على الإدارة[4]. كما يصنف بيرثون وآخرون (Berthon et al.) الإبتكارات بالعلاقة مع التوجه إلى الزبون إلى أربعة أنواع[5]:

أ - **إبتكارت العزلة (Isolating) :** وهي التي تطور في الشركة بدون علاقة مع السوق أو الزبون . وبالتالي فهي محدودة الجهود في التطويرات اللاحقة وإستراتيجيتها تقوم على المحافظة على إبتكارها الحالي كما تكون من الناحية التنظيمية بيروقراطية داخلية التوجه .

ب - **إبتكارات الإتباع (Following) :** وهي التي تتبع الإحتياجات الحالية في السوق بالإعتماد على بحوث السوق الرسمية أو غيرالرسمية (التمشي بأحذية الزبون) . فهي تتبع السوق ولا تنشئوه . كما في تطوير شركة مازدا لسيارة (Miata) بإعتماد بحوث السوق غير الرسمية حيث المهندسين لعبوا دور أصوات المحركات لزبائن محتملين من أجل تطوير محركات لسيارات رياضية . ويتسم تطوير المنتجات في هذا النوع من الإبتكارات بأنه تدريجي وإستراتيجية الشركة إستجابية كما تكون ذات ثقافة موجهة للزبون .

جـ - **ابتكارات التشكيل (Shaping) :** وهذه الإبتكارات تقوم بإنشاء وتشكيل السوق، والزبائن فيها لا يكونوا واعين لحاجاتهم أو رغباتهم وبالمنافع التي يقوم بإيجادها هذا النوع من الإبتكارات . وتطوير المنتج يتسم بالوثبات والإنقطاع ما بين هذه الوثبات، وإستراتيجية الشركة حازمة في خيار التطوير كما تكون الشركة موجهة للتكنولوجيا.

د- **إبتكارات التفاعل (Infracting) :** وهي التي يتم تحقيقها عبر التفاعل والعلاقة بين التكنولوجيا - السوق أو الزبون بالإعتماد على المحاورة والتفاوض . وتكون المعرفة بالسوق هي الأصل الإستراتيجي الرئيس في الشركة ويكون تطوير المنتجات، وإستراتيجية الشركة تشاركية ، كما يكون توجه الشركة وثقافتها تفاعلية ومرنة .

ومن أجل تقديم صورة شاملة ومعبرة عن أنواع وأبعاد الإبتكار يمكن أن نشير الى التمييزات الثلاثة التالية في توصيف الإبتكار :

أولا : التمييز بين الإبتكار الجذري (الإختراق) والإبتكار -التحسين (التدريجي): والإبتكار الجذري هو التقدم الكبير والوثبة الإستراتيجية والذي يغير كل ما سبقه في مجاله ويساهم بشكل واضح في تغيير نمط الحياة العامة أيضا . فهو خارج الحالة القائمة ويتجاوزها بشكل جذري. ويتم تمثيل هذا الإبتكار بمنحنى- أس (S- Curve). وهو يحتاج لفترة طويلة في إدخاله وإنتشاره لحين تطوير ابتكار جذري لاحق مما يوجد انقطاعا واضحا بين إبتكار جذري وآخر. وإذا رجعنا الى الشكل رقم (1 - 2) الخاص بالثورات الحضارية الخمس في الفصل الأول ، نلاحظ أن كل حضارة إعتمدت على نمط جديد في الإنتاج مقارنة بما سبقها ولكنه يمثل إنقطاعا عنه أيضا. أما الإبتكار - التحسين (التدريجي) فإنه عبارة عن تغييرات صغيرة وكثيرة العدد مما يجعله تحسينا مستمرا، لا يعاني من الإنقطاع ولكنه في الغالب يكون تطورا ضمن الحالة القائمة وليس تطورا خارجها .

ثانيا : التمييز بين إبتكار حل المشكلة وإبتكار التوصل الى الجديد أصلا : وهذا التمييز دقيق لأن حل المشكلة بالإبتكار قد يعني تقديم حل جديد ، إلا أن هذا التمييز يقدم إدراكا جيدا لنوعين من التوجهات في النشاط . الأول الذي يرتبط بحاجات آنية ترتبط بمشكلة تلح وتضغط من أجل حلها. فتكون هذه المشكلة هي القادح (Trigger) للإبتكار وعوامله الأساسية في الغالب ضمن الحالة القائمة . وبالتالي فإن الإبتكار- التحسين عادة ما يكون هو هذا النمط من حلول المشكلات التي تضغط وتحرك الجهود. في حين أن التوصل الى الجديد أصلا يرتبط بالبحوث وإرتياد مجالات وآفاق جديدة لا تكون معروفة فيكون القادح فيها عادة هو المعرفة العالية والدقيقة في جبهة البحث الأمامية (Frontier of Research) أو حاجة عامة . وبالتالي فإن الإبتكار الجذري هو هذا النمط من إرتياد المجالات والآفاق الجديدة من أجل التوصل الى الجديد أصلا . وبعبارة موجزة أن الفكرة الجديدة قد تومض بدون إرتباطات سابقة مما يجعلها وثبة كبيرة الى الأمام وهذا هو الإبتكار الجذري .

ثالثا : التمييز بين الإبتكار كفرصة فنية والإبتكار كفرصة سوقية : والأول يمثل عادة اكتشافا علميا وفنيا في حين أن الثاني هو اكتشاف الفرصة في السوق . والواقع أن الفرصة الفنية بحاجة الى اختصاص علمي ومقدرة بحثية - منهجية وحدس علمي من الطراز العالي في المختبرات والورش ، وهذا ما يرتبط في العادة بالإبتكار في حدود الفكرة وكذلك المنتج قبل الوصول الى السوق . وهذه الفرصة التي تولد المنتج الجديد (الفرصة الفنية) يمكن أن تحقق النجاح في السوق أولا تحققه . في حيث أن الفرصة السوقية قد ترتبط بمنتج جديد يحقق نجاحا في السوق حتى ولو لم يكن منتجا جديدا كما في تأثير لازاروس (The Lazarus Effect) . أن التكاليف الإقتصادية والبيئية العالية للمواد الكيماوية أدت الى استدعاء بعض المنتجات التقليدية في التنظيف لإعادة استخدامها بدلا من المواد ذات التأثير السمي بيئيا . فهو دعوة المنتجات القديمة واستعادتها من منطقة الموت التسويقي (Marketing Death Zone) وإستخدامها لوجود فرصة سوقية متنامية جراء الإهتمام المتزايدة بالمنتجات الخضراء الودية بيئيا[6] .

2-3- أنماط الشركات حسب الإبتكار

إن الشركات ليست متماثلة في قدرتها الإبتكارية وهي ليست كذلك حتى في قدرتها على أن تكون تابعا إبتكاريا يستطيع أن يدخل بسرعة الى سوق المنتج الجديد عقب إدخاله من قبل الشركة التي تمثل الإبتكاري – القائد أو ما يسمى القائم بالحركة الأولى (First Mover) . لتأتي بعدها الشركات الأخرى التي تكون من نمط الشركات المقلدة بطريقة إستنساخية . إن الشكل رقم (2-2) يوضح أن هناك أربع فئات من الشركات مع خصائص أساسية مختارة لكل منها بالعلاقة مع الإبتكار والسوق في السلسلة المستمرة التي تمتد النهايتين القصوتين ، يمثل الأولى النمط الإبتكاري- القائد من الشركات ويمثل الثانية النمط غير المتكيف من الشركات نمط الخروج من سوق المنتج المعني بالإبتكار .

الشكل رقم (2-2) : السلسلة المتصلة من الإبتكار إلى الخروج من السوق

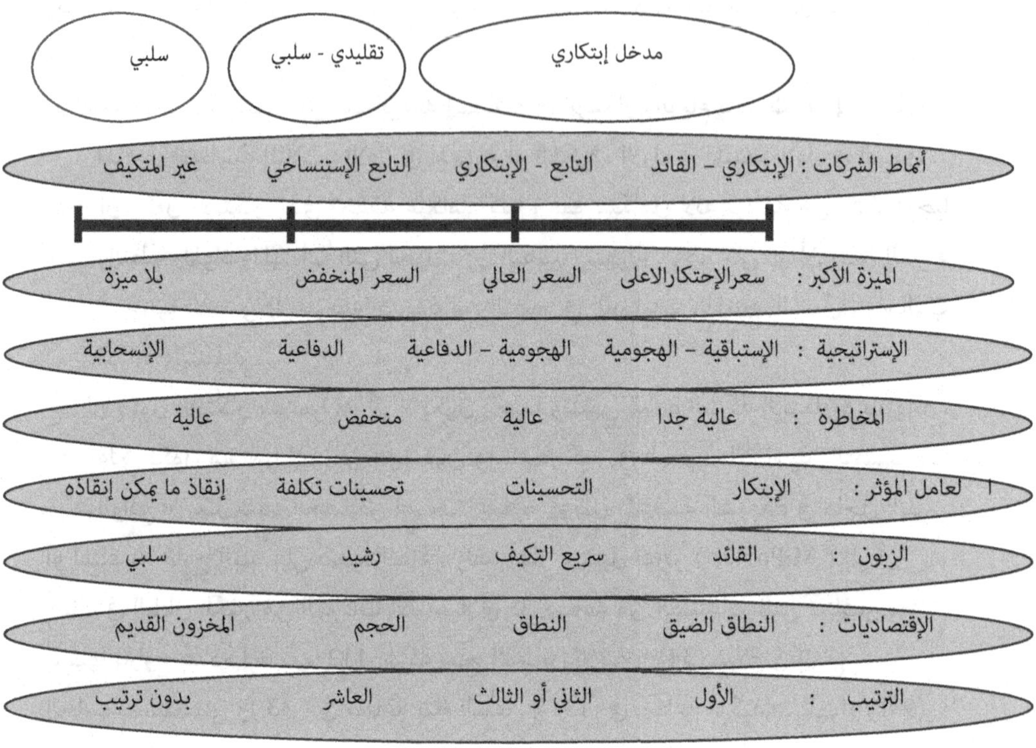

وكما يظهر واضحا فإن الشكل المذكور يميل نحو الإبتكار في بعديه الأساسيين : الإبتكاري – القائد والتابع الإبتكاري في تأكيد واضح على أهمية الإبتكار وأولويته وتبني الأفكار والمفاهيم الجديدة أولا ، وتبني المنتج الجديد أو الخدمة الجديدة أولا ، ومن ثم الوصول إلى السوق أولا . ونعرض فيما يأتي لهذه الفئات الأربع من الشركات وخصائصها المختارة .

أولا : نمط الإبتكاري - القائد

في عالم الأعمال القائم على المنافسة والأسواق سريعة التغير ، فإن الشركات تسعى لأن تكون من النمط الإبتكاري – القائد . والحالة المثلى لشركات هذا النمط هي أن تكون الشركة :

أ ـ إبتكارية قائدة تعتمد على أستراتيجية إستباقية في الإبتكار والقيام بالحركة الأولى في تكامل المراحل الأساسية الثلاث : الأول في المفهوم أو الفكرة ، الأول في المنتج، الأول في السوق .

ب - أن يكون الإبتكار الذي تحققه متكاملا كليا ، فهو متكامل لأنه توليفة من التكنولوجيا والنظم والمواد والمهارات التي تحول دون التقليد بسهولة . وهو كلي أي أن ينقل الشركة في جزئها الأساسي إلى مرحلة جديدة من التطور في العمليات ، المنتج، السوق ، وأساليب الإدارة والتنظيم .

ج ـ أن يكون الإبتكار مستمرا أي أن لا يكون وحيدا وتنتهي قيادة الشركة الإبتكارية بإنتهائه . ولكي يكون مستمرا لابد من جهد قوي وإستثمار كبير في البحوث الأساسية والتطبيقية .

والواقع أن مثل هذه الخصائص أصبحت صعبة في ظل المنافسة الشديدة في داخل البلد أو المنافسة خارج البلد على صعيد العالم . ولقد أشار ميشيل بورتر (M.Porter) إلى أن هناك في اليابان الكثير من الشركات الأساسية في كل صناعة من الصناعات التي تتنافس مع بعضها يتراوح عددها ما بين 112 شركة تنتج الوسائل الآلية و (34) شركة في إنتاج الحاسوب الشخصي و(33) في صناعة بناء السفن و (13) في صناعة المكيفات الهواء و(99) في صناعة السيارات ..إلخ . وأن هذه الشركات تتنافس مع بعضها على الصعيد المحلي والإقليمي ودولي . وان أي منافس محلي ينجح في الإتيان بمنتج جديد ، فأنه في الغالب يجذب المنافسين سريعا الى هذا المنتج وتلك الصناعة[7] .

أن الإبتكاري ـ القائد يحقق الصدارة في السوق بكل ما يعنيه ذلك من حصة سوقية عالية والتأثير الفعال في إتجاهات السوق وتطوره . ولكي يحافظ على ذلك لابد من

إستمرار القدرة الإبتكارية العالية أي القيام والمحافظة على ما نسميه بحلزونية الإبتكار (Innovation Spiral) . إن حلزونية الإبتكار تمثل سلسلة متعاقبة من دورات الإبتكار (منحنيات S-) . وخلال كل دورة إبتكار (منحنى S-) ، فإن الشركة الإبتكارية يمكن أن تعمل على المحافظة على موقعها الإبتكاري القيادي في السوق وتحقق من الوصول بإبتكارها الجديد إلى السوق أولا ميزتين :

الأولى : ميزة المنتج الجديد الذي يتفوق على المنتجات الحالية كلها . ولكن هذا المنتج بمجرد ظهوره لا يعود جديدا تماما بالنسبة للمنافسين الذين سيعملون على دراسته وتفكيكه إذا إستلزم الأمر من أجل معرفة مزايا لتوظيفها وحتى تقليده .

والثانية : ميزة الفترة الزمنية بين إدخال المنتج الجديد وحتى ظهور منتج مناظر آخر يكون منافسا له . إن الشركة الإبتكارية يمكن أن توظف هذه الفترة بفعالية من أجل المحافظة على الفجوة لأطول فترة ممكنة . وقد يكون ممكنا الإحتفاظ بها لحين التوصل إلى دورة إبتكارية أخرى . ويمكن توضيح ذلك من خلال ما يأتي :

أ - أن القاعدة القوية للبحث (بخاصة البحث الأساسي) والتطوير مع اهتمام وتحفيز عاليين تؤدي الى التوصل الى الإبتكار- الإختراق .

ب - حس الأعمال العالي الذي يدفع بالشركة الى أن تكون الأسرع (وليس بالضرورة الأولى) في الوصول الى الفكرة ، المنتج ، والسوق (مع ملاحظة أنه في كثير من الإبتكارات يتم التوصل إليها في أوقات متقاربة من قبل الشركات المتنافسة ولكن المهم من يصل الى السوق أولا) .

ج - القدرة العالية على إستخدام ميزة المحتكر في السوق والإستفادة منها بفرض سعر المحتكر (ذي العلاوة السعرية التي يفرضها الإحتكار لتعويض نفقات البحث الأساسي التي قد لا يتحملها الكثير من المنافسين جراء التقليد) . وقد يعني هذا تجنب ما أسماه دراكر (P.Drucker) دور المحتكر المحسن في معرض نقده لشركة إكسيروكس (Xerox) التي سعرت نواسخها بأسعار مخفضة في وقت كانت هي المحتكر للسوق ولازال منافسيها في مرحلة تطوير منتجاتهم [8] .

د - تحقيق معدل التعلم الأسرع من أجل الحفاظ على الفجوة التي تفصلها عن المنافسين الذين تفوقت عليهم في الوصول أولا الى الفكرة ، المنتج ، أو السوق . فبعد أن تكون الشركة الإبتكارية القائدة أدخلت المنتج الجديد الى السوق وتكون الشركات المقلدة الإبتكارية مشغولة بالهندسة المعاكسة (Reverse Engineering) أي تفتيت المنتج لدراسته ، تكون الشركة الإبتكارية متفوقة في معدل التعلم (ميزة التكلفة الأدنى) من جهة ، وتستعد في هذه المرحلة لتحسين المنتج الجديد (ومثل هذه التحسينات تكون ضرورية ما بين إبتكار جذري وآخر من أجل المحافظة على المركز التنافسي- والحصة التنافسية في السوق) ، وفي نفس الوقت يتم التهيؤ والعمل من أجل جيل جديد من المنتجات (إبتكار جديد) من جهة أخرى . أن المثال الرائع الذي يمكن تقديمه عن حلزونية الإبتكار وتصاعده بإستمرار قدمه توماس إديسون (T.Edison) الذي حقق ذلك بكفاءة غير مسبوقة وفي وقت مبكر. حيث أنه لم يركز على إبتكار واحد ، أو مجال واحد من الخبرة ، أو سوق واحدة وإنما هو أوجد طرقا للتفكير والعمل التي تمكن مختبره الإبتكاري الذي أقامه في نيوجيرسي ، أن يتحرك بسهولة داخل مجالات المعرفة وخارجها من أجل المحافظة على التعلم والإستخدام المستمر للأفكار الجديدة . مشيرا الى أنه يسعى بهذه الطرق في مختبره الإبتكاري الى أن يحقق إبتكارا صغيرا كل عشرة أيام ، وإبتكارا كبيرا كل ستة أشهر . ليحقق أكثر من (400) براءة إختراع في ستة سنوات[9] .

وهذا ما إستطاعت شركة (IBM) في سوق الحاسوب الرئيسي- (وحدات المعالجة المركزية ، سواقات الأقراص ، وبرامج النظم ، والذاكرات الموسعة) القيام به لعقدين من الزمان في السبعينات والثمانينات [10]. ولكن هذا قد أصبح أصعب في الوقت الحاضر مع إشتداد المنافسة وظهور منافسين جدد بأساليب جديدة وسريعة في الإنقضاض على المنتجات الجديدة في أسواق سريعة التغير والتطير . مما أدى في نهاية التسعينات الى أن تعاني (IBM) نفسها من مشكلة ضعف القدرة على مجاراة منافسيها بأساليبهم الجديدة بفعل الحجم الكبير وعملية إتخاذ القرار المرهقة والبيروقراطية[11]. مع كل المزايا

التي يمكن للشركة الإبتكارية القائدة أن تحققها ، فأنها لابد من تتحمل الثمن ـ العبء من أجل ذلك ، فما هو هذا الثمن - العبء ؟ . ويمكن أن نحدد هذا الثمن فيما يأتي :

أولا : الإستثمارات الضخمة في البحث والتطوير حيث أن القائد في السوق هو الذي يأتي بالإبتكار ـ الجذري الذي يتحقق في الفكرة الأولى التي تأتي من البحوث الأساسية وبالمنتج الأول الذي يأتي من المختبرات والمصنع الطليعي (Pilot Factory) والوصول الأول للسوق الذي يتأتى من جهد إداري ـ إنتاجي ـ مالي تسويقي رائد لمنتج ليس له نظير في السوق وكل ما يتعلق به جديد على الشركة .

ثانيا : إمكانية تحمل مخاطرة عالية فكما أشرنا سابقا أن العمل الإبتكاري هو البحث في المجهول الذي قد يأتي بالنتائج المرجوة أحيانا (النجاح النادر) وقد لا يأتي في أكثر الأحيان بهذه النتائج (الفشل المتكرر) .

ثالثا : فترة الإنتظار الطويلة : فثمة فترة إنتظار (Lead Time) طويلة قد تستغرق سنوات في عملية الإنتقال إلى الفكرة ، ثم إلى المنتج ، ومن ثم إلى السوق . مع إمكانية الفشل العالية ، وإمكانية المفاجأة العالية في أن شركة منافسة أخرى تصل إلى الفكرة، المنتج، السوق أسرع من الشركة المعنية .

رابعا : المخاطرة اللاحقة : وهي المخاطرة المتأتية من المقلدين أو التابعين الإبتكاريين الذين ينتظرون حتى ظهور المنتج الجديد في السوق لينقضوا على دراسته وإدخال التحسينات عليه والإستيلاء على مزاياه وحصته في السوق . والواقع أن هذا الخطر يتزايد بشكل كبير فقد أثبت اليابانيون في السبعينات والثمانينات والكوريون في الثمانينات والتسعينات أن التقليد يشكل خطرا كبيرا في إحتلال التابع لمركز القائد أو فقدان القائد لمركزه في السوق إلى التابع . إن التابع الإبتكاري يعمل بميزتين كما سنوضح في الفقرة التالية : ميزة عدم تحمل مخاطرة الإبتكاري القائد الذي يقوم بإيصال منتجه الجديد إلى السوق ويصبح متاحا كاسم وخصائص وجانب من الخبرة الفنية التي تقدمها الهندسة المعاكسة القائمة على تكفيك المنتج لمعرفة خصائصه التركيبية والتشغيلية الداخلية، وميزة التابع الإبتكاري الذي عادة ما يمتلك قدرة إبتكارية في جوانب مهمة كالتطوير أو الهندسة أو كفاءة الإنتاج كلا أو جزء .

أن العلاقة بين الإبتكاري ـ القائد بوصفه صاحب الخطوة الأولى في الفكرة والمنتج والسوق ، والتابع الإبتكاري صاحب الخطوة الثانية التي قد تكون محسنة (التعديلات الجزئية) أو الجديدة في الجيل الثاني للمنتج الذي قد يختلف بشكل كبير عن المنتج الأصلي (كما في أجيال الحاسوب الخمسة) ، أو في تكييف المنتج لحاجات خاصة لقطاع سوقي ، نقول أن العلاقة بين الإثنين ليست دائما لصالح التابع الإبتكاري. فالخصائص الثلاث التي أشرنا لها في بداية هذه الفقرة تمثل مصادر قوة لصالح الإبتكاري ـ القائد وعوامل ضعف يمكن أن تواجه التابع ـ الإبتكاري ، لكي لا يظل لهذا الأخير إلى فتات صغيرة من مائدة السوق الواسعة . لتظل ملاحظة أخيرة هي أن ثمة فجوة زمنية بين الوصول الأول للمنتج إلى السوق الذي يحققه الإبتكاري - القائد ولحاق التابع الإبتكاري به ، تمثل فترة زمنية مهمة تتيح إمكانية إستثمارها من قبل الإبتكاري ـ القائد من أجل التطوير اللاحق لإبتكار جديد جزئيا أو كليا ، في وقت يكون التابع الإبتكاري يعمل على النموذج الأصلي للمنتج . إن إبتكار المنتج الجديد وإيصاله إلى السوق أولا لا بد أن يعمل ويتكامل مع الجهد الإبتكاري المستمر لحماية الإبتكار نفسه .

ثانيا : نمط المقلد الإبتكاري

إن القائم بالحركة الأولى (First Mover) هو المصدر الإبتكاري الذي يأتي بالجديد كليا ، ومع ذلك فإن التحسينات الجديدة يمكن أن تقدم نمطا مصغرا من القائم بالحركة الأولى ولو على المستوى الجزئي المحدود . وإذا كان كل ماعدا القائم بالحركة الأولى هم مقلدون ، فإن القائم بالتحسين المستمر هو ابتكاري جزئي أو قل أنه مقلد أو تابع ابتكاري. أو كما يسميه دراكر (P.F.Drucker) القائم بالتقليد الإبتكاري [12] ، أو توم بيترز (T.Peters) القائم بالسطو الخلاق [13] .

إن الدراسات الكثيرة تشير في مجال الإبتكار الى الشركة القائدة في السوق التي تأتي بالإبتكارات الجذرية الكبيرة والتي تكون الأولى في السوق ، والشركة - التابع التي تأتي بعد الشركة - القائد الى السوق معتمدة على ما جاء به القائد . ومع أن السمة الإبتكارية في القائد تكون مصدرا لكل التطبيقات التي تأتي بعده في مجال ابتكاره ، فإن المقلدين أو التابعين لا يكونون متماثلين ولا يمكن النظر الى إتباعهم على أنه تقليد إستنساخي

(Duplicated Imitation) كما في حالة الشركة التي تأخذ بإبتكار القائد كما هو سواء بالترخيص أو حتى التقليد بدون ترخيص . ولا شك في أن هناك من التابعين من يتميز بالسمة الإبتكارية سواء بإدخال التحسينات التي تتفوق فيها على الشركة الأولى صاحبة الإبتكار، أو بالتعديلات من أجل إنشاء أسواق أو قطاعات سوقية جديدة ، أو بالتفوق في مجالات أخرى مكملة للإبتكار كإستغلال كفاءة الإنتاج لتحقيق ميزة في التكلفة أو الإعلان أو قنوات التوزيع .. الخ .

وهناك أمثلة كثيرة على تفوق وفقدان المبتكر لمركزه للتابع . فقد كشف التحليل التأريخي الذي قدمته دراسة ستيف تشنارز (S.P.Schnaars) حول (إدارة استراتيجيات التقليد) أن (28) من الشركات الإبتكارية فقدت مركزها القائد للشركات التابعة[14] .

والواقع أن التابع يمكن وضعه في نوعين ، الأول هو التابع - الإبتكاري أو الخلاق الذي يمارس التقليد الخلاق الإبتكاري . فهو يستخدم مزايا المتبكر في الفكرة الجديدة والمنتج الجديد مضاف إليها مزاياه وقدرته على التحسين والتكييف والوصول الى أسواق أوسع أو قطاعات جديدة أو تكلفة أفضل وغيرها . والثاني : هو التابع - الإستنساخي الذي يقوم بنفس ما يقوم به المبتكر بالنقل الحرفي تماما ، مع فارق أن المبتكر هو الأول في الفكرة والمنتج والسوق وهو الذي عرف بالمنتج ووصل الى السوق أولا وحقق ولاء الزبائن بقدر مناسب ومزايا أخرى في الجوانب غير الملموسة .

إن القائم بالحركة الأولى له مزاياه المعروفة في الوصول الأول الى السوق بمنتج أول جديد ليس له نظير يقارن به ، وبالتالي فهو يمارس دور المحتكر ويفرض سعر المحتكر في السوق ، وفي حالة حصوله على براءة فإنه يضمن حماية قانونية لفترة معينة ويكون مصدرا للآخرين في التطبيقات المرخصة للإبتكار . ولكن الأقرب إليه في الوصول الى السوق والحصول على حصة سوقية سريعة وربما التفوق على المبتكر فيما بعد هو التابع الإبتكاري الذي يقوم بالدخول المبكر الى السوق ويقوم باستخدام قدراته الذاتية من أجل إدخال مزايا وخصائص قادرة على مواجهة المبتكر الأصلي .وحتى عندما يكون المبتكر الأصلي شركة عملاقة ، فإن التابع الإبتكاري يعمل على الانفراد في قطاع سوقي ملائم بعيدا عن مواجهة التنافس المباشر في سوق المنتج – الابتكار الأصلي.

والواقع أن التابع الابتكاري لا يتبع أستراتيجية دفاعية صرفة بل هي أستراتيجية هجومية - دفاعية . فهو يأخذ حصته من السوق على حساب الشركة أو الشركات الكبيرة (وهذا هو البعد الهجومي في استراتيجيته وهذا ما يمثل البعد الإبتكاري - التحسين في تسميته)، والإبتعاد الى قطاع سوقي ملائم لتلافي المنافسة الشديدة مع الشركة الكبيرة في مجال منتجها (وهذا هو البعد الدفاعي وهذا ما يمثل البعد التابع في تسميته) .

إن مزايا التابع الإبتكاري واضحة فهو يتجنب الاستثمارات الكبيرة الأولية في البحث والتطوير وإن كان يتحمل نسبة منه في التطوير أو الجهد الهندسي أو تحسين الإنتاج وكفاءته ، يتجنب مخاطرة الإبتكار في حالة فشله لأنه يأخذ حتى ولو فترة وجيزة تساعده على تقييم ردود فعل السوق الأولى ومقارنة المنتج الجديد مع المنتجات الحالية في ظروف السوق الواقعية ، والأهم امتلاك الوقت الضروري حتى وأن كان قصيرا من أجل الاستجابة والتحسين للدخول الى السوق بإضافات ملائمة لخدمة قطاع سوقي ملائم وكسب ما يمكن كسبه من الزبائن الجدد الذين يدخلون السوق في هذه المرحلة المبكرة . وهذه هي أيضا ميزة الثاني في السوق حيث لا يزال الذين يدخلون السوق من الزبائن كثيرين . وهم أيضا الذين ينتظرون التحسينات على المنتج الأولى الأصلي من أجل شرائه كمنتج محسن.

ثالثا : نمط المقلد الإستنساخي

إن التابع الإستنساخي (Duplicated Follower) هو المقلد الذي يدخل إلى سوق المنتج في وقت متأخر وبعد أن يكون المنتج دخل في أواخر مرحلة النمو أو مرحلة النضوج ضمن دورة حياة المنتج . وبعد أن يكون المنتج قد تحددت سوقه الواسعة وأصبح معروفا ومنتشرا على نطاق مناسب . فيدخل الناسخون الذي ظلوا يراقبون السوق والمنتج وبعد أن يتأكدوا من نجاح المنتج يدخلون تباعا . وميزتهم الأساسية هو الإستفادة من مزايا الحجم في السوق الواسعة ، في ظل مخاطرة منخفضة عادة بعد أن أصبح نجاح المنتج واضحا .

كما أن التابع الإستنساخي يعتمد على إدخال التحسينات ذات العلاقة بالتكلفة أي من خلال تحقيق تخفيضات في تكلفة العمل والمواد وأساليب العمل والإنتاج والأنشطة

التوزيعية والبيعية والإعلانية وغيرها . كما أن الزبون يكون في هذه المرحلة من حياة المنتج رشيدا والزبائن يكونون كثيرين لأن حتى الزبائن المحافظين يدخلون الى سوق المنتج في هذه المرحلة . ولابد من إيراد ملاحظتين في هذا المجال الأولى خاصة والثانية عامة . الأولى : هي أن التابع الإستنساخي يواجه صعوبات ناجمة عن أن الإبتكاري ـ القائد وربما في حالات معينة التابع الإبتكاري يكونون قد حققوا مزايا كالصورة الذهنية والسمعة ، ولاء العلامة ، الوصول المبكر إلى التوزيع والسوق وغيرها .

وهذه المزايا يمكن أن تعوض بقدر أو بآخر من خلال وصول المنتج إلى مرحلة تكامل الخصائص والمواصفات والإنتاج الواسع بكل ما يعنيه هذا من إمكانيات جيدة في خفض التكلفة وتحقيقه لقدر كبير من التحسينات في ظل الإنتاج الواسع . ومع ذلك فإن التابع الإستنساخي لن يجد الكثير ليحققه رغم أن الإنتاج قد أصبح واسعا وأسعار والتحسينات بلفت ذروتها لأن مزايا السوق قد تم جنيها مبكرا .

والثانية : وهي الملاحظة العامة والتي تتعلق في كون التابع الإستنساخي هو مرحلة من مراحل تطور الشركات في الوقت الحاضر . فالتجربة اليابانية في الستينات والسبعينات والتجربة الكورية في السبعينات والثمانينات كشفت عن أهمية مرحلة التابع الإستنساخي في نقل التكنولوجيا والحصول على الدراية الفنية (Know How) وإكتساب الخبرة الفنية في الإنتاج إلى جانب الخبرة الإدارية . ولكن لا بد من أن يكون الأفق مفتوحا والدافعية عالية من أجل الإنتقال إلى المراحل الأخرى كمرحلة التابع الإبتكاري ومن ثم إلى الإبتكاري القائد وهذا ما قامت به اليابان في أواخر السبعينات والثمانينات وكورية في التسعينات إلى حد ما[15] .

رابعا : النمط غير المتكيف

أن النمط غير المتكيف (Unadapted) من الشركات أو الخارجة من السوق هي التي لا تستطيع مواجهة الإبتكار الجديد في مراحله الثلاث المذكورة سابقا . ولكي تتجنب شركات هذه الفئة الخسائر الأكبر فإن إستراتيجيتها تكون إنسحابية بكل ما يعنيه ذلك من إجراءات أو خطط إنكماشية (Retrenchment Plans) في تصفية الأعمال أو التخلص

من بعض الأنشطة أو الأعمال ، أو التحول إلى ميدان أعمال آخر ، أو إستخدام خليط من هذه الخطط[16].

أن الإبتكار فيه ناجحون وفيه فاشلون وأكثر الفاشلين خسارة هم فئة الشركات التي لم تستطع مجاراة المنتج الجديد في أي مرحلة من مراحل تطوره . وقد تكون عدم المجاراة سببها عدم القدرة الفنية أو عدم القدرة الإدارية . والأولى ترتبط بالفن التكنولوجي الجديد الذي يقوم عليه المنتج الجديد الذي يقترن بإبتكار عملية جديدة (تكنولوجيا جديدة) فتتراجع الشركة فنيا في فن التكنولوجيا الجديد . أما القدرة الإدارية وربما هي السبب الأول عندما تكون الإدارة غير قادرة على قراءة خارطة التغيير الجديدة التي نشأت مع المنتج الجديد. ولم تستطع أن تتحمل قدرا معقولا من المخاطر في المراحل السابقة . فلا يعود أمامها إلا إنقاذ ما يمكن إنقاذه بالإنسحاب من سوق المنتج .

ومع أن عدم التكيّف يؤشر عدم قدرة الشركة على الإستجابة للمنتج الجديد ، إلا أنه قد يؤشر أيضا إستعداد الشركة للإنتقال إلى سوق آخر هربا من المنافسة الشديدة والقوية التي لا تستطيع مواجهتها في سوق المنتج الجديد ، أو إنها تجد مزايا جدية لها في سوق أخرى لا بد من التحول إليه أو كلاهما معا . وعندما تقر بالإنسحاب تماما أو التحول إلى سوق آخر فإن التوقيت يصبح حرجا مع تقدم المنتج الجديد لأنه سيمثل بهذا التقدم إنحسار حصة الشركات غير المتكيفة . كما تكون إقتصاديات المخزون القديم المتجمع في المخازن من المنتج السابق هي التي تتحكم في بقايا وجود هذه الشركات في سوق المنتج الجديد .

2-4- تطور الإهتمام بالإبتكار

لاشك في أن المبتكر هو نقطة البدء في الإبتكار . لهذا كان الإهتمام منذ البداية ينصب عليه . بل إن المديرين كانوا على الدوام يربطون الإبتكار بالأفراد المتألقين الذين يبدون قدرا عاليا من الذكاء . ومع أن لا إبتكار حقيقي بدون مبتكر أو مبتكرين حقيقيين، إلا أن هذا وبدون شك لا يروي القصة كلها . ليس فقط لأن المبتكر لا يولد في الفراغ وإنما يولد في مجتمع يولي أهمية كبيرة للإبتكار ويعززه ، ويولد في شركة تحفّز على الابتكار وتكافئ عليه . وإذا أردنا أن نضع تصورا عن تطور الإهتمام بالإبتكار في الشركات، فإننا يمكن أن نضع ثلاث مراحل أساسية في هذا التطور :

أولا : الإهتمام بالفرد المبتكر وإعتبار الإبتكار مسؤولية المبتكر بالدرجة الأولى. والواقع أن النموذج التقليدي في الإدارة البيروقراطية في الشركات هو الذي دعم نظرة ربط الإبتكار بالفرد المبتكر . فمع أن هذا النموذج الذي يعوّل على الهرمية كأساس للتماثل والتوصيف الدقيق للأعمال والرقابة الشديدة التي تعمل كلها ضد الإبتكار ، فإنه كان يستخدم العوائد الخارجية كالمال والقوة والمكانة كحوافز للعاملين ومنهم الفرد المبتكر[17].

ففي هذه المنظمات التي تتكاثر فيه عقبات الإبتكار مثل : الرقابة الشديدة ، الميل الى الإستقرار ، محدودية الأفق التنظيمي لكل وظيفة أو مستوى تنظيمي ، والإجراءات المطولة ..الخ ، لا يمكن أن يكون الإبتكار فيها إلا نتاجا لجهد فردي عظيم لا يتوفر إلا لدى أفراد قليلين ، مما يدعّم الفكرة التي يعتمد عليها هذا النموذج في أن الإبتكار لا يمكن أن يتحقق إلا بواسطة أفراد متألقين عاليي الذكاء (الذين يحصلون على أكثر من 120 في إختبارات الذكاء) ، ويعملون في وظيفة متخصصة هي البحث والتطوير (R&D) رغم أنه ليس هناك ارتباط بين ذكاء الفرد العالي والابتكار . حيث تشير الدراسات الكثيرة خلافا لما يعتقده هؤلاء المديرون في مثل هذه الشركات ، إلى أن الإبتكار منتشر بين العاملين ذوي مستوى ملائم من الذكاء وليس بالضرورة الذكاء العالي[18].

ثانيا : الإهتمام بالإبتكار على مستوى الشركة : وفي هذه المرحلة فإن الشركات أخذت تنتقل تحت وطأة المنافسة والداخلين الجدد بمفاهيم وأساليب جديدة ومتنوعة ، الى تبني مفاهيم مشاركة جميع العاملين في الإبتكار بأشكاله المختلفة . فإلى جانب كثرة اللجوء الى فرق العمل ووحدات العمل المستقلة والمشروعات الخاصة ، زاد اللجوء الى أنظمة الإقتراحات والإدارة المرئية وإغناء وتوسيع العمل والتنظيمات الأفقية وغيرها الكثير الذي لا يمكن النظر إليه إلا في إطار الفهم المتزايد لأهمية مشاركة العاملين إداريا وفنيا في إنجاز الوظائف والمهام ومنها النشاط الإبتكاري .

وضمن هذه المرحلة يأتي سعي الشركات لمشاركة الموردين في إبتكار وتحسين المواد الأولية الأكثر ملاءمة للتصميمات وعمليات الإنتاج وتنظيمها ، وكذلك مشاركة الزبائن من أجل الكشف عن حاجاتهم الجديدة وإستشراف توقعاتهم لتسريع النشاط الإبتكاري وتقديم منتجات أكثر ملاءمة ونجاحا في السوق .

ولابد من ملاحظة أن هذه المرحلة بقدر ما وسعت من إطار الإبتكار ليشمل المرحلة السابقة ومبتكريها الأفراد بمشاركة جميع العاملين الآخرين في الشركة ، فإنها وسعت من مفهوم الإبتكار من الإبتكار الجذري حصرا في المرحلة الأولى إلى الإبتكار بنوعيه الجذري (الإختراق) والتدريجي (التحسين) . وكذلك توسيع مفهوم الإبتكار من حصره في المجالات العلمية والتكنولوجية إلى الإبتكارات في جميع المجالات بما فيها الإدارية والتنظيمية والتسويقية والخدمات وثقافة الشركة .. إلخ . إن الشكل رقم (2-3) يوضح هذا التطور .

الشكل رقم (2-3) : تطور رؤية الشركات للإبتكار

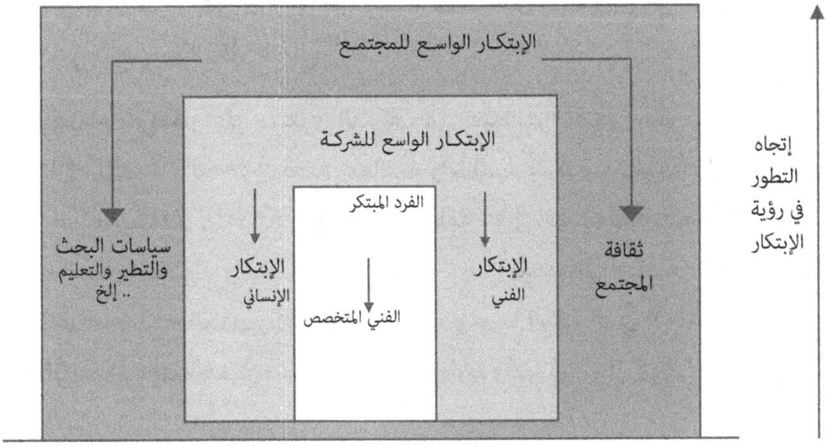

ثالثا : الإهتمام بالإبتكار في المجتمع : يلاحظ أن الكثير من الدراسات تشير إلى عوامل المجتمع المؤثرة في الإبتكار ، فلقد تحدث كومنجس وأولدهام (Cummings and

Oldham) عن مدخل العاملين الأثنين المؤثرين في الإبتكار هما : إمكانية العامل العالية (الخصائص الشخصية) وسياقات العمل (العوامل التنظيمية)[19]. وربما يكون تفسير ذلك في أن المجتمعات الصناعية المتقدمة قد حققت إستقرار في البيئة العامة مما بات يوحد وأكاد أقول بحد من تأثير هذه البيئة في التفسير والمقارنة خاصة في ظل العولمة التي تدفع نحو المزيد من التماثل على حساب التنوع .

ومع ذلك فأن الإهتمام بالإبتكار في المجتمع يجد مبرراته القوية على إعتبار ان الشركات (النسق الفرعي) أصبحت تتنافذ مع المجتمع (النسق الكلي) بشكل كبير ، وصارت قدرة المجتمع على الإبتكار وتوليد المبتكرين مسألة بالغة الأهمية بالنسبة للشركات وهذا يعود للأسباب الآتية :

أ ـ حس الشركات بأن قدرة المجتمع (الكل) هي أكبر بكثير من قدرة الشركة (الجزء) ولابد من الإستفادة من ذلك .

ب ـ إن المنافسة المتعاظمة عبر الحدود كشفت عن حقائق لم تكن قبل عقدين أو ثلاثة ذات دلالة . وهي أن الشركات لا تتنافس بالقدرة الذاتية ـ الكلية للشركة وحسب وإنما تتنافس وقبل قدرة الشركة بقدر المجتمع الذي ينتمي إليه . هذا المجتمع الذي فيه نمط تربية ونظام تعليم وقيم ثقافة وإستعدادات معينة للتغيير وإتجاهات محفّزة أو معوقة لذلك . وهذه كلها تنعكس بشكل مباشر على الشركة وقدرتها الإبتكارية .

ج ـ تزايد حس الشركات بالقاعدة الوطنية لأعمالها حتى وهي تعمل في ظل العولمة (Globalization) والواقع أن نبرة التحيز للبلد الأم (خلافا للعولمة بأن لا وطن لرأس المال ولا للسلعة) تتكرر في الولايات المتحدة وأوربا . ويمكن أن نسوق لهذا الغرض أمثلة كثير نورد منها ما يأتي :

(1) لقد أشارت دراسة ماركدس (C.C.Markids) إلى أن تحريك الهندسة والتصنيع إلى الخارج لا ينقل فقط الخبرة المالية والإدارية وإنما أيضا الخبرات الهندسية. وهذا ما لا يجب أن يتكرر مع موهبة التصميم والبحث والتطوير التي يجب أن تبقى في الولايات المتحدة لكي تبقى القيمة المضافة الأعلى فيها أيضا[20] .

(2) إن دراسة بارتليت وجوشال (Bartlett & Ghoshal) بعد نقدها للنماذج الثلاثة للشركات التي تعمل في الخارج : الشركات المتعددة الجنسيات ، الشركات الدولية،

والشركات العالمية ، أكدت على نمط الشركات عابرة الحدود (Across Borders) أو الشركات عبر القومية (Transnational Firms) . إلا أن نموذجه يحمل مركزية شديدة (الإعتماد على المركز ـ الأم) وبطريقة لا تخفي التحيز الواضح والصريح للبلد الأم المستخلص من تجربة الشركات الأمريكية والأوربية التي خسرت الكثير من أسواقها لليابان أولا ولدول جنوب شرقي آسيا الأخرى ثانيا. ومثل هذه التجربة مطلوب عدم تكرارها مع بقية دول العالم ، لهذا نجد بارليت وجوشال يشيران في عرض النموذج إلى أن هناك موارد وقدرات معينة يفضل الإبقاء عليها مركزية داخل نطاق عمليات البلد الأم، ليس فقط من أجل تحقيق إقتصاديات الحجم وإنما كذلك من أجل حماية عناصر التنافس الجوهرية داخله[21].

(3) إن نيكولاس هايك (N.Hayek) صاحب الساعات السويسرية (Swatch) عندما سئل عن العولمة كونها بلا وطن ، قال : ضرورة الإلتزام بالقاعدة الوطنية، ويجب أن نبني حيث نعيش لكي لا نفقد الدراية الفنية والخبرة في صنع الأشياء، ولكي لا نخسر هذه القاعدة والقدرة على خلق الثروة[22] رغم أن ساعاته هي أحد المنتجات القياسية العالمية .

وثمة أمثلة كثيرة تشير بوضوح الى أن الدول الصناعية المتقدمة أصبحت أكثر تشددا إزاء نقل إمكانات وقدرات البحث والتطوير والمعرفة الإبتكارية الى الخارج رغم كل شعارات العولمة حفاظا على القاعدة الوطنية . وهذا ما تقوم به الشركات في هذه الدول. وفي إطار تأثير المجتمع يأتي دور الحكومة وتأثيرها على الشركات . فالحكومات كانت على الدوام تقوم بدور واضح في توفير أغلب البنية التحتية الصلبة والناعمة كما تقدم الإطار القانوني الذي ينظم عمل الشركات وقيودها وحوافزها .

(4) تزايد التأكيد على الفروق بين المجتمعات في البحث والتطوير والتعليم مما ينعكس على القدرة الإبتكارية للشركات . فالدول المتقدمة تخصص نسبة عالية نسبيا من الناتج القومي الإجمالي (GNP) للبحث والتطوير . وقد بلغت النسبة في الولايات

المتحدة (2.8 ٪) والإتحاد الأوربي (1.9 ٪) وفي اليابان (2.8 ٪) أي أنها في الدول المتقدمة ما بين (2-3 ٪) في مقابل (0.4 ٪) في الدول النامية عام 1992[23]، وهذا يعكس توجها قويا نحو إيجاد قاعدة الإبتكار ومشروعاته .

وإن الشركات تنخرط في هذه المشروعات الإبتكارية كأعمال مربحة أو إنجازات علمية قابلة للتطبيق أو كإمكانات قابلة للتحويل من مجال لآخر . كما أن هذه الدول تتنافس في برامج وسياسات التعليم الذي يمثل قاعدة لما سيكون عليه الإبتكار . فلقد تدافعت المؤسسات التعليمية الأمريكية نحو عمليات تطوير وإصلاح التعليم بعد أن أطلق السوفيت في عام 1957 قمرهم الصناعي سبوتنيك (Sputnik) وكأن هذا الحدث هو الدوي العالي الذي أيقظ الأمريكيين . وفي السبعينات والثمانينات واجه الأمريكيون (سبوتنيك آخر) له نفس الدوي تمثل كما تقول ميري هوايت (M.White) في الطفل الياباني ونظامه التعليم الذي يجعل العالم عالمه[24]. فكان أن تشكلت لجنة ذات صلاحية كبيرة لتصدر تقريرها الهام في عام 1983 بعد (18) شهر من العمل والذي حمل عنوانا (أمة في خطر) (A Nation at Risk) .

(5) دور وتأثير الحكومة على الشركات : ومع أن هناك من الناحية العامة كما يقول بورتر (M.Porter) نظريتين حول دور الدول ، الأولى : تقوم على أن دور الدولة جوهري دائما . والثانية : تقوم على السوق الحرة و(دعه يعمل ، دعه يمر) وتدعو الى ترك اليد الخفية (Invisible Hand) تعمل لتحقق التوازن مع أقل ما يمكن من تدخل الدولة . ويعلق بورتر على ذلك بالقول أن كلاهما غير صحيح ويؤديان الى تآكل قدرات البلد التنافسية . الأولى تؤدي في المدى الطويل تآكل القدرة التنافسية لأن الشركات تعتمد على دور الدولة بشكل متزايد للبقاء في السوق ، والثانية تهمل الدور المشروع للحكومة في إيجاد البيئة الملائمة للشركات التي تحفزها لكسب الميزة التنافسية[25]. ويمكن في هذا المجال توصيف دور الحكومة بالعلاقة مع الإبتكار في الشركات في ثلاثة جوانب [26]:

(1) **دور الحكومة كمشتري دفاع (Defense Buyer)** : فالحكومة الوطنية في كل بلد هي المشتري الأساسي في صناعات الدفاع . وحيث أن عقود الدولة كبيرة ومدرة

للأرباح فإن الشركات تستخدم فيها أفضل العقول والخبرات والمهارات من أجل الإبتكار . بل أن هذه العقول هي التي تحرر الشركات من الكثير من القيود حيال حملة الأسهم .

والواقع أن الإنفاق العسكري في الدول المتقدمة كان له تأثير محفّز للبحث والتطوير وعلى الإبتكار حيث أن الكثير من الإبتكارات للأغراض العسكرية وخاصة في الولايات المتحدة كانت تحول بعد فترة وجيزة للأغراض المدنية التي تدعم الميزة التنافسية للشركات في السوق . فطائرة البوينغ (707) التي اكتسحت العالم اشتقت من الطائرة العسكرية الكارغو(KC-135) وكذلك الحال بالنسبة للطائرات المروحية التي رأت النور على شكل طائرات عسكرية [27].

والحكومة الفرنسية القوية التي تتسم بمركزية عالية تستخدم مركزها كمشتري لتحريك الصناعات الفرنسية الى السوق. كما أن الحكومة الألمانية سخية (Generous) لمجالات قليلة مختارة لدعم صناعتها الوطنية فيها من خلال مشترياتها .

(2) **دور الحكومة كمموّل للإبتكار** (As a Financier) : وهذا الدور قد يكون غير منظور من خلال الضرائب عل الأرباح . فالإبتكار في الشركات يموّل على نطاق واسع من خلال إحتفاظ الشركات بالأرباح . أما دور الحكومة كمموّل منظور فيعتمد بدرجة كبيرة على دورها من خلال النظام المصرفي . فالحكومة الفرنسية دعمت بشكل كبير إبتكارات الشركات الخاصة من خلال تقديم قروض طويلة الأمد رخيصة وانتقائية من أجل التحديث . كما أن الحكومة الإيطالية تقدم القروض الملائمة للشركات الصغيرة والمتوسطة وكذلك تفعل الحكومة الألمانية .

(3) **دور الحكومة كمالك** (As an Owner) : وهذا الدور يقدم فرصة كبيرة لتوفير الأرصدة اللازمة وتحقيق التوسعات في الدخول في المجالات الجديدة بالإعتماد على الإبتكارات التي يتم التوصل إليها بواسطة الشركات المملوكة للحكومة أو الشركات الخاصة . والواقع أن هذا الدور هو المسؤول عن تطور صناعات ذات أهمية أستراتيجية في فرنسا مثلا كالصناعة الإلكترونية والمعلوماتية والطاقة النووية

وصناعة الفضاء المدنية .. الخ . ومثل هذا الدور يكون محفّزا للشركات للتطـوير والإبتكـار في المجالات الأحدث التي تحظى باهتمام عالي من قبل الشركات المملوكة للدولة .

2-5- العوامل المؤثرة في الإبتكار

أن النشط الإبتكاري ظاهرة معقدة مما يعني أن ثمة عوامل عديدة تتداخل في تكوينه وتطوره . ومما يزيد من درجة التعقيد في النشاط الإبتكاري إن هذه العوامل قد تكون فعالة في تكوين وتحفيز النشاط الإبتكاري في ظروف معينة ولا تكون كذلك في ظروف أخرى . وقد تكون فعالة أيضا في حل المشكلات التي تواجه الأفراد أو الشركات ولا تكون كذلك في التوصل إلى الجديد غير المألوف . ومع ذلك فإن الدراسات الكثيرة التي درست الإبتكار والنشاط الإبتكاري قد ساهمت في تحديد الكثير من العوامل المؤثرة في الإبتكار . وفي هذا السياق نشير الى أن هناك ثلاث مجموعات من العوامل المترابطة وذات التـأثير المتبادل المؤثرة في الإبتكار هي : مجموعة الخصائص الشخصية، مجموعة الخصائص التنظيمية ، مجموعة عوامل البيئة العامة في المجتمع وكما في الشكل رقم (2-4) . ونعرض فيما يأتي لهذه العوامل :

أولا : مجموعة الخصائص الشخصية

كما أشرنا من قبل إن المبتكر هو نقطة البدء وإن خصائصه المهمة ذات العلاقة بالإبتكار هي التي كانت موضع الإهتمام في السابق . فكان المديرون ينظرون إلى خصائص الأفراد المتألقين عالي الذكاء ليعولوا عليهم في حل المشكلات والإتيان بما هو جديد من عمليات منتجات الشركة . ولقد ركزت دراسات عديدة على مجموعة من الخصائص الشخصية للإنجاز الإبتكاري التي يختلف الباحثون في تحديدها وإن كانوا يتفقون على البعض منها ، وهي على وجه العموم[28]: النظرة الى المصالح الأوسع، الإنجذاب الى التعقيد ، الحدس ، الحساسية الجمالية ، السماح بالغموض أو الرغبة فيه، والإعتماد على الذات .

الشكل رقم (2-4) : العوامل المؤثرة في الإبتكار

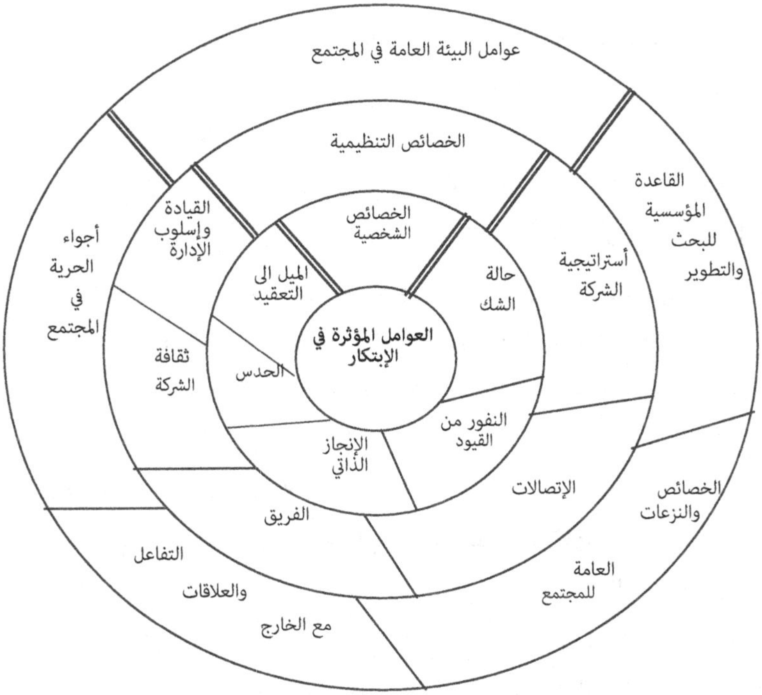

كما يحدد شاني ولاو (Shani and Lau) مجموعة أوسع من الخصائص للفرد المبتكر وهي : مستوى عالي من الطاقة ، عادات عمل مكرسة وفعالة ، مستوى عالي من المثابرة والفضول ، الإهتمام بالتفكير التأملي ، الرابطة المحدودة نسبيا بالواقع ، مستوى منخفض من النزعة الإجتماعية ، التقييم المزاجي غير الإعتيادي ، الميل إلى المغامرة ، الحاجة إلى التغيير ، السماح بالغموض ، الإنطواء ، الحاجة القوية إلى الإستقلال ، التوجه الذاتي، والشخصية المندفعة . ويلاحظ أن تحديد الشخص المبتكر ليس سهلا وفق هذه الخصائص لأن الكثيرين من الأفراد حتى غير المبتكرين قد يظهرون هذه الخصائص[29].

ويمكن في هذا السياق أن نشير إلى مجموعة الخصائص التي تظهر في حالات كثيرة على الأفراد الذين يتميزون بالإبتكار وكالآتي :

أ ـ **الميل إلى التعقيد :** حيث أن المبتكرين عادة ما يجدون دافعهم الذاتي في مواجهة المشكلات الصعبة والمعقدة ومفارقة الحالة القائمة التي يجدونها تمثل حلول البيئة المألوفة والسهلة التي يستطيع كل فرد القيام بها . والواقع أن درجة التعقيد آخذة بالتزايد في الإبتكارات بالنظر الى أنها أخذت تتطلب تداخلا متزايد للعديد من الأنظمة والإختصاصات والوظائف . هذا إلى جانب أن الإبتكار بحد ذاته يحمل تعقيده في الجديد الذي يأتي به ، والذي يتطلب من المبتكر أن يتعامل مع فكرة أو مفهوم لم يسبق أن تعامل معه .

ب ـ **حالة الشك :** وهذا ما يرتبط بالفقرة الأولى . فالمبتكر يمتلك حس الشك الذي يتحول عادة إلى أسئلة خارج الصندوق والبعيدة عن المألوف . وقد تطال هذه التساؤلات حتى البديهيات إنها سمة (تفاحة نيوتن) في تساؤله لماذا لم تسقط إلى الأعلى خلافا للمألوف في سقوطا إلى الأسفل . إن حالة الشك التي يعيشها المبتكر هي التي تضع على كاهله الإلتزام الذاتي ومواصلة التساؤل إلى نتيجة التي لابد منها في إيجاد الحلول للمشكلات أو التفسيرات الجديدة للظواهر القديمة أو التوصل إلى الجديد الذي لازال لم يظهر إلا في تساؤلاته : لماذا يكون هذا ؟ ولماذا لا يكون ذلك مثلا ؟

ج ـ **الحدس :** قد تكون الطريقة المنهجية جزء من عمل المبتكر في تحديد المشكلة وجمع المعلومات ، إلا أن التعمق في تصور وتجاوز الإرتباطات الظاهرة إلى الإرتباطات غير المرئية وإلى ما بعد الأشياء ، يتطلب الحدس (Intuition) . وإذا كانت الطريقة العلمية في البحث هي سلسة منطقية منهجية مترابطة من الخطوات ، فإن الحدس هو الإستبطان الذاتي والنظر في الأشياء بعيدا أو خارج علاقاتها الموضوعية الصلبة . ويمكن توصيف الحدس فيما ذكره الكثير من العلماء الذين إبتكروا نظريات كبيرة في أنه بعد أن يمضوا فترة طويلة قد تمتد لأشهر في جمع المعلومات وبحث المشكلة من جميع الوجوه ، تمر المشكلة فيما يشبه الحيرة من حيث لا مخرج

بالطريقة المنطقية ـ المنهجية الواعية . ولكن سرعان تهبط الأفكار الجديدة كما يهبط الوحي في أوقات عادة ما تكون غير أوقات العمل الشاق[30]. إنه ومضة الإبتكار عندما لا تعود المعلومات نفسها مهما زادت لا تومض بشيء.

د ـ الإنجاز الذاتي : إن المبتكر يتسم بأنه محفّز بالإنجاز الذاتي (Self Achievement) . فلا الحوافز الخارجية تدفعه ولا صعوبة المشكلات تعيقه ، وإنما المحرك الذاتي والدافعية الذاتية هي التي تلعب دورا يحدوها الرغبة العارمة في حب ما يقوم به وبالإنجاز الذاتي أنظر الإطار رقم (3) .

الإطار رقم (3) : حب العمل والإنجاز الذاتي

من أجل تسليط الضوء على حب العامل والإنجاز الذاتي في النشاط الإبتكاري، لنتصور أنشطة الأعمال كمتاهة (As a Maze) فالفرد الذي يحفز للقيام بالعمل من خلال المتاهة بسرعة وأمان قدر الإمكان للحصول على العائد المادي الملموس كالنقود، سيندفع كالفأر خلال المتاهة من أجل قطعة الجبن . وهذا الفرد سينظر في المسار المباشر الأبسط للوصول الى الحافز المادي . فهو بهذا سيأخذ المسار المطروق (Beaten Path) ليقوم بالعمل (أو يحل المشكلة) كما تم ذلك من قبل بالضبط . وهذا هو مدخل التحفيز الخارجي من أجل الخروج من المتاهة . وهو في كل الأحوال لا يستخدم أية قدرة تخيلية ولا يقدم رؤية جديدة أو طريقة جديدة أو مسار جديد وإنما الإلتزام بكل ما هو مألوف ومعتاد .

أما الفرد المبتكر فإنه سيجد نفسه فعليا في مواجهة عملية الإندهاش في البحث عن مسارات مختلفة التي تثير الإهتمام الذاتي . ومع أن هذه المسارات المختلفة ستأخذ وقتا أطول وتتضمن أخطاء أكثر لأن المتاهة كأي مشكلة معقدة حقيقية فيها نهايات مسدودة أكثر من المخارج .

والفرد المبتكر يجد تحفيزه الداخلي في هذا المحاولات وما فيها من تحدي وصعوبة دون إحساس بالتعب أو إبداء التذمر ، لأنه سيجد المخرج الذي يتوصل إليه رغم

المحاولات المضنية أكثر إثارة ومتعة وإستجابة لفضوله من تلك الطرق الصماء (Rote Methods) المألوفة المتكررة . وهناك أدلة كثيرة على هذا الحافز الذاتي الداخلي. فأكثر العلماء الناجحين هم ليسوا الموهوبين أكثر ، وإنما هم فقط المندفعون بالفضول. فإنشتاين (A.Eistein) تحدث من قبل عن متعة النظر والبحث (Enjoyment of Seeing and Research) ، وآثر تشاولو (A.Schawlow) الحاصل على جائزة نوبل في الفيزياء أشار الى أهمية جانب الحب في العمل فيما ينجز . كما أن أحد لاعبي كرة السلة الأكثر تميزا وابتكارا ميشيل جوردان (M.Jordan) كان يضمّن عقد عمله مع أية جهة عبارة (حب اللعبة) ، فكان يصر على أن يكون حرا في لعب أية مباراة لكرة السلة يرغب بها . وهذا هو التحفيز الداخلي الذي يقترن بالإنجاز الذاتي.

Source : Teresa M.Amabile : How To Kill Creativity , HBR, Vol(76) , No (5) , Sep – Oct 1998, pp 77-87

والإنجاز الذاتي يقترن بتحقيق الذات (Self-Actualization) في مدرج ماسلو . وحب العمل الذي يقوم به والإنجاز الذاتي هو أقرب إلى التسامي (Sublimation) منه إلى إبراز الذات على الآخرين . مع ملاحظة إن هذا يتم على المستوى الفردي ولكن عندما يكون المبتكر في الشركة ويخضع لتأثيرات العلم التطبيقي المهني من جهة وقواعد اللعبة في الأعمال من جهة أخرى فإنه يربط إنجازه الذاتي بالتفوق على الآخرين . وهذا ما يجعله ضمن الفئة من الأفراد الذين يكونون خارج تأثير التحفيز الخارجي المادي والمعنوي . وهذا ما يوضحه الشكل رقم (2 - 5) .

ويلاحظ من الشكل إن التحفيز الخارجي المتمثل في المزايا المالية والعينية والمعنوية تؤثر في فئة واسعة من الأفراد ، إلا أن جزء من العاملين لا يتأثرون بهذا التحفيز . إنها فئة تحقيق الذات الذين يتحفزون بالإنجاز الذاتي (إنجاز من أجل الإنجاز والمهمة من أجل المهمة) .

الشكل رقم (2 - 5) : منطقة الإنجاز الذاتي

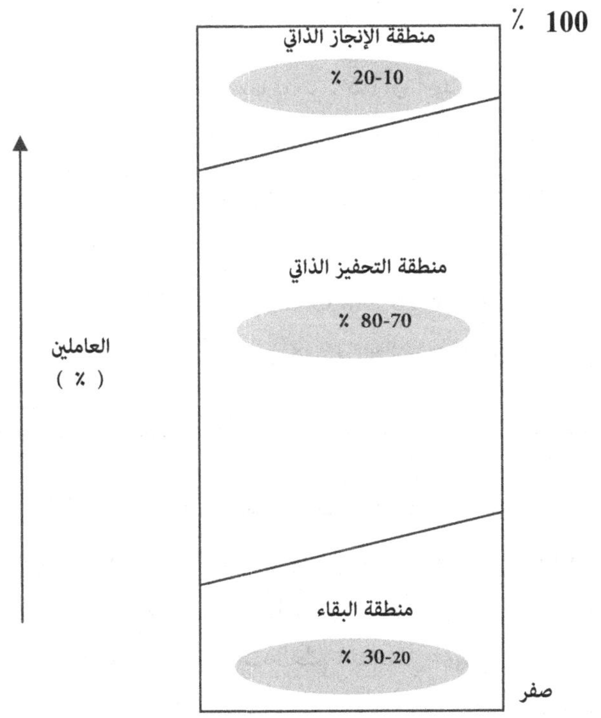

هـ - النفـور مـن المحـددات والقيـود : حيـث أن المبتكـر يجـد في القـدرة الذهنيـة المركـزة عمقـا والمتسعة أفقا ما لا يمكن أن يحدها شيء . لهذا فهو ينفر مـن المحـددات ، مـن القيـود ، مـن الواجبات المحددة التي تحصر الذهن وتحد من إن طلاقه . وربما هذا يفسر إن الكثير مـن المبتكرين كانوا لا يعترفون بالحدود الإختصاصية والمهنية التي تقيد مجالهم المعرفي .

ثانيا : مجموعة العوامل التنظيمية

أن الشركات تمثل إطارا تنظيميا بالغ التـأثير عـلى النشـاط الإبتكـاري للأفـراد ، فـالأفراد لا يعملون في الفراغ ولا يمكنهم أن يعملوا خارج محيطهم وسياقهم التنظيمي خاصة إذا

كان هذا المحيط يتسم بالجمود والقيود وهذا السياق بكثرة الروتينات والقواعد التي تحدد كل شيء وتكافئ داخل الصندوق وتعاقب من هو خارجه . ولقد كشفت الدراسات الكثيرة أن الشركات ذات النمط البيروقراطي غير ملائمة وغير فعالة في البيئة الديناميكية التي تتنافس على أساس الإبتكار[31]. حيث أن الهرمية والقواعد المقيدة والإجراءات المطولة تعيق تدفق الجهد الإبتكاري في الشركات وتعمل على إبقاء الحالة القائمة وإستمرارها .

ويمثل الإبتكار الشيء الجديد مقابل الحالة القائمة، التغير مقابل الإستقرار ، والتفكير خارج الصندوق التنظيمي . لهذا فأن المناخ التنظيمي السائد بعناصره المؤثرة الأساسية تشكل ضرورة من ضرورات الإبتكار على صعيد الفرد المبتكر الذي قد يبدو أنه يفكر خارج السرب ويواجه أشكال الإعاقة التنظيمية في شركات النمط البيروقراطي أو النمط الميكانيكي الذي لا يكون ملائما في الوقت الحاضر إلا في أضيق الحالات حيث تكون البيئة الداخلية (الإنتاج الواسع والنمطي وأستراتيجية قيادة التكلفة حيث لا تتغير العمليات الإنتاجية ولا المنتج إلا في فترات طويلة) مستقرة ، وتكون البيئة الخارجية (عدم تغير الطلب في السوق إلا في المدى المتوسط أو الطويل) . ولكن هذا لا يكون ملائما للشركات القائمة على الإبتكار ونمط التنظيم العضوي حيث البيئة الداخلية سريعة التغير (الإنتاج حسب الطلب وأستراتيجية التميز في المنتجات) والبيئة الخارجية سريعة التغير (بيئة المنافسة الشديدة التي تشهدها أسواق غالبية المنتجات) . وإذا كان الأفراد المبتكرون موجودون في كل شركة ، فليس كل شركة توفر في ظروفها وعواملها التنظيمية مناخا جديدا لمساندة الإبتكار وتطوره . لهذا لابد من مراعاة العوامل التنظيمية وتأثيرها على تعزيز أو إعاقة الجهد الإبتكاري للأفراد ذوي الخصائص الإبتكارية . ويمكن أن نحدد فيما يأتي أهم العوامل التنظيمية المؤثرة في الإبتكار :

أ ـ أستراتيجية الشركة

إن أستراتيجية الشركة يمكن أن تكون قائمة على الإبتكار (الأستراتيجية الإستباقية والتي سبق الحديث عنها) أي تجعل الإبتكار مصدرا لميزتها التنافسية في السوق وأحد أبعاد أدائها الإستراتيجي في السوق ، أو أن تكون أستراتيجية الشركة موجهة نحو الحالة القائمة أي التكنولوجيا والمنتجات والخدمات الحالية . والأولى تستقطب المبتكرين وتبحث

عنهم وتوجد مجالات وفرص كثيرة من أجل أن يقوموا بما عليهم في تكوين وتطوير قاعدة الشركة من الإبتكارات . أما الثانية فإنها توجه حتى النشاط الإبتكاري من أجل إدامة وإستمرارية النظام الحالي والميزة الحالية ومزاياها .

ب ـ القيادة وأسلوب الإدارة

إن القيادة تلعب دورا فعالا في تحفيز أو إعاقة الإبتكار . فالقيادات الإبتكارية في الشركة تشيع أجواء الإبتكار وتوجد الحوافز من أجل التغيير في الهياكل والسياسات (إبتكار تنظيمي) والمنتجات (إبتكار فني) وأساليب العمل في السوق (إبتكار تسويقي).. إلخ .

في حين أن القيادة البيروقراطية المحافظة تجد أن التغيير هو الخطر الذي يشيع الفوضى ويهدد النظام ومزاياه الأساسية التي تقوم عليها الشركة . وإذا كان نمط القيادة الأول يتسم بالأسلوب الديمقراطي ، التفويض ، المرونة ، التحرر من الهرمية وجمود الهياكل والقواعد ، المقاولة ، الميل إلى فرق العمل والوحدات المستقلة الأكثر ملاءمة للإبتكار، والإتصالات في كل إتجاه (النمط الشبكي) ، فإن النمط الثاني (البيروقراطي) يتسم بالمركزية ، عدم المرونة ، الهرمية ، القواعد والروتينات القوية ، وإتصالات أسفل ـ أعلى .. إلخ . أنظر الشكل رقم (2-6) .

ج ـ الفريق

إن الشركات أصبحت تشجع إستخدام الفرق وخاصة الفرق المدارة ذاتيا ، وذلك لمعالجة خطرين أساسيين . الأول : خطر التخصص الذي يمكن أن يوجد وظائف متخصصة أشبه ما تكون بالجزر المنعزلة داخل الشركة مما يفقد الشركة وحدة الحركة وتكامل الجهود والتداؤب (Synergy) ما بين أقسامها ووظائفها .والثاني : تحرير هذه الفرق مما هو ضروري من القواعد والإجراءات المتعبة من أجل إستمرار العمل وضمان تدفق الموارد في الشركة . وحيث أن الإبتكارات في الشركة الحديثة أصبحت أكثر تعقيدا وتتطلب تداخل النظم والإختصاصات والوظائف ، فإن إشاعة الفرق في الشركة يمكن أن يمثل المناخ الأكثر ملاءمة من أجل تعزيز ودعم الإبتكار وزيادة رافعة العمل الفكري والمهني للباحثين .

د ـ ثقافة الشركة

إن ثقافة الشركة هي القيم والمفاهيم والطقوس التي تكونت عبر الفترة الماضية التي تعطي للشركة تميزا معينا في عمل الأشياء . وحيث أن الظروف والأشياء تتغير فلابد أن تكون ثقافة الشركة كذلك .

الشكل رقم (2-6) : القيادة وإسلوب الإدارة

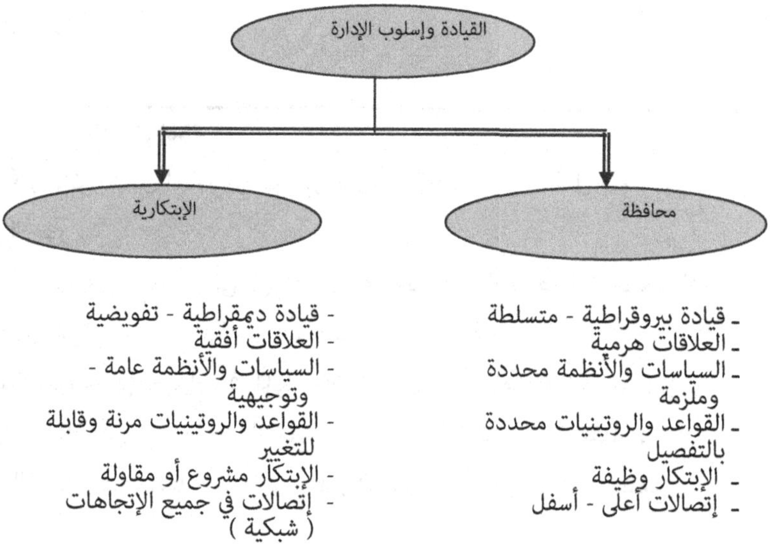

وبشكل عام إن الشركات القائمة على الإبتكار التي يفترض أنها ذات قدرة عالية في إبتكار العملية والمنتج ، فإنها تتسم أيضا بقدرة عالية في الإبتكار الثقافي (Cultural Innovation) الذي يدخل تغييرات مهمة على الهياكل والسياسات والمفاهيم والتقليد والطقوس الحالية لصالح التغير الثقافي[32]. في حين أن الشركات ذات النمط

البيروقراطي تميل الى المحافظة على ثقافة الشركة الحالية مما يجعلها غير متلائمة مع الإبتكار وما يأتي به من مفاهيم وتقاليد وطقوس جديدة .

هـ . العامل المؤثر

إن الإبتكار في الشركة يتأثر عميقا بالعامل المؤثر الذي يمكن أن يحفز على الإبتكار أو يعقيه . وحيث بأن الإبتكار يؤثر تأثيرا عميقا في هذا الجانب أو ذاك من الشركة (كما في حجم العمالة عند إحلال الآلة محل العاملين ، أو في تغيير المواد الأولية المستخدمة كما في إبتكار البلاستيك.. إلخ) ، لهذا لابد من مراعاة العامل المؤثر في كل إبتكار لضمان الظروف التنظيمية الملائمة للإبتكار. والإطار رقم (4) يقدم أمثلة عن العامل المؤثر في كل حالة من حالات الإبتكار .

الإطار رقم (4) : العامل المؤثر

1- إذا الإبتكار يؤثر بشكل أساسي في تحسين إنتاجية العمل فإن العامل المؤثر سيكون تحسين الأجور .

2- إذا الإبتكار يؤدي بشكل أساسي إلى إحلال آلة محل العامل (بطالة تكنولوجيا) فإن العامل المؤثر سمعة الشركة أو السياسات التعويضية .

3- إذا الإبتكار يؤدي إلى تغييرات في المواد فإن العامل المؤثر العلاقة مع الموردين .

4- إذا كان الإبتكار يغير في عمليات الإنتاج فإن العامل المؤثر هو الإستثمار .

5- إذا كان الإبتكار يغير أنماط حياة الناس فإن العامل المؤثر هو ثقافة المجتمع وتنوعه .

6- إذا كان الإبتكار يؤثر في زيادة أو تحسين المعرفة البشرية فإن العامل المؤثر هو المعرفة المتخصصة .

7- إذا كان الإبتكار يؤثر في تحسين أساليب العمل فإن العامل المؤثر هو الكفاءة .

8- إذا الإبتكار يؤثر في الزبون فإن العامل المؤثر هو القيمة (حدود المقارنة بن التكلفة وما يحصل عليه الزبون) .

9- إذا كان الإبتكار يؤثر بالميزة التنافسية فإن العامل المؤثر هو حدود المنافسة وشدتها .
10- إذا كان الإبتكار يؤثر في الأبعاد غير الملموسة للشركة فإن حقوق الملكية الفكرية وحمايتها هو ما يمثل العامل المؤثر .

و. الإتصالات

إن الإتصالات(Communications) تعمل في الشركات القائمة على الإبتكار على سهولة تكوين الفرق وتقاسم المعلومات بين أعضائها وبين كل إدارات وأقسام الشركة. وهذا ما يمكن أن تقوم به الإتصالات الشبكية (الإتصالات الآنية من كل الإتجاهات) التي تحول الشركة الى التفاعلات الآنية الفورية كأداة لتعجيل تبادل المعلومات والمعرفة ، ومن ثم تعجيل تخصيص الموارد وإتخاذ القرارات . وخلافه في الشركات التي تكون الإتصالات جزء من الهيكل المحدد بخطوط الصلاحيات والمسؤوليات ، مما يخلق عزلة الوظائف والأفراد ويحد من تقاسم المعلومات والمعرفة فيحد في النتيجة من قدرة الشركة على الإبتكار الذي يكون في الأصل غير مرغوب فيه إلا في حدود تدعيم الحالة القائمة.

ثالثا : مجموعة عوامل البيئة العامة في المجتمع

أن أهمية البيئة العامة في المجتمع بالعلاقة مع الإبتكار لا تقتصر على السمة المتعلقة بقبول الأفكار الجديدة والمنتجات الجديدة على أساس أن الناس في المجتمع يهتمون بالجدة (Novelty) حسب ، وإنما أهميتها تكمن وبأسبقية معينة في النزعات الوطنية والإستعدادات العامة من أجل توفير الأجواء والموارد المناسبة للقيام بالتغيير الذي تأتي به الإبتكارات وعكس ذلك في القبول بالحالة القائمة وإستمرارها ومقاومة تغييرها. فالأفراد المبتكرون ينشأون في المجتمع ويترعرعون على تقاليده وتعاليمه وتطلعاته وثقافته الخاصة التي تميزه عن المجتمعات الأخرى ، وبالتالي فإنهم يعملون في إطار وسياق إجتماعي ـ ثقافي متميز ويتأثرون بطريقة التفكير وعمل الأشياء ونوع الإستجابة للتغيرات والمواقف المختلفة في المجتمع . فالأفراد كل الأفراد هم تلاميذ وطلبه ثقافتهم العامة في المجتمع . ولاشك في أن الإبتكار يعتبر من الأحداث الكبيرة والمهمة لدى

الأفراد والشركات التي تتأثر بكل هذه العوامل في البيئة العامة . ويمكن أن نشير فيما يأتي إلى العوامل البيئية العامة في المجتمع والمؤثرة في إبتكار الأفراد والشركات .

أولا : الخصائص والنزعات العامة السائدة في المجتمع

إن الثقافة السائدة في المجتمع هي البرمجة الجماعية للذهن والتراث الإجتماعي الذي يتكون ويمر من جيل سابق الى جيل لاحق بما هو أفضل في أعمال وتجارب جماعة معينة [33]. فالمجتمعات تختلف عن بعضها في تراثها وقيمها والعوامل المؤثرة في خياراتها ومواقفها المختلفة ومنها الموقف أو النشاط الإبتكاري . وإذا ما نظرنا إلى المجالات الأربعة الرئيسية والتي إقترحها هوفستيد (G.Hofstade) التي تتميز المجتمعات في مدياتها عن بعضها في طريقة التفكير والتعامل مع المواقف المختلفة ، فإننا يمكن أن نلاحظ تأثيرها بالعلاقة مع الإبتكار وكالآتي[34]:

أ - مسافة السلطة (Power Distance)

وهي التي تقيس علاقة الأفراد في الحياة والعمل . حيث في مجتمعات معينة تكون المسافة أو تباعد السلطة واسعة (هرمية طويلة وقوية) وفي أخرى تكون ضيقة . فنجد أن الهرمية الإجتماعية في الأولى مهمة وقوية مما يدفع إلى إحترام التسلسل والسن والأقدمية والمحافظة على الحالة القائمة (Status Quo) . وبالتالي فإن الإبتكار ـ التحسين التدريجي هو الأكثر قبولا في حين يكون الإبتكار ـ الجذري (الإختراق) الذي يأتي بتغيرات كبيرة أقل قبولا لدى هذه الفئة . وتفسير ذلك يكمن في أن الإبتكار في الأولى يتداخل مع إعتبارات عديدة من خارجه لابد من مراعاتها ، في حين أن الإبتكار في الثانية يخضع لإعتبارات فنية ومهنية متخصصة أكثر . لذا يضعف الإندفاع نحو الإبتكار الجذري في المجتمعات التي تتسم بتباعد مسافة السلطة وبالتالي يكون الإبتكار ـ التحسين أكثر ملاءمة لها ، بينما يزداد الإندفاع في المجتمعات التي تتسم بمحدودية مسافة وتباعد السلطة نحو الإبتكار الجذري كما تكون أقل ميلا الى الإبتكار - التحسين .

ب - الذكورة ـ الأنوثة (Femininity-Masculinity)

إن المجتمعات الأكثر أنوثة تميل إلى التأكيد على العلاقات والتشارك وتأكيد الأبعاد الإجتماعية وهي أقرب إلى إعطاء الأولوية للأفراد على حساب العمل والى التعاون بينهم.

وهذا ما يجعلها أكثر ميلا إلى الإبتكار ـ التحسين التدريجي الذي يراعي الظروف الإجتماعية والآخرين . في حين أن المجتمعات الأكثر ذكورة تميل إلى تأكيد الذات والتنافس والى أولوية العمل على الأفراد في الغالب . وهي بهذا تكون أقرب إلى المغامرة ومنها ما يتعلق بالإبتكار الجذري وذلك لأنه أنه يبدو أقرب إلى إبراز الذات والذي يتم أحيانا على حساب المجتمع وعلاقاته وعلى حساب الآخرين في التنافس .

ج - الجماعية ـ الفردية (Individualism-Collectivism)

وإذا كانت الجماعية تؤكد على العلاقات وأهمية الإنسجام معها ومراعاة الفريق والتوافق في الأداء بين أعضائه ، فإن ذلك كله يعمل لصالح الإبتكار ـ التحسين التدريجي الذي يكون أكثر قبولا من قبل الجماعة (المجتمع ، العشيرة ، العائلة، الشركة) من اجل الحصول على التقدير الجماعي والإجتماعي والإحساس العالي بالإنتماء إلى الآخرين الذين يهموننا . في حين أن المجتمعات الأكثر فردية تميل إلى التأكيد على الإنجاز الذاتي والتفرد في العمل والقرار والمغامرة من أجل الحصول على التقدير المهني أحيانا والذاتي الصرف في أغلب الأحيان . لهذا فإن الإبتكار الجذري يكون هو الأقرب إلى تأكيد الفردية وطموحها اللامحدود وتطرفها من أجل البروز على الآخرين .

د - تجنب عدم التأكد (Uncertainty Avoidance)

إن المجتمعات الأكثر تجنبا لعدم التأكد تكون أكثر ميلا لتجنب الكوارث وما يمكن أن يأتي به المستقبل ، ، لهذا فإنهم لا يميلون إلى التغيير إلا في الحدود الذي يحمل معه قدرا ملائما من اليقين ويزيل الدرجة العالية من الغموض : دون أن يعني هذا عدم قبول الغموض وعدم التأكد في حدود معينة ما دام ذلك ضروريا في العلاقات والأعمال . لهذا فإن هذه المجتمعات تكون أقرب إلى الإبتكار ـ التحسين التدريجي الذي قد يكون مرتبطا بما هو معروف (الإبتكار السابق) مما يزيل عدم التأكد ويقدم قدرا ملائما من اليقين. وخلاف ذلك المجتمعات الأكثر قبولا لعدم التأكد وأقل حاجة إلى اليقين ، فإنها لا تميل بالدرجة الأولى إلى تجنب الكوارث بقدر ما تميل الى التحكم في المستقبل . لهذا فإنها تكون أكثر ميلا إلى الإبتكار الجذري الذي هو نفسه يمثل عدم التأكد الملائم ولكن في إطار واضح من التخطيط كأسلوب للتحكم في المستقبل[35] .

ثانيا : القاعدة المؤسسية للبحث والتطوير في المجتمع

إن المجتمعات الموجهة نحو الإبتكار عادة ما تستكمل بنيتها التحتية الضرورية من أجل الإبتكارات وتعزيزها لصالح الأفراد المبتكرين والشركات الإبتكارية . ويمكن في هذا الجانب أن نشير الى بعض العوامل المؤثرة في هذه القاعدة :

أ ـ **مراكز البحث والتطوير والجامعات** : وهي التي توجد تقاليد رصينة للبحث الأساسي ومساهماته القيمة في التراث المعرفي الإنساني والبحث التطبيقي ومساهماته في تطوير رصيد المجتمع من ابتكارات العملية (التكنولوجيا) والمنتج . والواقع أن مراكز البحوث والجامعات في المجتمع تساهم في خلق وتعزيز الهيئة العلمية والفنية التي تساهم في إيجاد الخصائص الراقية للمهنية (Professionalism) ومعايير رصينة في مجال البحث والتطوير . كما توجد حوافزها وجوائزها ومصادر تعزيز المكانة للباحثين المتميزين والمبتكرين .

ب ـ **نظام البراءة** : إن نظام حماية الملكية الفكرية وأساسه نظام البراءة (Patent System) يلعب دورا فعالا في إيجاد البعد المؤسسي لحماية حقوق المبتكرين والشركات الإبتكارية . ومع أن مثل هذا النظام قد يحد من انتشار الإبتكارات لأن البراءة هي الاحتكار المحمي بالقانون أو هي تخويل بالاحتكار القانوني المصمم لحماية المبتكرين من راكبي الموجة والمفكرين الناسخين[36] من جهة ، ويدفع الأفراد والشركات الى الإعتماد على هذه الحماية كضمانة لإستمرار التفوق في السوق دون مواصلة الإبتكارات وإستمرارها كضمانة للتفوق من جهة أخرى ، فإن مثل هذا النظام يكون ضروريا لمنع التقليد للإبتكار بدون مقابل أو تعويض عادل للمبتكرين ليكون هذا التعويض حافزا قويا من أجل الإبتكار . وإن شركات كثيرة استمرت لفترة طويلة تحصل على الجعالات (Royalties) (وهي تعويض مالي تدفعه الجهة المستفيدة من البراءة الى الجهة المالكة لها) من الشركات الأخرى التي تستخدم براءاتها وتراخيصها .

جـ - قنوات التقاسم والتشارك في المعلومات والمعارف والبحوث

إن مجتمع المعلومات اليوم هو المجتمع المنتظم من اجل نشر وتوزيع وتقاسم المعلومات بكفاءة . وقنوات التقاسم والتشارك هي التسهيلات والمكتبات الحديثة التي تقوم بجمع ومعالجة وتوزيع المعلومات وخدماتها المختلفة المرتبطة بالنشر العلمي بكل أنواعه الكتب الدوريات والرسوم والبيانات والطبعات الزرقاء والصفراء وكذلك في ظل الثورة الرقمية المكتبات الإلكترونية وكتاب الوب (Web Book) .. الخ . ومع تطور الإنترنت الذي كان تطوره بالأصل لأغراض البحث العلمي كشبكة حواسيب ضخمة خاصة بالجامعات الأمريكية الكبرى هيئات أخرى مثل وزارة الدفاع الأمريكية [37] ، فإنه أصبح القناة الأكثر أهمية وفاعلية ليس فقط في الحصول على المعلومات من أجل إعداد البحوث العلمية ، وإنما أيضا في تبادلها وتقاسمها وإنشائها والتحاور حولها على صعيد البلد والإقليم والعالم . والواقع أن الإنترنت لا يمثل مجرد آلات وبرمجيات ، وإنما هو فعليا ملايين الأفراد الذين يستخدمونها بكل ما لديهم من اهتمامات ومعلومات ومعارف ومشروعات بحوث وأفكار جديدة ، لهذا فأنها يمكن أن تصبح متاحة للجميع بكل مزايا الإنترنت كخدمات متاحة على مدار الساعة ، سرعة فائقة على غربلة المعلومات، إمكانية أكبر لتقاسم المعلومات مع الآخرين [38] .

ثالثا : إجواء الحرية والتحرر من القيود الصارمة على الأفكار والمفاهيم العلمية والفنية الجديدة : حيث أن مثل هذه الأجواء هي التي توفر الضمانة في إيجاد مجتمع التفتح العلمي ومجتمع (دع ألف زهرة وزهرة تتفتح) بكل ما يعنيه هذا التنوع من إثراء النشاط العلمي والبحثي بالمشروعات الجديدة ، وحس التفاؤل الذي يمنح المبتكرين الإحساس بالقوة والقدرة من أجل القيام بالكثير في خدمة التطور الإنساني عموما ومجتمعهم بشكل خاص من خلال رفده بالأفكار والمفاهيم والعملية (التكنولوجيا) والمنتجات الجديدة .

ولاشك في أن كل مجتمع من أجل المحافظة على الحالة القائمة ومزاياها الحالية لن يفتقر الى من نسميهم محطمي الإبتكار (Innovation Wreckers) ، تذكيرا بحركة

اللوديت (Luddite) ، أو محطمي الآلات التي ابتدأت في بداية القرن التاسع عشر عام (1811) كرد فعل على إدخال آلات النسيج الجديدة التي هددت أعمالهم . لهذا فإن أجواء الحرية هي التي تساعد الجميع على أن تـذهب بالزبـد جـفاء لكي يبقى ويتطور ما ينفع الجميع من أجل المستقبل .

❁ المصادر

1. Michael R.Solomon and E.W.Stuart (1997): Marketing, Prentice Hall International, Inc-New Jersey, pp307-8.
2. A.B.(Rami) Shani and J.B.Lau (1996): Behavior in Organization , Irwin, Chicago, PM 15-14.
3. P.Kotler et al; (1996): Principles of Marketing, Prentice Hall, London, p511.
4. Gerhard Roseger: The Economics of Production and Innovation, Progamon Press, Oxford, pp16-7.
5. Pierre Berthon et al.: To Serve or Create, California Management Review, Vol.(42) No.(1), Fall 1999, pp37-54.
6. Ken Peattie (1995): Environmental Marketing Management, Pitman Publishing, London, pp186-7.
7. Michael Porter: The Competitive Advantage of Nations, HBR, Vol.(68), No.(2),March-April 1990,pp73-93.

.8 بيترف. دراكر(1988) : التجديد والمقاولة ، ترجمة د.حسين عبد الفتاح، دار الكتب الأردني ، ص 226 .

9. Andrew Hargadon and R.I.Sutton: Build Innovation Factory, HBR, Vol.(78), No.(3), May-June 2000, 157-166.
10. C.R.Morris and C.H.Fergruson: How Architecture Wins Technology Wars, HBR,Vol (71), No. (2) , March-April 1993, pp86-96.
11. Nigel Slack (1998): Operations Management , Pitman Publishing , London,p167.

.12 بيترف . دراكر (1988) : التجديد والمقاولة ، ترجمة د. حسين عبد الفتاح، دار الكتب الأردني ، عمان .

.13 توم بيترز (1995) : ثورة في عالم الإدارة ، ترجمة محمد الحديدي ، الدار الدولية للنشر والتوزيع ، القاهرة ، ص ص 343 وما بعدها .

14. Cited in: David A.Aaker (1995): Developing Business Strategies, John Wiley and Sons, New York, p233.
15. Linsu Kin (1997): Imitation to Innovation: The Dynamics of Koreas Technological Learning, The President and

Fellows of Harvard, pp13-5.

16. إسماعيل محمد السيد : الإدارة الأستراتيجية ، الكتب العربي الحديث ، الإسكندرية ، 1992 ، ص ص 238 – 247 .

17. Dayr Areis and J.H.Betton: Bureaucracy and Innovation and Old Theme Revisited, Industrial Management, Nov-Dec 1990, pp22-4 .

18. A.B.(Rami) Sham and J.B.Lau: Behavior in Organization, Irwin, Chicago, pM15-10 .

19. Anne Cummings and G.R.Oldham: Enhancing Creativity, California, Management Review, Vol. (42), No. (1), Fall 1997, pp22-38.

20. C.C.Markids and N.Bery: Manufacturing is Bad Business, HBR, Vol(59),No.(5),Sep-Oct 1981,pp113-120.

21. كريستوفر بارتليت وسومنترا جو شال (1994) : الإدارة عبر الحدود: الحلول بين القطرية ، ترجمة سعاد الطنبولي ، الجمعية المصرية لنشر المعرفة والثقافة العالمية ، القاهرة ، ص ص 88 - 89 .

22. William Taylor: Message and Muscle: An Interview with Swatch Titan Nicolas Hayek, HBR, Vol.(71), No.(2), March-April 1993, pp99-110 .

23. Unesco (1996): World Science Report, 1996, Unesco Publishing, Paris, pp13 and 214.

24. ميري هوايت (1991) : التربية والتحدي : التجربة اليابانية ، عرض وتعليم سعد مرسي أحمد وكوثر حسين، عالم الكتب، القاهرة، ص ص 14-15 .

25. Michael Porter: The Competitive Advantage of Nations, HBR, Vol.(68), No.(2), March-April, pp73-93.

26. Stan Metcalfe and N.De Liso (1998) : Innovation Capabilities and Knowledge: The Epistemic Connection, in : Rod Coobs (ed): Technological Change and Organization, Edward Elgar, Cheltenham, UK,pp27-28.

27. إدوارد ليتواك (1994) : إنهيار الحلم الأمريكي ، ترجمة ليلى غانم الدار الجماهيرية للنشر والتوزيع والإعلان ، سرت ، ص 118 .

28. Gray R.Oldham and A.Gumming: Employee Creativity, Personal and Contextual Factors at Work, Academy of Management Journal, Vol. (39), No. (3), 1996, pp607-634.

29. A.B. (Rami) Shani and J.B.Lau (1996): Behavior in Organizations, Irwin, Chicago, p M15-10.

30. و.أ.ب بفردج (1992) : فن البحث العلمي ، ترجمة زكريا فهمي ، دار إقرأ، بيروت ، ص ص 118 - 119 .

31. Dayr A.Reis and John H.Betton: Bureaucracy and Innovation, an Old Theme Revisited, Industrial Management, Nov-Dec 1990, pp 22-24.

32. Gary Yukl (1994): Leadership in Organizations, Prentice Hall International Inc. New Jersey, p354.

33. Larid W.Mealiea and Gary P.Latham (1996): Skills for Managerial Success, Irwin, Chicago, p 469.

34. G.Hofstade: The Cultural Relativity of Organizational Practice and Theories, Journal of International Business Studies, Fall 1983, pp75-89, and G.Hofstade (1991): Cultures and Organizations, McGraw-Hill, London.

35. دين آلن فوستر (1997) المساومة عبر الحدود ، الدار الدولية للنشر والتوزيع ، القاهرة ، ص 404 .

36. Giles H.Burgess (1989) : Industrial Organization, Prentice Hall, Englewood Cliffs, New Jersey, pp 271-272 .

37. جوكرانياك وجوهابراكين : الإنترنت (6 في 1) ، مكتبة جرير ، الرياض، 1998 ، ص 9 .

38. Dave and Mary Campbell (1996): The Student's Guide to Doing Research on the Internet, Addison-Wesley Publishing Co. New York, p2.

الفصل الثالث

الإبتكار الجذري/ التحسين

3-1- المدخل
3-2-المداخل الأساسية للإبتكار
3-3- التحسين والإقتراب من الزبون
3-4- نموذج عملية التحسين FOCUS-PDCA
3-5- إتجاهان في عملية التحسين
3-6- عيوب الإبتكار - التحسين
3-7- الإبتكار الجذري
3-8- مخاطر الإبتكار الجذري
❁ المصادر

3-1- المدخل

ثمة تأكيد متزايد من قبل المختصين في عالم الأعمال على الحاجة إلى الإبتكار الدائم وإلى التحول الى الشركات القائمة على الإبتكار وكذلك على أن الشركات لا يمكن أن تحافظ على مركزها بدون الإبتكار . فالشركات القائمة على الإبتكار هي الشركات المتميزة بالقدرة الإبتكارية سواء بالإبتكار- الجذري أوالإبتكار – التحسين .

ومن جهة أخرى فإن البعض يرى أن الإبتكار – الجذري (الإختراق) لا غنى عنه لأي شركة بل أن هذا البعض يحذر مما أسماه فخ التفكير التدريجي (التحسين)[1]. وفي مثل هذا الإتجاه ثمة إشارات خاطئة لابد من النظر إليها بإمعان وخاصة فيما يتعلق بإثنين من هذه الإشارات :

الأولى : إن الإبتكار الحقيقي هو الإبتكار - الإختراق الجذري . وهذا في قطاع الأعمال لم يعد مقبولا . فإلى جانب أنه مخاطرة عالية فإنه في حاجة حقيقية لإبتكارات مكملة في التصنيع والتسويق وغيرها ، وكذلك إلى التحسينات التي تديم ميزته التنافسية في السوق في مواجهة المنافسين لحين التوصل الى الإبتكار الجذري اللاحق .

الثاني : إن الإبتكار – الإختراق يجب أن يبتكر هنا في الشركة . وهذه عقبة في التفكير أكثر من كونها عقبة في الواقع . فإلى جانب أن الإبتكار أصبح أكبر وأوسع وأكثر تنوعا من قدرة الشركة الواحدة على أن تبتكر كل ما تريد ، فإن الفرص المتحققة من إستغلال الإبتكار الحاصل في كل مكان من قبل الشركات في حالات كثيرة كان أكبر حتى من الفرص المتحققة للشركات التي قامت بالإبتكار . ولقد أشرنا إلى أن اليابانيين كانوا يلتقطون الفرص من البراءات التي قام بها الآخرون كما أشرنا إلى أن التابعين الذين تميزوا بالتقليد الإبتكاري إستطاعوا في حالات عديدة أن يحتلوا مركز المبتكر الأصلي .

وإزاء ذلك كله فإن الإبتكار بنوعيه الجذري والتدريجي (التحسين) يمثلان مسارين متميزين أمام الشركة من أجل النمو والتوسع وإستدامة الميزة التنافسية .

3-2- المداخل الأساسية للإبتكار

منذ بداية السبعينات شهدت بيئة الأعمال اتساع المنافسة واشتدادها على صعيد السوق المحلية والإقليمية والدولية مع زيادة إعتماد هذه المنافسة على الإدخال المتسارع للمنتجات الجديدة . وقد أدى ذلك إلى زيادة إهتمام الشركات بالإبتكار . ولاشك في أن المنافسة في الشركات اليابانية التي كانت تتسم بالحدود القصوى بما يجعلها أقرب إلى العدوانية والتوسع في الأسواق بطريقة غازية[2] (Invasive Manner) كما يقول كوروساوا (K.Kurosawa) ، فرضت ضغوطا واهتمامات جديدة على الشركات في صراعها من أجل البقاء . خاصة وأن الشركات اليابانية إعتمدت على التحسين أو الكايزن (Kaizen) (بوصفه إبتكارا جزئيا بصيغة إضافات وتعديلات صغيرة أو تكييف لبعض سمات المنتج ليلائم حاجات معينة في السوق) والتنوع الأقصى في المنتجات الجديدة للسيطرة على السوق . فقد قامت شركة ماتسوشيتا (Matsushita) بتقديم (220) نوعا من التلفاز! وهذا التنوع بقدر ما كان يربك الزبون بسبب الحاجة إلى وقت أطول للاختيار فأنه يستلزم رفوفا طويلة وواسعة للعرض[3]. هذا الى جانب الميل المتزايد إلى السمة الزبونية الواسعة (Mass Customization) التي تصل أبعادها القصوى في رؤية شركة نيسان اليابانية لعام(2000) بشعار (5 أ) : أي شيء ، أي حجم ، أي مكان، أي وقت ، وأخيرا أي شخص[4].

وإزاء هذا التحدي والانفجار التنافسي حيث كل منافس يأتي بمنتجاته الجديدة بإستمرار وحيث أن المتنافسين لا يعرف من أين يأتون بقواعدهم وأساليبهم الجديدة ، لم يعد أمام الشركات ومنذ بداية السبعينات إلا أن تتحدث عن وظيفة أساسية جديدة هي وظيفة البحث والتطوير (R&D) التي لا تقل أهمية عن الوظائف الأخرى : الإنتاج والتسويق والمالية. والواقع أن المنافسة قامت بدور المعجّل للابتكار . والمثال الواضح لهذه المنافسة الساخنة هو حروب العولمة التي هي نتاج عالي النطاق لما يسمى (أنا الشركة: Corporate Ego) . فهناك حروب السيارات الأمريكية واليابانية والأوربية ، وحرب المنظفات في أوربا بين يونيليفر وبقية الشركات ، وبينها وبين بروكبر أند كامبل في الولايات المتحدة . وفي كل هذه الحروب كانت الشركات تطور منتجاتها بمعدلات غير

مسبوقة [5] . وفي ظل هذا الإهتمام بالإبتكار بأشكاله المختلفة كان يتطور مدخل حديث بخصائص وقواعد جديدة ليحل محل المدخل التقليدي .

لهذا كله فأن الإبتكار لم يعد في المدخل الحديث بالضرورة يعتمد على الإبتكار الجذري اوالاختراق حيث أن الاختراق (Penetration) يمثل وثبة إستراتيجية كبيرة تنتقل بالمعرفة على صعيد البحث والمنتجات في السوق إلى مستوى نوعي جديد بحيث يجعل استثمارات ضخمة ومعامل وخطوطا إنتاجية ومنتجات كثيرة خارج الإستخدام . والمثال الجلي على الإختراق هو إبتكار الترانزيستور الذي حل محل الأنابيب المفرغة (Vacuum Tubes) وليحل الراديو الصغير محل الأصناف الكبيرة الحجم .

وفي مقابل ذلك هناك التحسين (Improvement) الذي نسميه الإبتكار التدريجي أو الجزئي . والإبتكار ـ التحسين خلاف الإبتكارالجذري يكون بإضافات صغيرة وتعديلات جزئية للاستجابة الأفضل لحاجات السوق والزبائن مما يساهم في إيجاد وتحسين الميزة التنافسية . ومع أن الإبتكار الجذري يعتبر مصدرا عظيما للميزة التنافسية إلا أن ذلك في بيئة الأعمال يعتبر نادرا [6].

كما أن مصادر تحقيقه محدودة ولا يتحقق إلا في فترات طويلة متباعدة ويتسم بالإنقطاع ويتطلب استثمارات كبيرة في المهارات والمعرفة والمختبرات والمصانع الطليعية (Pilot Factories) والبرامج والمشروعات الضخمة ذات النتائج الكبيرة في مجالها . وهذا خلاف الإبتكار - التحسين الذي يكون مستمرا وبمشاركة جميع العاملين ولا يتطلب إستثمارات كبيرة (أنظر الجدول رقم 3 - 1) .

وهذه البرامج والمشروعات عادة ما تكون بعيدة عن السوق مما يجعلها بحاجة إلى التكييف والتغيير في تكنولوجيا التشغيل (Process Technology) وتعديلات كثيرة في التنظيم الداخلي والنظم والمهارات وبرامج الإنتاج والتسويق والعلاقة بالموردين والموزعين [7]. وفي كل مرحلة من هذه المراحل يكون تطور الفكرة الجديدة إلى منتج جديد محفوفا بعدم التأكد والفشل . ولقد أشارت إحدى الدراسات إلى أن من بين (58) فكرة إبتكارية جديدة بقي (12) فكرة بعد عملية التقييم الأولى والغربلة ليبقى منها (7) فقط بعد تقييمها في ضوء تحليل الأعمال ، و(3) منها بعد عملية التطوير،

(2) منها بعد الاختبارات ، ليخرج بعد كل ذلك منتج واحد يتسم بالنجاح التجاري في السوق[8].

لهذا فان الشركات في هذا النوع من الابتكار تواجه مخاطر جمة في المقابل هناك الإسلوب الآخر الذي جاء به اليابانيون والذي هو إسلوب التحسينات الصغيرة المستمرة التي تتحول بالتراكم مع الوقت في بعض الحالات إلى إختراق كبير أي أن تصل إلى نفس المستوى الذي يصل له الإختراق الكبير.

الجدول رقم (3-1) خصائص التحسين (كايزن) والإبتكار

	التحسين (كايزن)	الإبتكار
- التأثير	- يدوم لفترة طويلة ولكن غير جذري .	- قصير الأمد ولكن جذري .
- سرعة المسير	- خطوات صغيرة	- خطوات كبيرة
- الإطار الزمني	- مستمر وتدريجي	- متقطع وغير تدريجي
- التغيير	- تدريجي وثابت	-مفاجئ وتطيري
- المساهمة	- كل فرد	- قلة من المتميزين المختارين
- المدخل	- جماعي، جهود جماعية، مدخل النظم .	- فردي عاصف ، أفكار وجهود فردية .
- الطريقة	- الصيانة والتحسين .	- خردة وإعادة بناء .
- الشرارة	- الدراية الفنية التقليدية والحالة القائمة .	- الإفتراضات التكنولوجية، إبتكارات جديدة ، نظريات جديدة.
- المتطلبات العلمية	- تتطلب إستثمارات قليلة ، ولكن درجة عظيمة من الجهد للمحافظة عليه .	- تتطلب إستثمارات كبيرة وجهد قليل للمحافظة عليه .
- توجيه الجهد	- للأفراد	- للتكنولوجيا
- معايير التقييم	- أداء العملية وجهود من أجل نتائج أفضل .	- نتائج من أجل الأرباح .
- الميزة	- أعمال جيدة جدا في إقتصاد بطيء النمو .	- ملائم جيد الإقتصاد السريع النمو .

Source: Tapan P.Bagchi (1996): ISO 9000, Wheeler Publishing, New Delhi, p262.

وإذا ما استخدمنا التمثيل الذي أورده هايس (R .H. Hayes) فأن الإسلوب الأول (الإبتكار الجذري) يتم بصيغة وثبات أستراتيجية (Strategic Leaps) كما هو موضح في الشكل رقم (3 - 2 - أ) . في حين أن التحسين يتم بابتكارات يومية صغيرة متراكمة محدودة ، إلا إنها تؤدي الى نفس المستوى من النتائج في الابتكار وكما هو واضح في الشكل رقم (3 - 2 - ب) .

الشكل رقم (3 - 2) : الإبتكار الجذري والإبتكار التحسين

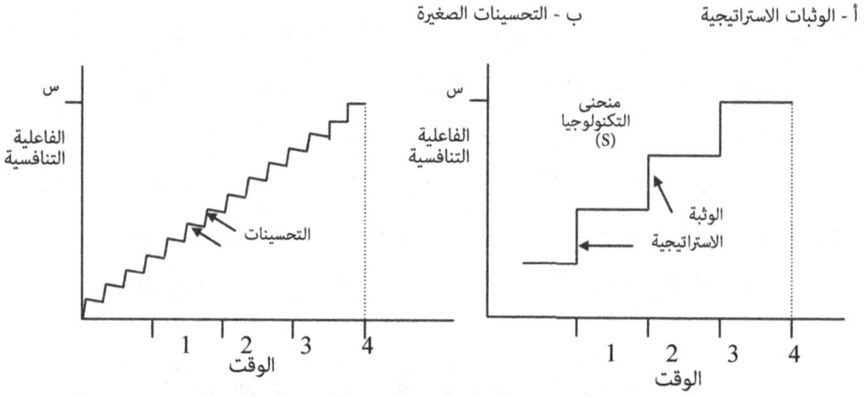

Source: R.H.Hayes, Strategic Planning-Forward in Reverse, HBR, Vol (63), No.(6), Nov-Dec, 1985, pp111-9.

وإذا كانت الوثبات الأستراتيجية (الإختراق) تتطلب استثمارات كبيرة وتتسم بمخاطر عالية ، فإنها كما يقول هايس تتطلب (مغامرين محظوظين) حيث أنه يمثل إسلوب (رامبو) في الأعمال . في حين أن التحسينات الصغيرة تكون ذات إستثمارات صغيرة و مخاطرة أقل وتحقق نتائج مستمرة وطويلة الأمد . ولقد ساهمت التجربة اليابانية وما حققت من نتائج كبيرة في هذا المجال في تزايد تبني الشركات إسلوب (التحسين المستمر) أي الابتكار الجزئي على حساب الاهتمام الابتكار الجذري . ولقد أكد ثيودور ليفيت (T. Levitt) أن الوثبات الكبيرة للنجاح المفاجئ في عالم الأعمال نادرة إلى

حد كبير [9]. كما أن دراكر (P.F.Drucker) وصفه بإسلوب أديسون القائم على التوسع السريع ثم الإهتزاز المفاجئ ثم الإنهيار وهو يشبه حياة أديسون نفسه كنموذج قاد من الفقر إلى الغنى ثم يعود إلى الفقر [10]. وفي عالم المنافسة الشديدة فأن البقاء في حالة الغنى (الإختراق في أوجه) لن يظل طويلا لأن المنافسين يتعقبون أولا بأول والتعلم أصبح بسرعة البرق فلا ضمانة إلا في التحسين المستمر . لهذا فإن ميشيل بورتر (M.E. Porter) يرى أن الكثير من الابتكارات هي إضافات (Increments) تعتمد على تراكم الأفكار والرؤى المتقدمة الصغيرة أكثر من كونها إختراقا تكنولوجيا رئيسيا واحدا [11]. لتظل ملاحظة مهمة على الشكل (2 - أ) وهي أن كل وثبة استراتيجية تمثل منحنى - S . وهذا المنحنى يواجه في مجال الابتكار -الإختراق مشكلة الانقطاع (التي لم يظهرها الشكل) جراء عدم التوصل الى إختراق جديد لاحق في البحث مما يؤدي الى انقطاع الوثبات الأستراتيجية التي تظهر في الشكل متصلة رغم الاحتمال العالي بانقطاعها. وخلاف ذلك في حالة الإبتكار - التحسين الذي يكون مستمرا وبدون إنقطاع حتى في حالة التوصل الى الإبتكار الجذري ، حيث يبدأ التحسين كإضافات على الإبتكار الجذري المتحقق . والشكل رقم (3 - 3) يوضح [أن التقدم بالإبتكار الجذري يتم بقفزات إلا أن التحسين (الكايزن) يتم بإضافات يتجاوز الإبتكار الجذري الأولي .

الشكل رقم (3 - 3) : التقدم من خلال الإبتكار الجذري والتحسين (الكايزن)

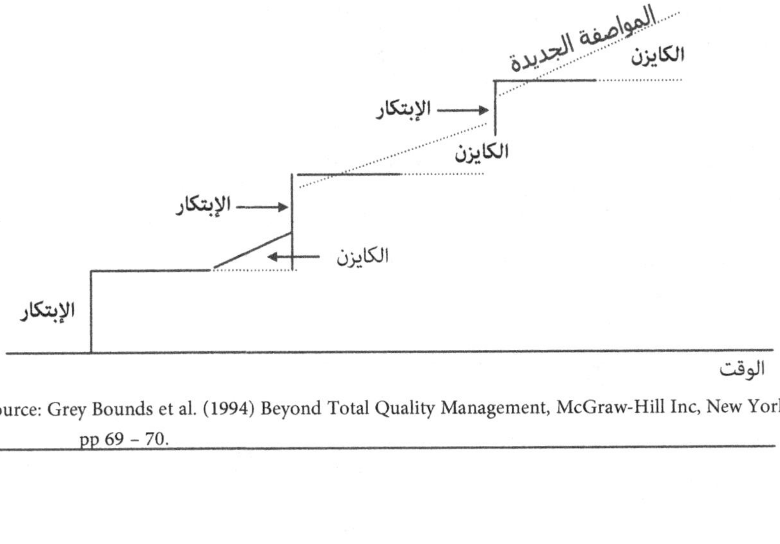

Source: Grey Bounds et al. (1994) Beyond Total Quality Management, McGraw-Hill Inc, New York, pp 69 - 70.

ولابد من التأكيد على أن الابتكار- الإختراق (وهو ما يدعى بالاستراتيجية الهجومية في مصطلحات المنافسة التسويقية) يحقق ميزة القائم بالحركة الأولى (First Mover) بوصفه القائد في السوق الذي تتبعه الشركات الأخرى التي تكون هي التابع (الاستراتيجية الدفاعية) .

كما أن له ميزة التغلب على المشكلات المعروفة أو المشتركة بين الشركات بطريقة جديدة غير معروفة مما يعطيه ميزة على حساب منافسيه ولو لفترة وجيزة هي فترة تعقب القائد واللحاق به . إضافة الى ميزة العلاقة الأولى بالعميل بالمنتج الجديد . إلا أن هذه المزايا في ظل المنافسة الشديدة سريعة الزوال لأن اللحاق بالشركة - القائد أصبح أسرع بكثير بفضل أساليب التعلم السريعة . وربما هذا هو الذي حدا برائد دراسة الابتكار كظاهرة اقتصادية جوزيف شومبيتر (J.A.Schumpeter) أن يقول لا يوجد ربح إلا ربح المبتكر قصير العمر [12] .

و لا شك في أن اليابانيين بأساليب التعلم المذهلة وقدرتهم الفائقة على رصد الفرص في السوق ساهموا ليس فقط في أن يكون ربح المبتكر أقصر عمرا بل أيضا في أن يكون التحسين المستمر من خلال ابتكارات يومية صغيرة ومتنوعة هو الاستراتيجية الأفضل من الوثبات الاستراتيجية .

3-3- التحسين والإقتراب من الزبون

إن الإبتكار من الناحية الفنية نوعان : إبتكار المنتج (Product A.) وهو الذي يتم من خلاله إدخال منتج جديد إلى السوق ، وإبتكار عملية (Process A.) وهو الذي يقوم بتطوير تكنولوجيا جديدة لتطوير النظام التشغيلي . مع مراعاة أن تطوير المنتج الجديد (وخاصة في حالة الإبتكارالجذري) يتطلب إبتكار أو تطوير عملية جديدة (أي تكنولوجيا جديدة)[13]. ولقد خضع الإبتكار لفترة طويلة في إبتكار المنتج أو إبتكار العملية لمتطلبات النظام التشغيلي . ففي الشركات الصناعية فإن النظام التشغيلي في الشركات القائمة تستثمر فيه موارد كبيرة (في الآلات ، المواد ، والعاملين) ، وهذا ما يمثل قيدا واضحا على إدخال

الإبتكارات الجديدة وتوجيهها نحو المزيد من الملاءمة مع النظام التشغيلي القائم قدر الإمكان .

وفي حالتي إبتكار المنتج أو العملية فإن نقطة البدء في السابق كانت تتمثل في الخبرة السابقة المتمثلة بخبرة الشركة ونظامها التشغيلي . ولكن مع تنامي المنافسة والتحول من سوق المنتجين إلى سوق المستهلكين ومع تزايد أهمية الزبون في قرارات الشراء في السوق على حساب قرارات الإنتاج والبيع في النظام التشغيلي في المدخل التقليدي، أصبحت نقطة البدء تتمثل في خبرة السوق وبالتحديد خبرة الشركة وقدرتها وخيالها في تحديد رغبات الزبون . فالمنتج الجديد الذي يتم إبتكاره يمكن أن يكون ناجحا من الناحية العلمية والفنية ومع ذلك يكون معرضا للفشل الذريع في حالة عدم الإستجابة لحاجات الزبون . وإن المنتج الجديد الذي يستجيب لحاجات الزبون بدرجة معينة معرض للفشل اللاحق عندما يتمكن المنافسون من تحقيق درجة إستجابة أعلى لحاجات الزبون . ولهذا فإن الإبتكار أصبح يستمد عوامل قوته الجديدة ونجاحه في الوصول الناجح إلى الأسواق من قدرته على الإستجابة الكفوءة والفعالة لحاجات الزبون والإقتراب منه بدرجة أكبر من الإستجابة للنظام التشغيلي والإقتراب منه . وهذه السمة المهمة في الإقتراب من الزبون في أسواق عالم الأعمال اليوم هي اقرب الى الإبتكار - التحسين ، وهذا ما أستطاعت التجربة اليابانية من التفوق فيه على الشركات الأمريكية التي كانت ولا تزال هي الأكثر تسجيلا للإبتكارات الجذرية في النظام التشغيلي التي عادة ما تكون الأبعد عن الزبون .

ولقد أشارت دراسة حديثة لكريستوفر ميي (C.Meye) إلى أن الجيل الأول للسرعة كان يركز على فكرة التصنيع والنظام التشغيلي الذي ينتج منتجات قياسية وبحجوم كبيرة، ليأتي الجيل اللاحق للسرعة ليقوم على الحجوم الأصغر وطريقة السحب[14] (حيث السوق هو يسحب ما يريد من النظام التشغيلي وليس كما كان سابقا في نظام الدفع حيث النظام التشغيلي هو الذي يدفع إلى السوق ما ينتج ويريد بيعه) .

ومما يزيد من هذا الإتجاه هو البيئة الجديدة لتكنولوجيا المعلومات التي جعلت التغذية المرتدة قابلة لأن تكون فورية وآنية من السوق والزبون الى الشركة . ولقد أشار كابلان ونورتون (Kaplan and Norton) إلى إفتراضات جديدة في بيئة الأعمال الجديدة في ظل تكنولوجيا المعلومات ومنها[15]: الصلات مع الزبائن والموردين ، وتزايد قطاعات

الزبون التي تتطلب منتجات وخدمات زبونية حسب حاجاتهم بدلا من المنتجات القياسية حسب ما يفرضه النظام التشغيلي .

أن الابتكار الجذري (الإختراق) عادة ما يعمل على تقدم علمي وفني كبير ووثبة أستراتيجية تغير في مدى واسع من المنتجات والتكنولوجيا والصناعة . وخلافه التحسين الذي هو يعمل على تعديلات صغيرة وإضافات محدودة في هذا المكون أو ذاك أو في هذه السمة أو تلك .

وإذا كانت الاختراقات تتم بعدد قليل إلا أنها تتطلب موارد ضخمة فإن التحسينات تكون كثيرة العدد إلا أنها لا تتطلب سوى استثمارات وموارد محدودة . ولهذا يمكن تصوير العلاقة بين الاثنين من خلال قاعدة (20 - 80) أو تحليل بارتيو (Pareto Analysis) على افتراض أن شركة كبيرة تستخدم الموارد في مجال تطوير المنتجات الجديدة في مجالي الإبتكار الجذري (مشروعات كبيرة لتطوير منتجات فريدة) الإبتكار - التحسين (مشروعات صغيرة لإدخال التحسينات والتعديلات على المنتجات الحالية) .

ووفق هذه القاعدة فأن عددا قليلا من مشروعات البحوث والتطوير الكبيرة وبالتالي عدد قليل من الابتكارات الجذرية سوف تستحوذ على النسبة الأكبر (80٪) من مجموع الموارد المخصصة لتطوير المنتجات الجديدة ، في مقابل عدد كبير من مشروعات التحسين الصغيرة وحتى بعض المشروعات المتوسطة والتي تمثل حوالي (80 ٪) من مجموع المشروعات ، إلا إنها سوف لا تستخدم سوى (20٪) فقط من مجموع الموارد المخصصة لتطوير المنتجات الجديدة . والشكل رقم (3 - 4) : يوضح هذه العلاقة .

لهذا فأن التحسين المستمر يعتبر ممارسة فعالة وقوية من أجل إدخال الإضافات الصغيرة المستمرة وبشكل يومي وأحيانا الأخذ بعشرات أو مئات من هذه التعديلات والمقترحات التي تقدمها دوائر الجودة وصناديق المقترحات في جميع مجالات الأعمال وبشكل خاص في مجال الجودة .

الشكل رقم (3 - 4) : قاعدة 20 - 80 للإختراق والتحسين

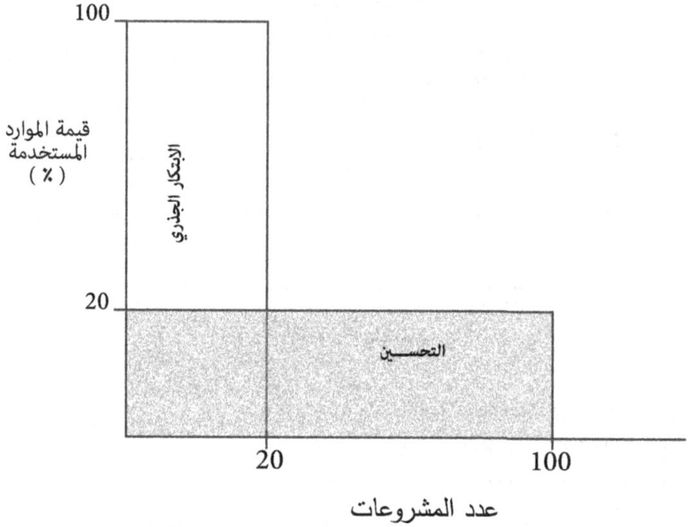

ومن الضروري الإشارة إلى أن التحسين المستمر في نظام الوقت المحدد (JIT) ليس عملية منفصلة وإنما هو ممارسة متكاملة مع عناصر النظام الأخرى . فالميل إلى حجم الوجبة الصغير وتبني أسلوب دوائر الجودة على مستوى عمال الخط الأول والمهندسين والمديرين وما تأتي به ن مقترحات وأفكار جديدة تكون في أحيان كثيرة صغيرة جدا إلا أن تراكمها يجعلها عظيمة الأهمية في خدمة الجودة وتطوير المنتجات المستمر .

وكل هذا جعل التحسين المستمر ناجحا ويحقق نتائج باهرة إلى الحد الذي يعتبر الآن أسلوبا شائعا في الشركات الحديثة بوصفه أداة فعالة ليس فقط في الحصول على سيل لا ينقطع من المقترحات والأفكار لتطوير الأعمال وإنما أيضا في تحقيق ذلك بتكلفة أدنى. أن الشكل رقم (3 - 4) يوضح أن هذا الأسلوب يحقق التحسينات في الجودة ومن ثم في الأرباح العالية بتكلفة تشغيلية منخفضة في مقابل الأسلوب التقليدي .

الشكل رقم (3 - 4) : تحسين الجودة وتأثيره على المبيعات والربح

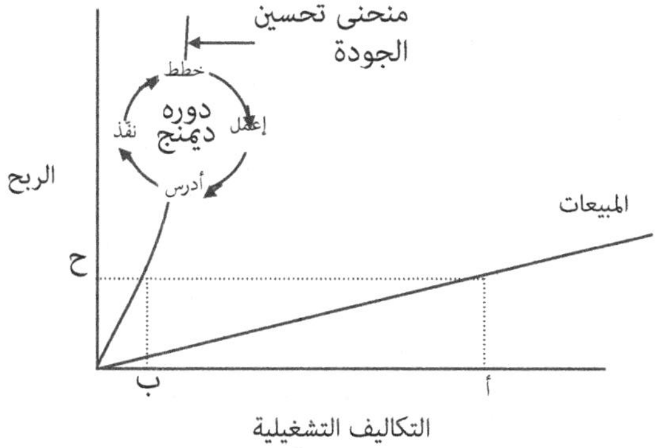

Source: John Bank, The Essence of Total Quality Management, Prentice Hall, New York,1992,p24. (بتصرف)

وأن هذه التحسينات تتم بإستخدام دورة ديمنج (Deming Cycle) بخطواتها الأربع (خطط، إعمل ، إدرس ، ونفذ) والتي سنعرض لها بشيء من التفصيل بالفقرة القادمة. فمن أجل تحقيق زيادة في الأرباح مقدارها (ح) من خلال زيادة في المبيعات سيكون مطلوبا زيادة كبيرة مقدارها (أ) في التكاليف التشغيلية (رجال البيع ، الترويج / والإعلان، المخزون ..الخ) . ولعمل نفس الزيادة في الأرباح (ح) من خلال تحسين الجودة، سيكون مطلوبا فقط جزء من تلك التكاليف التشغيلية مقداره (ب) .

3-4- نموذج عملية التحسين (FOCUS-PDCA)

إن تبني مدخل التحسين من قبل الشركة لا يمثل إلا الخطوة المهمة الأولى ، إلا أن الخطوة المهمة الثانية هي القيام بالتحسين والوصول إلى النتائج المرجوة سواء بالنسبة للمنتج الجديد المحسن أو العملية أو الطريقة الجديدة المحسنة . وإذا كان التحسين قد حظي بالإهتمام الشديد في مجال الجودة (جودة المنتج الجديد تماما أو جودة المنتج المحسن) فهذا يعود في جانب مهم منه إلى أن الجودة ليس لها حدود ، وإنها الشيء الوحيد الذي لا

يقول الزبون مهما زاد : إن هذا يكفي . ومن أجل تحقيق التحسين فقط تم طرح ما يسمى دورة التحسين أو دورة ديمنج (Deming Cycle) (أنظر الشكل رقم 3 - 5) والتي تتكون من أربع خطوات أساسية :

أ ـ خطّط (Plan) : ما هو المجال الذي سيتم فيه التحسين وتحديد المشكلة والتحليل للمشكلة ولفرص التحسين (في موضوعنا : فإن المنتج الحالي أو العملية الحالية أو كلاهما هو موضوع هذه الخطوة) . وفي هذه الخطوة يتم التوصل إلى التحسين : موضوعه ومجاله .

ب ـ أعمل (Do) : وفي هذه المرحلة يتم تنفيذ ما تم التوصل إليه من تحسين . ومن الضروري أن يتم التنفيذ على نطاق ضيق أولا أي مستوى وحدة طليعية (Pilot Unit) صغيرة . وتسجيل كل ما يتعلق بالعمل والتنفيذ الأولي للتحسين. وفي مجالنا يتم تنفيذ العميلة المحسنة أو صيغ النماذج الأولى من المنتج المحسن .

ج ـ إدرس أو إفحص (Check) : وفي هذه المرحلة يتم فحص نتائج التنفيذ أي دراسة وتقييم البيانات المجمعة عن التنفيذ . والهدف من هذه المرحلة هو التأكد إن كان التحسين قد حقق النتائج المرجوة منه : عملية محسنة مقبولة من الناحية الفنية والإنتاجية ، منتجا محسنا مقبولا من الناحية التسويقية .

د ـ نفذ (Act) : وفي هذه المرحلة يتم إدخال التحسين وتحويله إلى عملية أو طريقة قياسية جديدة أو منتج محسن قياسي جديد لنقله إلى السوق . والشكل رقم (3 - 5) يوضح دورة ديمنج دورة (خطط ، إعمل ، إفحص ، نفذ) . وحيث أن هذه الدورة في التنفيذ تساهم في تحقيق النتائج فقط جرت محاولات من أجل التطوير لخطواتها ومراحلها وبالتالي لنتائجها . ومن هذه المحاولات قامت به شركة المستشفى الأمريكي (Hospital Corporation of America) بطرح نموذج (FOCUS) حيث النموذج يتكون من مراحل : أوجد (Find) ، نظم (Organize) ، وضح (Clarity)، إفهم (nderstand) ، وأخيرا إختار (Select) .

الشكل رقم (3 - 5) : تحسين التحسين (خطط - إعمل - إفحص - نفذ)

1- خطـــط : تحديـــد العملية الحالية أو المنتج الحـــالي ، والتوصـــل إلى إمكانات التحسين

2- إعمـل : التنفيـذ الأولي للتحسين المقترح للعمليـة أو المنـــتج في وحـــدة طليعية .

3-إدرس أو إفحـــص: دراسـة وتقيـيم بيانـات التنفيـذ الأولي للتحسـين المقترح للعملية أو المنتج في وحدة طليعية .

4- نفـذ : تبنـي التحسـين وتحويلـــه إلى عمليـــة قياسية أو منتج قياسية

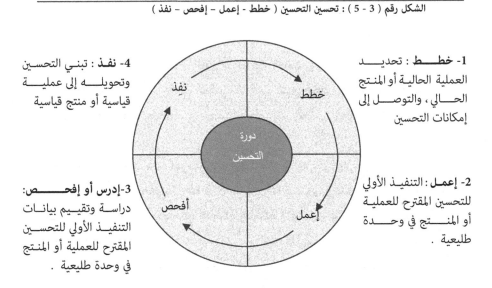

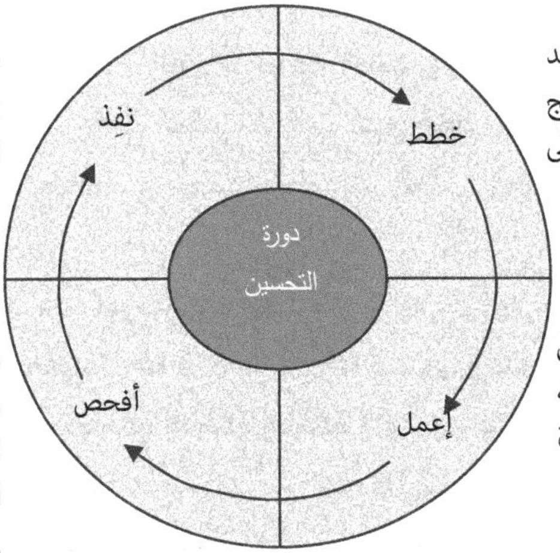

Source: Richard B.Chase and N.J.Aquilano (1995): Production and Operations Management, Irwin / McGrow-Hill, Boston, p184 (بتصرف).

وحيـــث أن دورة ديمـــنج تمثـــل حلقـــة مترابطـــة متكاملـــة الخطـــوات ، فـــإن مـــن الممكـــن إســـتخدامها ضـــمن بعـــض مراحـــل نمـــوذج (FOCUS) . لهـــذا فقـــط تم طرح نموذج متكامل من الإثنين (PDCA-FOCUS) والشكل رقم (3 - 6): يوضح هذا النمـــوذج مـــن خـــلال مراحـــل نمـــوذج (FOCUS) وتكاملـــه مـــع دورة ديمنج .

الشكل رقم (3 - 6) : نموذج التحسين (FOCUS-PDCA)

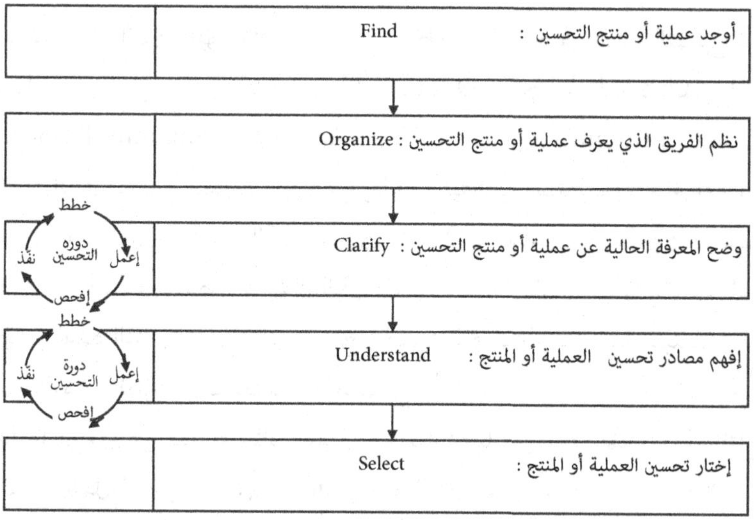

Source : Jonathan S.Pakich et al (1992) : Managing Health Service Organization, Health Profession Press, Baltimore, p422.

3-5- إتجاهان في عملية التحسين

إن التحسين قد يبدو أنه عملية منفتحة في كلا الاتجاهات . وهذا لا يعود إلى أن الشركات وخاصة اليابانية حفزت مشاركة جميع العاملين في عملية التحسين ، وإنما لأن فرص التحسين موجودة في كل مكان في الشركة . هذا بالإضافة إلى أن إمكانات التحسين مفتوحة بإستمرار نحو ماهو أحسن . وربما هذا يفسر إستخدام اليابانيين لكلمة كايزن التي تعني (التحسين دائما) والتي ترتبط بها كلمة يابانية أخرى هي دانتوتسو (Dantotsu) التي تعني الكفاح من أجل أفضل الأفضل (Best of the Best)[16].

ومع كل ذلك فإن بالإمكان أن نضع إمكانات التحسين في اتجاهين أساسيين :

الأول : من أعلى إلى الأسفل (From Top To Down) : وهذا يتمثل في إزالة كل أشكال الهدر في العملية الحالية أو المنتج الحالي . فإزالة خطوة زائدة وغير ضرورية في العملية الحالية أو إلغاء سمة غير ضرورية في المنتج الحالي يدخل ضمن هذا الاتجاه . وإذا ما أستخدم نظام إنتاج تويوتا فإن مثل هذه الخطوات الزائدة في عملية التصنيع تعبر عن السمات غير الضرورية في المنتج التي تمثل هدرا لأنها تتجاوز الموارد الدنيا المطلقة (Absolute Minimum Resources) . ولقد أشار روم (J.J.Romm) ضمن هذا الاتجاه الى أن مصنع هيكل سيارات تويوتا في كاليفورنيا استهلك في عام 1991 (2.5) مليون كيلووات / ساعة من الكهرباء. وفي عام 1996 ضاعفت الإنتاج وربحت جوائز للجودة ومع ذلك إنخفض استهلاك الكهرباء الى (1.7) مليون كيلووات / ساعة . وقد تحققت هذه النتائج التي لا تصدق مع مجموعة واسعة من التحسينات في المحرك ، الإضاءة ، مغير السرعة، وضاغطات الهواء .. الخ [(17)].

وهذا ما يجعل من تويوتا بمثابة معيارا قياسيا دوليا من أجل المعايرة في إنتاج الأكثر بالأقل . ولعل المفهوم المثالي (Ideal) هو الأكثر تعبيرا عن هذا الإتجاه في تويوتا في كونه تجاوز لكل هدر في المواد ، العمل ، الطاقة، وغيرها كالتكاليف المترافقة مع المخزون، والهدر في العلاقة مع المورد، مع الزبون، ومع البيئة [(18)] .

الثاني : من الأسفل الى الأعلى (From Bottom To Up) : وهذا يتمثل في إضافة مزايا جديدة أو محسنة الى العملية الحالية أو المنتج الحالي . فإضافة مكون جديد أو تطوير جديد الى العملية يؤدي الى زيادة سرعتها أو تحسين معوليتها أو درجة الثقة في مخرجاتها ، أو إضافة سمة جديدة أو أكثر الى المنتج الجديد او تحسين تصميمه، مستوى جودته ، سهولة استخدامه ، مدى ملاءمته للغرض أو استعماله من قبل الزبون .. الخ كلها تدخل ضمن هذا الإتجاه . أن الشكل رقم(3 - 7) يوضح هذين الاتجاهين للتحسين .

ومع أن التحسين في الإتجاهين يميل الى الارتقاء بالعملية أو المنتج أو كلاهما من حيث الكفاءة ، إلا أن تراكم التحسينات في بعض الحالات يؤدي الى وثبة استراتيجية في

السوق . ولكن يظل الابتكار الجذري بالعلاقة مع هذين الإتجاهين بمثابة إنتقال من مستوى نوعي الى مستوى نوعي آخر أي الإنتقال من (منحنى -S) الى (منحنى- S) آخر . في حين يكون التحسين المستمر بمثابة إضافات تدريجية ضمن نفس المنحنى (S) أو نفس دورة الابتكار الواحدة

الشكل رقم (3 - 7) : إتجاهان في عملية التحسين

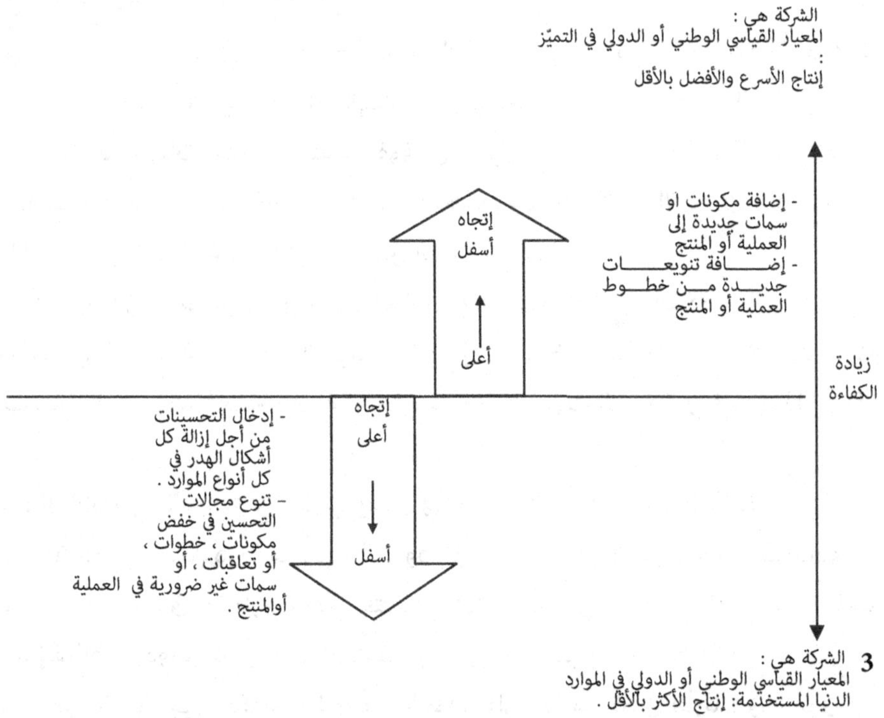
الشركة هي :
المعيار القياسي الوطني أو الدولي في التميّز
:
إنتاج الأسرع والأفضل بالأقل
- إضافة مكونات أو سمات جديدة إلى العملية أو المنتج
- إضافة تنويعات جديدة من خطوط العملية أو المنتج
إتجاه أسفل
أعلى
زيادة الكفاءة
إتجاه أعلى
أسفل
- إدخال التحسينات من أجل إزالة كل أشكال الهدر في كل أنواع الموارد .
- تنوع مجالات التحسين في خفض مكونات ، خطوات ، أو تعاقبات ، أو سمات غير ضرورية في العملية أوالمنتج .
3
الشركة هي :
المعيار القياسي الوطني أو الدولي في الموارد الدنيا المستخدمة: إنتاج الأكثر بالأقل .

3-6- عيوب الإبتكار ـ التحسين

لقد أظهرنا في طيات هذا الكتاب أننا نميل إلى الإبتكار ـ التحسين أكثر مما نميل إلى الإبتكار ـ الإختراق . وهذا يعود إلى جانبين أساسيين على الأقل :

أولا : إن الإبتكار ـ التحسين يمكن البدء به فورا ومن الصفر حتى من حيث التكلفة والتراكم التكنولوجي في أي مجال . لأنه يتطلب معرفة الفن التكنولوجي المسبق المتجسد في المنتج الجديد الذي يمكن شراؤه وتفكيكه ومعرفة خصائصه ومزاياه الأساسية من أجل التحسين لوظيفة أو خصيصة أو ميزة أو أكثر فيه .

الثاني : لأنه الأكثر ملاءمة في هذه المرحلة لدولنا العربية التي هي بحاجة في هذه المرحلة إلى التقليد الإستنساخي من أجل التمثل والإستيعاب والإستخدام الكفوء والتقليد الإبتكاري من أجل إدخال التحسينات الملائمة للبيئة وللتفوق في السوق العربية وربما الإقليمية والدولية .

ومع هذه الأرجحية التي نعطيها للإبتكار ـ التحسين والمزايا الكثيرة التي عرضنا لها، فإن لهذا النمط من الإبتكار عيوبه التي لا بد من الوقوف عندها :

أولا : إن الإبتكار- التحسين هو في أغلب الحالات يمثل إتباع القائد أو القادة في السوق. فهو لا يحقق قيادة حاسمة في الحصة السوقية ، اللهم إلا في بعض الحالات الخاصة عند تراكم التحسينات لتمثل تحسينات جوهرية أو حتى في بعض الحالات التي يكون فيها هذا التراكم إختراقا .

ثانيا : إن الإبتكار ـ التحسين في الغالب يعمل في ظل الحالة القائمة والفن التكنولوجي السابق . فهو إذن تحسين ضمن دورة منحنى (S) وداخل الصندوق أي ضمن المجال الإقتصادي[19] . وليس خارج الصندوق أو خارج مجال إقتصادي كما في الإبتكار ـ الجذري الذي عند نجاحه يوجد إنقطاعا في دورة منحنى (S_1) لينتقل إلى دورة منحنى ثانية (S_2) تكون أعلى من حيث الفن التكنولوجي والكفاءة والجدة في العملية والمنتج ومن ثم في الأرباح في السوق .

ثالثا : إن الإبتكار ـ التحسين عندما يكون عبارة عن تحسينات صغيرة (Minor) فإنه يمكن أن يكون خطرا في حالة السوق سريعة التغير (كما في سوق الإلكترونيات) أمام

المنافسين الذين يأتون بالجديد[20]. في حين أن التحسينات في الصناعات بطيئة التغيير كما في النفط والسكك الحديد يمكن أن تؤدي إلى إبطاء التآكل في الإبتكار الحالي وإضعاف الحاجة إلى الإبتكار ـ الجذري الجديد . فالتآكل عبر الزمن الذي يكون حافزا قويا من أجل الإبتكار ، يمكن الحد من تأثيره بالتحسينات والتعديلات[21].

ومع أن الإبتكار ـ التحسين قد لا يتطلب وقتا طويلا كما في الإبتكار الجذري ، فإنه مهم في ظل المنافسة القائمة الزمن . حيث الزمن هو مصدر الميزة التنافسية في الوصول الى الفكرة ثم الى المنتج أولا (البداية المبكرة) والوصول الى السوق أولا (الميزة التنافسية المبكرة) .

وبالإعتماد على سباق الزمن (Time Pacing) (بكل ما يعنيه ذلك من الحاجة الى حس الطوارئ وإدارة التحولات السريعة من المنتج الجديد الى المنتج اللاحق في ظل المنافسة وفق إيقاع التغيير في الشركات والأسواق) بدلا من سباق الحدث (الذي يقوم على الإستجابة للحدث من المنافسين أو التغير في التكنولوجيا)[22].

رابعا : إن المبالغة في التحسينات كما فعلت ذلك الشركات اليابانية في التسعينات ، وكما تفعل ذلك في الوقت الحاضر شركات الدوت (Dot-Coms) ، يمكن أن تؤدي إلى التنوع الأقصى ـ . إلا أن مثل هذا التنوع بقدر ما يرفع من التكلفة ولو بشكل محدود، فإنه يؤدي إلى إرباك الزبون . فلقد قامت ماتسوشيتا (Matsushita) بتقديم (220) نوعا من التلفزيونات ، وهذا التنوع بقدر ما جعل الزبون في حيرة عند الإختيار والى الحاجة الى وقت أطول فيه ، فأنه يتطلب رفوفا طويلة للعرض ، ويستنزف قدرة الشركة في تنوعات لا متناهية (Endless Varieties) خاصة وأن (10 ٪) منها فقط كان يباع بشكل جيد ، مما إضطر الشركة في النهاية إلى تخفيض عدد الأنواع إلى (62) نوعا[23]. وهذا أيضا ما واجهته شركة تويوتا (Toyota) حيث أن تكاثر وتنوع المنتج جراء التحسين كان يتم وفق ما يراه المهندسون في إنشاء خصائص أنيقة فنية بغض النظر عما إن كان الزبائن أرادوا هذه الخيارات الإضافية أما لا[24]. أي أنها كانت بمثابة تحسينات على أساس دفع التكنولوجيا أكثر منه على أساس سحب السوق وحاجاته . أما شركات الدوت أو الإنترنيت من أجل أقصى-التنوع مالت الى الشخصنة (Personalization) في الخدمة على الإنترنت ، فالموقع المشخصن (خدمة محسنة) يتميز بالتنوع في الخدمة

المفصّلة على الزبائن إستنادا للسلوك السابق للزبون أو بالإعتماد على برنامج إستقرائي لتفضيلات متوقعة . فهذه الشركات أخذت تستخدم برامج الذكاء الصناعي من أجل التنبؤ وإيجاد خيارات إضافية للزبون كما في مثال الكتاب المشخصن لشركة أمازون (Amazon.com) . فلو تصورنا أنك أشتريت من بائع الكتب كتابا في موضوع عن الفضاء وهو لا يدخل ضمن إختصاصك ، فأن البائع بعد الشراء يبادر بالسؤال : أيجب أن نضيف هذا المجال الى إهتماماتك ، أو أن يتم ذلك عن طريق تحديد خياراتك الأحدث بإستخدام برنامج للتنبؤ بالخيارات الجديدة للزبائن ، فتنهال العروض عليك . وقد كشفت دراسة حديثة في هذا المجال أن الزبائن يفضلون أن يقوموا بالتوجه لمواقع الوب ومتابعة تفضيلاتهم بدلا من قيام الشركات بذلك[25] .

خامسا : إن التحسينات الكثيرة التي يمكن إقتراحها والعمل على إدخالها عادة ما تنتهي من أجل الأخذ بها إلى تبني تحسينات التسوية (الحلول الوسط) ما بين هذه التحسينات من جوانب متعددة على نفس المكون أو على المكونات المتعددة[26] .

سادسا : إن التحسين المستمر يعتمد على أوسع مشاركة للعاملين ، ولكن ميل الشركات لإدخال التكنولوجيا الحديثة كالآتمتة والإنسان الآلي والتي بعضها تتم وفق مقترحات متأتية من أنشطة التحسين المستمر ، ستؤدي إلى إحلال الأتمتة محل العاملين . مما يقلل من فرص إستمرار التحسين المستمر ليس فقط لأن الآلة والإنسان الآلي لا يقدم مقترحات وإنما لأن العاملين لا يمكن أن يواصلوا إلى حد بعيد عملية تميل بإستمرار إلى إلغاء الحاجة إليهم . أفلا يعني هذا أن التحسين المستمر لابد من أن يضيق في نهايته لكي لا يتعارض مع مقدمي الأفكار الجديدة من أجل التحسين ! .

3-7- الإبتكار الجذري

يمكن إعتبار الإبتكار الجذري بمثابة الفاصل بين عصرين من العملية (التكنولوجيا) أو المنتج أو الأساليب . ففي الإبتكار الجذري يكون هناك إنقطاع في التكنولوجيا القديمة ($ت_1$) كما في التلكس (Telex) لتحل محلها تكنولوجيا مبتكرة جديدة تماما ($ت_2$) كما في الفاكس (Fax) لتحل محله تكنولوجيا ثالثة جديدة ($ت_3$) هي البريد الإلكتروني (E-Mail) . أنظر الشكل رقم (3 – 8) . ولا يغير من مصير

التكنولوجيا القديمة (وإن كان يؤخر زوالها) أن هناك تحسينات يمكن أن تجرى عليها فتؤدي إلى إختراق سوقي لإبقائها في السوق لفترة معينة . كما لا يغير من هذا المصير عدم التكافؤ في التطور الدولي الذي يؤدي إلى تقسيم تكنولوجي غير متكافئ في دول متقدمة تستخدم تكنولوجيا جبهة البحث والتطوير (الجيل الأحدث من التكنولوجيا) ودول نامية تستخدم تكنولوجيا أقل تطورا (الجيل السابق من التكنولوجيا) . وفي كلا الحالتين يكون هناك إختراق سوقي يبقي التكنولوجيا أو المنتج القديم لفترة إضافية في السوق . لتنتهي بعد ذلك إلى مصيرها المحتوم . وذلك لأن الإبتكار الجذري الجديد الناجح قد تتم عرقلته ولكن لن يكون من الممكن إيقاف إنتشاره تحت تأثير المنافسة الشديدة في السوق وبشكل خاص في ظل العولمة .

الشكل رقم (3 – 8) : منحنيات (S) للإبتكارات الجذرية

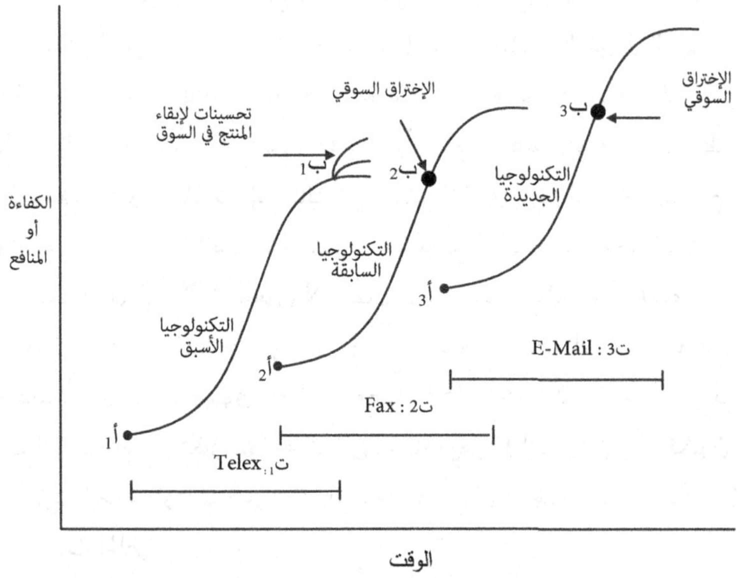

Source: Based partial on: Rajesh K.Chandy and Q.J.Tellis, The Incumbents Curse incumbency, Size, and Radical Product, Innovation, Journal of Marketing, Vol. (24), No. (4), July 2000, p3. (بتصرف)

ويلاحظ من الشكل رقم (3 – 8) أن الإختراق التكنولوجي يحدث عند النقطة ($أ_2$) حيث التكنولوجيا الجديدة (الفاكس) تحقق تقدما تكنولوجيا مقارنة بالتكنولوجيا السابقة (التلكس) ، ونفس الشيء يقال في النقطة ($أ_3$) . وعند الإختراق التكنولوجي (الفاكس) بالنقطة ($أ_2$) يكون السوق هو سوق التكنولوجيا السابقة (التلكس) ومبيعات المنتج الجديد تكون أقل من مبيعات المنتج القديم . ولا يقبل على التكنولوجيا الجديدة إلا عدد قليل من المشترين أو الزبائن أسميناهم بالزبائن القادة أو الإبتكاريين الذين يكونون ذوي إهتمام عالي بالإبتكار الجديد وغير حساسين للسعر .

ومع ذلك فإن منحنى التكنولوجيا الجديدة يتصاعد بسرعة لظهور المنافع للزبون وبفعل التحسينات التي يتم تحقيقها في إستغلال هذه التكنولوجيا حتى يصل إلى النقطة ($ب_2$) بالنسبة للتكنولوجيا السابقة و ($ب_3$) بالنسبة للتكنولوجيا الجديدة . عند هذه النقطة يبدأ السوق بالتحول إلى سوق المنتج الجديد . بعدها يبدأ المنتج القديم بالتدهور والمنتج الجديد بالإنطلاق لأنه يصبح معروفا بالإيفاء الأكفأ في إشباع الحاجات .

ومع تصاعد المنتج الجديد عند النقطة ($ب_3$) فإنه يدخل في الإختراق السوقي الذي يبدأ بإزاحة المنتج القديم (Market Breakthrough) ليزيح المنتج القديم ولن يغير من هذه الإزاحة إدخال التحسينات على المنتج القديم وأن كانت هذه التحسينات تطيل من عمر المنتج القديم لفترة لإستنفاذ كل إمكاناته (بما فيها ولاء الزبائن للمنتج القديم) . ولكن في أحيان أخرى قد يكون هذا مدعاة لإستمرار الشركة في لعبة خاسرة حيث الجديد يتصاعد وهي تتشبث في المركب الآيل للغرق لا محال . وفي هذه الحالة فإن التحسين يكن إغراء للشركة في البقاء داخل الصندوق والعمل في ظل السوق القديمة الآخذة بالتضاؤل بعيدا عن جيل جديد من المنتجات وسوق جديدة . وهذا ما على الشركات وخاصة التي تقع في دائرة الشركات القائمة على الإبتكار بنوعيه الجذري والتدريجي (التحسين) أن تكون قادرة على قراءة إشارات الحاضر وذات حس عالي بالمنتجات الصاعدة (منتجات المستقبل) والمنتجات النازلة منتجات الماضي .

ويمكن أن نشير في هذا المجال إلى أبرز سمات الإبتكار الجذري وكالآتي :

أ - إنـه يـؤدي إلى إدخـال تكنولوجيـا أو منتجـات جديـدة تمامـا وهـذا بـدوره يلغـي أو يضعف أسـواق تكنولوجيـا ومنتجـات قديمـة وإنشـاء أسـواق جديـدة لتكنولوجيـا ومنتجـات جديدة.

ب - إنه يؤدي إلى تأثير واضح في نمط المعيشة . فمع إن التأثير الفني هـو محـل التركيـز الأول في البداية . وفيما بعد التـأثير السـوقي هـو موضـع الإهـتمام في الإبتكـار ، إلا أن التـأثير الإجتماعي (تأثير الإبتكار على نمط المعيشة والحياة الإجتماعية) عادة ما يكون غير ذي دلالة في أذهان الشركات القائمـة بالإبتكـار . وعـادة مـا يكـون ذلـك الـثمن لذريعـة إن التأثيرات الإجتماعية للإبتكار والتكنولوجيا الناجمة عنه صعبة الإستشراف (Hard to Foresee) . لذلك تميل الشركات إلى المبالغة بالتأثيرات الفنيـة والتهـوين مـن التـأثيرات الإجتماعية. فإبتكار الهاتف الذي طور الإتصال وعقد الصفقات عن طريقه ، كانت له أثار إجتماعية في الحد من العلاقات الإجتماعية المباشرة ، وفقدان الناس لخصوصيتهم[27] .

ج - إنه بقدر ما يتطلب إستثمارات عظيمة في حالات كثيرة وبالتالي مخاطرة كبـيرة وفي أغلـب الحالات طويلة الأمد ، فإنه يمكن أن يجني موارد كبيرة ويحقـق أرباحـا كبـيرة. وفي ظـل إدارة فعالة لحقوق الملكية الفكرية يمكن أن يستمر في جني العوائد منهـا لفـترة طويلـة قد تصل إلى عشرين سنة حسب فترة الحماية المحدودة قانونا .

د - إنـه عـادة مـا يوجـد موجـة مـن الإبتكـارت المتتابعـة وبالتأكيـد موجـات أوسـع لتطـوير التكنولوجيا والمنتجات على نطاق واسع .

خامسا : إن الإبتكـارت الجذريـة هـي محـرك النمـو الإقتصـادي ومصـدر المنتجـات الجديـدة الأفضـل . وهـي التـي تعطـي الشـكل الكـلي للصـناعة . وهـي كـما يقـول شـاندي وتلـيس (Chandy and Tellis) هي التي تحقق الفرق بين المـوت والحيـاة للكثـير مـن الشركات . وإن تاريخ الأعمال زاخر بمقابر صناعات كاملة دمرت بواسطة الإبتكارت الجذرية[28]. فالبرقية ، غاز الإضاءة ، الراديوهات الثابتة ، وصناعة الطابعات وغيرها الكثير كلها أمثلة عن ذلك .

3-8- مخاطر الإبتكار الجذري

إن الطبيعة الثنائية للأشياء والمفاهيم ليست بعيدة عن الإبتكار . فرغم أن الإبتكار هو مصدر التجدد في الأشياء والمفاهيم ومعجل للنمو والأعمال والأرباح في الشركات ، فإنه في نفس الوقت سبب قوي لكثير من حالات الفشل والإضطراب والخسائر في الشركة. لهذا فإن قصص النجاح في الإبتكار التي نراها في سيل المنتجات الجديدة في السوق لا يتفوق عليها إلا قصص الفشل في مشروعات البحث والتطور التي لم تصل إلى شيء في مختبرات وورش ومصانع الشركات . وإذا كانت الأعمال بطبيعتها تتسم بروح المقاولة (pirit of Entrepreneurship) في تحمل المخاطرة ، فإن الإبتكار هو النموذج الأكثر إثارة وتعرضا للمخاطرة في الأعمال . وهذا بقدر ما يجعل الإبتكار إستكشافا عظيما لفرص الأعمال والمنتجات والتكنولوجيا والأسواق الجديدة ، فإنه أيضا وربما بقدر أكبر إرتيادا لمجاهيل محفوظة بالفشل ولمجالات لا أبعاد لها ولفرص قد لا تكون موجودة أصلا. وثمة مشكلات ومخاطر تواجه الإبتكار ، ولقد أشار دوكيرتي وهاندي (Dougherty and Handy) الى نوعين من المشكلات التي تترافق مع الإبتكار: المشكلات التي تؤثر على مستوى مشروع بالإبتكار (مثل مركز المنتج الأستراتيجي، تطوير الإنتاج ، التسويق ، المبيعات ، وإدارة العلاقات الخارجة .. إلخ) ، والمشكلات التي تؤثر على السياق التنظيمي (مثل التأثير على هياكل وأستراتيجيات الشركة، والممارسات الحالية في الشركة)[29]. وهذا ما يجعل بالتأكيد للإبتكار الجذري مخاطر عديدة يمكن أن نجملها بالآتي :

أولا : الإحتمال العالي بالفشل

إن الفشل هو الأكثر بروزا في النشاط الإبتكاري ليس فقط لعدم التأكد من التوصل إلى الفكرة الجديدة ، وليس فقط لأن الفكرة الجديدة حتى عند التوصل إليها قد لا تكون ممكنة التحول إلى منتج بسبب كونها أكثر طموحا من الإمكانات التكنولوجية والفنية أو الإنتاجية أو المالية للشركة ، وإنما أيضا لأن المنتج الجديد قد لا يتلاءم مع سوق الأعمال ولا ينال نجاحا تجاريا في السوق . فالإبتكار هو الأعمال الخطرة والفشل هو العامل المشترك. والأمثلة كثيرة عن إحتمالات الفشل العالية في الإبتكار ، ففي دراسة شملت (120)

شركة أمريكية وجد أنه على الأقل (50٪) وغالبا (60٪) من مشروعات البحث والتطوير (R&D) لم تؤدي إلى منتجات وعمليات يمكن تسويقها تجاريا . وفي دراسة أخرى أجريت على خمسين شركة ظهر فيها أن (50٪) من النفقات على تطوير المنتجات الجديدة كانت على منتجات لم تثبت نجاحها تجاريا . كما أشارت دراسة أخرى إلى أن الإقتصاد الأمريكي يطور ما يقرب من (10) آلاف منتجا جديدا كل سنة ، وإن (80٪) منها تموت في مهدها أو مرحلتها الأولى . وإن المتبقي (2000)من المنتجات الجديدة لم يشتمل إلا على (100) منتجا جديدا مثلت تقدما تكنولوجيا ذا دلالة وتلبي طلبا إقتصاديا في السوق[30] .

ثانيا : التكلفة العالية

إن الإبتكار الجذري يتطلب إستثمارات كبيرة في مراحله المختلفة . فلقد أنفقت شركة (Tale & Lyle) بحدود (150) مليون جنيه لتطوير بديل السكر الجديد . وإن الشركات الصيدلانية تنفق ما بين (100-150) مليون جنيه لتطوير عقار جديد . بينما مشروع الجامبو الفائقة (Super Jumbo) يكلف بلايين الجنيهات . مما يعني أن الشركات يمكن أن تتعرض للمخاطرة العالية جراء التكاليف الضخمة التي يتطلبها الإبتكار في ظروف عدم التأكد العالية أو إحتمالات الفشل الكبيرة .

ثالثا : الفترة الزمنية الطويلة

إن الإبتكار إستثمار يتطلب وقتا طويلا . فقد تستمر دورة الإبتكار وتطوير المنتج الجديد عدة سنوات وأحيانا تصل إلى عقدين من الزمن ، رغم أن الشركات تبذل جهودا كبيرة من أجل تقليص وقت دورة الإبتكار . إن شركة بوينج تقوم بإصدار نسخة معدلة من طائراتها كل خمسة سنوات . وإن إنتل (Intel) تصدر نسخة جديدة من معالجاتها المصغرة كل سنة وبضعة أشهرها مثل (286) ثم (386) و (486) ثم بنتيوم ، بنتيوم برو ، بنتيوم - 2 ، بنتيوم- 3 ، وأخيرا بنتيوم - 4 [31] . والواقع أن المنافسة القائمة على الزمن ، ترى في الزمن هو العامل الوحيد الذي لا يمكن تعويضه ، لذا فأن الإبتكار الجذري الذي يتطلب وقتا طويلا يصبح ذا مخاطرة عالية أكثر من ذي قبل . لهذا كله فإن

ضغط الزمن يصبح هو العامل الأكثر حرجا في أنشطة الأعمال بشكل خاص في الإبتكار الذي نشاطه عادة ما يتطلب وقتا أطول .

رابعا : التأخيرات غير المتوقعة

إن مشروعات الإبتكار لا تتسم فقط بصعوبة التنبؤ بالنتائج وإنما أيضا بالتأخيرات غير المتوقعة ، وفي حالات كثيرة تتطلب توظيف موارد أكبر بكثير من الموازنة المتوقعة. وإن بعض المشروعات تنفتح في التأخير وفي طلب موارد إضافية ، وقد تجد الشركة نفسها أمام ما دفعت في المشروع من جهود وإستثمارات مضطرة على إستمرار فيها رغم التأخير . إن نفق سكك حديد سويكان (Soikan Rail Tunnel) الذي يربط جزيرة هوكايدو بالأرض اليابانية أكمل في أربع عشرة سنة عام (1994) متأخرا لأكثر من سنة ومكلفا عشرة بلايين باوند وهذا يمثل ضعف المبلغ المتوقع (4.8) بليون باوند[32].

خامسا : مشكلة التقليد

إن المقلدين لا يجعلون فترة حياة المنتج الجديد والعملية الجديدة قصيرة حسب لأنهم يصلون إلى نفس المنتج أو العملية ، وإنما بسبب تزايد عدد الذين يقومون بالتقليد، والقدرات العالية لبعضهم يجعل المقلد ـ التابع مصدر تهديد حقيقي لأن يحتل مركز القائد ـ الإبتكاري . فإذا كان التقليد الإستنساخي (المرخص او غير المرخص) يمكن أن يتقاسم الحصة السوقية ، فإن التقليد الإبتكاري (الذي يأتي بالتحسينات على المنتج المقلد الأصلي) قد يستولي على الحصة السوقية مما يعرض المنتج الجديد (الإبتكار) للخطر القادم من المقلدين الخلاقين .

سادسا : الإبتكار الوحيد

إن الكثير من الشركات يميل إلى الإعتماد على الإبتكار الناجح الوحيد الذي تحقق فيه نتائج إستباقية (على المنافسين) وتكسب أرباحا كبيرة . وبدلا من أن يكون ذلك دافعا قويا وإشارة واضحة على أهمية الإبتكار ومواصلته ، فإن هذه الشركات تميل إلى الإعتياش من إبتكارها السابق من خلال نقل مركز الثقل من الإهتمام بالإبتكار إلى الإهتمام بالتسويق لإبتكارها السابق . وسرعان ما يظهر المنافسون بإبتكاراتهم الموازية

المتفوقة . لهذا نجد تزايد التأكيد على إبتكار المنتج المستدام (.Sustainable Product I) الذي يشير إلى جيل من المنتجات الجديدة المتعددة والمتعاقبة ذات الأهمية الأستراتيجية ومعدل النجاح التجاري المعقول [33] ، والذي يمكن أن يحقق ميزة مستدامة للشركة في مقابل الشركة التي تعتمد على الإبتكار الوحيد .

وأن الأمثلة كثيرة على الشركات التي إعتمدت على الإبتكار الوحيد وعدم مواصلة الإبتكار . فشركة أبل (Apple) التي إبتكرت نظام وبيئة ماكنتوش سهلة الإستخدام والفهم والتي إعتبرت سبقا تكنولوجيا مقارنة بنظام (IBM) سرعان ما إرتدت عن مواصلة الإبتكار إلى التفكير التسويقي للتركيز على بيع أكبر ما يمكن وتحقيق أعلى ربح ممكن . ولكن سرعان ما طورت إنتل رقائق جديدة تفوقت بها على أبل ، وتمكنت مايكروسوفت ببرنامج ويندوز من تجاوز التطبيقات التي إقتصر عليها برنامج ماكنتوش. وعادت (IBM) إلى إحتلال الصدارة بعد أن أنتجت أجهزة أصغر حجما وبرمجيات أسرع وأكثر كفاءة[34].

سابعا : خطر إستسهال الإبتكار

إذا كان لدى البعض ما يمكن تسميته برهاب الإبتكار (.Phobia of Inn) فإن البعض يستسهل الإبتكار . وهذا كثيرا ما يكون على حساب المنتجات الحالية المدرة للعوائد . فالإبتكار يعني كسر القواعد المألوفة والإتيان بالجديد وهجر القديم ، ولكن هذا لا يمكن أن يكون في كل الحالات ولا في كل الأوقات . فالإبتكار حسب ماكيلفي (M.Mckelvey) يمكن أن يكون في الشركة مدمرا للقدرة (Competence Destroying) أو مثري لها[35] . وأنه يمكن أن يكون مدمرا عند إحلال تكنولوجيا جديدة محل تكنولوجيات ونطاقات تكنولوجية حالية لم تستنفذ بعد ، فتكون الجديدة قد أوجدت إنقطاعا في المعرفة والخبرة والممارسة الفنية السابقة التي لازالت قادرة وبكفاءة على أن تكون البقرة الحلوب المدرة للنقد والدخل الملائم للشركة .

ومما يرتبط بهذا الخطر أيضا ما ينشأ من أن الإهتمام المفرط بالإبتكار قد يؤدي الى إضعاف ليس فقط الإنضباط التنظيمي في حده الأدنى الضروري من أجل تماسك الشركة كوحدة ، وإنما الى فقدان الإنضباط الذاتي والجهد المركز للباحثين والمبتكرين

أنفسهم . وهذا أيضا يمكن أن يؤدي الى النفور من كل الجوانب المتكررة في كل عمل ، رغم أن كل عمل من القائم بإدخال البيانات الى المدير التنفيذي الأعلى يشتمل عمله على مهام روتينية غير إبتكارية لابد من مراعاتها[36] . ولاشك في أن بعض هذا الخطر ينشأ عن قانون تناقص العوائد بوصفه قانونا عاما للطبيعة . حيث في كل نشاط وضمن ذلك النشاط الإبتكاري وبعد مستوى معين منه تميل التكاليف نحو الإرتفاع بمعدل أكبر من الزيادة الحاصلة في الفاعلية أو العوائد والشكل رقم (3 – 9) يوضح أن فاعلية النشاط تكون عالية في البداية ومع الإستمرار في الإنفاق على النشاط الإبتكاري تتزايد فاعلية النشاط حتى تصل الى مستوى معين تبدأ فاعلية النشاط بالإرتفاع بمعدل أقل من معدل الزيادة في التكاليف .

الشكل رقم (3-9) : العلاقة بين الفاعلية - التكلفة في النشاط الإبتكاري

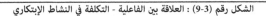

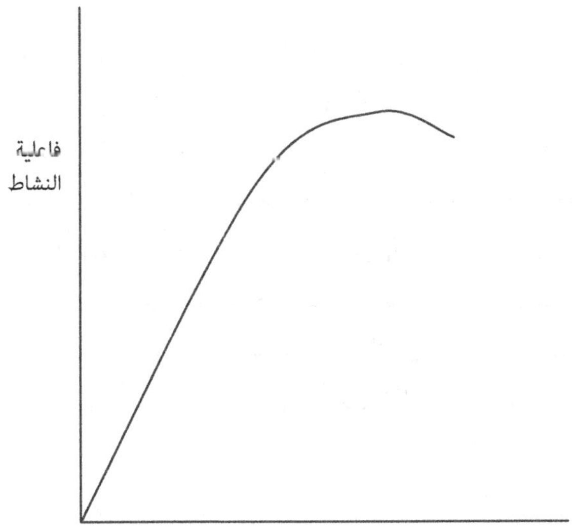

Source: Giovanni Groissi: Promoting Innovation in a Big Business, Long Range Planning, Vol(23),No.(1),Jan 1990, pp41-51.

المصادر

1. Robert Stringer: How to Manage Radical Innovation, California, Management Review, Vol.(42), No.(4), Summer 2000, pp70-88,
2. K.Kurosawa: Roles of the leader's Moral Code and Japanized Confucianism, Productivity Improvement in Japan, in Proceeding of the Seven Productivity Congress, Malaysia, 1990. p6 .
3. George. Stalke, Jr. and Alan M.Webber: Japan's Dark Side of Time, HBR, Vol (71). No. (4), July-August 1993, pp. 93-102.
4. Nissan's vision for the year 2000 is (Five A's): Anything, Anyvolum, Anywhere, Anytime, and Anybody. See:
   B. Joseph Pine ll., et al., Making Mass Customization Work HBR, Vol (71), No.(5), Sep-Oct 1993, p119.
5. Business Week : Unilever's Global Fight , 4 July 1994 ,pp40-42.
6. Michael, E.Porter: The Competitive Advantage of Nations, HBR, Vol (68), No. (2), March-April 1990. pp 73-93 .
7. إن كثيرا من هذه العوامل يؤثر تأثيرا سلبيا الى حد إفشال البرامج الإبتكارية الناجحة. ولقد أشارت إحدى الدراسات الى أن عقارا مهما لعلاج الالتهابات تم التوصل إليه ولكنه فشل بسبب عدم الاهتمام بتقنية التشغيل مما أعاق الانتقال السريع الى مرحلة الإنتاج . أنظر :
   Gary P.Pisano and Steven C.Wheelwright: the New Logic of High-Tech R&D, HBR , Vol(73), No.(5), Sep-Oct 1995.pp93-105.
8. Roger G. Schroeder: Operations Management, New York: McGraw-Hill Book Co. 1989.p 93.
9. ثيودور ليفيت (1994) : الإدارة الحديثة، ترجمة د.نيفين غراب،القاهرة : الدار الدولية للنشر والتوزيع ، ص 65 .
10. بيتر ف . دراكر (1988) : التجديد والمقاولة ، ترجمة د. حسين عبد الفتاح، دار الكتاب الأردني عمان ، ص 17 .

11. Michael E. Porter, Op. Cit., p74.

12. بيتر دراكر (1994) : الإدارة للمستقبل: التسعينات وما بعدها، ترجمة د.صليب بطرس ، الدار الدولية للنشر والتوزيع القاهرة ، ص 276 .

13. A.B.(Rami) Shani and J.B.Lau (1996): Behavior in Organizations, Irwin, Chicago, ppMb15-9.

14. Christopher Meyer: The Second Generation of Speed, HBR, Vol(79),No. April 2001, pp24-25.

15. Robert S. Kaplan and D. P. Norton (1996): Balanced Scorecard, Harvard Business School Press, Boston, pp4-5.

16. M.K.Starr (1989): Managing Production and Operations Hall, Cliffs, N.J, pp 232.

17. Joseph J.Romm (1999): Cool Companies, Island Press, Washington, pp 29-30 .

18. Steven Spear and H.Kent Bowen : Decoding the DNA of the Toyota Production System, HBR, Vol (77), No.(5), Sep-Oct 1999, pp97-106.

19. B.Joseph Pine II, et al.,: Making Mass Customization Work, HBR, Vol.(71), No.(5), Sep-Oct 1993, pp108-119.

20. P.Kotler et al., (1996): Principles of Marketing, Prentice Hall, London, p 515.

21. Gerhard Rosegger ( ): The Economics of Production and Innovation, Pergamon Press Oxford, p19.

22. Kathleen M. Eisenhardt, and S.L.Brown, Time Pacing: Competing in Markets That Won't Stand Still, HBR,Vol(76), No.(2),pp59-69.

23. G.Stalk,Jr.,and A.M.Webber : Japan's Dark Side of Time, HBR,Vol(71),No.(4),July-Aug 1993,pp93-102.

24. B.Joseph Pine II, et al. Op cit, pp110.

25. Paul F.Nunes and Ajil Kambil: Personalization? No Thanks, HBR,Vol. (79), No. (4), April 2001, pp33-34.

26. G.Stalk,Jr.,and A.M.Webber, op cit, p94.

27. Sara Kiesler : The Hidden Massages in Computer Networks, HBR,Vol(64), No.(1), Jan-Feb 1986,pp47.

28. Rajesh K.Chandy and G.J.Tellis: The Incumbent's Curse? Incumbency, Size, and Radical Product Innovation, Journal of Marketing, Vol. (24), No. (3), July 2000, pp1-7.

29. Deborah Doughery and C.Handy: Sustained Product Innovation in Large, Academy of Management Journal, Vol.(39), No.(5), 1996, pp1120-1153.

30. opcit p10

31. خلاصات (1999) : مع دقات الساعة، الشركة العربية للإعلام العلمي ، العدد 155 حزيران ، ص 2 .

32. P.Kotter et al, op cit. pp511-2.

33. Deborah Doughery and C.Handy, op cit ,p1121.

34. خلاصات (1999) : الرافعة التكنولوجية ، الشركة العربية للإعلام العلمي ، العدد 160 ، آب ، ص 3 .

35. Maureen Mckelvey (2000): Evolutionary Innovations, Oxford University Press, pp44-5.

36. ،ndrew J.DuBrine(1994):Contemporary Applied Management, Irwin,Burr Ridge,Illinois,pp38-39.

الفصل الرابع

الاتجاهات الأساسية للابتكار في الشركات الحديثة

4-1- المدخل

4-2- من التخصص إلى مسؤولية الجميع

4-3- من التعاقب إلى التزامن

4-4- الضخامة والصغر

4-5- من البيانات إلى الإبتكار

4-6- الإبتكار والحاجات

أولا : الحاجة إلى الحوافز

ثانيا : الحاجة إلى المرونة في العمل والتنظيم

ثالثا : الحاجة إلى قياس الإبتكار

❁ المصادر

4-1- المدخل

إن تزايد حاجة الشركات الى الإبتكار بوصفه مصدرا للمفاهيم ، المنتجات ، العمليات، والأساليب الجديدة ، كان يقترن على الدوام بالتغيرات العميقة في النظرة وطريقة التعامل مع الإبتكار . وهذا يعني أن الشركات لم تكن تطور منتجاتها وعملياتها وأساليبها الجديدة حسب ، بل كانت أيضا تطور الإبتكار نفسه كإتجاهات وسمات بارزة .

إن المنافسة الشديدة في مجال الإبتكار وما أدت إليه من تسارع في إدخال المنتجات والخدمات الجديدة وإختفاء المنتجات والخدمات القديمة وقصر دورات حياة هذه المنتجات وظهور أسواق جديدة وإضمحلال أسواق أخرى، أدت الى بروز إتجاهات أساسية أصبحت سمات بارزة مهمة من سمات زيادة كفاءة وفاعلية الإبتكار في شركات الأعمال الحديثة.

وبقدر ما ترسم هذه الإتجاهات والسمات الأساسية للإبتكار صورة واضحة عن أبعاد التطور في مجال الإبتكار ، فأنها تقدم مرشدا مهما للشركات في التعامل مع الإبتكار ووظائفه وإستثماراته . فمثلا أن الشركات الكبيرة والبدايات أو المشروعات الكبيرة لم تعد مهمة في الإبتكار كما كانت في السابق كما هو الحال في البدايات الصغيرة سواء في الشركات الصغيرة التي هي في الأصل تنشأ على أساسها ، أوفي الشركات الكبيرة التي يمكن تبدأ بالبدايات والمشروعات الصغيرة لتطورها بسرعة عندما تكون ناجحة . وهذه السمة هي التي تجعل الإبتكار ممكنا في جميع الشركات الكبيرة والمتوسطة والصغيرة بما في ذلك في ورش التطوير أو في المختبرات البسيطة للبحث العلمي ، وفي شركات العالم المتقدم ذي القدرات المالية والعلمية والتكنولوجية العظيمة أو في شركات العالم النامي بإمكاناتها المحدودة . ويمكن أن نحدد ابرز هذه الإتجاهات والسمات الأساسية بالآتي :

أولا : من التخصص الى مسؤولية الجميع

ثانيا : من التعاقب الى التزامن

ثالثا : الضخامة والصغر

رابعا : من البيانات الى الإبتكار

خامسا : الإبتكار والحاجات

2-2- من التخصص الى مسؤولية الجميع

لم يكن الإبتكار وظيفة واضحة ومحددة في شركات الأعمال حتى بداية الخمسينات مع وجود إستثناءات في بعض الشركات المعروفة كما هو الحال في مختبرات بيل (Bell Labs) التابعة لشركة (AT&T) الأمريكية . ليتطور بعد ذلك الاهتمام بالإبتكار بشكل متصاعد خلال الخمسينات والستينات ، حتى أضحى الإبتكار وظيفة أساسية شأنها شأن الوظائف الأخرى كالإنتاج والتسويق والمالية والأفراد . وليتم تنظيمه في وحدة متخصصة هي قسم أو إدارة البحث والتطوير (R&D) . وبهذا التطور أصبح الإبتكار يقوم على التخصص في المهام والمسؤوليات والمهارات والأهداف المطلوب تحقيقها. والواقع أن التطور في العلم و التقنية والوظائف المرتبطة بها ينسجم مع الميل الى المزيد من التعقد والتخصص ، فمنذ أن أصدر آدم سمث (A.Smith) كتابه (ثروة الأمم) عام 1776 الذي أكد فيه على المزايا الثلاث لتقسيم العمل ليصل هذا الاهتمام ذروته في العقلية الهندسية التي قامت عليها حركة الإدارة العلمية التي أرسى مبادئها فريدريك تايلور (F.W.Taylor) ، حتى أصبح تقسيم العمل هو العنوان الأبرز في تحقيق الكفاءة في جميع الأعمال .

والواقع أن هذا التراث الإداري الذي يقوم على أساس أن كل وظيفة لكي تتطور وتتعاظم إنتاجيتها لابد من أن تتخصص وتنفصل عن الوظائف الأخرى وفق تقسيم عمل واضح ومحدد وقابل للإدارة . وهذا ما جعل برايس (J.L. Price) في فرضياته العشرين التي لخص فيها التراث الإداري حتى نهاية الستينات من خلال مصادر الفاعلية الإدارية والتنظيمية يؤكد في فرضيته الأولى على أن المنظمات التي لديها درجة عالية من تقسيم العمل على الأرجح تكون لها درجة عالية من الفاعلية أكثر من المنظمات التي لديها درجة أقل من تقسيم العمل . وفي فرضيته الثانية : أن المنظمات التي تتسم بدرجة عالية من التكوين الإداري التخصصي (أي أقسام متخصصة) على الأرجح أن تكون أكثر فاعلية من منظمات ذات درجة أدنى من التكوين الإداري التخصصي[(1)].

وإذا كان للتخصص وتقسيم العمل فضائله الواضحة والمعروفة في إيجاد المهن ومساراتها المهنية ، زيادة الإنتاجية ، وإمكانية التعلم والتدريب في أكثر المجالات تعقيدا،

فإن له بالتأكيد رذائله في إيجاد الرؤية الضيقة للمهنة على حساب الرؤية الشاملة للشركة، صعوبة التنسيق ، والأهم العزلة القائمة على التخصص الوظيفي حتى بين الأقسام والوظائف المترابطة وكذلك بين المراحل المختلفة في الوظيفة الواحدة (كالبحث والتصميم والهندسة والاختبارات ضمن وظيفة الإبتكار) في ظل ما يسميه البعض بالقبائل الوظيفية العدائية (Functional Tribes)[(2)].

والواقع أن الإبتكار نمطيا يرتبط بالتكنولوجيا والعاملين بالبحث والتطوير ، ولكن هذا يجعل الإبتكار جبهة متخصصة ضيقة أي أنه نشاط منعزل عن أنشطة الشركة الأخرى ومعرفة محدودة الأثر فيما يحيطها . في حين أن الإبتكار يمكن أن يكون أكثر شمولية في مجاله وذا جبهة واسعة تغطي الشركة كلها . فحصر الإبتكار في قسم البحث والتطوير لابد من أن يحرم الشركة من مصادر كثيرة لا حصر لها للإبتكار . ولقد دلت التجارب الكثيرة وفي مقدمتها التجربة اليابانية على أن الإبتكار وإمكانات التحسين موجودة ومنتشرة بشكل لا يمكن تصوره في جميع أنحاء الشركة . ولقد قدمت الشركات اليابانية نموذجا ناجحا لذلك من خلال فلسفتها القائمة على التحسين المستمر (الكايزن Kaizen) . كما أن نظام تويوتا للمقترحات يقدم حجة قوية على الرؤية الفعالة للتحسين المستمر (للإبتكارات الجزئية الصغيرة اليومية المؤدية إلى الإبتكار الكبير في نتائجه في السوق) , ففي شركة تويوتا تقدم سنويا (2.6) مليون فكرة أو مقترح أي بمعدل (47.6) فكرة \ عامل . وأن الإدارة تنفذ أكثر من (5) آلاف فكرة في اليوم [(3)].

ولاشك في أن تحقيق مثل هذه التحسينات المستمرة يتطلب رؤية شمولية للإبتكار ويصبح قسم البحث والتطوير مسؤولا عن جزء من الإبتكار والتحسين في الشركة لأن ثمة أجزاء مكملة أخرى وأفكارا أو معلومات أو معرفة ضمنية في الشركة يمكن أن تقدم الكثير مما لا يمكن أن يفكر به قسم البحث والتطوير سواء لأنه خارج اختصاصه الضيق، أو لأنه بعيد عن مصدر المشكلة التي حدثت في الإنتاج أو في السوق ، أو لأسباب منطقية تتعلق بأن الجزء في كل الشركات هو أصغر من الكل . لهذا نجد أن التحول الكبير في مجال الإبتكار يتمثل في الانتقال من اعتبار الإبتكار مسؤولية محددة ومحصورة في قسم البحث والتطوير إلى اعتباره مسؤولية الجميع .

ولعل ضمن هذا التوجه التأكيدات المتزايدة على أن هناك مجالات متعددة ومتنوعة للإبتكار . فمثلا أن جون براون (J.S. Brown) يرى أن الإبتكار الأكثر أهمية في بحوث الشركة سيتمثل في إبتكار الشركة لكي تستطيع أن تبقى شركة إبتكارية في بيئة الأعمال المتغيرة بشكل متزايد . أي أنها بعبارة أخرى الشركة التي تبتكر الإبتكار وتحافظ عليه [4]. وهذه الشركة التي يراها البعض ذات رؤية ـ فكرة كبيرة وشاملة حول كيفية السيطرة على المستقبل من خلال التكنولوجيا ومنتجات جديدة في عصر الشواش أو الفوضى (Age of Chaos) ، أي أنه إبتكار الرقابة في ظل الفوضى المتزايدة جراء البيئة القائمة على المنافسة [5]. وهناك من تحدث عن الإبتكار في العمليات الإدارية [6] كما يجري الحديث عن نظام تويوتا في الإنتاج أي نظام الوقت المحدد (JIT) والإنتاج الناعم بوصفه إبتكارا في نظم وأساليب وإدارة الإنتاج مقابل نظام الحالة المحددة (JIC) ومقابل العقلية الهندسية الصلبة ، بما يساعدها على تحقيق ما يسميه جورج ستالك (G.Stalk,Jr.) الإبتكار القائم على الوقت [7]. كما أن ليفيت (T.Levitt) لا يتحدث عن المنتج بوصفه ذلك الكيان النوعي المحدد بل هو مجموعة القيم المركبة . فالمنتج بوصفه الشيء المحدد هو النواة ـ الحلقة الأصغر في المنتج الكلي بينما الحلقات الأخرى في التغليف ، التوزيع ، التسليم ، التركيب ، الضمان ، التصليح ..الخ فإنها هي التي تميز المنتجات وأن الإبتكار يجب أن يسعى دائما لتمييز المنتجات في هذه الحلقات الأخرى[8].

وأخيرا فإن دراكر في تحليله لليابانيين يتحدث عن نوعين من الإبتكار في تفسير الجوانب الأساسية للتفوق الياباني ، الأول : هو الإبتكار الإجتماعي حيث أن الشركات اليابانية التي استوردت التقنية ظلت يابانية الجوهر . وإن كانت غريبة التكنولوجيا . لأن اليابانيين ركزوا قدراتهم على الإبتكار الاجتماعي مقابل التقليد للإبتكارات التكنولوجية. والثاني : التقليد الإبتكاري : وهو ترك شركة أخرى تطور الشيء الجديد ومن ثم التقليد بطريقة سريعة وإبتكارية لتقديم ما هو أفضل للعميل مما تقدمه الشركة الأصلية التي إبتكرته [9].

أن هذا كله يكشف عن واقع جديد للإبتكار بأنه لم يعد نشاطا محدودا مقتصرا على البحث والتطوير وعلى الباحثين المتخصصين ، وإنما هو نشاط شامل ومنتشر في جميع

أنحاء الشركة . وإنه أيضا مسؤولية الجميع سواء في الإدارة العليا التي لابد أن تبتكر رؤية الشركة للمستقبل ، وفي المستويات الإدارية التالية التي عليها أن تبتكر الأساليب والطرق وضمنها أساليب قياس الإبتكار ، وفي عمل العلماء والمهندسين لإبتكار ما هو جديد من منتجات وخدمات ، وفي عمل عمال الخطوط الأمامية الذين هم مبتكرو الأساليب الجديدة لرضا الزبون في تقديم الخدمة . ومن أجل أن يكون الإبتكار مسؤولية الجميع لابد من إعادة النظر في مفاهيم الإدارة حول التخصص في الإبتكار وإعادة النظر في ترتيب الحاجات وفق مدرج ماسلو . فالإبتكار وفق هذا المدرج للحاجات البشرية يقتصر على فئة الحاجات العليا أي حاجات تحقيق الذات (Self-actualization) ، ولكن مع المدخل الحديث الذي يعتبر الإبتكار مسؤولية الجميع كأنه يجعل الإبتكار متاحا ومطلوبا في المستويات الخمسة من مدرج الحاجات . والشكل رقم (4 - 1) يوضح من خلال الجزء المضلل الجانبي أن الإبتكار موجود في جميع العاملين في الشركة ، وإن كان الإبتكار على مستوى الإدارة العليا يكون في مجال رؤية الشركة واتجاهاتها المستقبلية (الفاعلية) وعلى المستوى الأدنى يكون في مجال العمليات التشغيلية الجزئية (الكفاءة) .

الشكل رقم (4 - 1) : الابتكار ومدرج ماسلو للحاجات

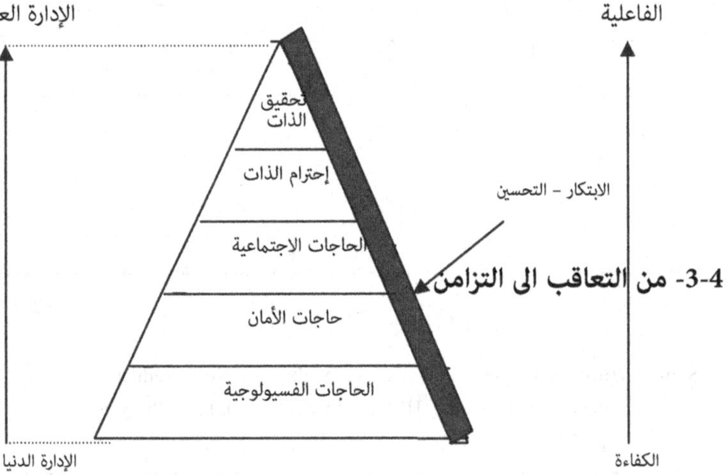

3-4- من التعاقب الى التزامن

أن مما يرتبط بالتخصص في الإبتكار هو المدخل التعاقبي (البعض يسميه الأنبوبي). ففي عملية الإبتكار أو التطوير للمنتجات الجديدة هناك أنشطة متخصصة يتم إنجازها على مراحل متعاقبة هي البحث ، التصميم ، الهندسة ، والتصنيع ، ومن ثم التسويق . وهذه الأنشطة هي وظائف مستقلة ذات تخصص مهني ووظيفي . في حين أن الإبتكار ابتداء من المفهوم الجديد وحتى المنتج الجديد (أو الخدمة الجديدة) يمثل نشاطا متكاملا من أجل الإنجاز الكفء وعمليات متزامنة من أجل الوثوب السريع من الفكرة إلى المنتج ومن ثم إلى السوق . ولاشك في أن المدخل التعاقبي (Sequential) يتطلب وقتا أطول في تطوير المنتجات الجديدة وذلك لأن كل نشاط بوصفه وظيفة مستقلة سوف يأخذ وقتا كاملا لا يتم البدء بالنشاط اللاحق إلا بعد الانتهاء منه . والشكل رقم (4 - 2 ـ أ) يوضح هذا المدخل بمراحله المتعاقبة .

الشكل رقم (4 - 2) : المدخل التعاقبي والتزامني

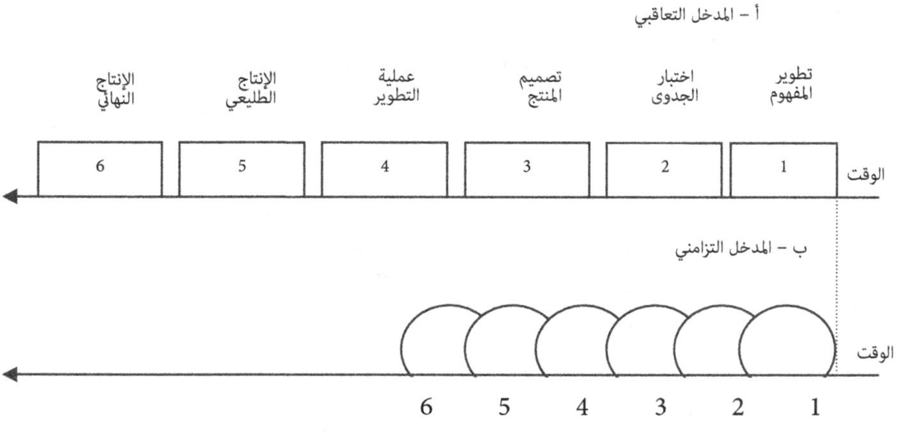

Source: Hirotaka Takeuchi and Ikajiro Nonaka, The New Product Development Game, HBR, Vol (64), No (1), Jan-Feb 1986, p(139).

أما الآخر الذي يعالج مشكلة التعاقب فهو المدخل التزامني (Synchronized) يعمل على تداخل المراحل من خلال فريق العمل الذي يجعل الوظائف المختلفة ذات العلاقة بمشروع تطوير المنتج الجديد تعمل سوية وتتقاسم المعلومات والأفكار والرؤية سوية في نفس الوقت والشكل رقم (4 -2 - ب) يوضح هذا المدخل في مراحله المتداخلة .

ومع أن التطور العام يفسر جانبا من الانتقال المتزايد للشركات من المدخل التعاقبي إلى المدخل التزامني المتداخل ، إلا أن ثمة جوانب مهمة أخرى في التفسير لابد من الوقوف عندها . فالمدخل التعاقبي مدخل يقوم على التخصص حيث لكل وظيفة قوام إداري وتمثيل تنظيمي مستقل لابد من المحافظة عليه . ومطلوب من أفراد كل وظيفة متخصصة في الشركة أن يعملون من أجل وظيفتهم وهم في هذا التحديد يعملون من أجل شركتهم . إلا أن التجربة تؤكد خلاف ذلك في أحيان كثيرة لأن التخصص الشديد ينشئ عبئا على الأفراد في ضيق النظرة والانعزال عن الآخرين والوظائف الأخرى كما يزيد عبء التنسيق على الشركة . والأهم هو تزايد الصراع بين الأقسام المتخصصة التي تتصرف فيما يشبه القبائل الوظيفية المتعادية . ولقد أشار دراكر (P.F.Drucker) في معرض مقارنته بين الشركات الأمريكية واليابانية الى أن اليابانيين يستطيعون أن يكونوا فريقا من الأقسام المتعددة ، بينما في الشركات الأمريكية فإن الأفراد المتعاونين مع فريق فيه أعضاء من الأقسام الأخرى يعتبرون (خونة) من قبل القسم الذي يتقاضون منه أجورهم [(10)].

أن المدخل التعاقبي ينسجم مع الميل في كل مهنة في تعظيم اختصاصها مع التقليل من شأن المهن الأخرى . ففي الشركات الصناعية فأن الباحثين يزدرون مصممي المنتج الذين بدورهم يزدرون المهندسين والجميع يزدرون المسؤولين عن النتاج والتسويق . فكأن المدخل التعاقبي يبقي على هذا الصراع بين الوظائف بوصفها أضدادا وظيفية. ولعل مما يفسر هذا المدخل أيضا في الشركات الأمريكية والى حد ما الأوربية هو العقلية الموجهة للفرد (Individual - Oriented Mentality) التي تضع الفرد - أنا مقابل الجماعة - نحن حتى وإن كانت (نحن) هي الشركة . وفي المقابل نجد أن اليابانيين الذين هم المبادرون بالمدخل التزامني (فريق التكامل بالإختصاصات والوظائف المختلفة ذات العلاقة) يتسمون

بشكل واضح بالعقلية الموجهة للجماعة[11] (Group – Oriented Mentality) التي تعطي الأسبقية للجماعة وتضع الجماعة أو الشركة– نحن مقابل الآخرين - هم أي مقابل المنافسين الذين يجب التفوق عليهم . ومن جانب آخر فإن المدخل التزامني من خلال فريق التكامل يحقق مزايا عديدة منها :

- **أولا : توفير الوقت وخفض التكلفة** : حيث أن المدخل التزامني يمثل أحد العوامل المؤدية الى تقليص دورة حياة الابتكار (من الفكرة الى المنتج الى السوق). وهذه المسألة مهمة ، فمن المعروف في مجالات كثيرة أن عملية تطوير المنتجات تتطلب استثمارات كثيرة وربما لسنوات قبل أن تحقق أي عائد ، لهذا فإن تقليص فترة التطوير مهمة جدا من أجل خفض التكلفة والحصول على العوائد .
- **ثانيا : استمرارية عملية تطوير المنتجات الجديدة** : حيث أن فريق التكامل يحقق مجرى المنتجات المترابطة الذي يمكن ويساعد على الانتقال من مشروع الى آخر ومن منتج لآخر . إن عمل الفريق يحمل السمة الرشيمية (Seminal) حيث كل منتج جديد جراء التفاعلات المستمرة للفريق يمكن أن يحمل بذور تطوره المستقبلي الى منتج جديد .
- **ثالثا : التداؤب على مستوى الشركة** : إن فريق التكامل بوظائفه واختصاصاته المختلفة والمتكاملة يمثل مستودع معارف وخبرات ومهارات الشركة التي يمكن أن تعمل كوحدة تداؤبية تحقق نتائج أكبر من النتائج التي تتحقق عند عمل الوظائف والاختصاصات كوحدات مستقلة . والمدخل التزامني يمكن أن يساهم في تحويل الأضداد (الأقسام المتخصصة) الى شركاء في الإبتكار . ومن أجل أن يكون هذا التداؤب قويا في حقل الاختصاص وفعالا في تفاعل الاختصاصات ، فقد طبقت بعض الشركات ما يسمى بتوافقية شكل حرف – T (T-Shaped Combination) للمهارات . حيث المعرفة الاختصاصية العميقة تعمل من خلال الحركة العمودية، في حين يكون التفاعل مع الاختصاصات الأخرى من خلال الحركة الأفقية[12]. وبهذا يتحول الفريق الى تشكيلة متكاملة – متزامنة من المهارات . وأن التطور الراهن في إدارة المعرفة أخذ يوسع هذه التوافقية الى أن يقوم المديرون أنفسهم

بالتفاعل مع مديري وحدات الأعمال الأخرى في مجال أنشطة مقاسمة المعلومات عبر الوحدات من خلال الحركة الأفقية ، وفي نفس الوقت ممارسة المهام الإدارية على وحدته من خلال الحركة العمودية [13] .

- ✧ **رابعا : التعلم داخل الفريق** : حيث أن المدخل التزامني يمكّن من تحقيق تفاعلات كثيفة كفيلة لوحدها بنقل المعرفة الضمنية بين أعضاء الفريق . فالمعرفة نوعان: الأول : معرفة صريحة (Explicit) وهذه تتمثل بالمعرفة القياسية مرتبطة بالمعلومات الموضوعية القابلة للفهم والتعبير والتعلم ويمكن أن يجسدها دليل العمل (Workbook) في الشركة . والثاني : معرفة ضمنية (Tacit) وهذه تتمثل بالمعرفة الذاتية ـ الحدسية المتجذرة في رؤية الشركة وإلتزام العاملين بها في سياق عملهم . فهي تجسيد للقول المأثور (إننا يمكن أن نعرف أكثر مما نستطيع أن نخبر عنه) [14]. وبهذا المدخل فإن الفريق يحقق التعلم داخل الشركة من خلال معرفة ذاتية غير رسمية قائمة على التفاعلات الكثيفة ضمن الفريق .
- ✧ **خامسا : التطوير التنظيمي** : إن المدخل التزامني يؤدي الى التشكيل المتكرر لفرق التكامل مما يوجد ضغوطا حقيقية وقوية من أجل التخلي عن الأشكال التنظيمية العمودية (الهرمية) التي تعيق الحركة والتفاعل جراء بيروقراطيتها الداخلية والانتقال الى أشكال تنظيمية أفقية- شبكية - عنكبوتية (لا هرمية) تسهل التفاعل والتكامل والتداخل بيسر بين الوظائف والاختصاصات وهذا ما سنتحدث عنه في فقرة لاحقة .

4-4- الضخامة والصغر

لقد ظلت مقولة (الكبير أفضل) فعالة لفترة طويلة حتى منتصف هذا القرن . وكان هذا يعود إلى اقتصاديات الحجم حيث الشركة الأكبر هي التي تنتج حجما كبيرا من منتج قياسي واحد (بلا تنوع) من أجل خفض تكلفة الوحدة إلى أدنى مستوى لها . ولكن هذه المقولة أخذت تواجه تحديات قوية مع ظهور منافسين كثيرين بأساليبهم الجديدة وأسبقياتهم التنافسية التي تتجاوز التكلفة الأدنى إلى الجودة والتنوع (المرونة) والتميز والاستجابة الفعالة لحاجات الزبون . وبالتالي تجاوز اقتصاديات الحجم إلى اقتصاديات النطاق

(Economies of Scope)[15]. ومرة أخرى يأتي اليابانيون بممارساتهم المتميزة في تطوير منتجاتهم الجديدة بالاعتماد على مقولة (الصغير جميل أو أفضل) . وذلك انطلاقا من تراثهم الخاص الذي يتسم بالولع بالتصغير وحيث الأساطير اليابانية تروي عن عمالقة صغار يحولون الإبر إلى سيوف والأوعية إلى زوارق . وهذه الخاصية ذات الجذور العميقة في الشخصية اليابانية كانت لها نتائجها في المراحل المكبرة للعصر الإلكتروني : عصر النمنمة . وقد كانت شركة سوني (Sony) ذات دور طليعي في تصغير حجم المسجلات والراديوهات وجهاز الإذاعة أثناء السير (Walkman) وأجهزة الفيديو [16].

وفي مجال الإبتكار فإن الفكرة المحركة كانت تقوم على أن مشروع الإبتكار يتطلب استمارات كبيرة قد يمتد لسنوات طويلة دون الحصول على عائد ، ومن أجل تحمل هذه النفقات لابد من شركة كبيرة ومن أجل استرداد هذه الاستثمارات بسرعة لابد من الإنتاج بحجم كبير. لهذا كان الاتجاه يميل إلى أن الشركات القائدة والفعالة في مشروعات الإبتكار هي وحدها الشركات الكبيرة . إلا أن الدراسات الحديثة تكشف بوضوح عن حقائق جديدة في مقدمتها : دراسة أجراها المجلس القومي للعلوم في الولايات المتحدة أظهرت أن (34 ٪) فقط من الإبتكارات التكنولوجية الرئيسية تأتي من الشركات العملاقة وهو ما يقل كثيرا عن نصيب تلك الشركات في النتائج القومي الصناعي . ثم أن نصيب الدولار الواحد الذي أنفق على البحث والتطوير في أصغر الشركات حجما قدم حوالي أربعة أمثال ما قدمته الشركات المتوسطة الحجم و(24) مرة قدر ما أنتجته أكبر الشركات . كما أشارت دراسة أخرى غطت (362) صناعة مختلفة أم الشركات الصغيرة كانت مسؤولة عن (55 %) من مجموع كل الإبتكارات وحوالي (95 %) من الإبتكارات الجذرية [17].

وفي الصناعة الإلكترونية التي تعتبر من أكثر الصناعات استثمارا وتحقيقا للإنجازات التقنية السريعة ، فإن جورج جيلدر (G.Gilder) مؤلف كتاب (الكون الصغير Microcosm) يؤكد على خمس رؤى إستراتيجية حرجة يجري التحول وفقها . وتقوم الرؤية الثالثة على أن ميزان القوى في الإلكترونيات يتحرك بعيدا عن الشركات الكبيرة إلى الشركات الناشئة الرشيقة المركزة بشكل قوي على الإبتكار [18].

ومع أن الشركات الكبيرة تكون أكثر قدرة على تحمل الإخفاقات في البحث والتطوير بسبب إمكاناتها العريضة ، فإن ضخامة الشركة تجعلها أقل تحسسا لهذه الإخفاقات، وهذا ما لم يعد مقبولا . خاصة وإن المنافسة أخذت تفرض على الشركات أن تكون أكثر رشاقة كالغزال (كما هو الحال في الشركات الصغيرة) وليس أكثر ثابتا كالفيل (الشركات الكبيرة) . ولقد أشار دراكر (P.F.Drucker) إلى أن التحول في الشركات من المشروع كبير الحجم إلى المشروع متوسط الحجم كمركز جذب في الاقتصاد يمثل تطورا جذريا في القرن العشرين[19].

ولابد من الإشارة إلى أن الشركات الكبيرة ذاتها أخذت تدرك أهمية عدم تركيز الموارد الضخمة في مشروع واحد للحصول على براءة اختراع واحد أو منتج واحد . ومن ثم لابد من الإنتقال إلى ما تسميه ريبيكا هندرسون (R. Henderson) بحقيبة التنوع . حيث أن القيام بعدد من برامج البحوث ما بين (6 - 10) برامج يمثل أحد مفاتيح النجاح في تسجيل براءات أكثر في الشركات الصناعية الصيدلانية [20].

وأخيرا فإن النقد الكبير للشركات الكبيرة في أن مواردها الكبيرة تجعلها تتجه نحو الاختراقات العلمية ـ التقنية الكبيرة التي قد تكون إنجازات عظيمة على مستوى العلم والتكنولوجيا ، دون أن تؤدي إلى إنجازات كبيرة في السوق . في حين أن الاقتراب من السوق يجعل من الضروري التركيز على الإبتكار ـ التحسين . ومثل هذا التحسين يمكن أن يتم في شركات متوسطة وصغيرة أكثر اقترابا ممن السوق واستجابة لحاجات الزبون والتغيرات السريعة فيها . وإن ظهور حوانيت البحوث الصغيرة (Small Research Boutiques) أسفل المجرى (قرب السوق) يساعد على تحقيق عوائد تجارية من ابتكاراتها [21]، وهذا الاتجاه قوي وآخذ بالإتساع في الانتقال من الإبتكار - الإختراق في الشركات الكبيرة إلى الإبتكار - التحسين في الشركات المتوسطة والصغيرة . وقد يكون من الضروري الإشارة إلى أن الشركات الكبيرة التي تسعى للإبتكار ـ الإختراق وفق مدخل دفع التكنولوجيا (إبتكار ما يمكن إبتكاره) تكون ميزتها في مواردها ومختبراتها المجهزة جيدا ، إلا أنها تفتقد حس السوق والاستجابة الأسرع لتغيراته . في حين أن

الشركات الصغيرة وحوانيت البحوث الصغيرة تكون أكثر تبنيا لمدخل سحب السوق (إبتكار ما يمكن تسويقه) .

4-5- من البيانات الى الإبتكار

في الخمسينات ومع حلول الحواسيب الضخمة التي تجمع وتصنف وتعالج كميات ضخمة من البيانات كان التصور يدور حول موجه جديدة للنمو الاقتصادي وتطور كبير في شركات الأعمال يأتي من القدرة الكبيرة على استخدام المعلومات . وبين أواخر الستينات وبداية التسعينات جرى الحديث عن الموجة الجديدة المتأتية من المعرفة . حيث في الاقتصاد ما بعد الصناعي (والبعض يسميه ما بعد الرأسمالية) فإن المورد الرابع هو المعرفة وهي أكثر أهمية من الموارد الثلاثة التقليدية: الأرض ، والعمل، رأس المال [22]. ولعل الحديث في الوقت الحاضر وتحت تأثير التطورات العظيمة يتزايد في الجانبين التقني (تكنولوجيا المعلومات والعصر الشبكي) والسلوكي (خبرات التعلم والتنظيم)، يدور وإن كان في بداياته عن موجة جديدة للنمو الاقتصادي الكبير القائم على الإبتكار وهذه الموجة ترتبط بالسلسلة المنشئة للقيمة المضافة وهي : البيانات ، المعلومات، المعرفة، والإبتكار .

وفي هذه السلسلة فإن البيانات (Data)هي المادة الخام بأشكالها الأربعة : الأرقام، الكلمات ، الأصوات ، والصور ، والتي يتم تحويلها بطريقة مجدية ومفيدة إلى معلومات (Information) . فإذا كانت الأرقام هي البيانات فإن جداول الإعداد العشوائية هي المعلومات ، وإذا كانت الأصوات هي البيانات فإن تحولها إلى عدد لا متناه التشكيلات (أو النوتات) هي معلومات وتسمى موسيقى . وأن الطريقة الذكية في استخدام جداول الأعداد العشوائية في محاكاة مونتي كارلو مثلا للتنبؤ بالعطلات في نظام الصيانة أو توقع وصول العملاء لمنافذ الخدمة أو أوقات الخدمة في المصارف ، تمثل معرفة (Knowledge) . كما أن قطعة موسيقية يمكن أن يتعلم من خلالها الموسيقي المبتدئ أو يكتسب منها متذوق الفن خبرة ، هي معرفة أيضا [23]. والمعرفة بهذا المعنى هي التنظيم المجدي أو الإستخدام المكثف والنافع للمعلومات . ليظل الإبتكار في هذه السلسلة يعبر عن

طريقة جديدة لاستخدام جدول الأعداد العشوائية (وربما إبتكار جداول أخرى) . وإن التطبيق الجديد لأسلوب المحاكاة في مجال لم يسبق استخدامه ، أو إضافة موسيقية لم تستخدم من قبل أو إستخدام جديد في مجال لم تستخدم فيه . وفي كل هذه الحالات هناك قيمة مضافة جديدة تنشأ . وبعبارة أخرى أن المعرفة هي ترتيب المعلومات وفق قواعد استنتاجية معروفة والإبتكار هو ترتيب أو استخدام المعرفة وفق قواعد قد لا تكون معروفة تماما أو وفق قواعد مرتبة بطريقة جديدة .

ولابد من التأكيد على أن سلسلة البيانات ـ الإبتكار (Data-Innovation Chain) هي أشبه ما يكون بخط الإنتاج الذي يحول المادة الأولية عبر مراحل متعددة إلى المنتج النهائي . وفي كل مرحلة ثمة إنشاء للقيمة المضافة وهذا ما يحدث في سلسلة البيانات ـ الإبتكار مع فارق مهم هو أن إنشاء القيمة يكون أكبر في كل مرحلة لاحقة مقارنة بالتي سبقها . ليبلغ ذروته في الإبتكار الذي هو إنشاء لقيمة جديدة أو إضافة نوعية جديدة للقيمة. والشكل رقم (4 – 3 – أ) يوضح تلك الزيادة التصاعدية في القيمة المضافة معبر عنها بالفاعلية في سياق التطور الزمني لسلسلة البيانات ـ الإبتكار. وفي الشكل (4 - 3 - ب) فإننا نقدم تطور هذه السلسلة بمكوناتها الأربعة مع أربعة أنواع من الزبائن وهم :

أ . **زبون التكلفة** : وهو الزبون الذي يركز في الشراء على تكلفة المنتج . وقد ساد هذا النوع من الزبائن في فترة اقتصاديات الحجم وتقابله مرحلة البيانات التي سادت الخمسينات وبداية الستينات .

ب . **زبون التميّز** : وهو الذي يركز على الجودة والتنوع (الاستجابة) وقد ساد هذا النوع من الزبائن في فترة الانتقال من اقتصاديات الحجم إلى اقتصاديات النطاق (أي وجود تشكيلة متنوعة على خط الإنتاج المرن بدلا من منتج واحد) . ويقابل ذلك مرحلة المعلومات التي سادت أواخر الستينات والنصف الأول من السبعينات .

الشكل رقم (4 - 3) تطور سلسلة بيانات ـ الإبتكار

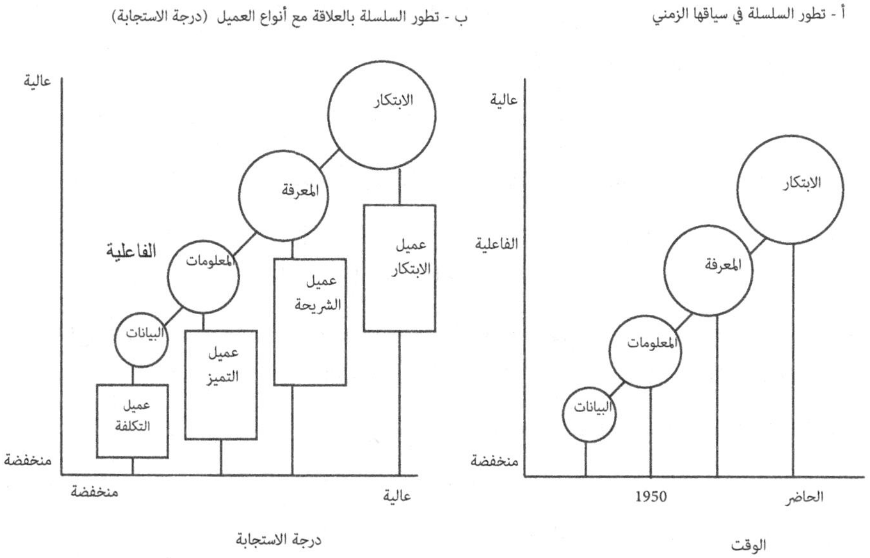

ج . **زبون الشريحة والخدمة** : وهو الذي يركز على الحاجات المتميزة لفئات معينة أو شريحة سوقية (Niche) مع إهتمام بالخدمة لتحسين قيمة المنتج من حيث التوقيت، والملاءمة ، والمحتوى المعلوماتي والمعرفة في العمل . ويقابل ذلك مرحلة المعرفة في السلسلة والتي سادت في أواخر السبعينات والثمانينات .

د . **زبون الإبتكار** : وهو الذي يركز على المنتج الجديد والخدمة الجديدة والأسلوب الجديد والتقنية الأخيرة ويقابل ذلك مرحلة الإبتكار التي يتم الإنتقال إليها ولازالت تتطور في السنوات الأخيرة .

ومن وجهة أخرى فإن هذه السلسلة بكل مكوناتها تتميز بأنها مورد متجدد غير مستنزف . فخلافا لكل السلع المادية فإن مقدار أي مكون هذه المكونات لا يتناقص بالاستخدام المتكرر ، وأن قيمتها يمكن أن تزداد بدورها . وهذا هو مضمون قانون

الموجودات العشرية (Digital Assets) . حيث أن الشركات التي تنشئ قيمة بواسطة موجوداتها العشرية (المعرفة) تستطيع إعادة استخدامها في عدد لا متناه من الصفقات [24] . ففي الإقتصاد التقليدي القائم على الأشياء هناك قانون تناقص الغلة ، ولكن في إقتصاد القائم على المعرفة هناك قانون تزايد الغلة[25]. وهذا الأخير في عمل الشبكات يسمى قانون متكالف (Metcalf's Law) وهو النسخة الجديدة من قانون تزايد الغلة ومفاده أن قيمة الشبكة تتزايد بالتناسب المباشر مع مربع الأجهزة العاملة عليها [26] .

ليظل الإبتكار هو الأكثر إنشاء للقيمة وتحقيقا للقيمة المضافة من كل مكونات سلسلة البيانات _ الإبتكار ، وهذا لا يعود فقط الى كونه ينشئ معرفة جديدة وإنما أيضا الى كونه ينشئ ميزة تنافسية جديدة تتأتى من منتجات وأسواق جديدة لم تكن موجودة من قبل. ولكن بيئة الأعمال وطبيعة المنافسة تجعل الإبتكار بحاجة إلى الحماية والسرية من أجل أن يحافظ على ميزته . فالإبتكار المشاع يتحول إلى معرفة ويفقد ميزته في الإستخدام المبكر وما ينتج عنه من فاعلية أكبر في تحقيق أهداف الشركة . ومما يرتبط بهذا الموضوع ولكن بداخل الشركة هو أن هذه السلسلة في نهايتها المتعلقة بالمعرفة والإبتكار أخذت تطرح مسألة التعلم ، حيث التعلم يعني المعرفة في حال الحصول على الخبرة، كما أن التعلم يعني الإبتكار في حالة القيام بالأفضل في المرة التالية . وهذا ما بات يشجع الشركات على التعلم ليس فقط من التدريب وبرامجه ، بل الأهم التعلم من الفشل وكذلك من الزبون . وإذا كانت برامج البحث ومشروعات الإبتكار تتسم بدرجة عالية من الفشل (عدم التوصل إلى نتيجة ذات جدوى) ، فإن هذا هو الفشل الذكي الذي يمكن التعلم منه وبالتالي يجب مكافأة الفشل الذكي كما يكافأ النجاح . فالمكافأة في هذه الحالة (عدم الإبتكار) هي على الجهود والمحاولة وليس على النتائج [27]. والتعلم يمكن أن يكون من داخل الشركة أو أن يكون من خارجها (وبالدرجة الأولى من الزبون الذي هو أفضل من يعرف عما يريد وعما يعطي للمنتج الذي يشتريه من قيمة) . والتعلم من الداخل لدى الأمريكيين يأتي من النظراء (Peers) والتنافس معهم وهو أقرب إلى العقلية الهندسية التخصصية .

بينما لدى اليابانيين تأتي من النظراء المتعاونين في فريق التكامل ومن جميع العاملين من خلال مفهوم غزارة المعلومات (Information Redundancy) الذي يمثل أساس المدخل الياباني إلى الإبتكار(أنظر الفصل السابع) . وهو أقرب إلى العقلية الشمولية ومسؤولية الجميع في الإبتكار . ولعل التعلم من الزبون هو الذي أصبح موضع الاهتمام الكبير لإعطاء الإبتكار (التحسين) بعدا تطبيقيا قريبا من السوق ، وليصبح منحنى التعلم أكثر اقترابا من الزبون في السوق بعد أن كان منحنى التعلم التقليدي يرتبط بالإنتاج والنظام التشغيلي داخل الشركة .

4-6- الإبتكار والحاجات

أن الإبتكار في الشركة ليس هبة ولا يمكن أن يكون كذلك ، ومع ذلك فان الشركات التي إستطاعت أن تحقق الإبتكار في عملياتها ومنتجاتها حققت الكثير من المزايا في البقاء والنمو . وهذا يعني أن الشركات يجب أن تبذل جهودا من أجل الإيفاء بالمتطلبات أو الحاجات الأساسية للإبتكار . ونعرض فيما يأتي لأهم هذه الحاجات .

أولا : **الحاجة إلى الحوافز**

إن الشركات بحاجة إلى الإبتكار من أجل البقاء والنمو في البيئات التنافسية . ولكي تستطيع أن تأتي بالإبتكار وإستمراره فإنها بحاجة إلى المبتكر ـ الفرد ، والفريق ـ المبتكر ، ومشاركة الجميع في الجهد الإبتكاري . ولكي تحقق ذلك لابد من أن يتوفر فيها المناخ الملائم للإبتكار . ولاشك في أن هذا المناخ هو حصيلة لعوامل مادية ومعنوية واسعة تجعل الشركة هي الحاضنة الحقيقية لتوليد الأفكار وتبنيها ودعمها ، من أجل تحويلها إلى منتجات وخدمات وعمليات جديدة . وتقف الحوافز (المادية والمعنوية) في مقدمة العوامل التي تحافظ على المبتكرين في الشركة الذين يملكون المعرفة والخبرة الأكثر كثافة وبذور الإبتكار وكل ما يمثل رأس المال الفكري للشركة في بعده الخاص بالأفراد الذين يمتلكون القدرة على خلق المعرفة الجديدة[28] . ويستطيعون أن ينقلونها في أي لحظة إلى خارج الشركة . كما أن إستخدام أفراد مبتكرين من خارج الشركة بقدر ما يحمل صعوبة الوصول إليهم فإنه مكلف جدا . إضافة إلى أن مثل هؤلاء الأفراد سيكونون

بعيدين عن ثقافة الشركة ومعرفتها الضمنية والأقل تحسسا وإنسجاما مع أهداف الشركة على الأقل في الفترة الأولى .

لهذا فلابد من أن تكون الحوافز واضحة ودالة في الشركة من أجل الإبتكار ، وهي في الحقيقة تمثل الطريقة الأكثر تأثيرا في إرسال إشارات ذات دلالة لكل العاملين على إهتمام الشركة بالإبتكار والمبتكرين . ومن الضروري أن تكون هذه الحوافز موجهة لمكافأة النجاح في الإبتكار وكذلك مكافأة الذين لم يصلوا إلى نتائج على محاولتهم وهذه السمة في الحوافز هي التي يعوّل عليها لتكون الشركة ميدانا فعالا وخلاقا للإبتكار .

ثانيا : الحاجة الى المرونة في العمل والتنظيم

أن كل عمل إبتكاري يحمل مخاطرته بوصفه العمل الذي يبحث في ذلك الجزء المجهول الذي لازال غير موجود حتى الآن . فالجديد الذي يأتي به الإبتكار هو الذي لازال ليس لدينا فكرة واضحة عنه ، ولازال لم يولد بعد ، ولازال في حالة عدم تأكد كبير قد يأتي أولا يأتي مع أرجحية أكبر إنه قد لا يأتي . وحتى إذا جاءت الفكرة الجديدة فلا ضمانة إنها ستكون قابلة للإنتاج ، وحتى إن كانت قابلة للإنتاج ، فلا ضمانة إنها ستكون قابلة للتسويق . وهكذا يكون العمل الإبتكاري عملا غير قابل للتحديد على أساس بيروقراطي ولا إن يدار من خلال قواعد محددة مسبقا ولا من خلال إجراءات روتينية. لهذا فإن مثل هذا العمل لابد أن يتطلب أنماطا جديدة من العمل كأنماط العمل المرنة (Flexible Work) وأنماط التنظيم الجديدة (اللاهرمية كالتنظيم العنكبوتي والشبكي).

إن أشكال العمل المرنة في الإبتكار قد تصطدم بممارسات العمل التقليدية وجداول العمل في الحضور والإنصراف في أوقات محددة ، وهذه كلها تعمل كقيود على العمل الإبتكاري إلى جانب كونها ذات آثار سلبية على الدافعية في الإبتكار . وفي عصر المعلومات فإن الكثير من الأعمال الذهنية أصبحت تجري من خلال مواقع العمل البديلة (Alternative Workplaces) كالعمال عن بعد ، المتصلين عن بعد ، العمل الجزئي، العمل في الطريق ، والعمل من المنزل .. إلخ .

وهذا كلها أنماط مرنة وجديدة في العمل تأتي مع تزايد أعمال المعرفة والإبتكار التي تكون القواعد المحكمة والإجراءات الروتينية التي تحد من إدخال وتبني الأفكار الجديدة،

أكثر عوامل التقييد والإحباط فيها . وإن تجربة ستي بنك (Citibank) قبل سنوات قليلة تقدم مثالا جيدا . فعندما قرر التوسع في أعماله للزبائن فإن هوفمان (E.Hoffman) رئيس مجموعة عملاء ويسترن همسفير (Western Hemisphere) عيّن مديرين يتسمون بروح المقاولة من ميدان السلع الإستهلاكية ليطبقوا خبرتهم في عالم المصارف المحافظ . والأهم أنه تحداهم في أن يخرقوا القواعد في المصرف . مما وفر لهم فرصة ذهبية للتطوير والإدخال الناجح لإبتكارات جذرية في محفظة ستي بنك لخدمة السلع الإستهلاكية [29] .

ومما يكمل قواعد العمل ما يتعلق بالتنظيم والحاجة الى الأنماط الجديدة التي توفر مرونة عالية في التنظيم . ويعتبر التنظيم عاملا أساسيا في نجاح أو فشل برامج الإبتكار ، بل إنه ركيزة أساسية في أستراتيجية الإبتكار[30]. ولقد ميز بورن و ستالكر (Burns & Stalker) في دراستهما لعشرين شركة بريطانية وفي وقت مبكر بين التنظيم الميكانيكي والتنظيم العضوي[31]. حيث الميكانيكي يسود في الشركات التي تتسم بعدم التغير في بيئتها الداخلية (من حيث التكنولوجيا) وفي بيئتها الخارجية (من حيث الطلب) . في حين أن التنظيم العضوي يواجه التغيرات الكبيرة في كلاهما . والأول هو أقرب الى الشركات المحافظة الساكنة في حين أن الثاني هو السائد في الشركات الإبتكارية . مما يعني أن الإبتكار يحمل آثاره العميقة في الإدارة والتنظيم والتي لابد من استجابة الشركة لها لتتمكن من تحقيق أهدافها في الإبتكار .

وإذا ما نظرنا على المستوى الجزئي الوظيفي نجد أن الإبتكار قد تم تنظيمه في البداية في وحدات (مختبرات ومعامل) مستقلة عن الشركة ، وفيما بعد في وظيفة أو قسم مستقل داخل الشركة . وفي الحالتين كان الإبتكار (الحالة الحركية) ضد الحالة القائمة (حالة السكون) في الشركة . فالإبتكار هو التوصل إلى الجديد والمختلف الذي يلغي المألوف والعادي الذي تديره الشركة الآن . لهذا كانت تواجه الإبتكار عقبات ناجمة عن الهرمية وبطئ إجراءاتها وعن التخصص الدقيق وما يفرض من تعاقب العمليات والمراحل أكثر من التزامن والإجراءات الروتينية الدفاعية[32] ، والصراع ما بين القبائل الوظيفية المتعادية الذي سبق وتحدثنا عنه .

ولقد كان التنظيم المصفوفي وسيلة تنظيمية جديدة في السبعينات اعتمدتها الشركات لمواجهة تلك العقبات . إلا أن هذه الشركات سرعان ما هدرتها في الثمانينات [33]. والواقع أن التنظيم المصفوفي رغم مزاياه النسبية في مرونة الوظائف الفنية إلا أنه لم يتجاوز الهرمية العمودية وإنما عمل في ظلها . وكما نرى فإن التنظيم المصفوفي هو بمثابة خطوة في منتصف الطريق أي خطوة نحو الأفقية (في الوظائف الفنية) والإبقاء على الهرمية (في الوظائف الإدارية) . لهذا كان لابد من الانتقال الى أنماط جديدة من التنظيم خاصة وإن تطور تكنولوجيا المعلومات (IT) أوجد مبررات إضافية لهذا الانتقال. فعند التحول من الحاسوب المركزي الكبير في الشركة الى الحواسيب المكتبية الصغيرة فإن السلطة تكون أقل منليثية (أقل شمولية ومركزية) وأكثر فسيفسائية [34].

كما أن هذا التحول الى شبكة الحواسيب المكتبية أدى الى تراجع الحاجة الى الإدارة الوسطى كإدارة تنسيقية بعد أن أصبح التنسيق فوريا ومباشرا و خطيا من قبل أطرافه عبر هذه الحواسيب[35] مما يعطي للوظائف الفنية وذات الصلة بالابتكار صلاحية واستقلالية أكبر . ولعل السبب الأكثر أهمية في هذا الانتقال يتمثل في حقيقة التحول في مركز القوة والموجودات من الإدارة بالشكل الهرمي- العمودي الى الاستشارة بالشكل اللاهرمي - الأفقي كالذي تتسم به النماذج التنظيمية الجديدة كالتنظيم الشبكي والعنكبوتي وغيرهما من الأشكال التي تبتكرها الشركات بإستمرار حسب ظروفها وحاجاتها التنظيمية.

فإذا كانت الموجودات الرئيسية في الشركات التقليدية تتمثل في الآلات والهياكل والنظم داخل الشركة ، فإن هذه الموجودات في الشركات الإبتكارية تتمثل بالمعرفة التي يملكها الأفراد المهنيون والمبتكرون والذين يستطيعون في أية لحظة نقلها الى خارج الشركة [36]. وبالتالي لم يعد المديرون قادرين على إجبارهم على القيام بأعمال معينة من خلال علاقات هرمية .

وإنما يتم ذلك من خلال الظروف المشجعة وعلاقات الثقة التي يتم التعبير عنها بالتحول من الهياكل الهرمية الى الهياكل المساعدة- الأفقية ، ومن الإدارة كمركز للتوجيه والأوامر الى الإدارة كوحدة استشارية خدمية لإزالة العقبات وحل المشكلات التي تعيق

أداءهم. ولقد عبر أحد المديرين التنفيذيين عن هذا التحول حيث أنه يقول للإختصاصيين: يا رؤسائي ، وما يقلب الهرم التنظيمي رأسا على عقب حيث الإدارة تكون في أسفل الهرم بينما العاملون - المهنيون يكونون في أعلى الهرم (أنظر الشكل رقم 4 – 4) .

والواقع أن الأشكال التنظيمية الجديدة كالتنظيم الشبكي والتنظيم العنكبوتي في الشركات الإبتكارية لا يوفر الاستقلالية والمرونة في التشكيل لفريق التكامل في برنامج البحث والتطوير وانحلاله عند انتهاء المهمة ، بل أنها أيضا تساعد ، أولا : على التعلم السريع من خلال تفاعلات كثيفة ومتنوعة بين مختلف المهنيين والإبتكاريين ، حيث أن كل

الشكل رقم (4 - 4) : المختصون المهنيون يصبحون هم الرؤساء

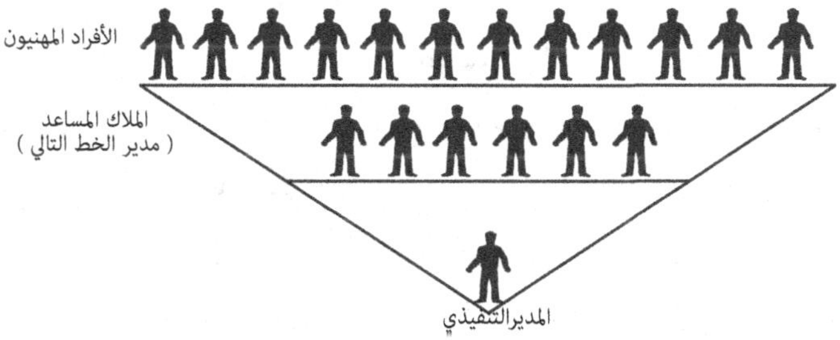

Source: James B.Quinn, Philip Anderson and S.Finkelstein: Managing Professional Intellect : Making the most of the best, HBR, Vol (74) , No. (2) March-April 1996 . p76 .

مشروع هو بمثابة نسجة في شبكة العنكبوت (أو تشكيلة قوسية في التنظيم الشبكي) تشارك فيها مجموعة إبتكارية تتفاعل وتتعلم من بعض ثم تنحل عند انتهاء المشروع ليشكل المشروع الآخر مجموعة إبتكارية جديدة ونسجة أخرى وتعلم جديد آخر (أنظر الشكل رقم 4 – 5) . ثانيا: زيادة الرافعة التشغيلية (Leverage) حيث أن تعدد التشكيلات الشبكية أو نسجات العنكبوت سيحقق الاستفادة من المهني ـ الإبتكاري بمرات كثيرة جدا [37] بما يجعل المعرفة والخبرة وكذلك إتجاهات البحث والتطوير منتشرة بين

عدد أكبر من المهنيين ـ الإبتكاريين والعاملين في الشركة دون حصرها في وحدة أو قسم في أشكال التنظيم التقليدية . وثالثا : أن هذه الأشكال تساعد عمليا على تحقيق الوثوب السريع (Rapid Ramp) من الفكرة الى المنتج من خلال قلة العقبات التخصصية، الاستقلالية ، التداخلات المهنية ، العلاقات الأفقية الكثيفة ، التفاعلات المتنوعة ما بين الفرق التي تشكل وتنحل بإستمرار بأعضاء مختلفين في كل مرة .

لهذا كله فإن التنظيم الإبتكاري بأشكاله الجديدة (الشبكية والعنكبوتية) هو أقل هرمية وأكثر أفقية ، أقل أوامر وأكثر استشارة ، هو أقل استقرارا وأكثر دورانا وتغيرا ، أقل ميلا للإجراءات الإدارية وأكثر ميلا إلى الإبتكار والتغير المترافق معه ، أقل تحقيقا لما هو خارجي ـ رسمي في التنظيم أكثر تحقيقا لما هو داخلي ـ ذاتي في التنظيم ، وأخيرا أقل تحقيقا للرافعة عن طريق الإدارة كما في المدخل التقليدي وأكثر تحقيقا للرافعة عن طريق المهني ـ الإبتكاري .

الشكل رقم (4 – 5) : التنظيم الشبكي لمهنيي المعرفة

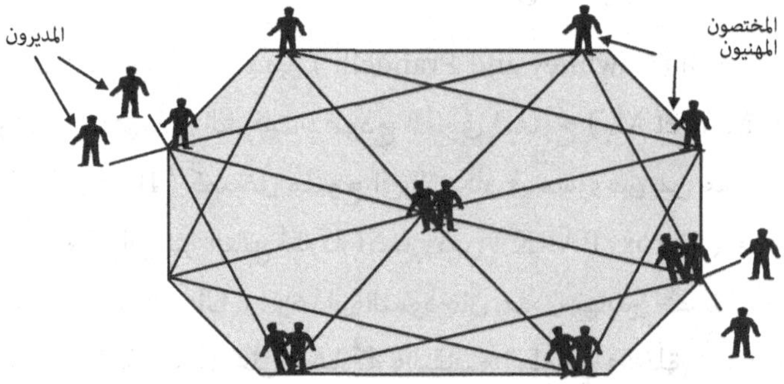

التعليق : إن نسجات العنكبوت يتم تشكيلها لتنجز مشروعا معينا وتنحل عندما يكتمل المشروع . إنها ملائمة عندما تكون المعرفة منتشرة بين العديد من الاختصاصيين والذين يجب أن يقدموا حلا منسقا لمشكلة الزبون المعقدة . أن بعض الشركات الاستشارية ، المصارف ، أو مكاتب البحوث ، وفرق التشخيص الطبي يمكن أن تستخدم نسجات العنكبوت .

Source: James B.Quinn et al, op cit . p79 .

ورغم جدية هذه الإتجاهات التنظيمية الجديدة لمواجهة التنظيمات البيروقراطية والتخلص من الإجراءات والروتينات المطولة والمرشحات التي تعمل لصالح الحالة القائمة على حساب التغيير والإبتكار ، فأن ثمة مخاوف من الفوضى وإنعدام الرقابة حتى في حدودها الدنيا الضرورية للعمل بالسوق مع رؤية الشركة وأستراتيجية لضمان قدر معقول من قدرة الشركة على متابعة برامجها وفرقها ومواردها . فالتنظيم المصفوفي جزئيا والوحدات المستقلة والفرق المدارة ذاتيا مجموعات البحث والتطوير كلها تمثل إستجابة حقيقية لتحرير الباحثين والمفكرين المهنيين الذين يمثلون رأس مال الشركة الفكري الخلاق ، إلا أن ذلك لا يخفي المخاوف الجديدة من الإنزلاق الى الفوضى بسهولة بنفس الطريقة التي يمكن للإجراءات المحكمة والرقابة الشديدة أن تأتي عليها بآثارها الوخيمة في إحباط الأفراد عموما وبشكل خاص الإبتكاريين . إن بعض الشركات أوجدت وحدات مستقلة من أجل البحث والتطوير خارج التنظيم كوسيلة لتحرير الإبتكار والأشكال الأقرب السوق (من حيث سرعة التغير وربما من حيث الفوضى) من قيود التنظيم القائم. في حين أن البعض أوجد توافقية شكل الحرف - تي (T-Shaped Combination) للمهارات التي سبق الحديث عنها .

ولقد أشار ساوهيني وبرانديلي (Sawhney and Prandelli) الى هذه المخاوف في نموذجين يتم إتباعهما في الشركات : نموذج السوق المفتوح (Open Market M.) الذي أتبعته شركة (IBM) كمدخل مفتوح الى الإبتكار في مشروعين من مشروعاتها . وفي المقابل أتبع مركز بحوث بالو التو التابع لشركة اكسيروكس (Xerox PARK) نموذج الهرمية المغلقة (Closed Hierarchy M.) . وهذان النموذجان يمثلان نهايتين قصوتين، الأول يمثل نظاما منفتحا بشكل كامل ليحفز على المشاركة والتقاسم الطوعي والخلق المشترك للمعرفة (كعامل أساسي في إدارة وتطوير المعرفة) ، إلا أنه وبسبب هذا الإنفتاح الكامل يمكن أن يهدد الملكية الفكرية للشركة ويوصل الى الفوضى الكاملة (Complete Chaos) وهذا في الحقيقة هو أقرب ما يكون الى الإدارة الآنية (Adhocracy) .

والثاني يمثل نظاما مغلقا يمكن أن يعظم الكفاءة ويحقق التركيز على الغرض المشترك ويحمي حقوق الملكية الفكرية للشركة (الفهم الواضح لمن يملك ماذا Who Owns What) ، إلا أنه وبسبب الرقابة الكاملة والشديدة يؤدي الى الإحباط وإضاعة الفرص ويحد من الإبتكار وتنوع الأفكار. وهذا هو الإدارة والتنظيم البيروقراطيين . وإزاء هذين النموذجين فأن ساوهيني وبرانديلي يقترحان ما أسمياه المجموعات المشتركة للإبتكار (Communities of Creation) التي يتم إتباعها في شركة صن جيني(Sun Jini) والتي تحقق الموازنة بين هذين النموذجين وجمع مزاياهما في درجة الإنفتاح على البيئة والسوق من جهة وإستقرار النظام وضمان قدر ملائم من الرقابة من جهة أخرى (أنظر الشكل رقم 4 - 6) .

إن الرافعة في هذه الشركات تساوي قيمة المعرفة (ما يقابل التكلفة الثابتة في الرافعة التقليدية) مضروبة بعدد النسجات المستخدمة في التنظيم.حيث الموجودات الفكرية (المعرفة) خلافا للموجودات المادية تزداد قيمة في الاستخدام والأفكار تنمو آسيا عند المقاسمة .

ثالثا : الحاجة الى قياس الإبتكار

تشير الخبرة الإدارية بحق إلى أن أي نشاط لابد أن يقاس لكي يمكن إدارته . وهذا ينطبق على الإبتكار الذي أخذت الشركات تستثمر فيه موارد كبيرة عليه في إيجاد ميزاتها التنافسية المكبرة في السوق . ومع ذلك فإن الإبتكار بوصفه النشاط الذي يتسم بعدم التأكد العالي مع (90٪) فشل في برامجه وأقل من (10٪) نجاح فيها في أفضل الشركات الإبتكارية ، يتطلب جهودا كبيرة وفعالة عن الإدارة ومن العاملين في مجاله لمواجهة مشكلة القياس . وكما يشير دراكر (P.F.Drucker) أن الإبتكار يحتاج المقاييس والميزانيات ، وأن شركة دي بونت أوجدت أقدم نظام رقابة إدارية ناجح معروف في العشرينات يركز على العائد على الإستثمار[38] .

الشكل رقم (4 - 6) : النماذج الثلاثة لتنظيم الإبتكار

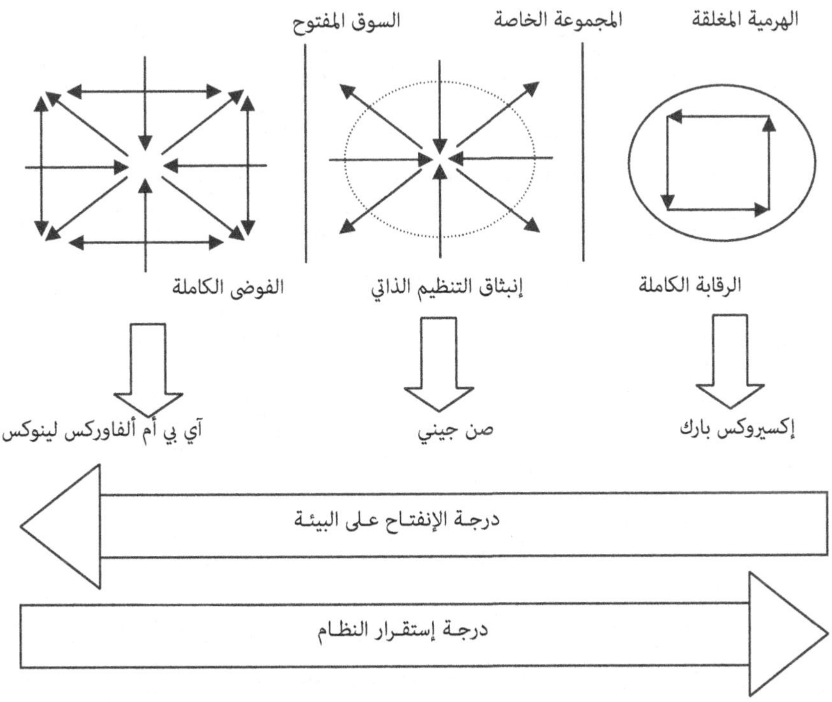

Source: James Brain Quinn et al.,:Managing Professional Intellect: Making the Most of The Best, HBR, Vol (74), No.(2), March-April 1996, pp(71-80) .

وإذا كان اقتصاد المعرفة (والبعض أخذ يسميه اقتصاد الخبرة)[39] أثار مشكلة القياس ، فإن الإبتكار يثبت هذه المشكلة بدرجة أكبر . وهذا يعود إلى حقيقة أن المعرفة يمكن أن توضع في قواعد وخبرات محددة ، في حين أن الإبتكار في حالات كثيرة لا

يمكن أن يكون كذلك جراء العامل (أ) المجهول الذي يمثل جوهر الإبتكار بوصفه الشيء غير الموجود حتى الآن (أي قبل تحقق الإبتكار) والذي قد يأتي أو لا يأتي . هذه الحالة المحيرة هي التي جعلت الشركات في الأعمال الإبتكارية تربط المكافأة بالجهد وليس بالنتيجة ومع ذلك فإن قياس الإبتكار يمثل حالة مطلوبة . ولقد حدد دراكر (P.F.Drucker) القياس الإبتكاري كأحد المقاييس الخمسة الأساسية لأداء الشركة متعمدا في ذلك على المقارنة التاريخية : هل أن نسبة الإبتكارات الناجحة إلى البدايات الكاذبة في تحسن أو تدهور في الشركة ؟ [(40)] كما أن توم بيترز (T.Peters) اعتمد على المقارنة بين ما هو محدد مسبقا وما هو منفذ كأساس للقياس حيث أوصى بوضع (أهداف للإبتكار) في قائمة كل مدير وتقييم ما تحقق في فترات دورية [(41)].

كما يمكن اعتماد عدد الممارسات القديمة (المنتجات أو الخدمات أو الأساليب أو التقنيات) التي تم التخلي عنها أو الجديدة التي تم إدخالها كمقياس للأداء الإبتكاري مقارنة بالمنافسين أي بالاعتماد على معايير المقارنة المرجعية (Benchmarking) . وكذلك أيضا الاعتماد على التقييم الذاتي للمعنيين بالإبتكار في الشركة بالسؤال عن الرضا أو عدم الرضا الذاتي عن الأداء الإبتكاري لكل واحد منهم . ولابد من الإشارة إلى أن قياس الإبتكار هو المجال الأكثر أهمية في الدراسات والتطوير خلال الفترة القادمة جراء التحول الكبير في شركات الأعمال نحو أن تكون شركات قائمة على المعرفة والابتكار .

ورغم صعوبة قياس الإبتكار فإننا نقدم مؤشرات قابلة للاستخدام في هذا المجال. فالإبتكار كما عرضنا له في هذا الكتاب هو أن تكون الشركة الأولى في التوصل الى المفهوم أو الفكرة ، الأولى في التوصل الى المنتج ، والأولى في الوصول الى السوق، وعلى أساس هذا التحديد يمكن أن نورد المؤشرات التالية :

أولا : مؤشرات الأولى الى الفكرة : وتتمثل فيما يأتي :

أ. **عدد الأفكار التي يتم توليدها في فترة جمع الأفكار :** حيث أن هذا العدد كلما كان كبيرا كانت الفرص أفضل في الحصول على فكرة جديدة و مجدية أو أكثر في مرحلة الغربلة .

ب. **فترة التوصل الى الفكرة :** كلما كانت أسرع كان ذلك مؤشرا جيدا . والتوصل الأسرع يكون على أساس المعايرة (Benchmarking) مع القادة في السوق أو مقارنة مع الفترة المتوسطة للصناعة التي تنتمي إليها الشركة أو الفكرة الجديدة أو بالمعايرة التاريخية مع فترة التوصل الى الأفكار الجديدة في الفترة الماضية في الشركة . أو بالمعايرة الداخلية من خلال المقارنة بين الأقسام المعنية بالأفكار الجديدة أو بالفروع التابعة للشركة أو حتى بين الشركات الداخلة في الإئتلاف أو الإندماج .

ج . **عدد الأفكار الجيدة التي تصبح مرشحة للمتابعة والتطبيق :** وهذه الأفكار هي التي تستحوذ على الإهتمام الأكبر في هذه المرحلة لأنها هي التي يمكن تحويلها الى منتجات ومن ثم تسويقها تجاريا الى السوق .

د . **الفترة الى المنتج (Time to product) :** وهذه الفترة مهمة ليس فقط لأن تكلفة الإبتكار في كل مرحلة من مراحله عالية ، وإنما أيضا لأن المنافسة تهدد دائما بالتوصل الأسرع الى الفكرة الجيدة ونقلها الى نموذج الأعمال (Business Model) أو الى منتج جديد يمكن أن تحصل فيه على براءة أو إدخاله أسرع الى السوق لتحصل على حصة سوقية أكبر .

هـ **عدد مقترحات التحسين التي يتم إدخالها على الفكرة الجديدة :** من أجل الملائمة للتطبيق وهذا ما يعبر عن الحيوية في نظام الشركة ونشاطها في مجال الإبتكار. فكلما كان عدد مقترحات التحسين أكبر كان ذلك مؤشرا إيجابيا ليس فقط على تطوير الأفكار الأولية وإنما أيضا في تقليل أسباب الفشل العديدة الناجمة عن عدم ملاءمة الفكرة الجديدة لإمكانات الشركة المالية أو التكنولوجيا أو عدم ملاءمتها من حيث متطلبات الخبرة الإنتاجية أو التسويق أو تحليل الأعمال ..الخ .

و. **عدد الأفكار المختارة التي فشلت قبل أن تتحول الى المنتج الأول (Prototype):** إن بعض الأفكار يتم اختيارها لغرض تطبيقها وتحويلها الى منتجات ، إلا أن الشركة تتخلى عنها لأية أسباب داخلية (عدم الحصول على دعم الجهات العليا أو حملة الأسهم ، الرغبة في مواصلة جني المنافع لفترة أطول من لمنتجات الحالية،

وظهور أفكار جديدة في الشركة ..الخ) أو أسباب خارجية (الخوف من ردة فعل المنافسين ، عدم الحصول على التمويل من المصارف كالتي لا تمول المنتجات التي لا تتسم بمسؤولية إجتماعية أو أخلاقية أو بيئية ..الخ) .

ز . **دورة الفكرة (Idea Cycle)** : وهي الفترة الزمنية الممتدة بين تقديم الفكرة من قبل باحث أو أكثر وتحديد موقف الشركة منها في الإقرار أو الرفض . حيث أن الأفكار الجديدة قد يتم إحباطها بكثرة الإجراءات المطولة مما يزيد من دورة الفكرة بشكل لا تعود معه الفكرة مجدية و إشاعة الإحباط بين الباحثين وأصحاب الأفكار الجديدة .

ح . **عدد الأفكار التي يمكن تبنيها من أجل العمل على تحويلها الى منتجات جديدة في وقت واحد** : حيث أن الأفكار الجديدة تواجه الغربلة المستمرة في كل مرحلة من مراحل تحويلها الى منتج ومن ثم وصولها الى السوق . والشركات قد تلجأ الى تبني عدد من الأفكار لغرض تحويلها الى المنتج الأولي في نفس الوقت بما يمنحها فرصة أكبر من أجل مواصلة منتج جديد واحد أو أكثر حتى إيصاله الى السوق .

ط . **تكلفة الأول الى الفكرة** : حيث أن فاعلية التكلفة تعتبر ضرورية في هذه المرحلة، لهذا فإن هذا المؤشر يكون ضروريا من أجل تحسين الأداء فيها .

ثانيا : مؤشرات الأولى إلى المنتج : وتمثل فيما يأتي :

أ . **الفترة من الفكرة الى المنتج** : وهي الفترة الممتدة بين تقديم الفكرة الجديدة لأول مرة وبين تحويلها الى النموذج الأول من المنتج . والشركات تحاول عادة أن تقلص هذه الفترة من خلال المدخل التزامني لفريق التكامل الذي تعمل ضمنه الاختصاصات المتعددة . وكلما كانت هذه الفترة قصيرة كان ذلك يمثل استباقا لصالح الشركة .

ب . **الفكرة إلى المنتج (Idea to Product)** : وهي الفترة الممتدة من مرحلة تبني الفكرة الجديدة وحتى تحويلها الى النموذج الأول . وهذه الفترة مهمة جدا للشركة في نقل الفكرة الجديدة التي اعتبرت مجدية الى النموذج الأول للمنتج الجديد .

ج . **نسبة المنتجات الجديدة التي تم بناؤها من الأفكار الجديدة المقدمة :** فكلما كانت هذه النسبة عالية ، كان ذلك مؤشرا على أن مرشحات الأفكار وقدرة الشركة الفنية والهندسية والإنتاجية في الشركة أعلى .

د . **عدد مقترحات التحسين للمنتج الجديد :** حيث أن المشاركة من قبل العاملين يمكن أن يساهم في تجميع مقترحات أكثر وأوسع من أجل التوصل الى النموذج الأول المحسن للمنتج الجديد .

هـ **عدد المنتجات الجديدة للشركة مقارنة بالشركات الأخرى خلال السنوات الثلاث الماضية :** حيث أن المعايرة في هذا المجال تقدم فرصة لفهم موقع الشركة الإبتكاري بالمقارنة مع أفضل المنافسين أو متوسط الصناعة .

و . **عدد المنتجات الجديدة التي فشلت قبل أن تصل الى السوق :** حيث أن الشركة تواجه مشكلة التقييم المتأخر للفكرة والمنتج الذي يجعل الشركة تتخلى عن المنتج الجديد في مراحل تطوره الأخيرة . وهذا قد يعود لأسباب داخلية (كظهور صعوبات في تصميم أو هندسة أو إنتاج المنتج الجديد ، مشاركة أقسام أخرى في تقييم المنتج لم تشارك من قبل في التقييم ، أو تغيير وجهة نظر من يدعمون المنتج الجديد .. الخ) وأسباب خارجية (كظهور قوانين جديدة ، ظهور منافسين جدد ، إعلان سياسات جديدة للمنافسين الحاليين تتطلب موقفا من الشركة ..الخ) .

ز . **عدد المنتجات الجديدة التي يتم العمل عليها في وقت واحد :** حيث أن هذا المؤشر ضروري لمواجهة نسبة الفشل العالية في تحويل الأفكار الجديدة الى منتجات جديدة

ح . **عدد المنتجات الجديدة التي تتطلب عمليات (تكنولوجيا) جديدة :** حيث أن مثل هذه المنتجات تكون ذات مخاطرة أعلى كما يمكن أن تحقق فترة احتكار أطول لحين لحاق المنافسين الآخرين بالشركة .

ط . **تكلفة الأول الى المنتج :** لأن المنتج لازال في مرحلة التكلفة ولم يخرج من الشركة الى السوق لينتقل الى مرحلة العائد ، فإن هذا المؤشر يعتبر من مؤشرات

فاعلية التكلفة التي يجب أن تعمل الشركة على خفض هذه التكلفة بشكل مستمر مقارنة مع الفترات الماضية أو مع المنافسين أو مقارنة بما هو مخطط .

ثالثا : مؤشرات الأولى الى السوق : وتتمثل فيما يأتي :

أ . **الفترة من الفكرة الى السوق** : وهي الفترة الممتدة من تقديم فكرة جديدة حتى وصول المنتج الجديد الى السوق : والشركات تسعى الى تقليص هذه الفترة بإتخاذ الإجراءات المختلفة سواء بأشكال الدعم التنظيمي (تحرير مشروع المنتج الجديد من الإجراءات التنظيمية) أو فريق التكامل وغيرها . وإن الشركات يمكن أن تخطط لخفض هذه الفترة كما في حالة خفض الفترة بنسبة (20 ٪) بالنسبة للمنتج الجديد القادم .

ب . **الفترة من النموذج الأول الى السوق** : وهي الفترة الممتدة بين التوصل الى النموذج الأول وحتى إنتاجه من أجل الدخول الأول الى السوق . وهذه الفترة هي آخر مرحلة من مراحل التقييم للنموذج الأول وحتى تحويله الى الإنتاج لغرض السوق .

ج . **عدد المنتجات الجديدة التي وصلت الى السوق من الشركة** : مقارنة مع أفضل المنافسين في السوق أو مع متوسط الصناعة خلال السنوات الثلاث الماضية .

د . **عدد المنتجات التي تم التخلي عنها من قبل الشركة** : خلال السنوات الثلاث الماضية مقارنة بأفضل المنافسين أو متوسط الصناعة .

هـ. **عدد المنتجات التي حققت دويا قويا في السوق** : حيث أن بعض المنتجات تكون ذات أزيز (Buzz) تجعل الشركة ومنتجاتها في قلب الإهتمامات في السوق ، كما يكشف عن قدرتها الإبتكارية بشكل واضح .

و . **مدى الأسواق** : حيث أن تكلفة تطوير المنتجات عالية وفي ارتفاع ، لهذا فإن الشركات التي تتحمل هذه التكاليف تهتم بإنتشار منتجاتها الى أوسع ما يمكن من الأسواق التجارية [42].

ز . **نسبة المنتجات الناجحة في السوق الى مجموع المنتجات التي تم إدخالها الى السوق خلال السنوات الثلاث الماضية** : حيث أن الإبتكار هو من الفكرة الى

السوق ، وغرضه الأساسي هو النجاح في السوق ، لهذا فإن هذا المؤشر يكشف عن فاعلية الإبتكار في السوق من حيث قدرتها على الإبتكار في تحديد المشكلة وحلها أو في البحث عما هو جديد تماما أو عن التحسينات الجديدة التي تضيف قيمة للمنتجات الحالية واستخدامها وإن محاسبة الإبتكار ستكون مجالا آخر للتطوير في المستقبل .

ح . **فترة استرداد تكلفة الإبتكار :** حيث أن الإبتكار يمثل تكلفة كبيرة في حالة الكثير من لمنتجات ، لهذا فإن استرداد هذه التكلفة وتحقيق نقطة التعادل في اقصر فترة ممكنة يمثل مؤشرا قويا على قدرة الشركة على الإبتكار الناجح في السوق .

ط . **تكلفة الأولى الى السوق :** إن هذه التكلفة يمكن أن تتضمن تكلفة الإنتاج من أجل السوق ، تكاليف التسويق كالإعلان وبحوث السوق ودراسات التسعير واختيار قنوات التوزيع والأسواق ، تكلفة التحسين في هذه المرحلة.. الخ . وهي تمثل التكلفة الأهم في مراحل الإبتكار الثلاث : الأول في الفكرة ، في المنتج ، وفي السوق . وأن خفضها يمثل مؤشر مهما من مؤشرات فاعلية التكلفة ، أو من مؤشرات المعايرة مع المنافسين الأفضل في السوق في هذا المجال . (أن الملحق رقم 3 يقدم مقياسا يمكن إستخدامه من أجل مراجعة وتقييم الإبتكار في الشركات).

إن قياس الإبتكار لابد أن يتطور ليس فقط في مجال المؤشرات التي تغطي جميع العوامل المؤثرة في الإبتكار والقابلة للإدارة والمقارنة تاريخيا ومع المنافسين ، وإنما أيضا في مجال مراجعة الإبتكار (أنظر نموذجا شاملا لتقييم الإبتكار في الشركة في ملاحق الكتاب) . وإن الفترة القادمة لابد أن تطور وسائل وأدوات القياس في مجال الإبتكار لتغطي جميع مكونات عملية الإبتكار .

وبعد فأن هذه الإتجاهات والخصائص البارزة في مجال الإبتكار تكشف عن التطورات العميقة التي حدثت خلال العقود الماضية والتي أثرت في تعجيل الإبتكار وزيادة فاعليته وكفاءته ، وكذلك في تطوير صيغ وأساليب المنافسة في الشركات القائمة على الإبتكار .

ومن أجل تقديم تلخيصا لهذه الإتجاهات والخصائص ، فأن الجدول رقم (4 - 7) يقدم مقارنة بين إتجاهات وخصائص المدخل التقليدي والمدخل الحديث .

الجدول رقم (4 - 7) : الانتقال من القواعد القديمة الى القواعد الجديدة .

من القواعد القديمة	الى القواعد الجديدة
1. الإبتكار ومضة نبوغ وعبقرية وإلهام، وهو موهبة أولا .	1. الإبتكار جهد منهجي ونشاط منظم بالدرجة الأساس مع ومضة الإبتكار.
2. الإبتكار الفردي بالدرجة الأولى .	2. الإبتكار فريق بالدرجة الأولى .
3. لأن الإبتكار موهبة فإنه غير قابل للتعلم .	3. الإبتكار يمكن تعلمه وإدارته والتدرب عليه الى حد كبير .
4. الإبتكار إختراق وتقدم كبير مفاجئ أولا وأخيرا	4. الإبتكار هو أيضا تحسين متراكم يمكن أن يؤدي الى التقدم الكبير .
5. الإبتكار في الشركة عمل متخصص يمارس في وحدة البحث والتطوير .	5. الإبتكار عمل شامل ومسؤولية الجميع في الشركة .
6. الإبتكار الأكثر أهمية داخل الشركة في المنتج، العملية (التكنولوجيا) .	6. الإبتكار الأكثر أهمية خارج الشركة في السوق ولدى الزبون الذي لديه حاجات ومطالب تعلم الإبتكار وتساعد عليه.
7. الزبون سلبي وهو الذي يأتي الى أفضل مصيدة فئران .	7. الزبون إيجابي وهو الذي يعطي قيمة حقيقية للابتكار الذي يجب أن يذهب الى الزبون في بيئته ويستجيب لحاجاته .
8. الإبتكار مصدره البحث الأساسي في الغالب .	8. الإبتكار مصدره البحث التطبيقي والتطور في الغالب .
9. الإبتكارعملية ذات مراحل متعاقبة .	9. الإبتكار عملية متزامنة .
10. الإبتكار بحاجة الى التنظيم والانضباط (الأشكال الهرمية) .	10. الابتكار بحاجة الى الابتكار التنظيمي والأشكال الجديدة الأكثر مرونة .
11. الإبتكار صعب قياسه .	11. الإبتكار رغم صعوبة قياسه فإنه قابل للقياس .

12. الإبتكار يجب أن يبتكر هنا (في الشركة أو البلد)	12. الإبتكار ليس بالضرورة يبتكر هنا (في الشركة أو البلد) .
13. المنافسة في الإبتكار هي منافسة النظراء (peers). ومعايير الأداء هي معايير أسبقية الوصول .	13. المنافسة في الإبتكار تتمثل بالشركات المنافسة ومعايير المقارنة المرجعية (Benchmarking) .
14. الإبتكار قرين الشركات الضخمة القادرة على تحمل نفقات البحث والتطوير ومخاطر الفشل .	14. الإبتكار قرين الشركات الكبيرة والمتوسطة والصغيرة وحتى الورش ودكاكين البحث والتطوير .
15. الفشل في الابتكار نتيجة سلبية يجب تجنبها .	15. الفشل ليس سلبيا والفشل الذكي مطلوب من أجل إبتكار أسرع .
16. مكافأة المبتكر مقرونة بالنتائج .	16. مكافأة المبتكر مقرونة بالمحاولة .
17. في الإبتكار السباق ضد الحدث (الابتكار القائم على الحدث) .	17. في الإبتكار السباق ضد الزمن (الابتكار القائم على الزمن).
18. معجّل الإبتكار تخصص أدق في المعلومات .	18. معجّل الإبتكار غزارة أكبر في المعلومات .

المصادر

1. J.I.Price: Organization Effectiveness, Illinois: Richard D.Irwin, Inc., 1968, pp16-24.
2. Keith Pavitt: What We Know about the Strategic Management of Technology , California Management Review,Vol(32), No.(3),Spring 1990,pp17-26.
3. D.L.Dewar: Quality Circle, USA: Quality Circle Institute, (n.d) p(9). and Laird W.Mealiea and G.P.Latham (1996): Skills for Managerial Success, Irwin, Chicago, p450.
4. John S.Brown: Research That Reinvents the Corporation, HBR, Vol.(69), No.(1), Jan-Feb 1994, pp63-76.
5. William C.Taylor: Control in an Age of Chaos, HBR, Vol.(72), No.(6), Nov-Dec 1994, pp64-76.
6. Giovanni Grossi: Promoting Innovation in a Big Business, Long Rang Planning, Vol.(23), No.(1), Jan 1995, pp41-51.
7. George Stalk, Jr.: Time-the Next Source of Competitive Advantage, HBR, Vol.(66), No.(4), July-Aug 1988, pp41-51.

8. ثيودور ليفيت (1994) الإدارة الحديثة ، ترجمة د. نيفين غراب ، الدار الدولية للنشر والتوزيع ، القاهرة ، ص ص 154-5 .
9. بيترف دراكر (1988) : التجديد والمقاولة ، ترجمة د. حسين عبد الفتاح ، دار الكتب الأردني ، عمان ، ص ص 34، 216–7 .
10. بيترف.دراكر(1994) : الإدارة للتسعينات وما بعدها ، ترجمة د. صليب بطرس ،الدار الدولية ، القاهرة ، ص 276 .

11. Ryushi Iwata(1982): Japanese-Style Management: Its Foundations and Prospects Tokyo: Asian Productivity Organization, p(39) .
12. Marco Lansiti: Real-World R&D: Jumping the Product Generation Gap, HBR, Vol(71), No.(3), May-June 1993, pp138-147.

13. Morten T.Hansen and B.von Oetinger: Introducing T-Shaped Managers, HBR, Vol(79),No.(3),March 2001, pp107-116.

14. Ikujiro Nonaka: The Knowledge-Creating Company, HBR, Vol (69), No.(6), Nov-Dec 1991, pp96-104.

15. J.D.Goldhat and Mariann Jelinek: Plan for Economies of Scope, HBR, Vol.(61), No.(6), Nov-Dec 1983, pp141-8.

16. توم بيتر : ثورة في عالم الإدارة ، ترجمة محمد الحديدي ، الدار الدولية للنشر والتوزيع ، القاهرة ، 1995، ص 31 .

17. Richard L.Daft(2000):Management, The Dryden Press, Fort Worth,p170.

18. بيتر ف. دراكر ، الإدارة للمستقبل ، ص 399 .

19. T.J.Ridger: Debating Gildets Microcosm, HBR, Vol (68), No.(1), Jan-Feb 1990, pp 24-30.

20. Rebecca Henderson: Managing Innovation in the Information Age, HBR, Vol(72) No. Jan-Feb 1994, pp (100-5).

21. Robert G. Harris and David C. Mowery: Strategies for Innovation: An Overview, California Management Review, 32\3 (Spring 1990) pp(7-16).

22. Alan M.Webber: What's So New About The New Economy? HBR, Vol (71),No.(1), Jan-Feb 1993, pp(24-42).

23. Stan Davis and Jim Brokin, op.cit., pp (165-6).

24. Jeffrey f. Rayport and John J Sviokla: Exploiting the Virtual Value Chain, Vol (74), No.(6), Nov-Dec 1995, pp(75-85) .

25. نشرة خلاصات : الإدارة الرقمية ، العدد (21) ، تشرين الثاني 2000، ص 2.

26. Thomas M.Siebel and P.House (1999):Syber Rules, Division Random House Inc, New York,p6.

27. Bill Harris et al.,: How Can Big Company Keep the Entrepreneurial Spirit Alive? HBR, Vol (73), No. (6), Nov-Dec 1995, pp (188-190).

28. Janin Nahapiet and S.Ghoshal: Social Capital, Intellectual Capital and The Organization Advantage, Academy of Management, Vol(23), No.(2), 1998, p245.

29. Robert Stringer: How to Manage Radical Innovations, California Management Review, Vol(42), No.(4), 2000,pp(70-88).

30. يحدد فراكنج (W.J.Vrakking) ثلاث مجموعات من العوامل لاستراتيجية الابتكار هي: العوامل والتهديدات والفرص السياسية ، العوامل التقنية-الاقتصادية، والقدرات التنظيمية للابتكار. أنظر :

W.J.Vrakking: the Innovative Organization, Long Range Planning, Vol(23), No.(2), (April 1990), pp(94-102) .

31. Tom Burns and G.M.Stalker: the Management of Innovative, London: Tavistock Publications, 1961.

32. Roger Martin : Changing the Mind of the Corporation, HBR,Vol(71),No.(5),pp81-94.

ولإعطاء صورة عن هذه الإجراءات الروتينية المطولة، فقد أشار ويتني الى أنه في شركة كبيرة للسيارات فأن عملية التصميم التي أصبحت كتلة بيروقراطية متشابكة ، تتطلب (350) خطوة ليس من الحسابات أو التجارب الهندسية وإنما (350) عملا يتطلب (350) توقيعا. ليقول فلا تستغرب أن يأخذ تصميم السيارة خمس سنوات فيها وذلك لأن كل توقيع يتطلب بالمتوسط (3,5) يوم ، أنظر :

Daniel Whiteny : Manufacturing By Design, HBR, Vol(66), No.(4),July-Aug1988,pp83-91.

33. Roger Martin, op cit pp 81-94 .

34. Erik W.Larson and David H.Gobeli: Matrix Management: Contradictions and Insights, California Management Review, 29\4 (Summer1987) pp(126- 138).

35. ألفين توفلر: تحول السلطة ، ترجمة د.فتحي بن شتوان ونبيل عثمان، مصراته، الدار الجماهيرية للنشر والتوزيع والإعلان، 1992، ص 294.

36. Donald W. Kroeber and Hugh J.Waston: Computer-Based Information System, New York: Macmillan Publishing Co. 1990, p (484).

37. James Brain Quinn et al.,:Managing Professional Intellect : Making the Most of The Best, HBR, Vol (74), No.(2), March-April 1996, pp(71-80) .

38. بيتر ف. دراكر (1995) : الإدارة ، ترجمة محمد عبد الكريم، الدار الدولية للنشر والتوزيع ، القاهرة ، جزء الثالث ، ص 259 .

39. B. Joseph Pine II. And James J.Gilmore: Welcome to the Experience Economy, HBR, Vol (76), No.(4), July-August 1998, pp (97-105).

40. بيترف.دراكر:الإدارة للمستقبل مصدر سابق ، ص (404) .
41. توم بيترز ، مصدر سابق ، ص ص (397 و 401) .
42. T.Micheal Nevens et al : Commercializing Technology: What The Best Companies Do, HBR,Vol (68), No.(3), May-June 1990, pp 154-163 .

الفصل الخامس

المنظور الاقتصادي للابتكار والانتشار

5-1- المدخل

5-2- الإبتكار في المنظور الإقتصادي

5-3- الإنتشار والتبني للإبتكار

أولا : عملية التبني

ثانيا : فئات المتبنين

5-4- العوامل المؤثرة في الإنتشار

المصادر

5-1- المدخل

إن قدرة الشركة على الإبتكار هـي قـدرة الشركة عـلى خلـق فـرص النمـو في السـوق، وفرص تحقيق الربح وزيادة الدخل . وهذا كله لا بد أن يعني حركة نشيطة في المجتمع من أجل التطور . ولقد كشف القرن العشرين أن إقتصـاديات الـدول تطـورت بالإبتكـار بأنواعه . وإن الأكثر إبتكارا كان الأكثر قدرة عـلى خلـق الأسـواق وفـرص العمـل والـربح والمبيعات ، وبالتالي الأكثر قدرة على الإستثمارات اللاحقة من أجل الإبتكار .

ولهذا لم يعد البحث والتطوير نفقة وإنما هـو إسـتثمار يحقـق القيمـة المضـافة . وإذا كان شومبيتر (J.A.Schumpeter) يرى أنه لا ربح إلا ربـح المبتكـر ، فإنـه بـدون شـك يشير إلى تلك الفرصة الثمينة الجديدة التي يحقـق فيهـا المبتكـر السـبق في التوصـل إلى ابتكاره، وإحتكاره لفترة وجيزة بما يمكنه من فرض سعر المحتكر على السـوق يضـمن لـه ربحا عاليا لا يجاريه ربح أي منتج آخر موجـود في السـوق . وإذا مـا نظرنـا إلى الإبتكـار بوصفه عملية متواصلة ومستمرة كما هـو الحـال عـلى وجـه الخصـوص مـع الإبتكـار - التحسين، فإن بالإمكان إدامة ربح المبتكر الأعلى ، كما يمكـن إدامـة التـأثيرات الإيجابيـة للإبتكارات في السوق كعامل أساسي من أجل النمو الإقتصادي وتغيير الصناعات الحاليـة وإنشاء قطاعات سوقية جديدة وإدخال الأنشطة والأعمال الجديـدة بمـا يضـفي حيويـة عالية على الإقتصاد كله . وذلك لأن الإبتكارات سرعان ما تنتشر كالشرارة في الهشـيم إلى الشركات والصناعات والقطاعات الأخرى وكـذلك إلى الـدول الأخـرى . وهـذا مـا سـنلقي الضوء عليه في هذا الفصل .

5-2- الإبتكار في المنظور الإقتصادي

إن الإبتكارات الجديدة التي تؤدي إلى إدخال تكنولوجيا ومنتجات جديدة كانت عـلى الدوام مصدر للنجاح الإقتصادي . وإذا كانت الدول على المستوى الكلي والشركات عـلى المستوى الجزئي تنمو وتتطور بالإبتكارات المتحققة فيها ، فإن الدول والشركات الأخـرى تنمو وتتطور بإنتشار هذه الإبتكارات . وإذا كانت الفئة الأولى تواجه الحاجة إلى

الإستثمارات في البحث الأساسي والتطوير ، فأن الفئة الثانية تواجه الحاجة إلى الإستثمارات في شراء براءات الإختراع والتراخيص وحتى في التقليد والإتباع .

وإذا كان أغلب النماذج الإقتصادية تركز على التوازن (Equilibrium) (مجموعة القوانين أو العلاقات أو الروتينات الإقتصادية التي تؤدي إلى الحالة المتوازنة والمستقرة)، فإن هذه النماذج عادة لا تشتمل على التغيير الذي يأتي به الإبتكار . بل أن هذه النماذج ترى أن الإبتكار الجذري الذي يأتي بالتغيير الكبير في التكنولوجيا وهيكل الصناعة والنمو الإقتصادي سرعان ما يعود إلى حالة الإستقرار من جديد بعد فترة قصيرة من الإدخال وما يعقب ذلك من إنتشار سريع . وفي مقابل هذه النماذج القائمة على التوازن ، قدم نيلسونووينتر (Nelson and Winter) نموذجا إقتصاديا غير متوازن يركز بشكل مباشر على التغيير والنظرية التطورية التدريجية للتغيرات الإقتصادية[(1)].

ولقد إعتبر الإبتكار الجذري إعتمادا على ما قدمه جوزيف شومبيتر (J.A.Schumpeter) محركا للنمو الإقتصادي ومصدرا لتغيير هياكل الصناعة وتحسين الرفاهية الإجتماعية . حيث أن كل إبتكار جذري يمثل دورة إبتكارية (التي قد تمتد ما بين 10 – 15 سنة)[(2)]. وهذه الدورة تبدأ بالإبتكار الذي يوجد إنقطاعا عن التكنولوجيا والمنتجات التي تسبقه ويحرك الإقتصاد ويهز هيكل الصناعة ويرفع الدخل ويحسن حالة الإستخدام والظروف الإجتماعية ، ثم تعود الحالة إلى الإستقرار لفترة طويلة وفق منحنيات - S للإبتكارات الجذرية .

وفي مقابل هذا الإبتكار الجذري هناك الإبتكار – التحسين أوالإبتكار التطوري (Evolutionary Innovation) في نموذج نيلسون ووينتر . وأن الإبتكار التطوري لا يؤدي إلى دورة إبتكارية جديدة وإنقطاع تكنولوجي عما سبقه لأنه يمثل إبتكارات جزئية تحدث ضمن نفس دورة الإبتكار الجذري . ومع ذلك فأنه يؤدي إلى التنوع والحيوية وإستمرارية التطورات في الإقتصاد . ومن أجل مناقشة الأبعاد الإقتصادية للإبتكار سنتناول الفقرات التالية : المفهوم الإقتصادي للإبتكار الجذري والتدريجي (التحسينات)، تكاليف الإبتكار ، العلاقة بين الإبتكار والتقليد ، أخيرا الإنتشار .

أولا : الإبتكار الجذري والتدريجي

من الناحية التاريخية فإن الإبتكار الجذري هو الذي حظي بالدراسة والتحليل. فالإبتكارات الجذرية (Radical Innovations) هي محرك النمو الإقتصادي ومصدر التكنولوجيا والمنتجات الأفضل وهي التي تغير هيكل الصناعة وتحقق الفرق بين الموت والحياة للكثير من الشركات . وإن تاريخ الأعمال زاخر بمقابر صناعات كاملة دمرت بواسطة إبتكارات المنتجات الجذرية . فالبرقية ، غاز الإضاءة ، صناعة الطابعات، وغيرها الكثير هي نماذج لهذه الحالة[3].

ويعود الإهتمام المبكر بالإبتكار الجذري إلى الإقتصادي الأمريكي من أصل أمريكي جوزيف شومبيتر الذي قدم مفهومه الخاص بالإبتكار (الجذري) والذي لازال يحمل الكثير من الأهمية رغم أن هذا المفهوم لازال يواجه الكثير من النقد . ويقوم مفهوم شومبيتر على الأهمية المركزية للإبتكار في المنافسة بين الشركات وفي تطور هياكل الصناعة وفي عمليات التطور الإقتصادي . وكما يقول بافيت (K.Pavitt) فإن شومبيتر هو الذي أعطانا التعريف الأكثر فائدة للإبتكار المكون ليس فقط من المنتجات والعمليات الجديدة ، بل وأيضا من الأشكال الجديدة ، الأسواق الجديدة ، المصادر الجديدة للمواد الأولية . وإنه هو الذي ميّز بين الإدارة الوظيفية التي هي إدارة ما هو معروف جيدا (الفن المسبق) والمقاولة (Enterpreneurship) التي هي إنشاء وتنفيذ ما هو جديد. ومع ذلك فإن شومبيتر لم يطور نظرية الشركة الإبتكارية وكان لديه القليل حول مصادر الإبتكار وأهمية الإبتكار التدريجي (التحسينات المستمرة)[4].

ويقوم مفهوم شومبيتر للإبتكار في علاقته بالإقتصاد على ثلاثة جوانب أساسية هي[5]:

أ - إن الإبتكارات الجذرية وبشكل خاص الإبتكارات التكنولوجية ، تعطي للإقتصاديات الرأسمالية سمتها الحيوية من خلال عملية الهدم الخلاق . فهذه الإبتكارات هي التي تؤدي إلى إستبدال الصناعات والشركات القديمة بأخرى جديدة ولا يعود الهيكل الإقتصادي ساكنا وإنما في تدفق حيوي .

ب - إن هذه الإبتكارات (التقدم التكنولوجي) هي التي تفسر الزيادة في الدخل الحقيقي للفرد ، فهي التي تزيد الإنتاجية وتحرك التطور الإقتصادي . وفي إستيعاب هذه

الإبتكارات وتحقيقيها لنتائجها الإقتصادية تلعب الشركات الكبيرة دورا مهما (وهذه الملاحظة الأخيرة لم تؤكدها الدراسات الكثيرة بل إنها كشفت الدور الأهم للشركات الصغيرة . أنظر فقرة الإبتكار والشركات الصغيرة في الفصل الأول) .

ج - إن هذه الإبتكارات عند نجاحها تحقق للشركة مركزا إحتكاريا مؤقتا يمكنها من الحصول على الأرباح العالية غير الإعتيادية قصيرة الأمد . فهذه الإبتكارات ستجعل الشركة متقدمة على الآخرين فتكسب مركزا إحتكاريا مؤقتا من أجل زيادة السعر أو الإنتاجية فتحصل جراء ذلك على أرباح المقاولة .

وإن الإحتكار المؤقت للإبتكار ينشئ ويتطلب حالة عدم التوازن (الإحتكار وسعره مقابل المنافسة الكاملة) وسرعان ما يقوم تقليد الآخرين للإبتكار بإعادة التوازن وخفض السعر إلى مستوى سعر المنافسة .

وقد لاقى هذا المفهوم وخاصة في جانبيه الأول والثالث وجهات نظر متحفظة ومعارضة . ففيما يتعلق بالجانب الأول فإن الإبتكارت رغم أهميتها في إدخال صناعات جديدة ، فإنها تدمر صناعات قائمة كبيرة تستثمر فيها موارد ضخمة وتكون ذات قدرات قابلة للإستمرار لولا هذه الإبتكارات التي تحولها إلى المتاحف وربما إلى خرائب الأعمال التي يجب تحمل تكاليف إضافية للتخلص منها ، وهذا كله يشكل عبئا ضخما على الإقتصاد .

أما ما يتعلق بالجانب الأخير فإن الإبتكارات تولد مركزا إحتكاريا مؤقتا يكون مهددا وبسرعة كبيرة بالتقليد والمقلدين من الشركات المنافسة . ومع ذلك فإن هناك عاملين مهمين للشركة الإبتكارية تستطيع إستخدامهما . الأول : هو البراءة التي تمثل الإحتكار المحمي قانونا حيث أن المقلدين عليهم أن يدفعوا ثمنا مقابل الترخيص الذي يسمح لهم بذلك (وفي حالة التقليد بدون موافقة فإن مخاطر ذلك كبيرة ومعروفة ، أو أن يقوم المقلدون بإدخال التحسينات على المنتج الأصلي وبسرعة ، وهذا في حالات عديدة يكلف أكثر) . والثاني : هو الفترة الإستباقية للشركة الإبتكارية التي تتقدم بها على المقلدين. حيث أن إستخدام هذه ـ حسب ما يراه شومبيتر وغيره ـ سيجعل الشركة الإبتكارية تصل إلى الإنتاج الواسع (تكلفة وحدة أدنى) أسرع من المقلدين وهذه ميزة في السعر

أيضا . ويمكن إستخدام هذه الفترة أيضا من أجل التحسين المستمر للمنتج الجديد بما يحفظ[6] للشركة الإبتكارية (الإحتكارية) تقدمها على المنافسين .

ومع ذلك فإن الإهتمام بالإبتكار الجذري قد حال دون رؤية أهمية الإبتكارات التدريجية (التحسينات) وتأثيرها على الإقتصاد والتي أهملها مفهوم شومبيتر . ولقد كشف ماكيلفي (M.Mckelvey) في كتابه عن (الإبتكار التطوري Evolutionary Innovation) عن أهمية إبتكار التحسينات في تنوع الإقتصاد وزيادة حيويته وكونه محركا أساسيا للتطور الإقتصادي شأنه شأن الإبتكار الجذري . فالإبتكارت التطورية (القائمة على التحسينات) التي تضيف قيمة إقتصادية وثيقة الصلة بالإقتصاديات التطورية[7] .

ثانيا : تكاليف وعوائد الإبتكار

في حالات كثيرة كان الإبتكار يمثل ميزة تنافسية في السوق أكسبت الشركة الإبتكارية (سواء كانت شركة قائمة أو داخل جديد) حصة سوقية عالية نسبيا . وهذه الحصة يمكن أن تكون في بعض الصناعات بالمتوسط (29 ٪)[8] . وفي حالات معينة أدت ميزة الإبتكار إلى تحقيق مركز القيادة في السوق كما حصل مثلا مع معجون الأسنان بالفلوريد الذي حقق قيادة سوقية لكرست (Crest) عندما صادقت عليه جمعية أطباء الأسنان الأمريكية على منافعه في وقاية أسنان الأطفال من التسوس . وكذلك مع بامبرز (Pampers) الحفاظات الأولى التي وفرت أوقات أولياء الأطفال في إستعمالها وسهولة تغييرها مع راحة الأطفال ، مما حقق لبامبرز النجاح الكبير في السوق[9] .

ومع ذلك فإن للإبتكار تكاليفه العالية والتي قد تستمر الشركة بتحملها لفترة طويلة دون أن تستطيع أن توصل منتجها الجديد إلى السوق . كما أن إيصال المنتج الجديد إلى السوق يمكن أن يجلب للشركة ما تقوم الشركات المنافسة من التقليد ليعود السعر بسرعة إلى حالته الإعتيادية (سعر السوق التنافسي) . إلا أن الشركة الإبتكارية حتى بعد دخول المنافسين بالمنتجات المقلدة ، يمكن أن تكسب ميزة أخرى غير ميزة سعر الإحتكار، وهي ميزة السعر الأقل بسبب التكلفة الأقل في ظل إقتصاديات الحجم بعد دخول المنتج مرحلة النضوج . إن هذه الحالات تمثل جوانب من اقتصاديات الإبتكار بالعلاقة مع تكاليفه ومبيعاته وعوائده . وسنحاول فيما يأتي تعرض لأهم الحالات التي ترد في هذا المجال .

أ . **ميزة السعر الأعلى للإبتكار** : إن الإبتكار يأتي بالمنتج الجديد كليا (كما في الإبتكار الجذري) أو جزئيا (كما في الإبتكار- التحسين) . وهذه الجدة هي التي تجعل الشركة الإبتكارية في موضع الإحتكار ولو لفترة مؤقتة . فإذا كان سعر المنتج الحالي في السوق هو (س$_1$) ، فإن سعر المنتج الجديد سيكون أعلى (س$_2$) . وعلى إفتراض أن المنتج الحالي يحقق كمية مبيعات أكبر (ك$_1$) وبسعر أدنى (س$_1$)، وإن المنتج الجديد يبيع كمية أقل (ك$_2$) ولكن بسعر أعلى (س$_2$) ، فإن الشركة الإبتكارية ستحقق أرباحا إضافية ناجمة عن احتكارها للمنتج الجديد وتتمثل بالمنطقة المضللة في الشكل رقم (5 - 1 – أ) . والواقع أن هذه الأرباح تكون مؤقتة لأن المنافسين سرعان ما يلحقوا بالشركة من خلال التقليد ، ولكن الشركة الإبتكارية خلال فترة لحاق المقلدين بها قد تحقق ميزة أخرى هي تكلفة الوحدة الأدنى بفعل معدل التعلم الذي يخفض تكاليف إنتاجها كما في الشكل رقم (5 – 1 - ب) ، وهذا ما يؤدي إلى انخفاض السعر إلى سعر السوق الإعتيادي (س1) مجددا مع إبقاء ربح أعلى للشركة.

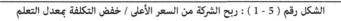

الشكل رقم (5 - 1) : ربح الشركة من السعر الأعلى / خفض التكلفة بمعدل التعلم

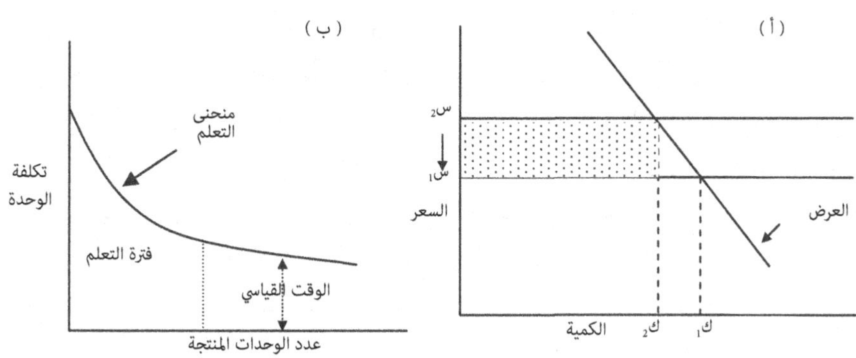

ب. ميزة الإبتكار في زيادة المبيعات : إن الإبتكار يمكن أن يكون فعالا في زيادة الطلب وبالتالي زيادة المبيعات في شركة أكثر مما يكون في شركة أخرى . فلو فرضنا أن هناك شركتين (أ) و (ب) ، مع تكاليف إنتاج متماثلة ($ت_1$) وسعر بيع المنتج متماثل (س) . ولنفرض أن الشركة (أ) تخصص (ن) من الدنانير من أجل تطوير منتجها وتبيع ($ك_1$) من الوحدات منه . وإن الشركة (ب) تخصص نفس القدر من المال (ن) من الدنانير لتطوير المنتج ولكنها تبيع كمية أكبر ($ك_2$) منه وتكون تكاليف الإنتاج والإبتكار أعلى عند ($ت_2$) . كما في الشكل رقم (5 - 2) .

في هذه الحالة فإن الشركة (ب) تكون في مركز أفضلية وهذا يعود إلى أنها : تبيع حجم أكبر من المنتج ، تكلفة الوحدة (تأثير الحجم الكبير) تكون أدنى وكل الأشياء الأخرى متساوية . وهذه حالة مربحة للإبتكار .

ج. ميزة الإبتكار في خفض التكلفة : إن الإبتكار يمكن أن يتمثل في مواد أولية أقل أو عملية (تكنولوجيا) أكثر إنتاجية أو طرق عمل أكثر كفاءة ، مما ينعكس في خفض تكلفة الإنتاج من ($ت_1$) إلى ($ت_2$) . وهذا ما يجعل الشركة الإبتكارية قادرة على خفض السعر إلى مستوى دون مستوى السعر الإعتيادي في السوق مما يجعلها قادرة على زيادة كمية المبيعات .

الشكل رقم (5 - 2) : الإبتكار وتغيير كمية المبيعات

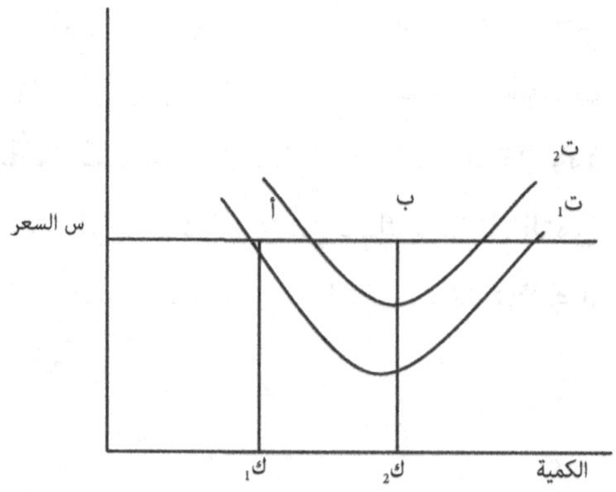

والشكل رقم (5 - 3) يوضح أن السعر قد إنخفض من ($س_1$) إلى ($س_2$) بتأثير انخفاض التكلفة ، وهذا ما سيزيد من كمية المبيعات من ($ك_1$) إلى ($ك_2$) .

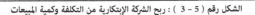

الشكل رقم (5 - 3) : ربح الشركة الإبتكارية من التكلفة وكمية المبيعات

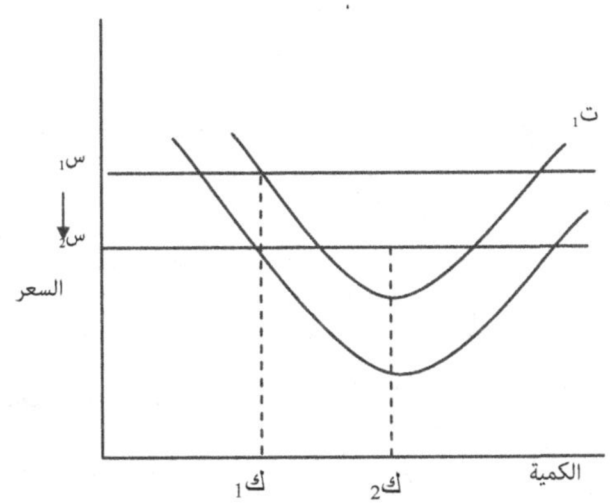

د . المنحنى (S) للإبتكار الجذري : إن أدبيات التكنولوجيا الجديدة قدمت نظرية منحنيات (S) لتفسير إدخال ونضوج التكنولوجيا ثم الإنقطاع في هذه التكنولوجيا جراء إدخال تكنولوجيا جديدة تحيل التكنولوجيا السابقة في نطاقها الواسع إلى خارج السوق لتبدأ دورة التكنولوجيا الجديدة . والشكل رقم (5 – 4) يوضح أن كل دورة إبتكارية تمثل منحنى جديد ، وأن هذا المنحنى الجديد يوجد إنقطاعا عن الدورة السابقة، وأن كل دورة إبتكارية هي أعلى من سابقتها من حيث الكفاءة .

هـ . التأثيرات الفنية والاقتصادية للإبتكار : هناك مداخل ومقاييس عديدة لتأثيرات الإبتكار على النمو الإقتصادي . ومن ذلك مدخل التمييز بين التأثيرات الفنية والاقتصادية . فالتأثيرات الفنية تتعلق بالتغيرات في علاقة المدخلات والمخرجات في إبتكار المنتجات والعمليات .

الشكل رقم (5 – 4) : الدورات الإبتكارية (منحنيات _ S)

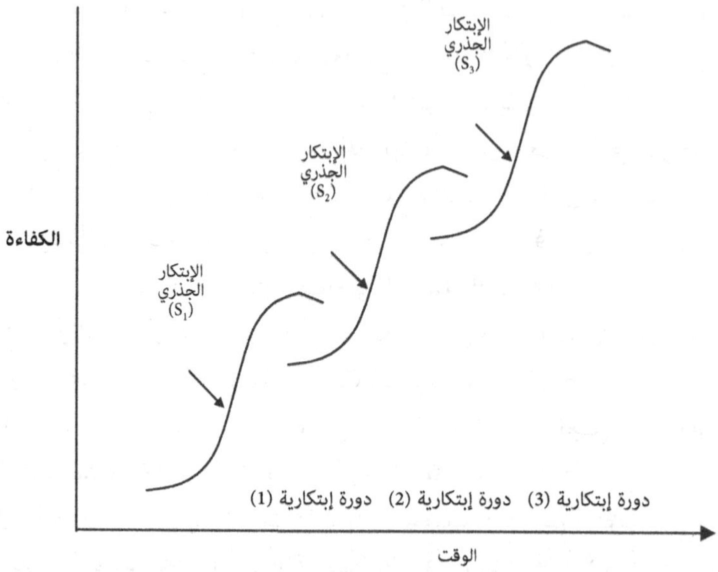

إما التأثيرات الإقتصادية فتتعلق بنتائج التغييرات الفنية على التكلفة والسعر . ورغم أهمية التأثيرات الفنية للإبتكارات بوصفها نتائج إيجابية يأتي بها الإبتكار في علاقة المدخلات - المخرجات وتحسين الكفاءة الفنية في الإنتاج، فإن هذه التأثيرات لن تشكل حافزا حقيقيا للإبتكار إلا بعد ترجمتها إلى تأثيرات إقتصادية لخدمة الشركة الإبتكارية والأطراف ذات العلاقة بها في بيئة الشركة الخاصة (العاملين ، الموردين ، الزبائن، حملة الأسهم ، والمنافسين أيضا) وبيئة الشركة العامة (المجتمع) . وهذه التأثيرات تتمثل في[10] : تكلفة أقل لوحدة المنتجات، منتجات جديدة تفتح أسواق جديدة للشركة الإبتكارية ، الربح الإقتصادي لحملة الأسهم، أجور أعلى للعاملين ، أسعار أقل نسبيا للزبائن ، تغييرات في الأسعار النسبية لمختلف الموارد الداخلة في الإنتاج ، وأخيرا تحسين مستوى المعيشة .

و . **خارجيـات الإبتكـار** : لقـد ترافقـت التكنولوجيـا عمومـا مـع مشـكلة الخارجيـات (Externalities) . ويقـوم مفهـوم الخارجيـات في الإبتكـار عـلى أن هنـاك تـأثيرات للإبتكـار (التكنولوجيـا الجديـدة أو المنتجـات الجديـدة) لا تـدخل في حسـابات التكلفـة/ المنفعـة للشركـة . ومـع أن مفهـوم الخارجيـات إقـترن بالتـأثيرات السـلبية للإبتكار أي التكاليف التي يتحملها المجتمع جراء الإبتكار دون أن تتحملها الشركات القائمة بهذه الإبتكارات كما هو الحـال في التلـوث البيئـي والأمـراض المهنيـة . إلا أن هذه التأثيرات كانت في الجانب الآخر إيجابية وتحمل معها منافع خارجية . فإبتكـار الهاتف أدى إلى العزلة الإجتماعية إلا أنه من جانب آخـر أدى إلى تقريـب المسـافات وزاد من إمكانية الاطمئنان الآني على الآخرين ، وزاد من فـرص التفـاهم بـين الأفـراد ..الخ . وهـذا يعنـي أن السـيئ الخـارجي (External Bad) أو التكلفـة يجـب أن يسـتكمل في التحليـل والتقيـيم مـع المنفعـة الخارجيـة (External Benefit) في الإبتكار[11]. ولعل هذا كله يوجد مبررات إضافية من أجـل تطـوير محاسـبة التكلفـة التقليديـة لتحويـل هـذه الخارجيـات بجانبهـا السـلبي والإيجـابي إلى داخليـات (أي تحويل التكاليف الإجتماعية للإبتكار التي يتحملها المجتمع والمنافع الإجتماعية التـي يحصل عليها المجتمع إلى تكاليف داخلية في عمليـة التقيـيم الإقتصـادي للإبتكـار) . ورغم صعوبة قياس هذه الآثار وتقييمها ماليا فـإن هـذا لا يمكـن أن يكـون سـببا في عدم الإهتمام بها .

3-5- الإنتشار والتبني للإبتكار

لقد تعرضـنا في الفقـرة السـابقة إلى الـدورة الإبتكاريـة في إدخـال الإبتكـار الجـذري ونموه ونضوجه ومن ثم شيوعه السوق بالعلاقة مع الدورة الإبتكارية السـابقة ووضـحنا هذه العلاقة من حيث أن الدورة الإبتكاريـة الجديـدة تكـون أعـلى في الكفـاءة وتوجـد إنقطاعا عما سبقها ، مستخدمين في التفسير لذلك أداة مهمة هي منحنـى الحـرف (S) (S-Curve) . الواقع أن هذا المنحنى في حقيقته هو الشكل النمطـي لإنتشـار الإبتكـار في السوق وبين الذين يتبنونه سواء كان هـذا الإبتكـار عمليـة أو تكنولوجيـا جديـدة أو منتج جديد. فالإبتكار الجديد عندما يتم إدخالـه فإنـه يقـدم منـافع جديـدة للزبـائن ، فتبدأ بتبنيه فئة محدودة من الزبائن أو المسـتفيدين القـادة (Lead Users) والـبعض يسميهم المستفيدين

المبتكرين[12]، ثم يبدأ الإبتكار بالإنتشـار (Defusing) بمعـدل معجّـل حتـى يصـل إلى الإشباع ليبدأ المعدل بالتدهور . والشكل رقم (5 - 5) يوضح إن إنتشار الإبتكـار يمكـن وضعه في ثلاث مراحل : التطلع والإكتشاف وهذا ما يقوم بـه الزبـائن القـادة بعـددهم القليل إلا أنهم يساهمون في إنتشاره في هذه المرحلة الحرجة ، ثم تبدأ مرحلـة العـدوى حيث يتم الإنتشار بمعدل أعلى لتأتي بعـد ذلـك مرحلـة التشـبع حيـث معـدل الإنتشـار يأخذ بالتدهور بشكل واضح .

الشكل رقم (5 - 5) : منحنى - S لإنتشار الإبتكار (المراحل الثلاثة)

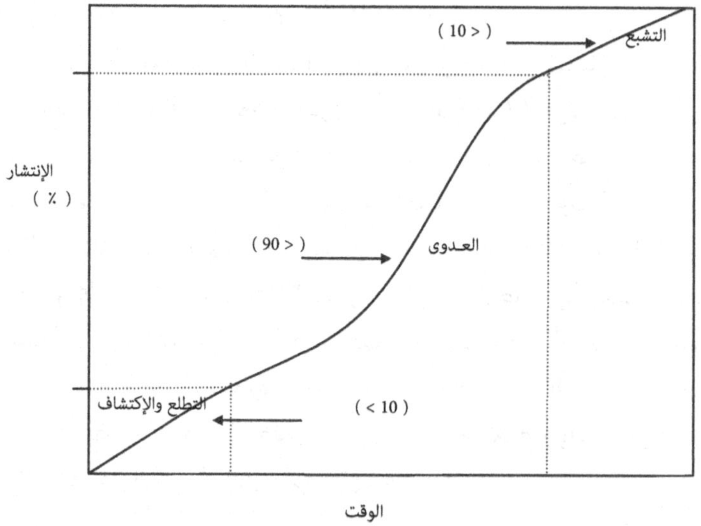

وفي الغالب يترافـق هـذا التـدهور مـع ظهـور إبتكـار جديـد ودورة إبتكاريـة جديـدة ومنحنى-S جديد ودورة إنتشار جديدة . ولابد مـن ملاحظـة أن هـذه المراحـل الـثلاث تماثل مراحل دورة حياة المنتج . فمرحلـة التطلـع والإكتشـاف تقابـل مرحلـة الإدخـال ، والعدوى

تقابل مرحلتي النمو والنضوج ، ومرحلة التشبع تقابل التدهور . وإن الفارق هو إختلاف مصطلحات المراحل الثالث التي تلائم موضوع الإنتشار بالعلاقة مع الزبائن والمستفيدين.

إن الإنتشار قد حظي بالدراسة والتحليل في علوم ومجالات أخرى ولم يحظى بالدراسة الإقتصادية أو من قبل إدارة التكنولوجيا والإبتكار إلا في مرحلة متأخرة. فالجغرافيون إهتموا بالأنماط المكانية للإنتشار أي الطرق التي إنتشرت عبرها الأشياء الجديدة جغرافيا . كما أن علم الإجتماع الريفي (Rural Sociology) قد تعامل طويلا مع موضوع الإنتشار من خلال دراسة المشكلات المتعلقة بتبني المزارعين لأنواع جديدة من الحبوب المهجنة أو طرق جديدة للزراعة[13],

كما أن علم الأوبئة (Epidemiology) كان واحدا من المساهمين في تطوير نظرية الإنتشار وذلك من خلال مفهوم العدوى (Contagion) حيث أن كل فرد ينتقل إليه المرض يكون بمثابة عقدة ينتشر منه المرض المعدي إلى أفراد آخرين محتملين بالعدوى حتى يتشبع المجتمع به . ومع ذلك فإن المختصين بعلم الأوبئة المساهمين في تطوير النظرية العامة للإنتشار هم الذين أصدروا التحذير حول حدود التماثل والتعميم . وفي هذا التحذير فإن إستخدام كلمة الإنتشار في العلوم الإجتماعية يجب أن يرتبط بحدود هذه التماثلات . فإنتشار نتاج صنعي تكنولوجي لا يمكن أن يماثل إنتشار المذاب في المذيب. وإن مثل هذه الإستعارة لا تقيم حقيقة الصلة بين الحالات المقارنة ويمكن أن تكون مضللة أيضا[14]. وهذا التحذير يمكن أن يوضح ثلاثة جوانب لابد من مراعاتها في دراسة الإنتشار وتوظيفه في إدارة الإبتكار ، وهي :

أولا : مخاطر إهمال الفوارق بين الطبيعة (مثلا تمدد الغازات والأبخرة وإنتشارها عبر الحيز المتاح) والمجتمعات (مثلا إنتشار الكتاب الإلكتروني على الوب) ، بين الظواهر الطبيعية والظواهر الإجتماعية ومنها الإبتكار .

ثانيا : الحدود التي يجب وضعها في مواجهة تطوير قانون عام للإنتشار ، فليس كل التكنولوجيات والمنتجات الجديدة في الشركات الكبيرة والصغيرة وفي الصناعات السريعة أو البطيئة التغير تنتشر بنفس الطريقة (شكل المنحنى -S) والفترة الزمنية

(مدى المنحنى من إدخال الإبتكار وحتى خروجه) ، ومعدلات الإنتشار (ميل المنحنى في مراحله الثلاث التطلع والإكتشاف ، العدوى ، التشبع) .

ثالثا : إن الإنتشار لا يمكن أن يتم آليا كما في النمط التلقائي الطبيعي وإنما لابد من جهد أساسي مكمل . فمصيدة الفئران الأفضل التي تحدث عنها إيمرسون (H.Emerson) لن تنتشر لمجرد إنها الأفضل . فرغبة الإنسان في التغيير قد تعادلها وربما تتفوق عليها رغبته في مقاومة التغيير . وهذا ما يجعل الإقتراب من الزبون والتأثير عليه لصالح الإبتكار من خلال وظيفة التسويق مسألة مهمة في الإنتشار .

والواقع أن منحنى - S بقدر ما يمثل مؤشرا دالا على ظاهرة الإنتشار فإنه لا يمكن قبوله بوصفه التوجيه الذي لابد منه في كل الإبتكارات وفي كل المجالات . ولعل هذا هو ما جعل البعض يتحدث عن منحنى -S سيئ الصيت (Notorious S-Curve)[(15)]، لأن المنحنى - S يفترض مراحل يتطور خلالها الإبتكار : إدخال ثم نضوج ووصول إلى الحد الأعلى ، وإن الشركات التي تسير بهدي هذه المراحل رغم هوائياتها التنافسية وثرائها الإبتكاري وإستثمارها الكبير فإنها تفقد الموجة اللاحقة للإبتكار . كما أن الصناعة سريعة التغير عادة ما تصنع حدودها على منحنى - S . ولعل ما يثير الخلاف والجدل حول منحنى - S أيضا هو أنه يتجه نحو الإبتكار الجذري ، في حين أن الشركات تميل أكثر فأكثر للأخذ بالإبتكار التدريجي (التحسين) اللاجذري وعلى شكل منحنيات - S صغيرة تجزئ منحنى - S الكبير إلى مجموعة كبيرة من منحنيات - S الصغيرة .

ورغم كل ذلك فإن الإنتشار وفق منحنى -S يمثل مؤشرا مهما يمكن للشركات توظيفه في دراسة وتقييم إبتكارها والحاجة إلى الموجات اللاحقة منه . ومن أجل إستكمال دراسة هذا الموضوع وتضميناته فإننا سنتحدث ثلاثة جوانب مرتبطة به : عملية التبني للإبتكار (المنتج الجديد أو العملية الجديدة) ، فئات المتبنين للإبتكار ، وأخيرا العوامل المؤثرة في الإنتشار .

أولا : عملية التبني للإبتكار

إن إنتشار الإبتكار يتم عن طريق تبني الأفراد أو الشركات لهذا الإبتكار عن طريق الشراء . وقرار التبني (Adaptation Decision) الذي يتخذه الفرد يتسم بالتعقيد كما يمر بمراحل متعددة تكشف عن أن الفرد (وكذلك الشركة) إنما يتبنى ما هو جديد بشكل تدريجي . إن الشكل رقم (5 - 6) يقدم نموذجا لعملية أو قرار التبني للإبتكار من قبل الفرد تقوم على هرمية متدرجة لهذه العملية . وهذا النموذج يقترح إن عملية التبني تبدأ بعدم الوعي (Unawareness) بالجديد ، ومع ظهور الجديد أو عند السماع به يبدأ التفكير به لتبدأ مرحلة الوعي (Awareness) وهو الخطوة الأولى بإتجاه التبني التدريجي للإبتكار . ومع الحصول على بعض المعلومات العامة ومع عدم وجود تأثير خارجي معوّق ، فإن المسار يذهب إلى المعرفة . وهنا الفرد - الزبون يبدأ بالتعلم حول الشيء الجديد وخصائصه ونقاط ضعفه وقوته . ومع المعرفة تتزايد الرغبة (Liking) في حالة الخصائص الملائمة لحاجات الزبون أو عدم الرغبة (Disliking) في حالة الخصائص غير الملائمة .

وبعد ذلك ينتقل الزبون الذي لازال يشعر بعدم التأكد أو المخاطرة ، إلى التجربة (Trail) لغرض الحصول على معلومات أكثر . وهو يقوم بذلك بدون الإلتزام طويل الأمد بالحالة التي لا يعمل فيها الجديد بشكل ملائم . ليدخل مرحلة تقييم الإستخدام (Use Evaluation) وهذه مرحلة حاسمة ، فإذا كان التقييم إيجابيا فإن تبني الإبتكار يكون مرجحا ، وإلا فإن مستوى الرغبة يتراجع والتبني المستقبلي سيكون غير مربح حتى يتغير بعض الجوانب في الشيء الجديد . إن الشكل يوضح أن الوقت هو العامل المتغير في العملية .

الشكل رقم (5 - 6) : هرمية مراحل عملية التبني

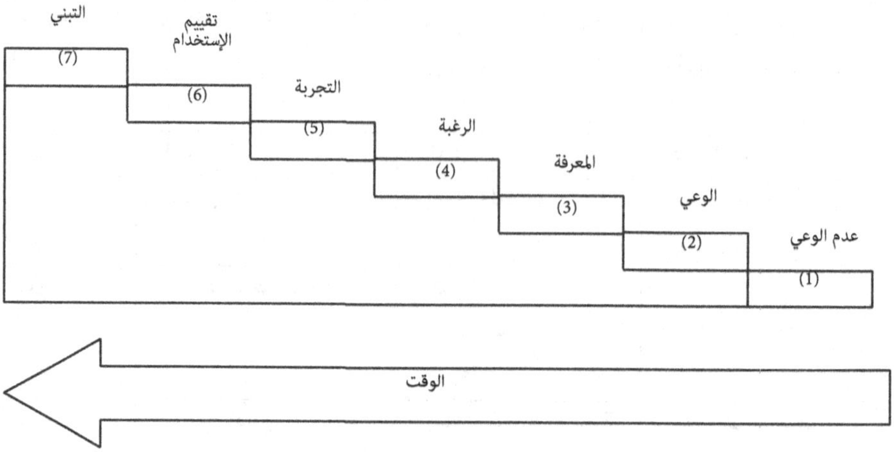

Source: William L.Wilkie (1986): Consumer Behavior, John Wiley and Sons, New York, p145.

ولابد من ملاحظة أن هذه المراحل لا تعني بالضرورة تدرج جميع الأفراد خلالها، كما أن الأفراد لا يتماثلون فيها . فبعض الزبائن (القادة) يذهبون إلى التجربة مباشرة ، في حين أن البعض الآخر ينتظر حتى يجرب الآخرون الجديد لفترة وجيزة ثم يدخل بينما البعض الثالث يتأخر كثيرا قبل الشراء . وبشكل عام فإن الشركات شأنها شأن الأفراد قد تتماثل في تبني المشروعات أو الأفكار الإبتكارية وفق مراحل تكاد تقترب من هذه المراحل المذكورة مع مراعاة الإختلاف في مجالات العمل التي قد تؤثر على تسمية أو دلالات هذه المراحل . فمثلا في تبني مشروعات إدارة المعرفة الجديدة (الإبتكار المعرفي) هناك مراحل تكاد تتماثل مع ما هو مذكور في الشكل أعلاه . وهذا ما يوضحه الجدول رقم (5-7) مراحل تبني وإنتشار هذه المشروعات الجديدة في إدارة المعرفة في عدة نماذج .

الجدول رقم (5-7) : مراحل التبني في النماذج المختلفة

نموذج بوي وكول	نموذج المركز الأمريكي للإنتاجية والجودة	نموذج المنظمة المرتكزة على المعرفة	نموذج مايكروسوفت كتكنولوجيا المعلومات
- الوعي	- أدخل وأيّد	- الوعي	- عدم الوعي
- التجريب	- إستغل وجرّب	- إعداد المنظمة	- البدء العشوائي (الإستهلال العشوائي)
- الإنتاج	- إكتشف وتصرف كرائد	- إبني الشركة المرتكزة على المعرفة	- القبول
- الحجم	- توسع وإدعم	- إستدم الشركة المرتكزة على المعرفة	- التجريب المسيطر عليه
- المشروع	- أسس	- إربط المجموعات المحلية بالمعرفة الجديدة	- فاعلية التبني
			- التركيز على النمو
			- القيادة

Source: Moonja P.Kim: Organizational Readiness for Knowledge Management, in: Ramon C.Barquin et al.(2001): Knowledge Management, Management Concept, Vienna, Virginia, p130.

لابد من الإشارة إلى أن هناك عقبات تحول دون التبني للإبتكار وإنتشاره ويمكن تحديد تلك العقبات فيما يأتي (أنظر الشكل رقم 5 - 8) :

1 . قابلية الملاحظة (Observability) : أن عدم قابلية الملاحظة بالنسبة للمنتج (أو العملية) الجديد يؤدي إلى صعوبة في إمكانية تبنيه . وأن قابلية الملاحظة تشير إلى كم هو ظاهر أو واضح المنتج الجديد ومنافعه لمن يتبناه . لهذا فأن الإعلانات

عادة ما تصمم لكي تعطي صورة واضحة عن المنتج ومنافعه مقارنة بالنماذج الحالية من حيث السعر أو الإنتاجية أو تعدد الأغراض أو ملاءمة الإستعمال ...إلخ .

2 . القابلية للتجريب (Trailability) : عندما يكون المنتج خطيرا أو مكلفا كما في السلع الإنتاجية أو المعمرة الجديدة ولأن المنتج الجديد عادة ما يكون غير معروف في خصائصه التشغيلية أو الوظيفية ، لذا فأن إمكانية تجريبه (سهولة المعاينة للمنتج الجديد ومنافعه) تصبح مهمة جدا. كما تكون عدم قابليته للتجريب أو عدم إستعداد الشركة المنتجة لذلك سببا من أسباب بطئ إنتشاره .

الشكل رقم (5 - 8) : عقبات التبني والإنتشار

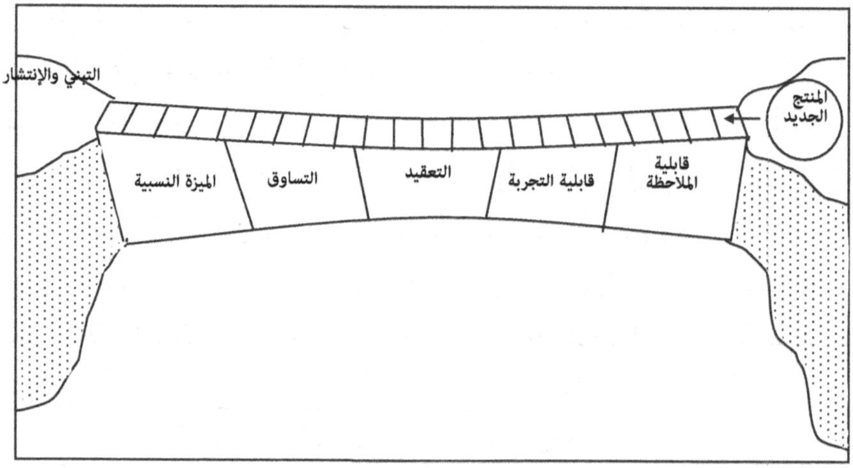

Source: Micheal R.Soloman and E.W.Stuart (1997): Marketing, Prentice Hall International, Inc, New Jersey p 313 .

3. التعقيد (Complexity) : أن سهولة فهم وإستعمال المنتج من قبل الزبون أو المستفيد تساعد على سرعة تقبله في السوق وإنتشاره خاصة عند توفر العوامل الأخرى مثل الحاجة إليه وتمتعه بمزايا الجودة وملاءمة السعر وغيرها .

4 . التساوق (Compatibility) : أن عدم تساوق وإنسجام المنتج الجديد مع القيم الثقافية وعادات المجتمع وتقاليده ، يؤدي إلى صعوبة إنتشاره وبطئ التعامل معه

وربما رفضه كليا . ومما ينسجم مع هذا أيضا التساوق مع مستوى المعيشة والأساليب المتبعة في عمل الأشياء المتعارف عليها في المجتمع . فمثلا هل أن فرن الموجات الدقيقة متساوق مع الطرق الحالية لعمل الأشياء ؟ وكذلك الطبخ في الصفائح الورقية .

5 . الميزة النسبية (Relative Advantage) : كلما كان المنتج الجديدة ذا مزايا واضحة سواء في معالجة مشكلات معروفة أو ملحة أو كان ذا مزايا نسبية واضحة مقارنة بالمنتجات الحالية والمنافسة كان ذلك سببا قويا في سرعة تبنيه من قبل الزبائن والمستفيدين وإنتشاره في السوق .

ثانيا : فئات المتبنين

إن الأفراد (وكذلك الشركات إلى حد كبير) ليسوا متماثلين في قبول ورفض الإبتكار. وهناك خمس فئات من المتبنين (Adapters) والشكل رقم (5 - 9) يوضح هذا التصنيف الذي طوره إيفريت روجزر (E.Rogers) بعد دراسة لأكثر من (500) من البحوث حول إنتشار الإبتكار بين الأفراد في حالات مختلفة ، النسب التقريبية لمتبني الإبتكار .

الشكل رقم (5 - 9) : فئات متبني الإبتكار

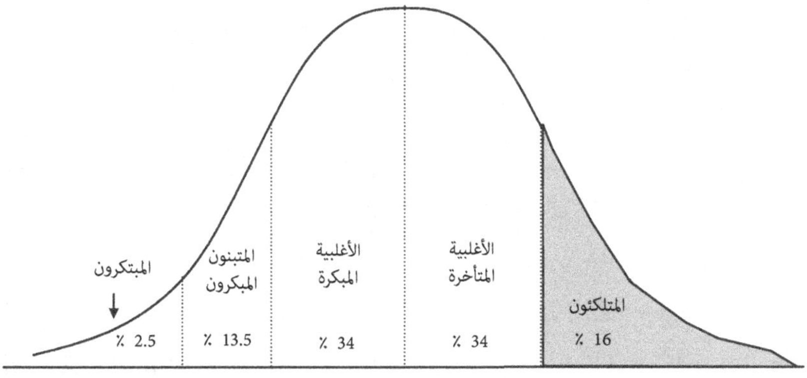

Source: Micheal R.Solomon and E.W.Stuart (1997) : Marketing, Prentice Hall International, Inc. New Jersey, p311.

والإفتراض الأساسي لفئات المتبنين هو أن أفراد هذه الفئات يتوزعون توزيعا طبيعيا تقريبا . وبالتالي فإن الإبتكار ما إن يظهر في السوق يتم تبنيه من قبل نسبة محدودة من الأفراد (2.5٪) وهم الذين ينحرفون بأكثر من إنحرافين معيارين عن المتوسط في منحنى التوزيع الطبيعي .

وتضم هذه الفئة الأفراد الذين يتدافعون من أجل الجديد عند أول ظهوره ، ويحاولون إقتناء متحملين مخاطرة فشله العالية وتكلفة إضافية في السعر . وهؤلاء هم فئة المتبنين المبتكرين بنسبتهم الضئيلة التي لا تتجاوز عادة (2.5٪) من مجموع المتبنين .

والواقع أن هذه الفئة لا تمثل الحاجات الملحة للإبتكار الجديد دائما (من حيث أن الجديد يلبي حاجات جديدة أو غير ملباة سابقا أو يحل مشكلات غير محلولة حتى الآن)، وإنما بعض أفراد هذه الفئة من أصحاب التفاخر الإجتماعي والرغبة الذاتية في تجريب ما هو جديد والعيش على حافة التطور الأمامية . وهذه الفئة يساهم أصحابها أحيانا في إبداء الآراء والمقترحات عن حاجاتهم ورغباتهم الطموحة أو الغريبة التي سرعان ما تصبح أفكارا خلاقة من أجل منتجات وخدمات جديدة .

والفئة الأخرى هي فئة المتبنين المبكرين الذين يدخلون في وقت مبكر ولكن بعد الفئة الأولى وتمثل نسبة (13.5٪) من مجموع المتبنين . وعند منتصف أو متوسط طول الوقت (متوسط التوزيع) هناك فئتان للأغلبية المبكرة والأغلبية المتأخرة . وكل منها تمثل ما يقرب من (34٪) من مجموع المتبنين . لتظل هناك فئة آخر من المتبنين هي فئة المتلكئين (Laggards) والتي تمثل سدس مجتمع المتبنين أي (16٪)[16].

ومن أجل المزيد من التحليل لهذه الفئات وخصائصها ، يكمن أن نميز بين فئتين أساسيتين واسعتين من الأفراد في تبني الإبتكار هما فئة المتبنين (المتكيفين) والمبتكرين. حيث أن الفئة الأولى تميل إلى الشيء الجديد من أجل معالجة المشكلات الحالية، تفضيل الهياكل والسياسات والحلول الحالية مع دمج ما جديد فيها (الجديد ضمن الحدود المقبولة).

أما الفئة الثانية (المبتكرون) فأنها تميل للأشياء الجديدة بما في ذلك طرح المشكلات الجديدة والبحث عن الحلول خارج ما هو مألوف في الشركة حتى لو أدى ذلك إلى تغيير

الهياكل والسياسات وإعادة طرح المشكلات الراهنة بشكل جديد وغير مألوف . والجدول رقم (5 - 10) يقدم مقارنة بين الفئتين .

جدول رقم (5 - 10) : خصائص المتبنين والمبتكرين

التضمينات	المتبنون (المتكيفون)	المبتكرون
لحل المشكلات	- يميلون لأخذ المشكلة وتوليد الجديد ، تبني الأفكار الخلاقة بهدف عمل أشياء أفضل ، والكفاءة العالية هي الأهم للمتبنين .	- يميل لإعادة تعريف للمشكلات المتفق عليها عموما ، كسر القيود المتصورة السابقة لتوليد حلول تستهدف عمل الأشياء بشكل مختلف .
من أجل الحلول	- عموما يولدون الحلول العلمية المختارة جيدا ذات العلاقة والتي توجد بشكل كاف ولكن أحيانا يفشلون في إحتواء الأفكار المطلوبة لكسر النمط الحالي كليا .	- ينتجون أفكارا بعضها قد لا يكون واضحا أو مقبولا من الأخرى . وهذا القطب غالبا يحتوي أفكارا ، التي تتصدى للمشكلات الصعبة التي لم تحل حتى الآن .
من أجل السياسات	- تفضيل الحالات القائمة والمعروفة جيدا . الأفضل هو مزج البيانات والحوادث الجديدة بالهياكل والسياسات الحالية.	- يفضل الحالات غير المبنية ، إستخدام بيانات جديدة كفرص لوضع هياكل والسياسات الجديدة القابلة للمخاطرة العالية .
من أجل الملائمة التنظيمية	- التأكيد على الوظائف الحالية ، ولكن في أوقات التغيرات غير المتوقعة قد يتحركون بصعوبة خارج دورهم القائم .	- التأكيد على ما جديد في أوقات التغيير والأزمة ، ويمكن أن يصاحبه بعض الإضطراب المطلوب من الناحية التنظيمية .
من أجل الإبداع المحتمل	- قادرون على توليد حلول خلاقة أصيلة ولكن يعكس مدخلهم الكلي لحل المشكلة ضمن الحالة القائمة	- قادرون على توليد حلول أصيلة وخلاقة ولكن تعكس مدخلهم الكلي لحل المشكلات خارج الحالة القائمة .
من أجل التعاون	- المتبنون بقوة لا يلتقون بسهولة مع المبتكرين ، ولكن المتبنين الوسط قد يقوم بالتجسير .	- المبتكرون الكبار لا يلتقون بسهولة مع المتبنين . المبتكرون الوسط يمكن أن تقوموا بالتجسير .
السلوك المتصور	- المنظور بواسطة المبتكرين متكيف ، ثابت ، آمن، قابل للتنبؤ ، ذي علاقة بالموضوع، غير مرن، متزاوج بالنظام، ولا يسمح بالغموض .	- المنظور بواسطة المتبنين غير ثابت، غير عملي، خطير ، مكشط (Abrasive) ، غالبا يصدمون معارضيهم وينشئون التنافر .

Source: A.B.(Rami) Shani and J. B.Lau (1996) : Behavior Organizations, Irwin, Chicago, pp15-16.

وفي دراسة غطت (11) سلعة معمرة جديدة أظهرت أن هناك إختلافات بين فئات المتنبين لهذه السلع . والجدول رقم (5 - 11) يوضح هذه الإختلافات . حيث أن هناك علاقة واضحة بين فئات عمرية معينة وفئات الدخل ومستوى التعليم ومستوى التخصص في المهنة من جهة وتبني الإبتكار .

الشكل رقم (5 - 11) إختلافات بين فئات المتبنين

المتلكئون	الأغلبية المتأخرة	الأغلبية المبكرة	المتبنون المبكرون	العامل
				- المكانة الإجتماعية والإقتصادية
				* العمر
3.06	2.90	2.97	3.09	* التعليم
3.78	3.96	4.06	4.12	* الدخل
4.19	4.42	4.73	4.97	* المهنة
0.44	0.48	0.58	0.60	
				- عدد القراء
2.79	3.31	3.72	4.32	* دوريات الحاسوب
2.11	2.52	2.88	2.99	* دوريات الأعمال

المتوسطات تم ترميزها كالآتي :

العمر : 1 = > 25 ، 25-34 = 2 ، 35-44 = 3 ، 45-54 = 4 ، 5 = < 55

التعليم : 1 > أقل من تعليم جامعي 2 = تعليم جامعي 3 = في كليات معينة 4 = خريجي كليات معينة ، 5 = ماجستير 6 = دكتوراه

الدخل (بألف دولار) : 1 > 15000 ، 2 = 15-24 ، 3 = 25-34 ، 4 = 35-49 ، 5 = 50-74 ، 6 = 75-89 ، 7 = 100-149 ، 8 = 150+

المهنة (كنسبة من المهنيين) : 1 = مهنيين ، صفر = غير مهنيين .

عدد الدوريات في الأشهر الستة الأخيرة .

Source: V.K.Narayanan (2000): Managing Technology and
Innovation for Competitive Advantage, Prentice Hall,
New Jersey, p108.

4-5- العوامل المؤثرة في الإنتشار

إن الشركات القائمة تكون أكثر ارتباطا بما هو قائم من عمليات (تكنولوجيا) ومنتجات وخدمات حالية ، خاصة إذا كانت هذه ترتبط بحصة كبيرة في السوق وذات ميزة ملائمة بالعلاقة مع المنافسين . وفي مثل هذه الحالة فإن انتشار الإبتكار الخاص بعمليات أو منتجات وخدمات جديدة يكون أصعب وأبطأ والعكس صحيح إلى حد كبير. وبالعموم فإن هناك عوامل مؤثرة في انتشار الإبتكار في الشركات يمكن حصرها فيما يأتي :

أولا : عرض لم يبتكر هنا : إن الكثير من الشركات الكبيرة والقائدة تجد في قدرتها الإبتكارية المصدر الأساسي للعمليات والمنتجات الجديدة ومقاومة الإبتكارات من خارجها. فالمهم هو أن أصل الإبتكار يكون في داخلها وصنيعة قدرتها الذاتية وليس قادما من خارجها وبشكل خاص صنيعة منافسيها . ويمكن تفسير ذلك ليس فقط باعتداد الشركة بنفسها بعد أن تكونت وتطورت وكبرت بنجاح ، وإنما أحيانا يمكن تفسيرها بالعنصرية في فرض ما لدى الشركة على الآخرين لا أن تأخذ منهم[17] .

كما قد يفسر ذلك بإعتقاد الشركة أن الميزة التنافسية لن تكون كبيرة في عمليات ومنتجات جديدة متاحة للمنافسين الآخرين . لهذا فإن عرض لم يبتكر هنا هو عرض حقيقي في الشركات القائدة . ولقد أشار دراكر(P.F.Drucker) إلى العادات الخمس السيئة في أستراتيجية الشركة ، حيث العادة السيئة الأولى هي عرض لم يبتكر هنا مشيرا إلى أنها الكبرياء التي تقود الشركة أو الصناعة وكذلك الاعتقاد بأن الابتكار الجديد لن يكون مفيدا ما لم يكونوا هم أنفسهم قد فكروا فيه[18] .

فالشركة في هذه الحالة إذن لا ترى الفرصة المتأتية من الابتكار من أين كان مصدره أو أين كان إنبثاقه . كما أن توم بيترز (T.Peters) يشير إلى قائمة (الإنكارات) التي تتذرع بها الشركات لتبرير سلوكها في (عرض يبتكر هنا) : لا يمكننا أن ننقل عن غرائمنا القدماء ، لا يمكننا أن نقلد منافسين جدد خاصة الأجانب لأننا لسنا هم ، لا يمكننا أن نقلد صغارا إذا كنا كبارا ، ولا يمكننا أن نقلد كبارا إذا كنا صغارا

فلسنا مزودين بجيوب عميقة كما في شركة كبيرة ، وأخيرا لا يمكننا أن ننقل عمن ليسوا أعداء أو منافسين لأن مثل هذا يمكن أن ينفع في أية صناعة إلا صناعتنا[19].

والواقع أن الإبتكار ليس محتكرا في مكان (شركة) أو زمان (فترة دون أخرى) أوفي بلد دون آخر أو في لون دون آخر، والمهم فيه الفرصة فعندما يكون الابتكار فرصة سوقية فلابد من أخذها بالتبني أو التقليد أو الإستنساخ أو التعلم أو أية صيغة تجعل الابتكار جزء من الشركة وجزء من ميزة الشركة التنافسية . ولعل أعظم فضائل الإدارة في الوقت الحاضر هي أنها أصبحت على إستعداد لأن تقبل المعرفة من حيثما تأتي، ,أنها مستعدة لأن تحفر من أجل العثور على الذهب حيثما يجب [20]. وهذا ما باتت الشركات كبيرها وصغيرها يعمل عليه في الوقت الحاضر .

ثانيا : ظروف السوق الحالية : رغم أن الابتكار قد يومي إلى شئ جديد من المستقبل ليس موجودا في الوقت الحاضر ، إلا أنه في أغلب الحالات وثيقة الصلة بظروف السوق الحالية وما يمكن توقعه فيها . فالإبتكارات في الصناعة رغم أنها تكنولوجية في جوهرها ونتاج صنعة وبراعة المبتكر المهني- الحرفي المتميز، إلا أنها في تقييمها الأخير في الشركات ظاهرة أو عملية إقتصادية . فالسوق وظروفه تحدد في حالات كثيرة ما هو الابتكار الذي من المحتمل أن يأتي . وأحيانا كما في ظروف الأزمات يمكن أن يحدد وبقدر عال ماذا سيأتي . خاصة وأن الأزمة تخلق ضغوطا على الاستثمار وعلى توجيه أكثر الموارد وألمع العقول من أجل مواجهتها . وهذا بحد ذاته يوجد فرصا أفضل للإبتكار المتوقع .

إن ما هو معروف بصدمتي النفط في بداية ونهاية السبعينات قد أدت إلى تطور واضح في طرق الإقتصاد بالطاقة . وإن الاهتمام الحالي بحماية البيئة أخذ يؤدي وبشكل سريع إلى إيجاد عمليات وتكنولوجيات نظيفة ومنتجات خضراء وخدمات خضراء ومواد مدورة بالكامل وغيرها الكثير مما لم يكن ممكن التبني قبل عقد من الزمن .

ثالثا : وتيرة التغيير في الصناعة : إن وتيرة التغيير وهي المعدل الذي تتعرض فيه المنتجات والعمليات للتغيير خلال فترة زمنية معينة ، تتباين من صناعة لأخرى . فشركة هوندا (Honda) تقوم بإصدار نسخة جديدة معدلة من سيارة (أكورد Accord) كل

أربع سنوات ، وشركة بوينج (Boeing) تقوم بإصدار نسخة معدلة من طائراتها كل خمس سنوات (الطراز 747 في السبعينات ، ثم 757 و 767 في الثمانينات ، وثم الطرازين 777 و 687 في التسعينات[21].

ولهذا فإن الصناعات ليست واحدة في خصائصها وفي مقدمة هذه الخصائص سرعة التطور ووتيرة التغيير فيها . فبعض الصناعات هي في طبيعتها ذات إستثمارات كبيرة وضخمة الحجم وهذه تجعل إستجابة الصناعة للتغييرات في الغالب بطيئة . وبالتالي فإن تبني الإبتكارات الجذرية والتي تتطلب تغييرات كبيرة فيها ، يكون بطيئا . في حين أن صناعات أخرى تكون وتيرة التطور والتغيير سريعة جدا . والمثال الأهم في هذه الصناعات هي صناعة الحاسوب الشخصي- حيث أن هذه الصناعة التي تحقق أعلى معدلات النمو وتستخدم فيها ألمع العقول كما تسجل فيها أكثر البراءات ، هي صناعة رشيقة وسريعة التبني للإبتكارات في المعالجات ، برامج التشغيل ، الوحدات الطرفية، الشبكات ، المكونات الداخلية ، الشاشات ، آلات التصوير الحاسوبية ، والملحقات الأخرى الآخذة بالتزايد بإستمرار . لهذا فإن وتيرة التغيير تجد في إستعداد السوق الآخذ في التنامي والإتساع كما في سوق الحاسوب والشبكات والإنترنت ، عاملا مساعدا قويا ليس فقط في تسارع وتيرة الإبتكارات (التغيير في المفاهيم والنظم والمجالات) وإنما أيضا في تسارع وتيرة التبني (المعالجات ، البرمجيات ، الشبكات ، وغيرها الكثير) في حين نجد أن صناعات أخرى تكون أبطئ في الإبتكار والتبني (كما في الصناعة الصيدلانية التي تتطلب إبتكاراتها فترة طويلة من الإختبار وإثبات الفاعلية قبل التوزيع في السوق ، وفترة ترقب من قبل الزبائن قد تطول أحيانا بعد التوزيع) . كذلك يكون التبني أبطى بسبب طبيعة الصناعة أو بسبب الإستثمارات الكبيرة (كمحطات الكهرباء ومعدات الصناعة النفطية) التي تحد من سرعة وتيرة التبني . والشكل رقم (5 - 11) يقدم مصفوفة ذات بعدين : سرعة التغيير ومستوى التغييرات في الشركة وأمثلة عن الشركات في المصفوفة.

رابعا : نوع الإبتكار: إن الإبتكارات يمكن أن تنتشر بيسر وسهولة أكبر إذا كانت تدريجية وغير جذرية . فالتحسينات والتغييرات الصغيرة وحتى المتوسطة التي لا تنقل الشركة

بالكامل من منتجاتها وعملياتها الحالية إلى أخرى جديدة تماما ، يمكن أن تنتشر بسرعة بين الشركات . وهذه الملاحظة لا تعود إلى حقيقة أن الشركات تميل إلى استمرارية حالتها القائمة مادامت ذات ميزة نسبية ولو كانت بسيطة فقط ، وإنما أيضا إلى أن استقراء السوق وتحديد النتائج المتوقعة من التبني للإبتكارات التدريجية يكون أسهل وأقل درجة من حيث عدم التأكد .

وهذا يفسر أيضا ميل الشركات إلى الإدخال التدريجي للإبتكارات الجذرية في بعض الحالات التي يكون ذلك ممكنا . فعندما تكون التكنولوجيا الجديدة مكونة من أنظمة متعددة يتم إدخالها هذه الأنظمة بشكل متدرج فيما يشبه تجزئة الأخذ بالإبتكار الذي هو في حقيقته تجزئة المخاطرة . فيكون الانتشار في هذه الحالة أسرع .

الشكل رقم (5 - 11) : مصفوفة سرعة التغيير وحجم التغيرات في الشركة

سرعة التغيير

مستوى التغييرات	سريع	بطيء
كبير	- الحاسوب الشخصي - تكنولوجيا حماية البيئة - الخدمات السياحية	- المواد الصيدلانية - الأجهزة الكهربائية - الوجبات السريعة
محدود	- الأزياء - المصنع الإفتراضي - خدمات المصارف	- الطائرات - بناء السفن - خدمات النقل

خامسا : التأثير على نظام الإنتاج الحالي : أن مما يرتبط بالنقطة السابقة هي أن الانتشار يكون أسرع بين الشركات إذا كان لا يؤثر على التدفق الحالي للإنتاج وبالتالي لعوائد الشركة . فالشركات قد تقف مترددة وربما مقاومة لأسلوب الإبتكار الجذري الذي يغير

النظام الكلي للشركة ، ولكنها قد تقبل بذلك إذا كان موازيا أو مكملا لنظام إنتاجها الحالي. لهذا فإن استخدام خطوط إنتاجية مبتكرة جديدة تحقق للشركة تكاملا إلى الخلف (نحو المواد الأولية والتوريدات) أو إلى الأمام (نحو التجميعات أو قنوات التوزيع) ، يكون أسهل وأسرع في الانتشار بالمقارنة مع العمليات الجديدة التي يمكن أن تحل محل العمليات الحالية للإنتاج كليا .

سادسا : المنافسة : أن الكثير من الشركات عندما يكون الابتكار جذريا تميل إلى تأجيله حتى تستكمل دراسات الجدوى وجمع أكبر قدر من المعلومات . ولكن كل هذا يصبح بدون جدوى إذا ما المنافسون يتبنون الابتكار الجديد (حتى ولو كان جيلا جديدا من التكنولوجيا أو المنتجات) . فالشركات المنافسة الأخرى تصبح في أشد حالات الاهتزاز والاندفاع وراء التبني ليتحقق الانتشار السريع . إنه تأثير جوقة الموسيقى (Bandwagon Effect) ولكن هذه المرة ليس بعدوى اجتماعية وإنما تحت تأثير البقاء في السوق في مواجهة المنافسة . ومرة أخرى يظهر جليا أن المنافسة لا تقوم بتعجيل الابتكار فقط وإنما تقوم بتعجيل انتشاره . ولأن المنافسة في الوقت الحاضر واسعة وشديدة لأنها تأتي دائما بداخلين جدد على مستوى العالم كله ، فإن هذا بحد ذاته هو أكثر ضغطا على الشركات من أجل تبني أسرع للإبتكارات . كما أن الأسلوب الياباني وكذلك الكوري (حاليا) في المنافسة الذي يقترب كثيرا من شكل غزوات السوق فإن التبني أصبح أكثر سرعة وسهولة في الشركات من أجل انتشار أوسع وأسرع .

سابعا : ظاهرة الأزيز : إن بعض المنتجات (أو العمليات) تمثل نجاحا ذا دوي وأخرى لا تكون كذلك . وتقدم شركة (Nabisco) مثالا عن ذلك ، فهي إحدى شركات الوجبات الخفيفة التي حققت نجاحات كبيرة لتكون الأولى أو الثانية في كل فئة تنافس بها في السوق محققة عوائد بلغت (8,7) بليون دولار في عام 1997 . وفي حياة هذه الشركة كان هناك ما يقرب من ثلث المنتجات الجديدة قد حقق نجاحا ذا دوي عالي (Blockbuster) ، والثلث الأخر كان ملائما ، والثلث الأخير كان ذا أداء متواضع[22].

وحسب دراسة حديثة لفريق بحث من مؤسسة ماكنزي أجريت على (50) شركة توصل إلى تأثير واضح لظاهرة الأزيز (Buzz Phenomenon) وهي بمثابة الطلب الإنفجاري

المتولد ذاتيا الذي قد يبدو كقوة عشوائية للحالة الطبيعية في إنتشار المنتجات وكذلك في إنتقال تأثيرها من صناعة إلى أخرى . وقد أشارت الدراسة إلى أن ثلثي الإقتصاد الأمريكي كان متأثر بظاهرة الأزيز المنتقلة من صناعة لأخرى . وإن هناك صناعات تتأثر بشكل كبير بالأزيز (إنتقال التأثير والإهتياج بشيء من مكان إلى آخر ومن مجموعة زبائن إلى أخرى) مثل الألعاب (Toys) ، السلع الرياضية ، الرسوم المتحركة ، خدمات التسلية والملاهي ، الأزياء ، والهواتف المحمولة . وفي المقابل صناعات قليلة التأثر بالأزيز مثل : النفط ، الغاز ، الكيماويات ، السكك الحديد ، التأمين، والنافع العامة[23]. وهذا يعني أن المنتجات التي تحدث دويا وأزيزا قويا تحت تأثير القدرة الفنية أو تكتيكات الحملة التسويقية يمكن أن تنتشر بسرعة خلافا للمنتجات أخرى لا تنال مثل هذا الدوي والأزيز . لهذا فإن الدراسة تدعو إلى ضرورة الإهتمام بصناعة الأزيز وإدارته من أجل زيادة وتحسين إنتشار هذه المنتجات وتوسيع مجال صناعاتها .

❁ المصادر

1. Cited in: Robert M.Price: Technology and Strategic Advantage, California Management Review, Vol(38), No.(3), Spring 1996, pp38-55.

2. إن دراكر وصف هذه الدورات بالإثارة الكبرى ، التمدد السريع ، الإهتزاز المفاجئ ،ثم الإنهيار في حدود خمس سنوات، أنظر : بيترف. دراكر: التجديد والمقاولة، ترجمة د.حسين عبد الفتاح ، دار الكتب الأردني، عمان ، ص 17.

ففي الصناعة الصيدلية مثلا فإن هذه الدرة دورة تطوير المنتج الجديد تمتد بين (10-15 سنة) أنظر :

P.Kotler et al., (1996): Principles of Marketing, Prentice Hall, London, pp511-2.

3. Rajesh K.Chandy and G.J.Tellis: The Incumbent's Curse? Incumbency, Size, and Radical Product Innovation, Journal of Marketing, Vol (24), No.(3), July 2000, pp1-17.

4. Keith Pavitt, What we Know about the Strategic Management, California Management Review,Vol(32), No.(3), Spring 1990, pp17-26.

5. Mauren Mckelvey (2000): Evolutionary Innovation, Oxford University Press, p5.

6. Giles H.Burgress, Jr.(1989): Industrial Organization, Prentice Hall, Englewood Cliffs, New Jersey, pp285-7.

7. M. McKelvey, op cit,p5.

8. D.A.Aaker (1995):Developing Business Strategies, John Wiley and Sons, Inc. New York, P232.

9. William L.Wilkie (1986): Consumer Behavior, John Wiley and Sons, New York, p119 .

10. Gerhard Rosegger: The Economics of Production and Innovation, Pergamon Press ,Oxford, p19.

11. Ibid,p19.

12. Eric Von Hipple et al.,: Creating Breakthroughs at 3M, HBR, Vol.(77), no.(5), Sep-Oct 1999, pp47-57.

13. William L.Wilkie (1986): Consumer Behavior, John Wiley and Sons, New York, p112.

14. Gerhard Rosegger , op cit, pp178-179.

15. Glenn Rifkin: Technology: Wrestling with the S-Curve, HBR, Vol.(72), No.(1), Jan-Feb 1994, p10.

16. William L.Wilkie, op cit, pp114-5.

17. دين آلن فوستر (1996) : المساومة عبر الحدود ، ترجمة د. نيفين غراب، الدار الدولية للنشر والتوزيع ، القاهرة ، ص 286 .

18. بيتر ف. دراكر (1988) : التجديد والمقاولة ، د. حسين عبد الفتاح ، دار الكتب الأردني ، ص 223 .

19. توم بيترز (1995) : ثورة في الإدارة ، ترجمة محمد الحديدي ، الدار الدولية للنشر والتوزيع ، القاهرة ، ص 350 .

20. و. جاك دنكان (1991) : أفكار عظيمة في الإدارة ، ترجمة محمد الحديدي، الدار الدولية للنشر والتوزيع ، القاهرة ن ص73 .

21. ××× : نشرة خلاصات ، الشركة العربية للإعلام العلمي ، العدد 155، حزيران 1999 ، ص 2 .

22. Bill Gates and C.Hemingway (1999): Business and Speed of Thought, Penguin Books, London, p250.

23. Renee Dye: The Buzz on Buzz, HBR, Vol (87), No.(6), Nov-Dec 2000, pp139-146.

الفصل السادس

تطوير المنتجات ودورة حياة المنتج

6-1- المدخل

6-2- مفهوم المنتج والمنتج الجديد

6-3- تطوير المنتجات الجديدة

6-4- التبسيط والتنوع

6-5- الإتجاه إلى الإبتكار : الإتجاه إلى التنوع

6-6- أساليب تطوير المنتجات

6-7- دورة حياة المنتج

6-8- الإبتكار في الخدمات

6-9- دورة حياة الخدمة

❁ المصادر

6-1- المدخل

أن السمة الأساسية لعصرنا الحديث هو التزايد المطرد في المنتجات وتنوعها الكبير الذي يجعل الكثير من المختصين يعتبرون أن ابرز سمات هذا العصر هـو ما يسمى بثورة المنتجات (Product Revolution) ، ففي كل يوم تتوالد منتجات جديدة من المنتجات القديمة . وفي كل فترة وجيزة تولد أساليب وطرق جديدة تختلف كثيرا عن الأساليب والطرق السابقة ، وفي كل فترة تبتكر منتجات جديدة لم يكن لها نظير في السابق لتغير مجالات واسعة من المنتجات السابقة وإزاحتها من السوق . ولعل اقرب مثال على ذلك ابتكار الترانسيزتور (Transistor) الذي أزاح من السوق مجموعات واسعة من المنتجات الكهربائية التي كانت تستخدم الصمامات المفرغة (Vacuum Tubes) .

إن أهم ما يلاحظ على تطور المنتجات هو السرعة الكبيرة التي يتم فيها تطوير المنتجات الموجودة وإدخال المنتجات الجديدة مما جعل دورة حياة المنتجات اقصر مما كانت ، وان عدد المنتجات الجديدة في الفترة الحالية اكبر مما كان عليه في الماضي بشكل لا يقارن . وان تنافس الشركات في ظل انفجار المنتجات الجديدة قد جعل دورة حياة المنتج التي كانت تستمر لعدة سنوات في الماضي أصبحت لا تستغرق إلا عدة اشهر، والشكل رقم (6 – 1) يوضح انفجار المنتجات الجديدة والتزايد شبه الأسي لعدد هذه المنتجات في الفترة الحالية ، فبعد أن كان تطور المنتجات بطيئا في بداية القرن العشرين، أخذت سرعة هذا التطور بالتزايد لتصل ذروتها في التسعينات في ظل المنافسة القائمة على الوقت التي تشير في هذا المجال الى المزيد من المنتجات في أقصر وقت (More Product in Less Time)[1] . والشكل رقم (6 – 1) يوضح ذلك .

ولعل هذا كله هو الـذي يجعـل تطـوير المنتجـات في الشركات الحديثـة يمثـل مهمـة أساسية تضطلع بها وظيفة أساسية هي وظيفة البحث والتطـوير(R& D.Function) شأنها شأن الوظائف الرئيسية الأخرى كالإنتاج والتسويق والمالية .

6 – 2 - مفهوم المنتج والمنتج الجديد

إن المنتج (Product) هو دم الحياة الذي يحافظ على حيوية وتجدد الشركات ويعبر عن قدرتها الإنتاجية والتسويقية والإبتكارية ، وهذا ما يجعل المنتج أكثر من شيء يمكن إنتاجه لأنه يرتبط بقدرات مهمة أخرى لا تقل أهمية عن القدرة على إنتاجه. لهذا فان المنتج في الشركات الحديثة يعتبر عملية واسعة ومعقدة ابتداء من عملية

الشكل رقم (6 – 1) : انفجار المنتجات الجديدة

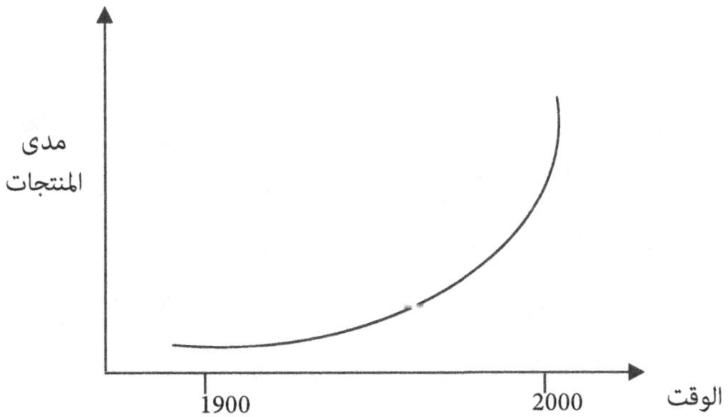

البحث عن فكرة جديدة لمنتج جديد وتصميم شكله وخصائصه ونماذجه التجريبية الأولى وصولا إلى إنتاجه وتسويقه ومتابعة تطويره في دورة حياته في السوق وحتى تدهوره وخروجه من السوق ليحل محله منتج آخر .

ويمكن تعريف المنتج بأنه " مجموعة من الخصائص المادية والكيماوية المجتمعة في شكل محدد لإشباع حاجة معينة " كما يعرفه كوتلر (P.Kotler) تعريفا موسعا بأنه " أي شي يقدم الى السوق لإشباع حاجة أو رغبة "[(2)]. وهذا التعريف لا يحدد المنتج بالأشياء المادية وإنما أي شيء قادر على إشباع الحاجة يمكن أن يسمى المنتج .

ولابد من أن نشير الى تطور مفهوم المنتج ، ففي البدء كان المنتج يخضع لحتمية الإنتاج حيث إن المنتج يمثل مجموعة الخصائص الإنتاجية والجودة التي يمكن إنتاجها، ولقد كان الزبون بعيدا عن الصورة وليس له دور في هذه المرحلة ، وان العبارة الشهير لهنري فورد (Henry Ford) بان الزبون حر في أن يشتري أي سيارة يرغبها طالما كان لونها اسودا ، تمثل هذا المدخل . إلا أن ظهور المنافسة واتساع تأثير الزبون في اختيار المنتجات حسب حاجته ورغباته قد أدى الى الانتقال من المدخل الإنتاجي القائم على مبدأ إنتاج أقصى ما يمكن إنتاجه ، الى المدخل التسويقي الذي يركز على الزبون أولا مع اهتمام أدنى بالإنتاج وقدراته . ومثل هذا المدخل قد عالج الخلل في المدخل الإنتاجي في الاقتراب من الزبون والشكل (6 – 2) يوضح هذين المدخلين . ولكن هذا الإقتراب من الزبون لا بد من يعتمد على قدرة عالية ليس فقط في الإستجابة للزبون بفهم حاجاته ورغباته ، وإنما أيضا في القدرة الإبتكارية على الإتيان بمنتجات وخدمات جديدة تكون قادرة على تلبية تلك الحاجات والرغبات بشكل أفضل مقارنة بالمنافسين .
والشكل (6 – 2) المدخل الإبتكاري في المقطع (ج) الذي يجعل الزبون في قلب الاهتمامات للوظائف الأساسية في حين يكون الإبتكار هو محور الإرتباط بالزبون من جهة وبالوظائف الأساسية الأخرى للشركة من جهة أخرى .

ومن اجل الوضوح في التمييز بين كل من المدخل الإنتاجي (إنتاج ما يمكن بيعه) والمدخل التسويقي (إنتاج ما يمكن بيعه حتى ولو كان موضة) ، نشير الى أن المدخل الإنتاجي يمكن أن يكون شعاره " لاتبع اللحمة وإنما بع الشريحة المصنوعة حسب المواصفات " بينما المدخل التسويقي شعاره " لاتبع الشريحة وبع ما يئز " أي أن الشركة الناجحة لا تبيع المنتج وإنما المنافع . إلا أن المدخل التكاملي هو الذي يجمع بين مزايا المدخلين : الشريحة وما يصدر عنها من صوت يعجب الزبون عند القلي مع إمكانية مفتوحة على الإتيان بالجديد الجذري أو المحسن في كل ما يحقق للشركة الإستجابة الأفضل لحاجات السوق و ينشئ القيمة للزبون .

الشكل رقم (2-6) : التمييز بين المداخل الثلاثة

أ - المدخل الإنتاجي ب - المدخل التسويقي ج - المدخل الإبتكاري

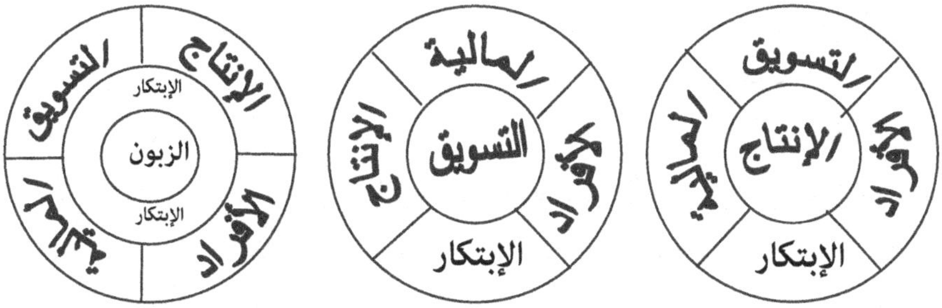

Source: Partial From : Ken Peattie (1995): Environmental Marketing Management, Pitman Publishing, London p128.

أما المنتج الجديد (New Product) فانه يمثل هدفا أساسيا لعملية التطوير في الشركات الحديثة ، ومن اجل تحديد مفهوم المنتج الجديد نشير الى أن هناك ثلاث فئات للمنتج الجديد هي :

أولا : منتجات الإبتكار الجذري : والتي تكون مبتكرة وفريدة حقيقة (Truly Unique Products) ومن أمثلتها: علاج السرطان (Cancer Cure) عند التوصل إليه حيث أن هذا العلاج لازال غير موجود حتى الآن ، والمنتجات في هذه الفئة تختلف بشكل جوهري عما هو موجود من منتجات ، فالترانزيستور يختلف جذريا عن الصمامات المفرغة .

ثانيا : منتجات الإبتكار التدريجي (التحسين) : وتتمثل في تغييرات المنتجات الحالية التي تؤدي الى التمييز الواضح بينها كما في تغيير القهوة سريعة الذوبان (Instant Coffee) الى القهوة النشيطة (Beans Coffee) ، وتغيير الشوربة الجاهزة الى الشوربة الجافة (Dry Soup) ويدخل ضمن هذه الفئة التغييرات في النماذج السنوية للملابس .

ثالثا :المنتجات المقلدة (Imitative Products) : والتي تكون جديدة بالنسبة الى الشركات التي تدخلها في الإنتاج لأول مرة ولكنها لا تكون جديدة في السوق ، وهذه الفئة من المنتجات يمكن أن تدعى " منتجات أنا أيضا Me - too Products " ، وهذه لا تكون إبتكارية وإنما تدخل ضمن التقليد الإستنساخي (Duplicated Imitation) .

ولقد أكدت الدراسات الكثيرة التي أجريت على المنتجات على أن القسم الأكبر من المنتجات تواجه الإخفاق والفشل في السوق ، وان المنتج الجديد الناجح يمثل حالة نادرة، فمن بين كل (25) منتجا جديدا هناك منتج واحد يكون ناجحا فعليا ، وقد أشارت أحدى الدراسات الى أن السلع الإستهلاكية بضمنها التوسعات في الخطوط الإنتاجية كان معدل الفشل فيها (80 ٪)[3] . وإذا ما أخذنا بالاعتبار أن الفكرة الجديدة التي تتحول بنجاح الى منتج جديد هي أيضا حالة نادرة ، لامكن إدراك درجة المخاطرة العالية التي تكتنف عملية تطوير المنتجات الحالية وإدخال المنتجات الجديدة . لهذا كله نجد أن الشركات تعمل على تطوير أستراتيجية المنتج التي تتلاءم مع مواردها المالية وإمكاناتها التكنولوجية والبشرية ومع ظروف السوق وإمكانات المنافسين الأساسية سواء في التكلفة - السعر أو الخصائص الوظيفية أو الابتكار التكنولوجي أو الجودة العالية أو القدرة الكبيرة على تلبية حاجات الزبائن ، مما يجعل المنتج الجديد هو الشكل الأكثر تطورا وقدرة على تحقيق النجاح وتكون أستراتيجية المنتج هي الموجه الفعال نحو هذا النجاح .

6-3- تطوير المنتجات الجديدة

ليس هناك منتج يمكن أن يستمر في السوق لفترة طويلة بدون تغيير أو تحسين ، وان الشركات الحديثة تدرك جيدا أن التغير التكنولوجي والتسويقي وكذلك في حاجات ورغبات الزبائن ، يجعل من غير الممكن المحافظة على نفس الحصة السوقية والمركز التنافسي في السوق بالمنتج الحالي بدون تغيير أو تعديل لفترة طويلة . لهذا فالشركة التي لا تطور منتجاتها تواجه خطر التقادم لان المنافسين سوف يطورون منتجاتهم ليجعلوا منتجات الشركات الأخرى خارج الاستعمال . ويمكن أن نحدد الأسباب الأساسية المؤدية الى تطوير الشركات لمنتجاتها كالآتي :

أ - **المنافسة :** لأن وجود المنافسة (Competition) يخلق ضغوطا متبادلة على جميع المنافسين من اجل التفوق ، وان أحد الأساليب الأساسية في هذا التفوق هو تطوير المنتجات ، لهذا فأن الشركات الحديثة في سوق المنافسة لكي تحافظ على مركزها وحصتها السوقية لابد أن تكون لها خططها وبرامجها الواضحة في هذا المجال .

ب - **تطور حاجات الزبون ونوعيتها :** وذلك لأن تحسن مستوى المعيشة والمستوى الثقافي العام في المجتمع يؤدي الى تغير حاجات الفرد ونوعية الوسائل والمنتجات والخدمات المطلوبة لإشباعها ، مما يفرض على الشركات الحديثة متابعة هذه التغيرات في حاجات وأذواق وطلبات الزبائن والاستجابة السريعة لها من خلال تطوير منتجات جديدة وتحسين المنتجات الحالية .

ج - **المساءلة القانونية :** أن المالكين وكذلك إدارة المصنع يكونون مسؤولين عن أية منتجات ذات جودة رديئة يمكن أن تضر بالصحة العامة أو تستخدم موادا أو تركيبات كيماوية يحضرها القانون بعد ثبوت خطورتها على الإنسان أو البيئة، وإزاء هذه الحالة فان الإدارة تعمل جادة من اجل تحسن جودة المنتجات وتطوير منتجات جديدة تستخدم موادا وتركيبات كيماوية جديدة اكثر أمانا وقبولا لتجنب المساءلة القانونية .

د - **التطور التكنولوجي :** حيث أن التطور التكنولوجي السريع أدى الى نتيجة واضحة هي تسارع ظهور واختفاء المنتجات وقصر دورة حياتها ، مما يفرض على الشركات وضع برامج تطوير منتجاتها لتفادي تقادمها . وتعتبر برامج البحث والتطوير (R&D) والأساليب الحديثة في تطوير المنتجات مثل دورة الابتكار، مؤشرات واضحة على استجابة الشركات لهذا التطور وآثاره على سرعة تطور المنتجات في ظل ما يسمى ثورة المنتجات .

هـ - **العولمة** : والعولمة (Globalization) تيار قوي متنامي بسرعة فائقة حيث أن عددا متزايدا من الصناعات يتحول الى صناعات عالمية تعمل وتتنافس وفق قواعد ومعايير عالمية وعلى أساس الرؤية العالمية لإمكانات وقدرات وخبرات الشركات المتنافسة . هذا ما بات يأتي برؤى وأساليب جديدة ومتنوعة بما لا يمكن توقعه في

كل شيء وضمن ذلك الإبتكار ومداخله وتطبيقاته المختلفة . وللعولمة تضمينات مهمة بالعلاقة مع تطوير المنتجات . فالتصميم المتكامل من أجل السوق العالمية يمكن أن يلغي إعادة التصميم المكلفة في كل مرة تسعى الشركة فيها لدخول سوق جديدة . والمنتج الجوهري (Core Product) يمكن تصميمه ومن ثم يتم تفصليه للإيفاء بحاجات الأسواق المحلية . كما يمكن إستخدام فرق التصميم الدولية من أجل تطوير المنتج وتكييفه حسب ظروف كل بلد تعمل فيه الشركة العالمية،

هذا الى جانب الإستفادة من الخبرات المحلية من قبل هذه الفرق لتطوير منتجات جديدة[4] .

أن هذه الأسباب وغيرها أدت الى أن الشركات لم يعد بإمكانها الاختيار بين التطوير وعدم التطوير لمنتجاتها إذا ما أرادت التوسع أو البقاء في السوق . وان جميع الشركات الحديثة تضع برامجها المتقدمة والميزانيات الكبيرة وتستخدم المع الرجال والخبرات من اجل تطوير منتجاتها بالسرعة الكافية للبقاء في السوق الذي أصبح اكثر عرضة للتغييرات المتسارعة والمفروضة من التشريعات الحكومية أو من الزبائن أو من الشركات المتنافسة نفسها .

كما أن الشركات الكبرى أخذت تستخدم ما يسمى بالتجسس الصناعي (Industrial Espionage) من اجل الكشف عن برامج المنافسين في مجال تطوير المنتجات واتباع أساليب التخابر الصناعي لجمع المعلومات عن هذه البرامج على أساس أن الأسرار التجارية أصبحت هي الذهب الجديد . وهذا ما يكشف حقيقة المخاطرة الكبيرة التي أصبحت تكتنف هذا المجال بعد أن أصبح تطور المنتجات هو السمة الأبرز في السوق الحديثة . وإن التنافس فيها هو المجال الأكثر أهمية والتحدي الذي يجب أن تستعد له جميع الشركات الكبيرة والمتوسطة والصغيرة حسب ظروفها وإمكاناتها .

ولعل هذا يفسر إهتمام هذه الشركات بأساليب تطوير المنتجات ودراستها للتوصل الى الأسلوب الملائم حسب ظروفها وإمكاناتها .

6-4- التبسيط والتنوع في تطوير المنتجات

ثمة إتجاهان أساسيان في تطوير المنتجات بالعلاقة مع النظام التشغيلي (الإنتاج) والزبون أو إحتياجات السوق (التسويق) ، لابد من مراعاتهما وتحديد سياسة الشركة إزاءهما وهما :

أولا : تبسيط المنتج (Product Simplification)

يشير تبسيط المنتج الى تحديد الدرجة المثلى لتنوع المنتج حيث أن التنوع الزائد (زيادة عدد المنتجات المختلفة التي تقوم الشركة بإنتاجها إستجابة لحاجات الزبون الخاصة) يزيد الكلفة ، بينما التبسيط أو التنوع المحدود يزيد من الكفاءة التشغيلية لنظام الإنتاج إلا أنه يخفض المبيعات لأنه يحد من الإستجابة لحاجات الزبائن المتنوعة . فمن وجهة نظر الإنتاج فإن التنوع يزيد من أعباء الإنتاج والكلفة المرتبطة بذلك (مثل كلفة الجدولة والتصميم والأعداد وغيرها) . في حين أن وجهة نظر التسويق تقوم على أن وجود عدد كبير من المنتجات يحسن الخدمة للزبون لأنه يوفر أمامه فرصة اكبر لاختيار المنتجات حسب حاجته مما يزيد من المبيعات ، وان خفض التنوع بالمقارنة مع المنافسين لابد أن يودي الى تقليص المبيعات . لهذا لابد من الموازنة ما بين تبسيط المنتج (أي خفض عدد وأنواع المنتجات) وتنوع المنتجات عند المستوى الأمثل الذي يضمن قدرا ملائما من التبسيط والتنويع .

وبالإمكان إستخدام تحليل باريتو (Pareto Analysis) أو ما يدعى بتحليل (أ ب ج) للتوصل الى هذا المستوى حيث أن النسبة الأكبر من المبيعات تأتي من عدد قليل من المنتجات (الفئة أ) التي ينبغي الحرص على إنتاجها مقابل تقليص التنوع الكبير في فئتي المنتجات (ب) و (ج) التي رغم تنوعها الكبير لا تحقق إلا نسبة قليلة من المبيعات . ولابد من الإشارة الى أن التبسيط يمثل الميل الى التخصص وهذا ما تعتمده الشركات الكبرى - القائدة التي تسعى الى الاستفادة من اقتصاديات الحجم بإنتاج عدد محدود من المنتجات (عدم التنوع) بكميات كبيرة جدا تساعد على تحقيق ميزة كلفة الوحدة الأدنى .

ثانيا : تنوع المنتجات (Product Diversification)

أن تنوع المنتجات هو عكس التبسيط ، فهو يؤدي الى زيادة عدد وأنواع المنتجات وتوالد خطوط الإنتاج . وقد يكون التنوع ضروريا لأغراض المنافسة أو لاستقرار المبيعات في المنتجات الموسمية أو عند وجود سعة زائدة أو عاطلة إضافة الى حماية الشركة من المخاطرة الناجمة عن دخول منتج أو اكثر مرحلة التدهور في دورة حياة المنتجات ، إلا أن له عيوبا عديدة حيث أن الإنتاج يكون بكميات صغيرة (إنتاج الوجبة) وكلفة أعلى للعمل ، المواد ، كلفة الإعداد ، وإزدياد المخزون (لدى المنتج والموزع وبائع المفرد) إضافة الى الكلفة الخفية في العمل الورقي والحيز المكاني والشراء .وهذه العيوب تجعل من غير الملائم المبالغة بالتنوع كما في التبسيط الذي يجب هو الآخر عدم المبالغة به لأنه يحرم الشركة من المزايا الناجمة عن التنوع. وهناك ثلاثة أنواع للتنوع هي[5]:

أ - التنوع الأفقي (Horizontal Diversification) :وهو يشير الى التوسع في منتجات متشابهة ومتكاملة باستخدام نفس المعدات والمواد والعمال وقنوات التوزيع كما في الصناعات الهندسية : ثلاجات ، غسالات ، ومراوح ...الخ .

ب - التنوع العمودي (Vertical Diversification) : وهو التوسع بالصنع بدلا من الشراء من خلال التكامل العمودي الذي قد يكون الى الخلف باتجاه تجهيز المواد او الى الإمام باتجاه قنوات التوزيع والبيع بالتجزئة أو المفرد .

ج - التنوع الجانبي (Lateral Diversification) : وهو التوسع خارج مجال الصناعة المحدد وبعيدا عن المنتجات المتعلقة بذلك المجال من اجل استغلال الموارد المتاحة. والسؤال الذي نطرحه في هذا المجال هو:كيف يمكن تحديد المستوى الملائم أو الأمثل للتبسيط والتنوع بما يحقق أفضل النتائج على صعيد الكلفة وتحسين خدمة الزبون . ومن اجل الإجابة نشير الى ما يأتي :

أولا : مبادلة التبسيط / التنوع (Simplification/ Diversification Tradeoff)

أن التبسيط يحمل ميزة أساسية تتمثل في الاستفادة بدرجة اكبر من اقتصاديات الحجم (الإنتاج بكميات كبيرة) وبالتالي تحقيق كلفة الوحدة الأدنى ، ولكنه من جانب يحمل مخاطرة أعلى لأنه يؤدي الى مبيعات اقل عند وجود شركات منافسة ذات تنوع اكبر في

منتجاتها . وبالمقابل فان التنوع يمنح ميزة أكبر في خدمة الزبون لكنه يؤدي الى كلفة أعلى للوحدة (الإبتعاد عن ميزة إقتصاديات الحجم) ، إضافة إلى أن التنوع الزائد يربك التسويق ويشتت الإمكانيات . والشكل رقم (6-3) يوضح انه مع التبسيط (عدد أقل من المنتجات مع إنتاج بكميات كبيرة والتقرب من ميزة إقتصاديات الحجم) تكون كلفة الوحدة منخفضة والعكس مع التنوع (عدد كبير متنوع من المنتجات تنتج بكميات قليلة تستجيب بشكل أفضل لحاجات الزبون ولكنها تبتعد عن ميزة إقتصاديات الحجم.

والشكل رقم (6-3) يوضح ذلك من خلال تدرج أنماط الإنتاج حسب الحجم والتنوع.

الشكل رقم (6-3) : مبادلة التبسيط و(القياسية) والتنوع

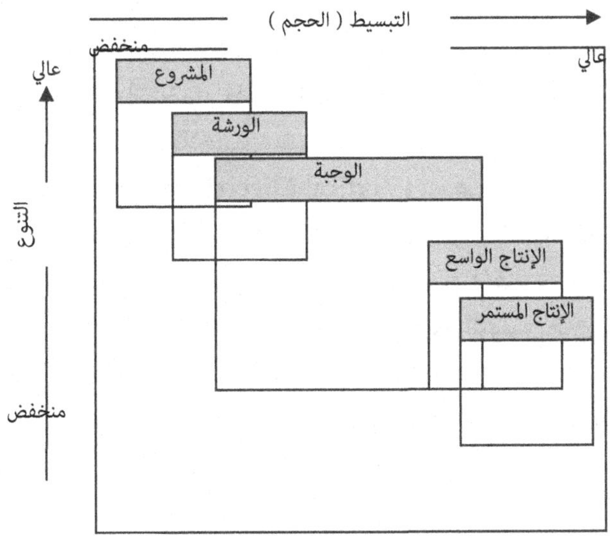

Source: Nigel Slack et al., (2001): Operations Management, Prentice hall,New Jersey, p107.

ثانيا : التصميم المركب (Modular Design)

إن التصميم المركب أسلوب فعال لمعالجة المشكلات الناجمة عن التنوع في المنتجات (والكلفة العالية والإنتاج المحدود) ، حيث انه يجعل من الممكن امتلاك تنوع اكبر في المنتجات النهائية وتنوع اقل (أي تبسيط اكبر) في المكونات والأجزاء في نفس الوقت. والفكرة الأساسية لهذا الأسلوب هي تطوير مجموعة من أجزاء المنتج الأساس (المنتج المركب) التي يمكن تجميعها في عدد لا محدود من التوافقيات أو التراكيب بما يحقق في كل توافقية أو تركيبة نموذجا جديدا من المنتج ، وبهذه الطريقة يحصل الزبون على عدد اكبر من المنتجات المتنوعة لزيادة الخيارات المتاحة أمامه بتكلفة أقل[(6)] .

لقد تم التوصل الى هذا الأسلوب من تجربة قام بها طلبة جامعة هارفرد في مجال صناعة الأسرّة ، فقد وجد الطلبة في عملية تصنيع الأسرّة أن هناك (5٪) من التشكيلات المنتجة مبيعاتها (3 ٪) فقط . ولمعالجة مشكلة التنوع الزائد اقترحوا (4) أنواع رئيسية من الأسرة : اعتيادية لشخص واحد، اعتيادي لشخصيين ، درجة ممتازة لشخص واحد، درجة ممتازة لشخصيين . وفي إعداد الحشية (Mattress) تم تحديد (3) أنواع من النوابض و (3) أنواع من سمك الحشية و (8) أنواع من ألوان وتصاميم الحشية . وبهذا التنوع المحدود يمكن التوصل الى عدد كبير من التشكيلات ، وفي مثال الأسرة فان عدد التشكيلات المحتمل هو (288) تشكيلة (4 حجوم × 3 نوابض × 3 حشيات × 8 ألوان وتصاميم) .

ويمكن أن نلاحظ بسهولة انه ليس كل التشكيلات ستنتج لأن هذا غير مقبول . فمثلا نابض ضعيف يستخدم لسرير لشخص واحد لا يمكن استخدامه في سرير لشخصين، وكذلك حشية سميكة لا تستخدم في سرير لشخص واحد، ومثل هذه الحالات تقلص التشكيلات. وبهذا الأسلوب يتحقق التنوع والتبسيط للإنتاج بحجم كبير ولأجزاء قياسية[(7)] .

6-5- الإتجاه إلى الإبتكار : الإتجاه إلى التنوع

لقد كان السوق في بداية هذا القرن هو سوق العرض (Supply) حيث أن دول العالم كلها تقوم بالطلب دون أن يكون بإمكان الشركات تلبية كل هذه الطلبات . لهذا كان التأكيد على التقييس وإنتاج أكبر حجم يمكن إنتاجه . فكان الإبتكار أكثر إتجاها نحو الإنتاج والنظام الإنتاجي ، لهذا كانت الشركات أكثر ميلا الى التبسيط وإعتبار ذلك من المصادر الأساسية للكفاءة . ولكن مع تصاعد المنافسة وتزايد عدد المتنافسين وإنتقال السوق من سوق العرض أو الإنتاج الى سوق الطلب أو الزبون ، أصبح التنوع هو المصدر الأكثر أهمية للكفاءة لأن الأصل في الإنتاج ليس إمتلاء المخازن وإنما وجود الطلب عليه في السوق . ولكن أين الإبتكار من كلاهما ؟ والإجابة تكمن في أن كلاهما يعمل بالإبتكار، وكلاهما يجد سوقه القوية في الكفاءة العالية التي يحققها ، إلا أن إبتكار هو أقرب الى التنوع منه إلى التقييس وأنه يأتي بالجديد الذي يدخل ضمن التنوع (من حيث أن الجديد هو نوع إضافي يضاف للأنواع الأخرى التي تنتجها الشركة) أكثر مما يدخل في نطاق التبسيط حتى في حالة الإتيان بمنتج جديد أقل حاجة للأجزاء المكونة أو أقل تعقيدا في متطلبات التصميم أو الجدولة أو المهارة المطلوبة من العامل لأن الأصل في المنتج أنه جديد . وسنحاول أن نوضح ذلك بالقول أن الإنتاج كان يخضع لمعايير الكفاءة أحادية الجانب فيما يتعلق بالإنتاج الواسع . وكان الإبتكار الإداري المهم في ذلك الوقت هو خط التجميع الذي أدخلته شركة فورد لأول مرة عام 1913 ، مما مكّن من إنتاج السيارة من (نموذج تي T-Model) في أقل من ساعتين محققة بذلك إنجازا مذهلا. وهذا ما تحقق أيضا أثناء الحرب في إنتاج باخرة كبيرة ليبرتي (Liberty) في ثماني ساعات ونصف . ليبلغ هذا الإتجاه ذروته في الثمانينات في إنتاج (75) سيارة في كل ساعة[8]. بكل ما يعنيه ذلك من خفض تكلفة الوحدة الواحدة في ظل إقتصاديات الحجم رغم أن هذا يكون دائما لصالح التوحيد القياس في منتج واحد وعلى حساب التنوع. ولكن مع ظهور المنافسين وتزايد الإنتاج في الستينات والسبعينات ، وتحول السوق من سوق العرض (سوق المنتجين) إلى سوق الطلب (سوق الزبائن) أصبح لزاما التحول من الحجم (Scale) (الكم) إلى الكيف (الجودة) والتميز (النطاق Scope) .

ولاشك في أن الإبتكار يرتبط بـالإثنين : الإنتـاج الواسـع القـائم عـلى التوحيـد القيـاسي (Standardization) ، والإنتاج على أساس الوجبـات (Batches) القـائم عـلى التنـوع بما في ذلك تكنولوجيا الإنتاج التي حققت ربـط ميـزة الخـط الإنتـاجي وميزتـه التكلفـة الأدنى وميزة وجبات صـغيرة مـع إنتـاج عـدد متبـاين مـن المنتجـات عـلى نفـس الخـط الإنتاجي (ميزة التنوع) .

ليأتي الإبتكار الذي يمثل من خلال ما يأتي بـه مـن جديـد فريـد أو تحسـينات تجـدد المنتجات الحالية ، ليمثل حالة التنوع القصوى (أنظر الشكل رقـم 6-4) . وذلـك لأن الإبتكار يحقق على صعيد التنوع ما يأتي :

أولا : الإستجابة القائدة من خلال إدخال منتجات وخدمات جديدة لم يسـبق وجودهـا، وتحقق الإستجابة للزبائن المحتملين أو الذين تقوم بإيجادهم الشركة الإبتكاريـة . إنها توجد سوقا جديدا وفضاء سـوقيا لإحـتمالات التطـور اللاحـق فيـه مـن خـلال الإبتكار لما هو جديـد في الإنتـاج والسـوق وهـذا يمثـل تنوعـا مـن خـلال منتجـات جديدة . ومثال الهاتف الخلوي وأجهزة الفاكس المنزلي .

الشكل رقم (6-4) : السلسلة المتصلة للتنوع

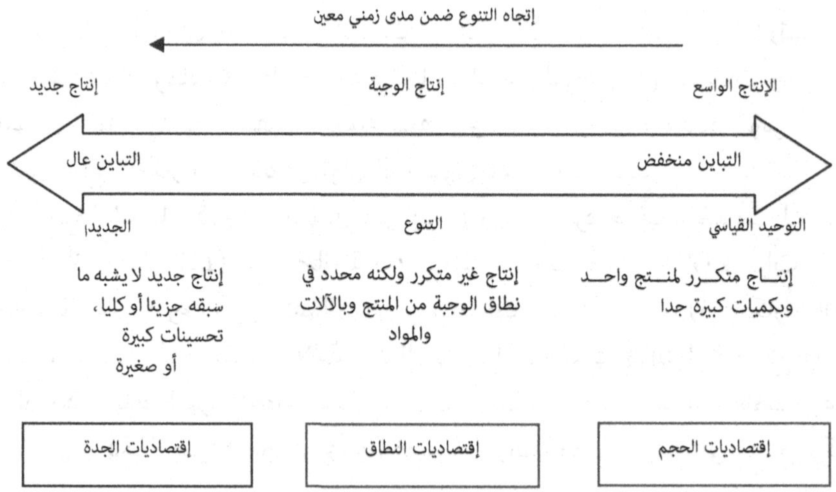

ثانيا : الإستجابة المتميزة من خلال إدخال التحسينات الكبيرة على المنتجات الحالية بما يؤدي إلى إيجاد قطاع سوقي جديد وفضاء سوقي فرعي مرتبط به لإحتمالات التحسين اللاحقة مثل أنواع الحليب المطعم بالفواكه ، العدسات اللاصقة، والحواسيب المحمولة .

ثالثا : الإستجابة المستمرة من خلال إدخال التحسينات المحدودة على مكون جديد من مكونات المنتج أو بإضافة سمة من سمات أو إجراء من الإجراءات الجديدة . وهذه تساهم في الزيادة أو المحافظة على الحصة السوقية للشركة . ومثالها حقائب الهواء (Airbags) على شركة هوندا (Honda) التي أدخلتها لأول مرة عل سياراتها (Civic) ، خدمات شركة ديل (Dell) في بيع الحواسيب عن طريق الطلبات البريدية ، وخدمات الإنترنت في الطائرات .

لذا فإن الإبتكار هو المصدر الحاسم في التنوع لأنه يأتي أولا بالجديد والذي هو في حقيقته إنشاء جديد للتنوع ، والتحسينات التي تعني إضافة التنويعات الجديدة على المنتجات الحالية. وبالتالي فأنه يمثل النهاية القصوى في التنوع وفي تحسين الإستجابة للزبائن .

6-6- أساليب تطوير المنتجات

تعتبر دراسة أساليب تطوير المنتجات مهمة لأنه ليس هناك أسلوب واحد يلائم جميع الشركات كما أن الدراسات كشفت أن هذه الأساليب تتباين في قدرتها على تحقيق أهداف الشركات في تطوير منتجاتها الحالية والتوصل الى منتجات جديدة . وكذلك لان عملية المنتجات نفسها عملية معقدة وتستلزم مراحل متعددة تؤثر بشكل كبير على نجاح الأفكار الجديدة ووصولها الى السوق كمنتجات جديدة .

ويوضح الشكل رقم (6-5) أن من بين (58) فكرة جديدة قدمت لتطوير المنتجات كانت هناك (12) فكرة صالحة بعد عملية الغربلة ، ومنها (7) فكرات فقط صالحة وملائمة في ضوء تحليل الأعمال (Business Analysis) ، ومنها (3) أفكار صالحة للتطوير ، وفكرتان فقط بقيت ملائمة بعد الاختبار، ليخرج منها في النهاية منتج واحد يمكن أن يكون ناجحا من الناحية التجارية[9].مما يكشف درجة التعقيد أو الصعوبة في عملية تحويل فكرة جديدة من الورق والمخططات والطبعات الزرقاء الى منتج يمكن

إنتاجه بقدرات الشركة ، ومن ثم منتج جديد يتم تسويقه بنجاح في السوق . ورغم وجود عدد كبير ومتنوع من أساليب تطوير المنتجات حسب تجارب الشركات ، إلا أننا سنعرض لثلاث أساليب مهمة لتطوير المنتجات التي يمكن أن تعطي فكرة واضحة عن هذه الأساليب وكالآتي :

الشكل رقم (6– 5) : مراحل تطوير المنتج الجديد

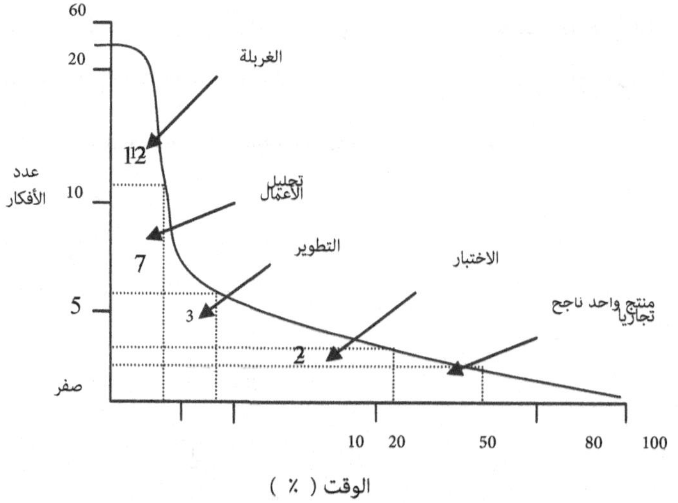

Source: R.G.Schroeder, Operations Management, McGrow-Hill Book co. New York 1989, p.

أولا : الطريقة البدهية (Intuitive Method)

إن هذه الطريقة تعتبر تجريبية لأنها لا تحدد أسلوبا محددا للحصول على الأفكار الجديدة وإنما هي تستخدم كل السبل المتاحة للحصول على الأفكار الجديدة من المصادر الداخلية والخارجية . حيث أن المصادر الداخلية تتمثل بالعاملين وضمنهم المبتكرون والباحثون في الشركة . أما المصادر الخارجية فتشير الى براءات الاختراع وتراخيصها،

الدوريات العلمية ، المؤتمرات ، والموزعين (تجار الجملة والمفرد) ، مقترحات وشكاوي الزبائن ...الخ .

ويوضح الشكل رقم (6 -6) الخطوط الأساسية في هذه الطريقة حيث أن هذه الخطوات هي : توليد الأفكار (Idea Generation) من المصادر الداخلية والخارجية، الغربلة (Screening) ، تحليل الأعمال (Business Analysis) . ويلاحظ في الشكل نفسه إن هناك نقطة قرار حول إمكانية الاستمرار أم لا حسب بيئة الأعمال من حيث سياسة الشركة وخصائص السوق والمنافسين وغيرها ، ليأتي بعدها تطوير النموذج الأولي (Prototype Development) ونقطة قرار ثانية حول الاستمرار أو عدم الاستمرار .

الشكل رقم (6 - 6) : عملية تطوير المنتج الجديد الطريقة البدهية

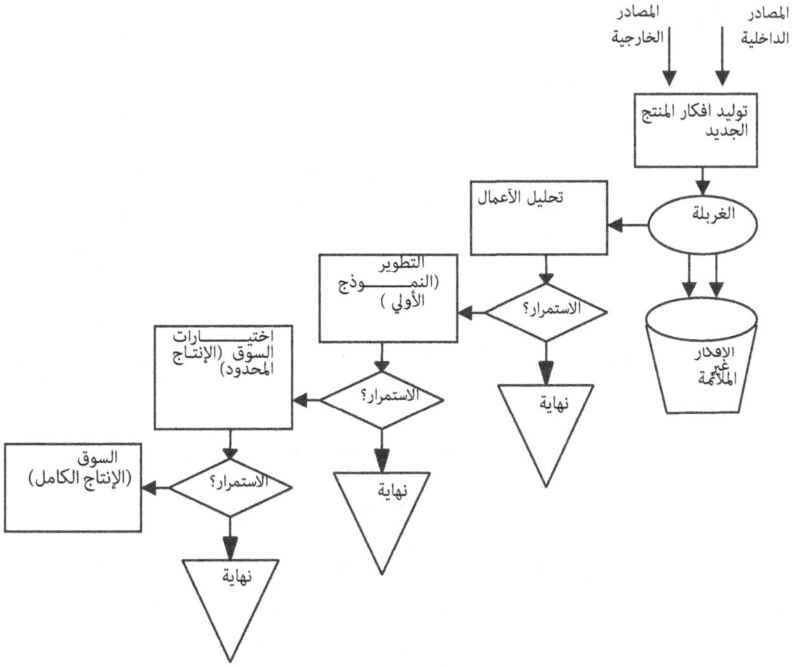

Source : W.J.Stanton(1978), Fundamentals of Marketing, McGrow - Hill kogakasha, LTD Tokyo, p186.

وعند الاستمرار تأتي خطوة أخري تتعلق باختيار السوق (Market Selection) حيث يتم الإنتاج المحدود للمنتج وتوزيعه في أسواق محددة فإذا كانت النتائج إيجابية يتم التوسع في الأسواق والإنتاج الكامل .

ثانيا : فريق المغامرة (Venture Team)

وهو أسلوب ابتكره (Hill and Hlavacek) واقتراحه في عام 1972 وقد انتشر استخدامه بسرعة في الكثير من الشركات . وهو أسلوب لإدارة المنتج الجديد من الفكرة إلى التسويق بالإنتاج الكامل ، ويقوم على تشكيل فريق صغير متعدد الاختصاصات والوظائف ، ويفصل عن بقية الشركة لضمان استقلاليته في العمل وعدم خضوعه للإجراءات الروتينية البطيئة التي تعيق الحركة السريعة والتنسيق والتعاون الآني والمستمر ما بين هذه الإختصاصات والوظائف المختلفة . والفريق يتكون من ممثلين عن الإنتاج، المالية ، والتسويق . ومثل هذا الفريق خفض في إحدى الشركات اليابانية فترة تصميم وتعديل وإنتاج شاحنة الى (30) شهرا مقارنة بالشركات الأمريكية التي تقوم بذلك في فترة تتراوح ما بين (48 – 60) شهرا[(10)] .

وعند التوصل الى نتائج إيجابية فانه يقدم مقترحاته الى الإدارة العليا مباشرة حول المنتجات الحالية والجديدة وبهذه الطريقة يتجاوز الفريق المشكلات الناجمة عن الهياكل التنظيمية التقليدية والإجراءات البيروقراطية ، إضافة إلى أن الفريق يعطي لتطوير المنتجات أهمية خاصة في الشركة .

ثالثا : دورة الابتكار (Innovation Cycle)

أن دورة الابتكار أسلوب علمي لتطوير المنتجات الحالية والتوصل إلى المنتجات المبتكرة الجديدة التي تحقق أهداف المنظمة بكفاءة أعلى وإشباع حاجات الزبون بشكل أفضل ، وهذا الأسلوب هو الأكثر ملاءمة للاتجاهات الحديثة في العلم والتكنولوجيا حيث التطور السريع المطرد في هذين المجالين الحيويين يستلزم أسلوبا علميا أكثر استقرارا واستمرارا في خلق ومتابعة الأفكار الجديدة وتحويلها إلى منتجات جديدة .

وبالنظر للتكاليف العالية التي يتطلبها هذا الأسلوب كالتكاليف المتعلقة بالمختبرات واستخدام المع الباحثين والاستثمار في المصانع الرائدة (Pilot Factories) وغيرها فان الشركات الكبرى هي الأكثر اعتمادا على هذا الأسلوب الذي رغم استخدامه في الشركات لأغراض تجارية فانه لا يخلو من أغراض علمية تتمثل في البحوث الأساسية التي يتم تمويلها وبعدئذ الاستفادة من نتائجها لأغراض التطبيق . وتتكون دورة الابتكار من مراحل أساسية البعض يحدد في : التوصل إلى المفهوم ، التصميم ، النموذج الأول، التقييم ، والإنتاج التجريبي (Trail Production)[11] . وكما يلاحظ من هذا التحديد أنه يمثل مراحل تطوير المنتج كما هو جاري في الشركات . ويمكن أن نحدد مراحل دورة الإبتكار على أساس واسع وشامل كما يأتي :

أ- **البحث الأساسي (Basic Research)** : أن البحث الأساسي هو مجموعة الجهود العلمية المبذولة من أجل إغناء المعرفة الإنسانية والتراث العلمي للبشرية دون أن تكون له أغراض تجارية . والشركات تقوم بهذا النوع من البحوث أو تمول القيام بها في الجامعات ومراكز البحث العلمي من اجل التوصل إلى القوانين العلمية والمبادئ الجديدة التي تشكل أساسا مهماً لتوليد الأفكار الجديدة . ولان هذا النوع من البحوث يكون بدون أغراض تجارية فان غالبية الأفكار الجديدة التي يتم التوصل إليها ليست مفيدة أو قابلة للتطبيق ، والواقع أن (90٪) من هذه البحوث التي تنجز في الجامعات (وبنسبة اقل من البحوث الأساسية في الشركات أيضا) تكون غير قابلة للتطبيق ، بينما (10 ٪) فقط منها يكون ذو جدوى في التطبيق .

ب - **البحث التطبيقي (Applied Research)** : أن هذا النوع من البحوث يكون أكثر ارتباطا بالتطبيق وبالأغراض التجارية للشركات ، وهو يستفيد من البحث الأساسي للحصول على الأفكار الجديدة القابلة للتطبيق لتحويلها إلى منتجات جديدة قابلة للإنتاج. ويمكن تحديد مجالات البحث التطبيقي في :تصميم منتجات جديدة ، إعادة تصميم وتطوير المنتجات الحالية ، تحديد استعمالات جديدة للمنتجات الحالية، وتحسين تغليف المنتجات الحالية .

ج - **تشكيل المنتج أو النموذج الأول (Prototype)** : في هذه المرحلة يتم تشكيل وبناء عدد قليل من النماذج الأولى للمنتج الجديد وذلك بهدف إجراء تقييم للمنتج على نطاق ضيق ولتحقيق ذلك تقوم الإدارة باستطلاع قسم الإنتاج وقسم التسويق حول المنتج الجديد كما في المرحلتين التاليتين .

د - **التقييم من وجهة نظر التسويق (Marketing)** : حيث يتم تقييم النموذج الأول للمنتج استنادا إلى الخبرة التسويقية للشركة وحسب خصائص السوق ومنتجات المنافسين وحاجات الزبون . وتعتبر هذه المرحلة بمثابة المدخل التسويقي في دورة الابتكار للمنتجات الجديدة .

هـ - **التقييم من وجهة نظر الإنتاج (Production)** : وفي هذه المرحلة المتزامنة مع المرحلة السابقة يتم تقييم النموذج الأول استنادا إلى خبرة الشركة في الإنتاج وحسب كلفة الإنتاج وإمكانياته ، مستوى الجودة، المعولية ، التغليف ، والخصائص الوظيفية .....الخ وتعتبر هذه المرحلة بمثابة المدخل الإنتاجي في دورة الابتكار للمنتجات الجديدة .

و - **الإطلاق (Releasing)** : وتتم هذه المرحلة بعد الأخذ بالملاحظات والمقترحات المقدمة من قسمي التسويق والإنتاج لتطوير المنتج الجديد ومن ثم تشكيل المنتج النهائي الذي يكون جاهزا للإطلاق في السوق . والشكل رقم (6 - 7) يوضح مراحل دورة الابتكار . ولابد من التأكيد على أن دورة الابتكار تمثل الفترة الزمنية التي تسبق ولادة المنتج ابتداء من التوصل إلى الفكرة الجديدة ومرورا بتطوير النموذج الأول للمنتج الجديد ومن ثم تطوير عملية الإنتاج الفعالة والكفوءة

وصولا إلى التهيئة لإدخاله إلى السوق . وهذه الفترة كلها تمثل في الحقيقة كلفة تتحملها الشركة ولا يتم استردادها إلا بعد إدخال المنتج إلى السوق ونجاحه في دورة حياة المنتج .

الشكل رقم (6 -7) : مراحل دورة الابتكار

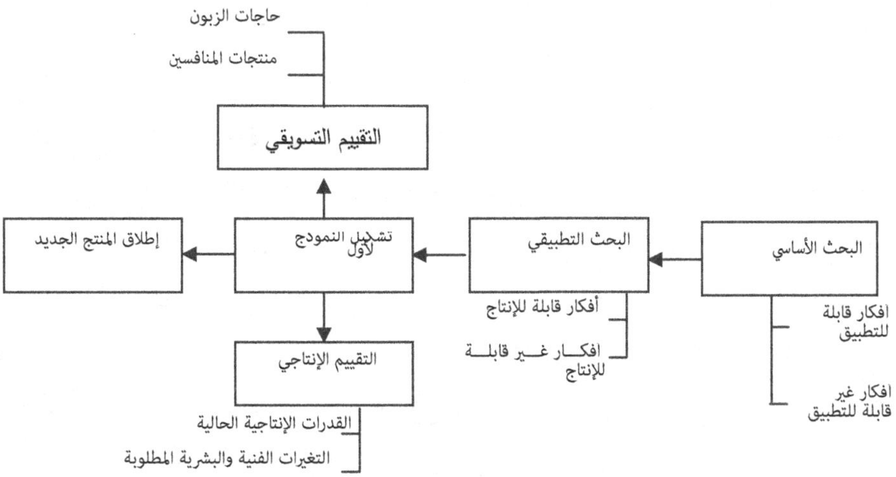

مما يلاحظ على هذه المراحل أنها تبدأ من البحث الأساسي ثم التطبيقي وصولا إلى تشكيل النموذج الأول ثم الإنتاج والتسويق . وهذا قد يمثل المدخل تكنولوجي لتطوير المنتجات . وهناك بالمقابل المدخل التسويقي الذي يبدأ من السوق حيث الزبون وحاجاته من أجل تطوير المنتج . وهذا لا يلغي دور مختبرات الشركة وباحثيها ,لكنه يغير بحق نقطة البداية في عملية التطوير. وبدلا من إخضاع تطوير المنتجات للضرورات العلمية والتكنولوجية ، فأنه يخضعه لحاجات الزبون وتطلعاته الذي هو أدرى بها أولا ، وأنه هو الذي سيدفع ثمن ما سيشتريه وضمن ذلك تكلفة تطوير المنتج الجديد أيضا ثانيا . والشكل رقم (6 - 8) يوضح هذا المدخل في تطوير المنتجات الجديدة في الشركات . وفيه نلاحظ أن التسويق هو الذي يحفّز حاجات الزبون ويلتقط من الزبون ونظام السوق الأفكار الجديدة ، والتي تنقل إلى وظيفة البحث والتطوير لتطوير المفهوم الفني الجديد وليتم تصميمه . وفيما بعد وبعد إقراره يتم تخطيط التشغيل ومن ثم إنتاجه لأغراض السوق .

الشكل رقم (6 – 8) : تطوير المنتجات : البدء من التسويق

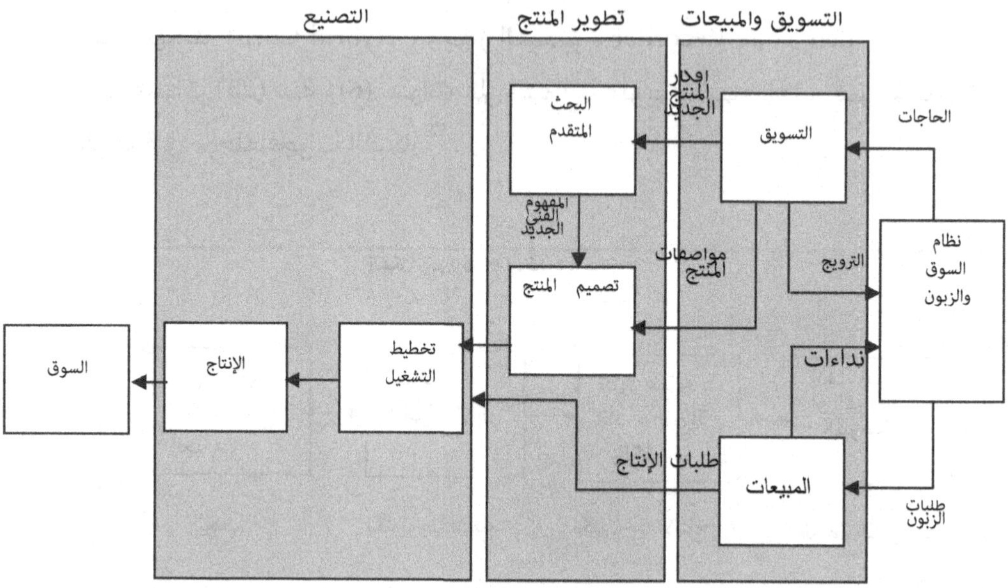

Source : Richard B. Chase (1995) : Production and Operations Management, Irwin / McGraw-Hill, Boston,p52.

وبعد .. فإن هذه الفترة الممتدة بين تطور الفكرة الجديدة وحتى إدخال المنتج الجديد إلى السوق تدعى فجوة الابتكار (Innovation Lag) ، وان الفجوة الأطول تعني الكلفة الأكبر والانتظار الأطول للشركة (والمجتمع أيضا) لمنافع ومزايا الفكرة الجديدة. ويوضح الشكل رقم (6 - 9) فجوة الابتكار وحيث يلاحظ أن مرحلة تطوير عملية الإنتاج وملاءمة المنتج - التشغيل بشكل فعال وكفوء تمثل جزء من فجوة الابتكار.

لان نقل الفكرة إلى المنتج أو النموذج الأول يتطلب قدرات علمية وتكنولوجية وهندسية في حين أن الانتقال من النموذج الأول إلى الإنتاج على أساس تجاري لأغراض السوق يتطلب قدرات إدارية وتنظيمية كبيرة في مجال العمليات لا تقل أهمية عن سابقتها في إنجاح عملية الابتكار من حيث إيجاد العلاقة المربحة بين الكمية - الجودة- السعر .

ولقد أشارت إحدى الدراسات التي أجريت على فجوات الابتكار الخاصة بالابتكارات الرئيسية في القرن العشرين ، إلى أن هذه الفجوات كانت بالمتوسط (16) سنة . فمثلا أن الميقاع أو آلة ضبط النبض (Heart Pacemaker) تم التوصل للفكرة الجديدة عام 1928 ولم توضع في الاستعمال حتى عام 1960 أي ان فجوة الابتكار (32) سنة ، وان الذرة الهجينة (Hybrid Corn) وجهاز الفيديو (Video Tope Recorder) كانت ذات فجوات (25) سنة و(6) سنوات على التوالي ، ويوجد اليوم الكثير من المنتجات الواعدة في مرحلة فجوات الابتكار[12] .

الشكل رقم (6 - 9) : فجوة الابتكار

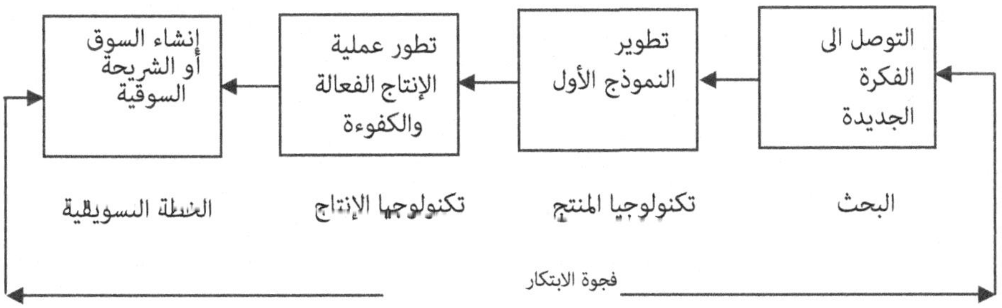

ولاشك أن فجوة الابتكار الطويلة تمثل تحديا كبيرا أمام الشركات ، ومع إن فجوة الابتكار أخذت بالتقلص إلا أن هذا التقلص يتم في بطيء واضح ، مما يجعل هذه الفجوة مهمة أساسية وأسبقية للمديرين في الشركات الحديثة .

6-7- دورة حياة المنتج (Product - Life Cycle)

إن مفهوم دورة حياة المنتج يقوم على انه كما إن للإنسان دورة حياة تبدأ من الولادة وحتى أواخر العمر كذلك المنتج له دورة حياة مماثلة من الولادة او الإدخال الى السوق وحتى التدهور أو الخروج من السوق . ويمكن تعريف دورة حياة المنتج بأنها الفترة

الزمنية التي يمر خلالها المنتج في مراحل الإدخال والنمو والنضوج وأخيرا التدهور وتقاس هذه المراحل بتطور المبيعات .

وإذا كان المختصون بالتسويق يدرسون دورة حياة المنتج لدراسة خصائص السوق في كل مرحلة لتطوير أستراتيجية ملائمة ، فان المختصين بالإنتاج يدرسونها من حيث :

أ - تطور خصائص المنتج وعلاقة ذلك بتطور المبيعات وما يتطلب ذلك من سعة إنتاجية ملائمة .

ب - اختيار نمط التشغيل حسب مراحل دورة حياة المنتج .

ج - منحنى التعلم والخبرة .

إن الشكل رقم (6 - 10) يوضح الشكل النمطي لدورة حياة المنتج من خلال منحنى المبيعات على شكل حرف (S) باللغة الإنكليزية (S - shaped Sale Curve) ، كما يظهر مراحل هذه الدورة على منحنى المبيعات وهي : **أولا : الإدخال (Introduction)**: وفي هذه المرحلة تكون المبيعات منخفضة والأرباح ضئيلة أو سالبة والزبائن قليلون لعدم معرفة المنتج وترددهم بشراء منتج جديد لا خبرة لهم به (السلوك الرشيد للزبون) والمنافسة محدودة فيها .

ثانيا : النمو (Growth) : في هذه المرحلة منحنى المبيعات يأخذ بالنمو السريع والأرباح في تزايد والزبائن يتزايدون في أسواق أوسع ولكن المنافسين في هذه المرحلة يتزايدون كاستجابة للمنتج الجديد .

ثالثا : النضوج (Maturity) : وفي هذه المرحلة يكون نمو المبيعات بطيئا والأرباح تأخذ بالتناقص والزبائن يكونون كثيرين والسوق واسعة وتصبح المنافسة شديدة وتكون خصائص المنتج في هذه المرحلة في أعلى مستوياتها من الناحية الوظيفية والسعرية والجمالية ... إلخ .

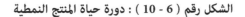

الشكل رقم (6 - 10) : دورة حياة المنتج النمطية

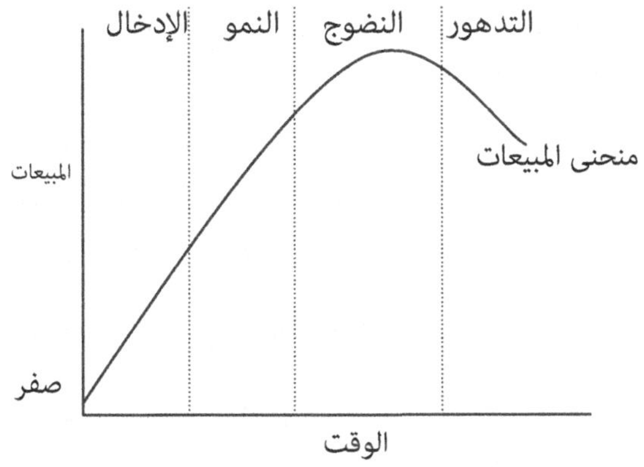

رابعا : التدهور (Decline) : حيث تأخذ المبيعات في هذه المرحلة بالانخفاض وعدد الزبائن في تناقص والأرباح تكون منخفضة وربما تكون عند نقطة التعادل وعدد الزبائن في انخفاض والسوق في تقلص مع تناقص عدد المنافسين. والجدول رقم (6 - 11) يوضح هذه المراحل من حيث الخصائص ، أهداف التسويق، والإستراتيجيات.

ومن الضروري التأكيد في هذا المجال على أن دورة حياة المنتج في مراحلها المتعاقبة ليست متساوية بالنسبة للمنتجات المختلفة ، فقد وجدت دراسة أجريت على دورة حياة أحد العقاقير أن مرحلة الإدخال إمتدت على مدى شهر واحد وأن مرحلة النمو كانت (6) اشهر، ومرحلة النضوج كانت (15) شهرا ، وأن فترة التدهور كانت متساوية للفترات الثلاث السابقة وذلك بسبب الجهود التي بذلها المنتجون لتجنب تدهور العقار في السوق .

جدول رقم (6-11) : مراحل دورة حياة المنتج : الخصائص والاستجابة

الخصائص	الإدخال	النمو	النضوج	التدهور
الخصائص				
المبيعات	منخفضة	نمو سريع	نمو بطيء	تدهور وانخفاض
التكلفة	عالية للزبون	متوسطة	منخفضة	منخفضة
الأرباح	ضئيلة أو سالبة	مستوى عالي أو الذروة	إنخفاض	منخفض
التدفق النقدي	سالب	متواضع	عالي	متناقص
الزبائن	مبتكرون	المتبنون المبكرون	الأغلبية المتوسطة	المتلكئون
المنافسون	عدد قليل	عدد متزايد	يبدأ بالتناقص	عدد متناقص
أهداف التسويق				
	إنشاء الوعي بالمنتج	أقصى حصة سوقية	أقصى ربح مع حصة سوقية محددة	خفض النفقات وجني العلامة
الأستراتيجيات				
المنتج	تقديم المنتج الأساسي	تقديم التوسيعات ، الخدمة، والضمان	تنوع العلامة والنماذج	الإخراج بمراحل للنماذج الضعيفة
السعر	التكلفة زائدا علاوة	سعر إختراق السوق	سعر التلاؤم أو أفضل المنافسين	خفض السعر
التوزيع	التوزيع الإنتقائي	التوزيع الكثيف	التوزيع الأكثف	اختياري وإغلاق المنافذ غير المربحة
ترويج المبيعات	الترويج واسع للمبيعات	خفض الترويج مع ميزة طلب الزبون الكثيف	زيادة الترويج لعمل العلامة	خفض الترويج الى الحد الأدنى

Source: P.Kotler and G.Armistrong (1996): Principles of Marketing, Prentice Hall, New Jersey,p332.

ومن الملاحظ أن هذه الفترات يمكن أن تمتد وتطول عند عدم وجود منافسة وتتناقص بشكل كبير عند وجود منافسة شديدة . كما يمكن أن نعرض حالات أخرى ذات علاقة بدروة حياة المنتج وكالآتي :

أ - أن اغلب المنتجات لها دورة حياة ، إلا أن بعض المنتجات ليس له دورة حياة (أنظر الإطار رقم 1) ومن أمثلة ذلك أقلام الرصاص وسكين المطبخ حيث أن دورة حياة المنتج تكون بدون مرحلة تدهور ويوضح الشكل رقم (6-12) هذه الدورة .

الشكل رقم (6-12) : دورة حياة قلم الرصاص

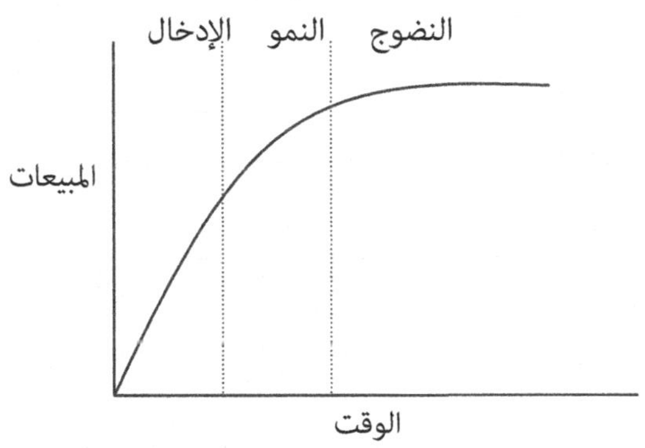

ب - إن تدخل الإدارة في دورة حياة المنتج يأخذ أبعادا واسعة في مرحلتي النضوج والتدهور مما يوجد أنماطا مختلفة من دورة حياة المنتج ، فهناك نمط دورة - إعادة الدورة (Cycle - Recycle Pattern) كما مبين في الشكل رقم (6-13-أ) حيث يمكن تفسير إعادة الدورة (أو الدورة الثانية) في ارتفاع مبيعات الدفعة الترويجية في مرحلة التدهور، وكذلك النمط النتوؤي (Scalloped Pattern) كما في الشكل رقم (6-13- ب) . ج -إن دورة حياة المنتج التي تمثل مراحل متباينة في حجم المبيعات قد تخلق مشكلة استغلال السعة في المصنع . فإذا كان للمصنع سعة (Capacity) تزيد على أعلى مستوى للمبيعات في مرحلة النضوج ، فهذا يعني أن هناك سعة فائضة أو عاطلة في المراحل الثلاث الأخرى (الإدخال , النمو، والتدهور).

الإطار رقم (1) : دورة حياة المنتج غير المكتملة

لابد أن نلاحظ من متابعة عملية تطوير المنتجات ، إن بعض هذه المنتجات حقا ليس لها دورة حياة كاملة . وإن دورة حياتها غير المكتملة هي أطول من أية دورة إقتصادية، وهذه الدورة تعد بالعقود وأحيانا بالأجيال ، مما يجعلنا نقول أنها بدون دورة حياة أو ذات دورة حياة غير مكتملة . ومما يلاحظ على مثل هذه المنتجات إنها قابلة للتحسين بشكل كبير ومتنوع ومستمر .

وإن السيارة هي نموذج لهذه المنتجات التي لازالت تشهد تطورات صغيرة (كما في تنوع الألوان في العقد الثاني من القرن العشرين وإدخال الحقائب الهوائية لحماية السائق في التسعينات منه) ومتوسطة (كما في تطوير منظومة المكابح) أو كبيرة (كما في إدخال منظومة الهواء المكيف أو منظومة التحكم الإلكتروني) . وإلى جانب هذه التحسينات جرت محاولات لتطوير السيارة على أسس جديدة كما هو الحال في السيارة الكهربائية أو السيارة بالطاقة الشمسية ومن أجل حماية البيئة السيارة القابلة للتدوير بالكامل (كما في الجهود الجارية في فولكسواجن و(BMW) كحلول قائمة على الإبتكار في صناعة السيارات الألمانية) . كما يلاحظ عموما أن المنتجات (وكذلك الخدمات) لا يتم تطويرها مرة واحدة وإنما هي عادة ما تخضع لسلسلة طويلة من التحسينات من أجل إزالة عيوب سابقة فيها أو لإدخال إضافات جديدة تحسن من وظائفها أو خصائصها أو جماليتها أو أدائها .

وإن بعض الخدمات قد يتم تطويرها لتأخذ شكلا شبه مستقر لتستمر بعدها السلسلة. ففي عام (1880) حاول جمس ناسميث وهو مدرس الألعاب الرياضية في إحدى المدارس الأمريكية أن يبتكر لعبة جديدة بشرط أن تدار باليد لا بالأرجل . ولكن كيف تحسب نتائج الفريقين ؟ فقام بوضع صندوقين على جانبين الملعب . فواجهته مشكلة جديدة هي أن اللاعب بإمكانه أن يغلق فتحة الصندوق بيده فلا يستطيع الخصم تسجيل الأهداف ، فقام برفع الصندوق إلى مستوى لا يستطيع اللاعب غلق فتحته . فواجهته مشكلة جديدة تتمثل بالحاجة إلى من يتسلق لإحضار الكرة من الصندوق العالي . وهكذا تطورت اللعبة بتغير الصندوق إلى حلقة دائرية مفتوحة وتحديد عدد اللاعبين بخمسة مع تطوير

مستمر في حلقة قواعد اللعبة . وكرة السلة الآن لعبة منتشرة في كل مكان رغم تجاوز عمرها (120) سنة .

Source : Art Kleiner : What Dose It Mean to Be Green ?, HBR, Vol (69), No.(4), July-Aug 1991,pp38-47. And

محمد عبد الرحمن العوهلي (1988): الإختراع والإقتصاد ، مطبعة الفجر، الكويت، ص ص 311-312 .

الشكل رقم (6 - 13) : من أنماط دورة حياة المنتج

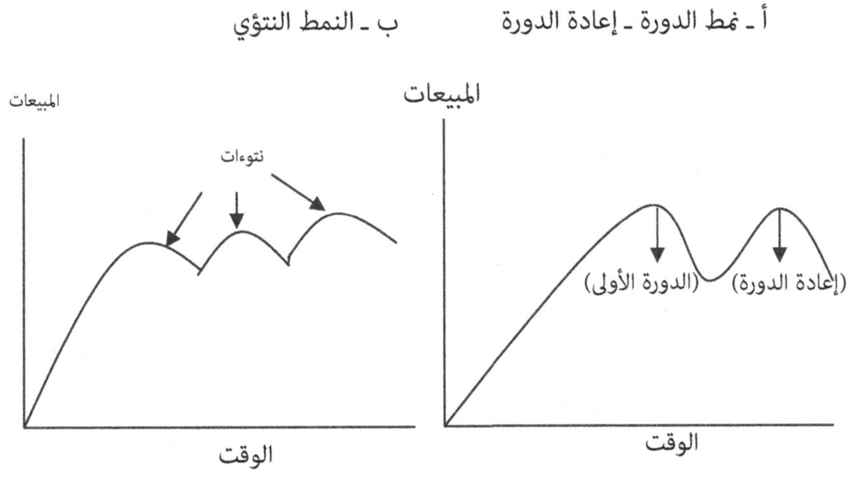

فما العمل من اجل إستغلال السعة ؟ . والإجابة تكمن في تبني منتج ثاني آخر ذي دورة حياة مختلفة زمنيا في مراحلها عن دورة حياة المنتج الأول بحث لا يكون المنتجان في مرحلة متماثلة من مراحل دورة الحياة .

والشكل رقم (6 – 14) يوضح أن المنتج الأول عندما يكون في مرحلة النمو (تزايد المبيعات) يكون المنتج الثاني في مرحلة الإدخال وعندما يصبح الأول في مرحلة التدهور يصبح الثاني في مرحلة النضوج مما يعني استغلال السعة الفائضة .

د - في الشركات الكبيرة لا يمكن الاعتماد على منتج واحد حيث تكون المبيعات منخفضة (في مرحلتي الإدخال والتدهور) لهذا يتم اللجوء الى تبني عدة منتجات في وقت واحد مع مراعاة عدم التنافس بينها أي أن لا يكون للشركة في نفس الوقت منتجان في مرحلة النضوج وإنما تكون المنتجات في مراحل متباينة لكي لا تربك السوق أو سياستها الإنتاجية والتسويقية . والشكل رقم (6 - 15) يوضح حالة تبني منتجات متعددة في وقت واحد حيث يلاحظ أن الشركة يكون لديها في أي وقت منتج واحد في مرحلة النضوج (ذروة المبيعات) ، وهذا المدخل يدعى المدخل المتزامن (Simultaneous Approach) .

الشكل رقم (14-6) : دورة الحياة واستغلال السعة

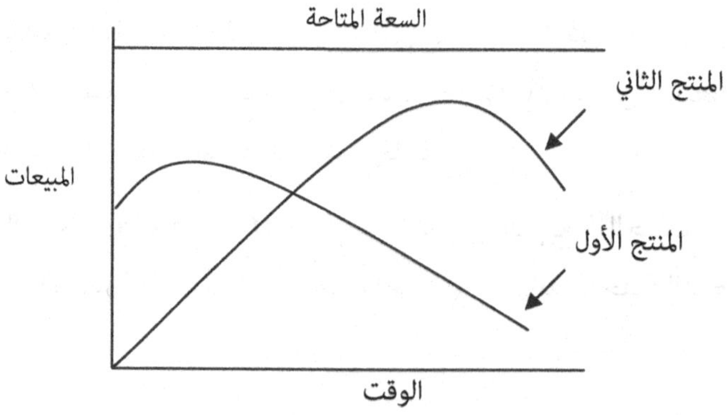

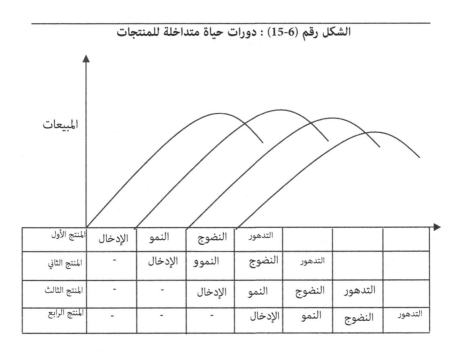

الشكل رقم (6-15) : دورات حياة متداخلة للمنتجات

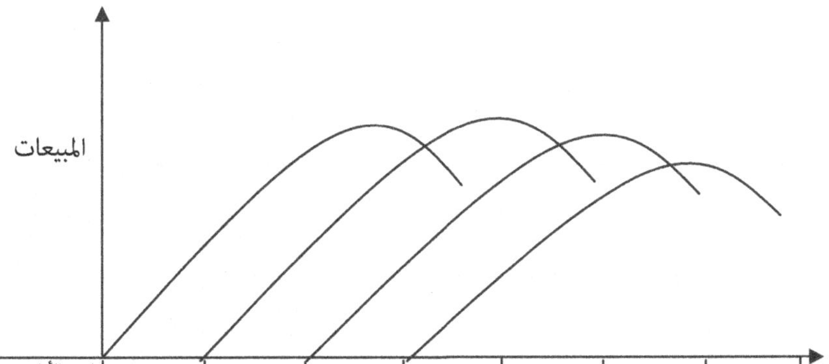

المنتج الأول	الإدخال	النمو	النضوج	التدهور			
المنتج الثاني	-	الإدخال	النموو	النضوج	التدهور		
المنتج الثالث	-	-	الإدخال	النمو	النضوج	التدهور	
المنتج الرابع	-	-	-	الإدخال	النمو	النضوج	التدهور

هـ - إن دورة حياة المنتج تترافق معها دورة أخرى هي دورة الربح والخسارة (Profit / Loss Cycle) . وإن منحنى المبيعات يترافق مع منحنى آخر هو منحنى الربح / الخسارة . ومن الواضح أن هناك تجانسا بين منحنى المبيعات ومنحنى الربح / الخسارة لان زيادة المبيعات يعني زيادة الربح .

وان الشكل رقم (6 - 16) يوضح منحنى الربح / الخسارة الذي عادة ما ينتقل من الخسارة (النفقات اكبر من العوائد) في نهاية مرحلة الإدخال أو في مرحلة النمو .

الشكل رقم (6-16) دورة حياة المنتج ودورة الربح / الخسارة

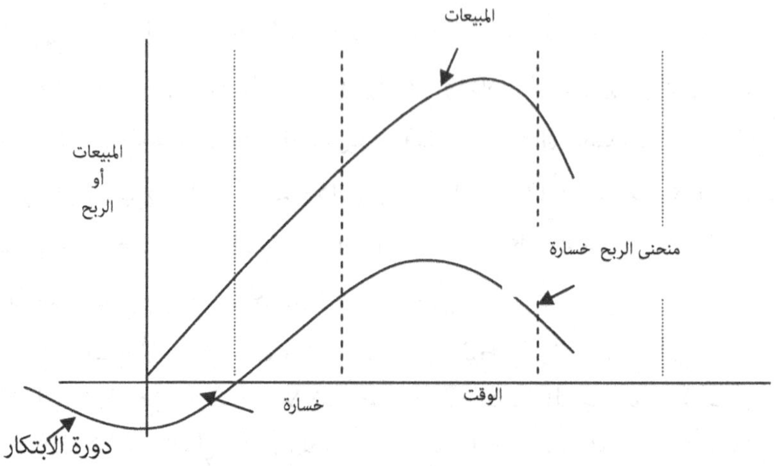

كما أن الشكل رقم (6 - 16) يوضح أن دورة الابتكار هي بمثابة خسارة لأنها في الحقيقة كلفة فقط بدون عائد قبل بدء دورة حياة المنتج فهي تمثل مرحلة ما قبل ولادة المنتج وظهور في السوق وفي هذه المرحلة لا توجد مبيعات ولا عوائد .

6-8- الإبتكار في الخدمات

يتزايد الطلب على الخدمات بشكل مستمر ، وحسب قوانين الإستهلاك فإن زيادة الدخل تؤدي إلى زيادة نسبة الإنفاق منه . وإن القسم الأكبر يذهب إلى الخدمات بدلا من السلع المادية . وهذا التحليل يتسق مع فرضية كلارك - فيشر (Clurk-Fisher Hypothesis) المعروفة التي تفترض إقتصاديا أن المجتمعات تتحرك في تطورها عبر مراحل متعاقبة، من مجتمعات المستوى الأدنى التي تعتمد على الصيد والزراعة ، إلى مجتمعات المستوى الثاني التي تعتمد على التصنيع للسلع المادية . ومن ثم إلى مجتمعات المستوى الثالث التي تعتمد على الخدمات كالتسويق والنقل والتمويل والإتصالات

والأنشطة المهنية . وفي مجتمعات المستوى الثالث ما بعد الصناعية يكون تسويق الخدمات أكثر أهمية من إنتاج وتسويق السلع المادية[13].

إذا كانت السلعة هي شيء ، جهاز ، قطعة تتسم بكونها مادية ، ملموسة ، قابلة للخزن والنقل وإعادة البيع ، فإن الخدمة هي عمل ، أداء ، جهد ، نشاط يتسم بأنه غير مادي عادة ، غير ملموس ، غير قابل للخزن والنقل وإعادة البيع . ورغم كل الصعوبات في تحديد مفهوم الخدمة بالنظر لتنوعها في قطاع الأعمال الخدمي ، فإن المهم في الخدمة هو جوهر يباع . ولقد وصف دانييل بيل (D.Bell) الخدمة في المجتمع ما بعد الصناعي بأنه لعبة بين الأفراد (Game Between Persons) خلافا للعبة ضد الطبيعة المصنعة التي يتم لعبها في المجتمع الصناعي[14].

وقد يبدو للكثير أن الخدمات هي الأسهل في التطور والأسرع في الإبتكار والأقل مخاطرة في الإستثمار من حيث أنها لا تستخدم في العادة تكنولوجيا مادية على نطاق واسع في حالات كثيرة وبالتالي فإن (المصنع الخدمي) هو أقل إستثمار رأسماليا من المصنع الصناعي . ولكن هذا غير دقيق في حالات كثيرة ، وهذا ما يمكن توضيحه من خلال ما يأتي :

أ ـ إن القسم الأكبر من الخدمات تؤدى وتقدم مقرونة بإستخدام كثيف من التكنولوجيا. والعمل المصرفي مثلا يقدم نموذجا حيث الحاسوب ، آلة عد النقود، البطاقات الذكية، آلة التأكد من البطاقة ، والصراف الآلي ، والصفقات الإلكترونية بدون نقود (Cashless) وغيرها الكثير .

ب ـ إن الإبتكار في الخدمات الذي يمثله دورة حياة الخدمة هو أبطأ بكثير من الإبتكار في السلع الذي تمثله دورة حياة السلعة . فلا زالت دورة حياة الخدمة في الأغلب أطول من دورة حياة السلعة . وهذا يعود إلى أن الخدمة لا تخزن ولا تنقل ولا تصدر كما هو الحال في السلعة . لهذا لا يحدث التشبع في الخدمة على شاكلة ما يحدث في السلعة. كما أن السلعة مع مرور الوقت تتقادم في حين أن الخدمة يزداد مقدمها مع الوقت خبرة وسمعة أوسع . ومع ذلك فإن الإتجاهات الجديدة في الشركات الخدمية شأنها شأن الشركات الصناعية تدفع بقوة إلى تقليص دورة حياة الخدمة من خلال الإدخال

السريع لخدمات بديلة جديدة ، إضافة إلى التنوع في الخدمة الحالية . فمثلا شركة الخطوط الجوية البريطانية تقدم خدمات الدرجة الإقتصادية ، والدرجة الأولى، ودرجة الأعمال الدولية (Club World) ، ودرجة الأعمال الأوربية (Club Europe) . وهذه أمثلة عن الإبتكار ـ التحسين في الخدمة كإستجابة متميزة لحاجات الزبون ، وتطوير للخدمة من خلال دورات الخدمة المتنوعة الإستخدامات على شاكلة تحسين السلعة الحالية عبر إستخدامات جديدة[15] .

ج ـ إن إبتكار الخدمة الجديدة غالبا ما يكون أصعب من إبتكار السلعة الجديدة . وهذا يعود إلى أنه في الصناعة مختبرات البحث والتطوير (R&D Labs) يمكن أن تأتي بالتصميمات الجديدة التي تدمج وظائف وخصائص معينة . في حين أن الشركة الخدمية تتصور الحاجة ، ولكنها لا تستطيع أن يكون لديها نفس الثقة في قدرتها على تقديم كل المقومات التي تعد بالخدمة الجديدة الناجحة . وبالنتيجة تكون الشركات الخدمية على الأرجح محافظة أكثر فيما يتعلق بالإبتكار[16] .

وفي الوقت الذي ظلت الشركات الخدمية تتعقب الشركات الصناعية في تقليد واستنساخ أساليبها من أجل مواجهة نقص الكفاءة والإنتاجية في الخدمات ، فإن نقص الكفاءة في الخدمات كان يعود الى أن تقديم الخدمة يتطلب اتصالا مباشرا وحضورا ماديا للزبون. ولعل المفارقة المثيرة هو أن الشركات الصناعية من أجل الإستجابة الأعلى لحاجات السوق أخذت تنتقل ومنذ أكثر من عقدين من الزمن من اقتصاديات الحجم والمنتج القياسي الى اقتصاديات النطاق (Economies of Scope) والمنتجات المتنوعة.

وفي المقابل نجد أن الشركات الخدمية من أجل مواجهة نقص الكفاءة والإنتاجية أخذت تتجه بقوة نحو الخدمة الواسعة (Mass Service) والقياسية . وإذا كان هذا الإتجاه يقوي الإبتكار الجذري لتكنولوجيا تقديم الخدمات ، فإن تأكيد الشركات الخدمية على الخدمة الواسعة والقياسية يضعف من إمكانات الإبتكار - التحسين الذي تكون فرصه عالية جدا مع كل إتصال بالزبون . حيث أن التفاعل مع الزبون مصدر لفهم حاجاته ومطالبه والنقص في جودة الخدمة وعدم ملاءمتها ..الخ وهذه كلها تمثل مصادر حقيقية وفعالة في الإبتكار- التحسين للخدمة . فآلات الصراف الآلي (A.T.M) يمكن أن تكون كفوءة في

تقديم خدمة قياسية في سحب النقود مثلا ولكن في مقابل هذا لا فرصة حقيقية لتحسين هذه الخدمة مقارنة بالتفاعل الحي بين الصراف الإنساني مع الزبون .

إن تشريح الخدمة يمكن أن يكشف عن ثلاثة مكونات أساسية الأول : هو المنفعة أو الخدمة الجوهرية (Core Benefit or Service) وهو مكون المنفعة الذي يمثل ما يحتاجه الزبون ويبحث عنه عندما يشتري الخدمة . فهذا المكون في الخدمة المصرفية يتمثل في خدمة الإيداع أو السحب أو الإقتراض أو التحويل ..الخ . الثاني : مكون السمات (Features Component) وهو ما يحيط بمكون المنفعة ويمثل مكون السوق بالعلاقة مع المنافسين . وهذه السمات يمكن أن تتمثل في تقديم خدمة بتكلفة أقل جودة أفضل وعلامة تجارية أكثر شهرة وإثارة ..الخ . الثالث : مكون التفاعل (Interaction Component) وترتبط بالزبائن من حيث أن الخدمات تفترض في الغالب التفاعل مع الزبون مما يمنح العاملين في الخط الأمامي فرصة التفاعل والتحسين للخدمة بعد كل تفاعل من أجل الزبون اللاحق . وفي ضوء هذه المكونات فإن الإبتكار في هذا المجال يعني تقديم خدمة جديدة ، وهذه يمكن أن تكون [17] :

أولا : تغييرا مهما في الخدمة المقدمة ومثاله التسوق اللانقدي (Cashless Shopping) الذي يتم عبر البطاقات الذكية الذي يمكن أن يحل محل التسوق النقدي . كما أن التسوق الإلكتروني أو عبر الإنترنت يمكن أن يحل محل التسوق النقدي والتسوق اللانقدي .

ثانيا : تقديم عروض أفضل بالسعر للزبائن : وهذا يعبر عن التحسينات بطريقة تفوق المنافسين مما ينعكس على التكلفة وبالتالي على السعر ، أو ينعكس على الجودة بتكلفة هي أقل من القيمة المضافة لصالح الزبون .

ثالثا : تحسين تقديم الخدمة من زبون لآخر وهذا يكون بالتعلم في عملية التفاعل مع الزبون ومن ثم إدخال التحسين على الخدمة لصالح الزبون في المرة القادمة .

إن الشكل رقم (6-17) يوضح هذه المكونات وأبعادها : ويمكن أن نلاحظ بوضوح أن مكون المنفعة هو الذي ينصب عليه عادة الإبتكار الجذري (الإختراق) في حين أن المكونين الآخرين (السمات والتفاعل) هما اللذان ينصب عليهما الإبتكار - التحسين. وفي كلا النوعين من الإبتكار فإن ثمة أهمية عالية تتمثل في المعرفة الجديدة التي يتم

الحصول عليها سواء في ضوء الخبرة الذاتية والإبتكار بالعلاقة مع السوق والمنافسين ، أو بالعلاقة مع تقديم الخدمة والتفاعل مع الزبون .

الشكل رقم (6-17) : المكونات الأساسية للخدمة

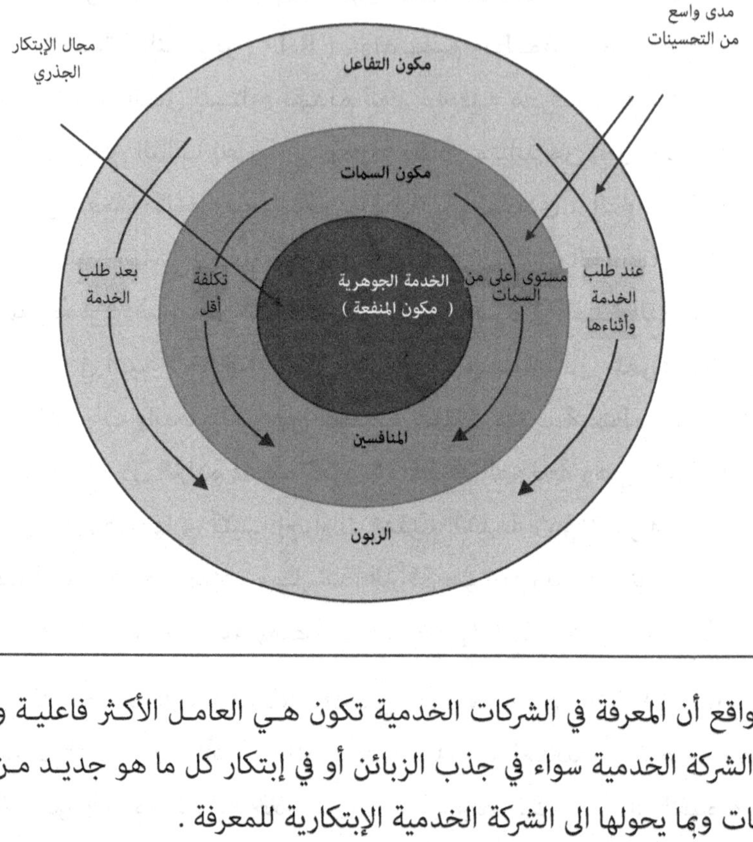

والواقع أن المعرفة في الشركات الخدمية تكون هي العامل الأكثر فاعلية وتأثيرا في نجاح الشركة الخدمية سواء في جذب الزبائن أو في إبتكار كل ما هو جديد من معرفة وخدمات وبما يحولها الى الشركة الخدمية الإبتكارية للمعرفة .

ولقد أشار دراكر (P.F.Drucker) طبقا لمفاهيم ما يسميه (ما بعد النظرية الإقتصادية) إلى أن المعرفة هي مصدر الثروة مؤكدا على أن تطبيق المعرفة على الواجبات التي نعرف كيف نؤديها قبل الآن نطلق عليه (الإنتاجية) ، وعند تطبيق المعرفة على الأعمال الجديدة والمختلفة نطلق على ذلك (الإبتكار)، وإن المعرفة هي

التي تتيح لنا تحقيق هذين الهدفين ؛ لهذا فإنه يرى أننا نعيش الآن (ببزوغ إقتصاد المعرفة مستوى العالم وعلى نحو تنافسي عال)[18].

إن الشركات الخدمية تتنافس اليوم على أساس المعرفة وشأنها شأن الشركات الصناعية، فبعض الشركات الخدمية يكون عملها الأساسي إبتكار المعرفة كمراكز ومختبرات البحث والتطوير (R-D) ، وتصميم وتطوير البرمجيات والأنشطة الإستشارية، والبعض الثاني يستلزم تقديم الخدمة فيه معرفة كثيفة كالمستشفيات والجامعات ، والبعض الثالث بحاجة إلى المعرفة بشكل متزايد من أجل تطور الخدمات للمحافظة على العملاء كالمصارف والتأمين والمطاعم والفنادق .. إلخ . لهذا كله فإن المعرفة تمثل مصدرا أساسيا لتحقيق الميزة التنافسية في الشركات الخدمية . فإلى جانب أن هذه المعرفة توفر قدرة أكبر على إستخدام نقاط القوة في البيئة الداخلية للشركة وإلتقاط الفرص في البيئة الخارجية بشكل أكثر فاعلية وكفاءة ، فإن المعرفة الكثيفة هي التي تجعل التغييرات والتحسينات على الخدمة عملية منهجية منظمة وليس مجرد حالة عرضية. وذلك لأن التراكم المنظم يكون في المعرفة الصريحة وهي المعرفة القياسية المقيدة التي يمكن وضعها في كتيب إجراءات تقديم الخدمة ، وفي المعرفة الضمنية وهي أسرار الخدمة المحترفة والمتميزة . ومثل هذا التراكم هو الذي يجعل التطوير في الخدمة وقيمتها عبارة عن سلسلة متصلة ومتصاعدة بما يجعلها ميزة تنافسية مستمرة .

ولأن الشركة الخدمية الإبتكارية للمعرفة هي الأكثر قدرة على الأداء الإبتكاري ، فإن هناك مؤشرات لتقييم هذا الأداء ، ومنها : عدد الخدمات الجديدة أو التحسينات التي يتم إدخالها على الخدمة الحالية خلال فترة معينة ، وقصر- دورة حياة الخدمة فيها ، وإيجاد الأسواق الجديدة .. إلخ . وهذا ما يمكن مقارنته بالفترات السابقة ، وكذلك بالمقارنة مع الشركات المنافسة لتحديد الموقع التنافسي- على أساس المعرفة الإبتكارية التي تمثل العامل الأساسي في الميزة التنافسية في الشركات الخدمية الحديثة .

6-9- دورة حياة الخدمة

كما أن للمنتج (السلعة) دورة حياة فان للخدمة ايضا دورة حياة وليس أدل على ذلك من تطور الخدمة الصحية مثلا . فقد كانت هذه الخدمة في السابق تقدم من قبل العرّافين وبعض الحرفيين كالحلاقين ، نجد ان الخدمة الصحية تقدم الآن من قبل مختصين تتوفر لهم المختبرات والأجهزة المتقدمة والمتطورة باستمرار التي تعمل على تحسين الخدمة الصحية الحالية وإدخال خدمات صحية جديدة . والسؤال الذي يطرح نفسه ما الفرق بين دورة حياة المنتج (السلعة) ودورة حياة الخدمة ؟

أن دورة حياة الخدمة عموما أطول من دورة حياة المنتج ، وهذا يعود الى ان الخدمة أبطأ في التعرض الى التقادم مقارنة بالمنتج ، بل أن مرور الوقت على تقديم الخدمة (كما هو الحال في خدمة الطبيب) يمنح الطبيب خبرة أعلى وسمعة أوسع مما يبقي خدمته أطول ويتزايد عدد الزبائن الذين يطلبونها لسمعته مع الوقت حتى لو قدمت بنفس الأساليب السابقة . وربما يعود ذلك الى سبب آخر هو أن الخدمة بشكل عام لازالت بعيدة عن المنافسة الشديدة ومن المتوقع أن تشهد الفترة القادمة توجهات جديدة في إدخال المنافسة في قطاع الخدمات بشكل عام . كما أن بلوغ الخدمة مستوى الذروة يكون أبطأ مما في المنتج لان المنتج يتسم بالقابلية على النقل خلافا للخدمة . وان مستوى الذروة في تقديم الخدمة (المبيعات) يكون أعلى مما في المنتج .

ولاشك في أن الفرق الأساسي المهم يتمثل في أن فترة الربح تظهر أسرع في الخدمة من نظيرتها في المنتج ، فمن المعلوم أن الربح يظهر خلف العوائد (المبيعات) في دورة حياة المنتج ، وهذا نفسه ما يظهر في الخدمة إلا أن فترة الخسارة تكون اقصر في الخدمة وفترة الربح أسرع وأطول في الخدمة ، وذلك لان التكلفة الغاطسة أي ما سبق تحمله من تكاليف (Sunk Cost) يتحملها المنتج (السلعة) بحجم أكبر مما في الخدمة مما يجعل ظهور الربح أبطأ نسبيا في المنتج مقارنة بالخدمة . والشكل رقم (6 - 18) يوضح دورة حياة الخدمة مقرنة بدورة حياة المنتج .

الشكل رقم (6 - 18) دورة حياة المنتج والخدمة

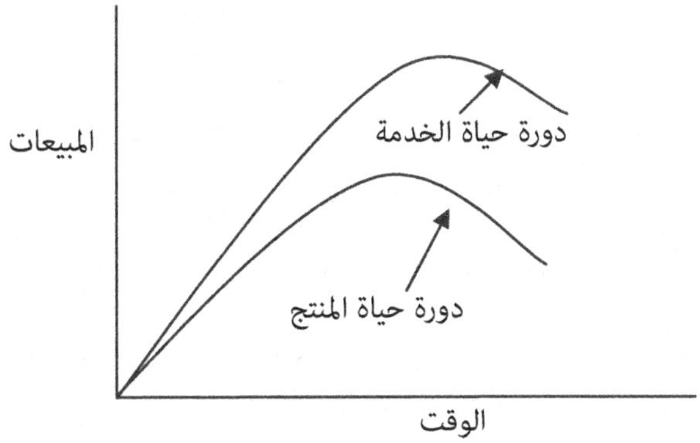

المصادر

1. Lee J. Krajewski and L.P.Ritzman (1996): Operations Management, Addison-Wesley Publishing Co. Reading Massachusetts, p39.
2. Philip Kotler and G.Armstrong(1996):Principles of Marketing, Prentice Hall,Upper Saddle River, New Jersey,p8.
3. Ibid , p313.
4. James R.Evans (1997): Production / Operations Management, West Publishing Co., Minneapolis / Saint,p198.
5. Ray Wild(ed)(1989) : International Handbook of Production and Operations Management, Cassell Educational Ltd, London, pp200-201.
6. E.Adam, jr. and R.J.Ebert, Production and Operations Management, Printice-Hall of India Lmd , New Delhi, 1993.p130. and William J.Stevenson(2002): Operations Management, McGraw-Hill and Irwin, Boston, p139.
7. R.G.Schroeder, operations Management, McGrow-Hill Book Co. New York, 1989.p102.
8. و.جاك دنكان : أفكار عظيمة في الإدارة ، ترجمة محمد الحديدي، الدار الدولية للنشر والتوزيع ، القاهرة ، 1991 ، ص ص 38- 39 .
9. R.G.Schroeder, op cit, p93.
10. Louis Boone and D.L.Kurtz (1995) : Contemporary Marketing, The Dryden Press, Harcourt Brace College Publishers, Fort Worth,p401.
11. Richard B.Chase and Nicholas J.Aquilano: Production and Operations Management, (1995), Irwin-McGraw-Hill, Boston, p58.
12. Robert Kreitner (1989) : Management, Houghton Mifflin, Boston, p119.
13. د.نجم عبود نجم : إدارة الخدمة : المراجعة والإتجاهات الحديثة ، مجلة الإدارة العامة ، معهد الإدارة العامة ، الرياض ، المجلد (37) ، العدد (2)، أغسطس 1997 ، ص ص 261-296 .
14. James L.Heskett (1986): Managing in the Service Economy, Harvard Business School Press, Boston, p2.

15. Steven E.Prokesch : Competing on Customer Service: An Interview with British Airways'Sir Colin Marshall, HBR, Vol(73), No.(6), Nov-Dec 1995, p101-112.

16. J.L.Heskett, op cit, p84 .

17. Dorothy Riddle: Why Innovate? International Trade Forum, Issue 2, 2000, p19.

18. بيتر ف . دراكر (1995) : الإدارة للمستقبل : التسعينات وما بعدها ،ترجمة د.صليب بطرس ، الدار الدولية للنشر والتوزيع ،القاهرة ، ص ص 48 وما بعدها .

الفصل السابع

بعض التجارب في مجال الابتكار

7-1- المدخل

7-2- الإبتكار في التجربة الأمريكية

7-3- الإبتكار في التجربة اليابانية

7-4- الإبتكار في التجربة الكورية

7-5- دروس مستفادة

المصادر

1-7- المدخل

لاشك في أن تعدد التجارب يمثل حالة إثراء وإتجاه أكبر نحو التنوع . فلا يعود النموذج الواحد هو النموذج السائد وإنما النماذج المتنوعة هي حالة التفتح والتلاقح من أجل تطور أسرع وأكثر صحية ليس فقط في ظروف التعاون وإنما أيضا في ظروف التنافس . وهذا ليس فقط في الحالات القائمة وإنما أيضا في الإبتكار .

والسؤال الذي يطرح نفسه هل إن إختلاف التجارب وتعدد نماذج التطور المتميزة في المجتمعات يمكن أن يؤدي إلى تغيير التجربة الإبتكارية والنشاط الإبتكاري للأفراد والشركات ؟ والإجابة يمكن أن نضعها في إطارين أساسيين :

الأول : إن العملية الإبتكارية في تحديدها ومراحلها وومضة إبتكارها وتجريبها وتقييمها واحدة في كل العصور والظروف والمجالات والسياقات الإجتماعية التي تجري فيها. وبالتالي فإن تنوع المجتمعات وتميز خلفياتها التاريخية وتباين تكويناتها الثقافية لن يؤثر على الإبتكار . والواقع أن هذه الرؤية التي تقوم على أن الإبتكار موزع بالتساوي بين البشر وإننا كلنا مبدعون ومبتكرون في القلب وأن كل واحد منا لديه قدرة إبتكارية متساوية بشكل تقريبي [1]، تواجه مشكلة تباين المجتمعات والبيئات في التحفيز والقيم المعوقة أو المشجعة على ما يؤدي إلى تباين معدلات الإبتكار وأشكاله من مجتمع لآخر ومن تجربة لأخرى . مما يعني وبمنطق هذه الرؤية أن التجارب والبيئات مؤثرة بشكل ملحوظ وجلي على الإبتكار .

الثاني : إن الكثيرين ومنهم على وجه التحديد الأمريكيون يميلون إلى الإعتقاد بأن التكنولوجيا وقواعد لعبة الأعمال (أي المعايير المادية للأعمال) وخاصة في ظل العولمة تميل إلى توحيد المنتجات والأسواق وقواعد عمل الأفراد وتفضيلاتهم وصولا في النهاية إلى عولمة القيم . وبالتالي فإن توحيد التجارب والنماذج سيأتي في كل شيء ومنها الإبتكار طبعا . وهذا ما يتضح في دراسة ثيودور ليفيت (T.Levitt) المبكرة عام 1983 حول (عولمة الأسواق)[2] وما يسود في العولمة من إتجاه قوي نحو التقييس (أي صنف واحد من المنتج لأكثر من 200 دولة في العالم) .

ولكن هذا لا يصطدم في أن البيئات والثقافات في تنوعها لازالت أقوى من التكنولوجيا والمنتجات والخدمات في تنميطها . بل إن هذا التنوع في البيئات والثقافات (وهذا هو الأهم) هو مصدر للتميّز (والإبتكار كما رأينا هو نوع من التميّز في إبتكار المنتجات الجديدة أو المحسنة) في المنتجات وكذلك في الممارسات والقيم . وكما قال فرنسيس فوكوياما (F.Fukuyama) في إقتصاديات الثقة وتأكيده على أنه لا يزال أمامنا الكثير لنتعلم بالدراسة والتجربة الميزة التنافسية لرأس المال القيمي والإختلافات الثقافية في البيئات المختلفة[3].

ولعل أهم درس قدمته التجربة اليابانية في رؤيتها الخاصة إلى الإبتكار والتجربة الكورية في التقليد الإبتكاري في مرحلة الإنتاج الأكفأ من دورة حياة المنتج ، هو تعدد النماذج في الإبتكار . فلم يعد النموذج الغربي والأمريكي بشكل خاص هو النموذج الوحيد المنتصر في الحرب والمتفوق في الإقتصاد والذي يسجل أكبر عدد من الإبتكارات الجذرية في المجالات الكثيرة . وإنما هناك نماذج أخرى تطورت في ظروف أصعب من حين الدمار وندرة الموارد والعزلة التاريخية التي تعيشها كما في حالة اليابان ، ومن حيث الإستعمار القاسي وندرة الموارد والحرب الأهلية والظروف الإقليمية المضطربة في الحالة الكورية ، ومع ذلك حققت موقعها المتميز تحت الشمس وحصتها في أسواق مهمة وأصبحت مصدرا مهما للتطور والإبتكارات والممارسات الجديدة لتشكل نماذج جديدة للتعلم يقصدها الآخرون من أجل إستلهام الرؤى وتكرار المراحل والإستفادة من الدروس رغم تباين الخلفيات البيئية والثقافية . ونضيف إلى ذلك حقيقة أن التجارب الثلاث التي سنعرض لها في هذا الفصل ، تمثل طيفا شمسيا يكاد يكون شاملا لما يمكن أن يكون عليه التطور في مجال الإبتكار . حيث يمتد هذا الطيف بين النهاية القصوى للإبتكار الجذري الذي تمثل قمته الولايات المتحدة وإن الدول المتقدمة الأخرى (الأوربية مثلا) تتدرج دون مستوى القمة . في حين تكون النهاية القصوى الثانية في التجربة الكورية التي لازالت في مرحلة الإبتكار- التحسين وتتطلع الآن إلى بناء قاعدتها الوطنية في البحث الأساسي . وبين هاتين النهايتين تقف اليابان في مدى واسع نسبيا . فهي تمتلك جانب من قاعدة البحث الأساسي والمستقبل كفيل بتطوير هذا الجانب إلى أبعاده التنافسية القصوى،

كما تمتلك خبرة رائدة عميقة وواسعة في الإبتكار ـ التحسين حيث أن الكايزن (Kaizen) كان بضاعة يابانية أولا .

وسنحاول أن نلقي الضوء على التجارب الثلاثة : الأمريكية واليابانية والكورية الجنوبية مركزين على مجال الإبتكار والدروس المستفادة منها .

2-7- الإبتكار في التجربة الأمريكية

إذا كان لابد من وصف عام للأمريكيين إزاء الإبتكار فإننا نقول أنهم أكثر ميلا إلى الإبتكار الجذري الكبير ، إلى الإبتكار الفائق (Super-Innovation) في مشروعات العلم الكبير (Big Science) ، فالأمريكيون غالبا ما يثبتون أنهم يحركهم الأمل في الفوز أكثر مما يحركهم الخوف من الخسارة . ولعل هذا ما يفسر بحق إن أكثر الأفكار النظريات ، المنتجات ، الطرق ، والبدع الجديدة خلال القرن العشرين كانت أمريكية بنفس القدرة الذي كان القرن التاسع عشر في مجال الإبتكار قرنا بريطانيا عندما كانت فيه مصنع العالم . كما أن المهاجرين الأوائل الذين فروا من كل قيود أوربا ، كانوا يتطلعون إلى كل شيء جديد ومغاير ولا يمت إلى واقعهم وقيمه ومعتقداته الذي هربوا منه بصلة. وهذا يفسر إلى حد كبير النزعة المادية والبرجماتية الأمريكية كما يفسر أولوية الكفاءة والمعايير المادية في الأعمال حتى على حساب الأخلاقيات ، وأولوية الآلة (التكنولوجيا) على الإنسان ، وأولوية الرفاه المادي بكل منتجاته ومبتكراته على أشكال الحياة الأخرى وإمتلائها . والولايات المتحدة لا تتميز فقط بأنها تمتلك أكبر ناتج قومي إجمالي (GNP) في العالم يزيد على ترليونين ، وإنما هي تتميز بأضخم ميزانية للبحث والتطوير حيث تصل نسبة ما يخصص (2.8 ٪) من الناتج القومي في عام 1996 ، مقابل (1.9٪) في الإتحاد الأوربي ، و (1.5 ٪) في وسط أوربا ، و (2.8 ٪) في اليابان ، و(0.4 ٪) في الدول النامية[4].

وهي تضم أكبر عدد من كبرى الشركات في العالم ، فمن بين أكبر ألف شركة في العالم هناك (379) شركة أمريكية ، و (273) شركة يابانية ، و (95) شركة بريطانية ، (45) شركة فرنسية، (37) شركة ألمانية ، و (15) إيطالية[5].

وهي الأكثر تبني لمشروعات العلم الكبير (وهي مشروعات البحوث الكبيرة التي تتطلب ميزانيات ضخمة) التي تعتبر الأكثر نجاحا في الولايات المتحدة . فمشروع مانهاتان (Manhatan P.) الذي دفع البحث الأساسي إلى المقدمة وأنتج أول قنبلة ذرية كانت كلفته بليوني دولار مقارنة بميزانية البحث والتطوير في الولايات المتحدة في ذلك الوقت (عام 1940) البالغة (70) مليون دولار[6]. ومشروع الجينيوم البشري الذي أمده (1993 – 2003) لفك الشفرة الوراثية للإنسان . كما أن الولايات المتحدة هي الأكثر تسجيلا لبراءات الإختراع حيث سجلت (161) ألف براءة في الولايات المتحدة فقط في عام 1999[7].

وعلى صعد الشركات فإنها نظرت دائما إلى السوق الأمريكية الواسعة لهذا فقد نمت إلى حدود غير طبيعية في إتجاهها نحو العملقة . فالولايات المتحدة البلد الكبير ـ القارة الذي يتكلم لغة واحدة ، ولديه عملة واحدة ، والمراكز التجارية (Malls) الواسعة .. إلخ وأنها كما يقول بول كيندي (P.Kennedy) أن الولايات المتحدة هي البلد الوحيد الذي يتسم بالنزعة أو المرمى العالمي[8] . كل هذا مجّد فكرة الحجم الكبير والإنتاج الواسع وهذا كله كان مدعوما بالإتجاه الأساسي نحو الكفاءة الذي قامت عليه حركة الإدارة العلمية منذ بداية القرن العشرين . ولقد بلغ حجم الشركات حدوده القصوى في الولايات المتحدة منذ القرن التاسع عشر- حتى أصبحت تهدد المصالح العامة بالإحتكارات والتكتلات العملاقة مما حدا بالسلطات الأمريكية إلى إصدار قانون شيرمان المضاد للتكتل (Sherman Antitrust Act) عام 1890 . وقد إستخدم قانون ضد التكتل من أجل تقسيم شركات عملاقة مثل (Standard Oil) و(AT & A) وهذا ما حدث أيضا مع تقسيم شركة مايكروسوفت العملاقة في عام 2000 إلى شركتين[9].

والواقع أن كل هذه السمات تفسر جانبا من الميل الأمريكي إلى العملقة (Bigness) وإن هذه العملقة تفسر جانبا من الميل الأمريكي إلى الإبتكارات الجذرية (الإختراق) أكثر من ميله إلى الإبتكار التدريجي أو التحسينات الصغيرة . وحتى عندما تأتي الشركة الصغيرة بالإبتكارات الجديدة فإنها سرعان ما تتضخم وتتعملق بهذه الإبتكارات . ولقد زاد في هذا الإتجاه الظروف التي سادت بعد الحرب العالمية الثانية حيث دول العالم المدمرة صناعتها

بالحرب والمنهكة بالفقر ونقص الموارد ، لتصبح الولايات المتحدة هي القوة المنتصرة في الحرب والقوة الإقتصادية العظيمة ذات الموارد والإمكانات المالية والتكنولوجية والإدارية والبشرية الأكثر تأهيلا لتكون مصنع العالم .

وهكذا نجد أن البلد الكبير ـ القارة لضرورات داخلية كان يدفع نحو الحجم الكبير من أجل توحيد المهاجرين من كل الأعراق والأجناس وفي كل الولايات . وإن العالم الذي يطلب سلع المنتصر ذي الإقتصاد الأكفأ والأكثر إبتكاريا ، كان كعامل خارجي هو الآخر يدفع نحو الحجم الكبير وإقتصاديات الحجم التي تجعل كل شركة ذات ميزة في التكلفة إذا أنتجت كميات أكبر من نفس السلع (أنظر الشكل رقم 7 - 1) .

الشكل رقم (7-1) : إقتصاديات الحجم

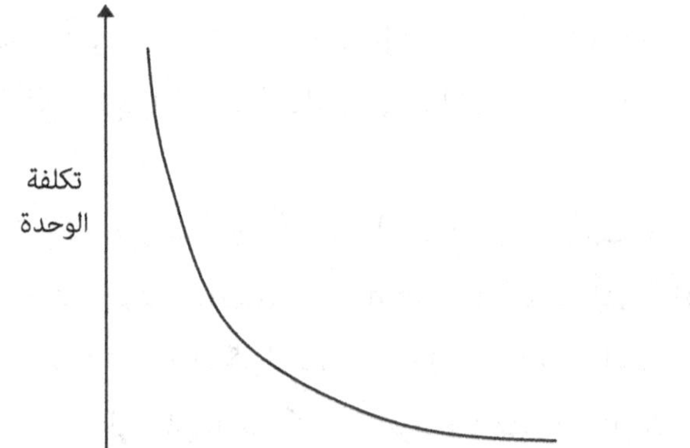

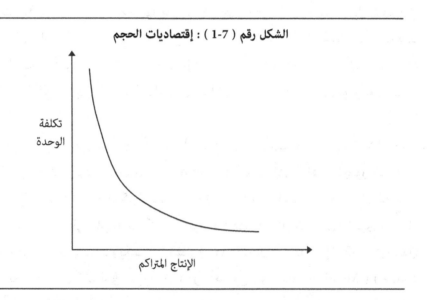

أن الولايات المتحدة بلد واسع وغني بالموارد الطبيعية المتنوعة ، وهذا ما قلص الإحساس بندرة الموارد والحاجة إلى الترشيد في إستخدامها (الكبير جميل) رغم التوجه الأقوى نحو الكفاءة في الشركات الأمريكية . والإنتاج الواسع (Mass Production) والذي يمثل الكفاءة العالية في الإنتاج لأنه يحقق تكلفة الوحدة الأدنى ، كان يخفي حقيقة أنه

إنتاج واسع والذي يؤدي الى إستهلاك واسع ومبذر للموارد وملوث للبيئة من جهة، وإن وحدة المنتج كانت تستهلك موادا وطاقة أكبر من جهة أخرى . وهذا ما لم تكتشفه الشركات الأمريكية لعقود من الزمن إلا بعد ظهور المنافسين الجدد (وخاصة اليابانيين) بأساليبهم الجديدة القائمة على عمل الأكثر بالأقل (To Do More with Less) وإن الصغير أجمل .

وحيث أن الإنتاج الواسع يتطلب إستخدام تكنولوجيا حديثة والآلات كثيرة ومكلفة ، فقد كان من غير الممكن ولعقود طويلة الأخذ بالتحسينات الصغيرة (الإبتكارات التدريجية) التي لا تبرر من المنظور الأمريكي تكلفة الأخذ بها داخليا من جهة وعدم وجود منافسة في سوق تبرر الأخذ بها خارجيا من جهة أخرى . لهذا كان الميل الأمريكي الذي لا تزال آثاره حتى الآن ، هو نحو الإبتكار الجذري الذي يأتي بالتكنولوجيا الجديدة في دورة إبتكارية أولى (منحنى –S) تمتد إلى أكثر من (10-15) سنة . ليأتي بعدها الإنقطاع عن التكنولوجيا السابقة بالتكنولوجيا الجديدة في دورة تكنولوجية ثانية و منحنى - S جديد.

ومما يفسر أيضا هذا الميل إلى الإبتكار الجذري هو أن المدخل الأمريكي كان منذ البداية مدخلا تقني المركز (Technoceneric A.) . فلقد أدى إرتفاع أجور العاملين وضخامتها إلى الإندفاع وراء التكنولوجيا من أجل الإحلال الواسع للآلة محل العامل. وربما هذا يؤكد هذا الإعجاب الأمريكي بالتكنولوجيا مقارنة بكل الوسائل الأخرى في حل المشكلات وزيادة الإنتاجية . ويكفي أن نشير في هذا المجال إلى أنه ما إن قدم الأوربيون رؤيتهم الخاصة حول البيئة في تقرير ميدوز وآخرين (Meadows et al.,) (حدود النمو)[10] عام 1972 محذرا من مخاطر معدلات النمو السائدة على إستنفاذ الموارد ودعوا الى تبني خيار معدل النمو الصفري ، قدم الأمريكيون دراسة هرمان خان وآخرون (R.L.kahn) (العالم بعد مائتي عام)[11] عام 1975 ، ليؤكد على قدرة التكنولوجيا على مواجهة جميع المشكلات التي تواجه عالمنا .

ويمكن أن نلاحظ أن الإبتكار الجذري ذو طبيعة فنية ، فهو يشكل إنقطاعا حاسما عن الحالة القائمة (كجوانب مادية وإستثمارات) وعلاقات تنظيمية (تغير مستويات

ووظائف) وإنسانية (تغيير شكل الحياة وعلاقاتها الإجتماعية) . وهذا ما لا يمكن الأخذ به عادة بسهولة إلا في ظل مدخل الأعمال الأمريكي تقني المركز .

ولقد أشار بيترف دراكر (P.F.Drucker) في تحليله لنظرية الأعمال بالمنظور الأمريكي إلى دلالات التطور في المفاهيم مثل : التصغير (Downsizing)، التوريد الخارجي (Outsourcing) ، إدارة الجودة الشاملة (TQM) ، تحليل القيمة الإقتصادية، المعايرة ، وإعادة الهندسة ، مؤكدا على أن هذه المفاهيم الجديدة هي كلها وسائل أو أدوات كيف تعمل (How to do tools) . بينما التحدي الرئيسي- والمهم للأعمال والذي لم يحظ بالعناية في الأعمال هو : ماذا نعمل (What to do) . إن الأعمال (والشركات الكبرى التي يركز عليها دراكر) إهتمت بتطوير الأدوات من أجل الكفاءة الفنية ، إلا أنها لم تهتم بما تعمل وهل هي تقوم بأشياء صحيحة أم خاطئة (Right or Wrong Things)[12]. وهذا يكشف عن البرجماتية في شركات الأعمال الأمريكية التي تجرب الوسائل (الكيف) أولا ثم إذا حققت أهداف الأعمال المتمثلة بالربح، فإنها صحيحة (المعنى والغرض) وإذا لم تحقق ذلك فإنها خاطئة . مما يفسر- سهولة الأخذ بالإبتكارات الجذرية بكل ما يعنيه ذلك من مغامرة أو مقامرة جراء الإهتمام الأمريكي بالوسائل دون المعنى أو الدلالة ، وبالجوانب المادية أو الكفاءة دون التأثيرات الأخرى إنسانية أو إجتماعية . ولقد لاحظ وليم أوتشي- (W.G.Ouchi) هذا الميل في تأكيده على أن الشركات الأمريكية عندما تقدم المعلومات عنها كما في الكتاب الذي أصدرته شركة (3M) بمناسبة مرور(75) عاما على تأسيسها بعنوان (قصتنا إلى الآن) - تتعرض إلى مداخل تسجيل الإختراعات لمنتجاتها الأساسية وما يتمخض عن ذلك من مكاسب مادية بدلا من سرد الأهداف . كما أن معظم الشركات الأمريكية لا يتوافر لديها بيان كامل بفلسفتها التأسيسية[13].

وإذا كان الإبتكار الجذري له آلياته وظروفه الفعالة ، فإن إشتداد المنافسة فائقة السرعة والتنوع والتغيرات الكبيرة والسريعة في الأسواق المتطايرة (Volatile Markets)، يجعل مثل هذا الإبتكار مخاطرة كبيرة ليس فقط في الفشل وإنما أيضا في حالة النجاح أيضا بسبب قدرة المنافسين على التقليد السريع بنوعيه التقليد الإستنساخي (الأسهل)

والتقليد الإبتكاري (الأصعب) من خلال إدخال التحسينات المستمرة . وبالتالي فإن الإتجاهات العامة التي تواجه الشركات الأمريكية التي تميل الإبتكارات الجذرية والكبيرة والمدوية يمكن تحديدها بالآتي :

أولا : الإتجاه نحو الإبتكار الجذري ومواصلته : أن الإبتكار الجذري خيار أصيل وفعال لأنه يأتي بما هو جديد بشكل حقيقي ، ولكن التحدي الذي يواجه الشركات الأمريكية التي تعمل وتنافس على أساسه هو ضرورة مواصلة هذا الإبتكار الجذري وإستدامته . ولكي يكون الإبتكار الجذري ميزة فعالة في الشركة فأنه يكون مشروطا بالقدرة على مواصلة الإبتكار بما يجعل الشركة التي تحقق الجيل الأول من المنتجات أو العمليات هي التي تحقق الجيل الثاني منها . وهذا ما لا يمكن ضمانه . وأن التجربة خلال العقود الثلاثة الماضية كشفت أنه لا ميزة تنافسية مستدامة في الإبتكار الجذري وإنما في الإبتكارات المستمرة القائمة على الإبتكار الجذري وتحسيناته المتواصلة (والإستدامة) هي التحدي الأول للشركات الأمريكية . أنظر الإطار رقم (7 - 1) .

ثانيا : الإتجاه نحو الإبتكار ـ التحسين : فما دام الإبتكار الجذري يتطلب دورة إبتكارية طويلة الأمد نسبيا ، فإن الدورات الإبتكارية الصغيرة وقصيرة الأمد تمثل بديلا للقطاع الأوسع من الشركات في عالمنا . والواقع أن الإبتكار ـ التحسين الذي لا يتطلب إستثمارات كبيرة ولا قاعدة بحوث أساسية متقدمة ، فإنه يجعل كل الشركات الكبيرة والمتوسطة والصغيرة قادرة على ممارسته بهذه الطريقة أو تلك ومن أجل هذه الميزة (خفض التكلفة مثلا) أو تلك (التميّز في السوق) . وهذا ما يؤدي إلى المنافسة الواسعة وفائقة السرعة ومن منافسين يتسمون بتنوع الفلسفات والمفاهيم والأساليب . لهذا فأن المنافسة الواسعة والفائقة السرعة من أجل تحسين كل شيء هي التحدي الثاني للشركات الأمريكية في هذا المجال .

الإطار رقم (7-1) : الإبتكار والميزة التنافسية المستدامة

إن الميزة التنافسية هي أن تكون الأفضل من المنافسين في واحد أو أكثر من أبعاد الأداء الإستراتيجي (التكلفة ، الجدة ، الإعتمادية ، المرونة ، أو الإبتكار) . مع تصاعد المنافسة وتزايد الداخلين الجدد بأساليبهم ومنتجاتهم الجديدة في ظل العولمة ، فلا ضمانة

لأية ميزة تنافسية أن تستمر طويلا ما لم يتم تطويرها بإستمرار. أي ما لم تكن الشركة قادرة على القيام بالإبتكارات المستمرة التي تحقق الإستدامة (S ustainability) في الميزة التنافسية .

ولقد إنقسم الباحثون إلى فئتين. الأولى تبنت مدخل الإستدامة أو الميزة التنافسية المستدامة (طويلة الأمد) على أساس أن من الممكن أن تكون الميزة التنافسية مستدامة. وإن عمل الإستراتيجي هو أن يحقق إستدامة الميزة التنافسية . وهذا ما أكدته دراسة جيماوات (P.Ghemawat) التي حملت عنوانا (الميزة التنافسية) عام 1986 وميشيل بورتر (M.Porter) في دراسته (ما هي الإستراتيجية ؟)عام 1996 .

أما الفئة الثانية فقد تبنت مدخلا جديدا يقوم على أن الميزة التنافسية المستدامة كانت ممكنة في الماضي عندما كانت الشركات الأمريكية الكبيرة تنافس ضد الشركات الصغيرة والمحلية على أساس إقتصاديات الحجم وتراكم إمكانات مالية وإنتاجية ضخمة. أما الآن وفي ظل الأسواق سريعة التغير والمنافسة الفائقة (H ypercompetition) على الصعيد العالمي فلا ضمانة لميزة التنافسية المستدامة . ويمثل هذه الفئة هاميل وبراهلاد (H amel and Prahalad) في دراستهما (المنافسة من أجل المستقبل) عام 1994، ودافني (R.Daveni) في دراسته (صراع مع المنافسة الفائقة) عام 1995 .

ومع ذلك فإن الإبتكار بوصفه البعد الجديد من أبعاد الأداء الإستراتيجي ، يمكن أن يقدم وسيلة فعالة طويلة الأمد في تحقيق الميزة التنافسية المستدامة . وهذا يتطلب ليس فقط تبني الإستراتيجية الإستباقية (Preemptive) في أن تكون الشركة هي القائم بالحركة الأولى في إدخال منتجات الدورات الإبتكارية ، وإنما أيضا في أن تكون الأكثر قدرة وسرعة في إدخال التحسينات على تلك المنتجات أثناء كل دورة . فيكون العمل الإستراتيجي هو كيفية إدامة الإبتكار من أجل إدامة الميزة التنافسية طويلة الأمد .

P.Ghemawat: Sustainable Advantage, HBR, Vol.(64), No.(5), Sep-Oct 1986, pp53-58. M.Porter: What is Strategy? HBR, Vol. (74), No.(6), Oct-Dec 1996, pp61-78.G.Hamel and C.K.Prahalad: Competing for the Future, HBR, Vol. (72), No. (4), July-Aug 1994, pp122-128.R.D'Aveni: Coping with Hypercompetition: Utilizing the New 75's Framework, Academy of Management Executive, Vol.(9), No.(3), pp45-57.

ثالثا : الإتجاه نحو الحالة القائمة : رغم ميل الشركات الأمريكية الى الإبتكار الجذري، فأنها وبسبب الميل الى التسهيلات الكبيرة من أجل الإنتاج الواسع لإسترداد إستثماراتها وتحقيق أقصى ما يمكن من المزايا المتاحة في العمليات والمنتجات الحالية سواء في إزالة الهدر وخفض التكلفة أو التوسع الجغرافي إلى أسواق جديدة أو التنوع وغيرها . ولاشك في أن هذا الإتجاه يجعلها رغم ميلها الإبتكاري ، تميل إلى الحالة القائمة والعمل على أساس الترشيد (Rationality) لتحقيق الكفاءة . وأن الشركات التي تتبنى هذا الإتجاه تعتقد أن إستغلال ما هو موجود فعلا هو أفضل من البحث عما هو جديد غير الموجود. وكما يقول كين بيتشي- (Ken Peattie) أنه في الولايات المتحدة ظهر أن تسويق الإقتصاد بالطاقة (Marketing of Negawatt) يمكن أن يكون أكثر ربحية من تسويق إنتاج الطاقة (Marketing of Megawatt)[14].

والشركات الأمريكية التي لازالت تعيش فترة وفرة الموارد الطبيعية ستجد نفسها أمام صعوبات حقيقية في مواجهة منافسين من دول أخرى (كالشركات اليابانية والكورية) لديهم تقاليد راسخة وقديمة في المحافظة على الموارد وعلى آخر حبة في الصندوق والأصغر أجمل . (وهذا هو تحدي المنافسة في إستغلال المواد وبكفاءة عالية) .

وفي كل هذه الإتجاهات نجد أن الشركات الأمريكية في قسمها الأعظم واجهت مشكلات في حصتها السوقية . فرغم القدرة الإبتكارية الجذرية العالية للشركات الأمريكية التي تمكنها من أن تكون الأولى في السوق وعلى الأقل في المراحل الأولى ، فإنها واجهت منافسين قادرين على اللحاق سريعا بها والتفوق عليها من خلال التقليد الإبتكاري للنيل من حصتها السوقية أو من خلال إكتشاف فرص سوقية جديدة تحد من الفرص السوقية الحالية. ولقد كشفت تجربة العقود الماضية المرة تلو المرة أن الشركات الأمريكية تكون متفوقة في السوق في مرحلة الإدخال والنمو من دورة حياة المنتج الجديد عندما يكون الإنتاج محدودا والمنافسة محدودة . ولكن مع نضوج المنتج ودخول منافسين جدد بقدراتهم الفنية والإنتاجية والتسويقية تبدأ الحصة السوقية للشركات الأمريكية بالتراجع[15] .

ومما يؤدي إلى تفاقم هذه الحالة هو ضعف الشركات الأمريكية وعدم قدراها على المنافسة في الأسواق الخارجية ليس لأسباب تكنولوجية أو فنية وإنما جراء ما يمكن

تسميته بالعقبة الثقافية . فالميل نحو الحجم الكبير والإنتاج النمطي الواسع والمنتجات القياسية والمدخل تقني المركز إنما يكشف عن محدودية الأفق حيال التنوع . فالأمريكي يعتقد أنه الأفضل ، فهو لا يجد لدى الغير ما يمكن أن يحتاج إلى تعلمه . وفي نفس الوقت هو يتعجب لماذا لا يأخذ الآخرين بالثقافة والقيم الأمريكية . لهذا فإنه يتسم بالتكبر والعجرفة حيال الثقافات الأخرى . وإذا كانت كانتر (R.M.Kanter) وصفت عجرفتهم في إدارة رعاة البقر[16] . فإن توم بيترز (T.Peters) يشير إلى فقدان الأمريكي الإحساس تجاه الثقافات الأخرى . وهذا ما تمثل في إستفتاء أجرته الأمم المتحدة وخلصت منه إلى أن الأمريكيين يأتون في نهاية القائمة من حيث إستيعابهم للثقافات الأجنبية[17] .

ولعل هذا ما يعطي الصورة النمطية عن الأمريكي القبيح (Ugly American) الذي لا يستطيع أن يفهم لماذا لا يتكلم الآخرون الإنجليزية ، ولماذا الثقافات الآخرى لها أذواق مختلفة في الأطعمة ، ولماذا البلد الذي يكافح ضد المجاعة يرفض ذبح البقر ليأكل . وتشير سوزان ويستون (S.A.Weston) إلى تلك القصة الحقيقية التي حدثت في مقبرة صينية عندما كان أحد الصينيين يراقب بإهتمام موقع فاكهة طازجة على الكرمة ، فسأله الزائر الأمريكي متى تتوقع أن يقوم أجدادك ليأكلوا هذه الفاكهة ؟ أجاب الصيني : حالما يستيقظ أجدادك ويشموا الأزهار[18] .

وإزاء هذا كله كان لابد للشركات الأمريكية أن تتخلى عن الكثير من أسواقها للمنافسين، والإستعانة بالحماية للمحافظة على أسواقها الأخرى (كما في حصص إستيراد السيارات اليابانية مثال) أو الحصول على الدعم المباشر أو غير المباشر من الحكومة (كما في العقود الحكومية وبالأخص عقود ناسا والبنتاغون للشركات التي تحمل دعما ماليا غير مباشر)[19] .

ولعل التغيير الواسع والأهم هو في إنتقال الشركات الأمريكية من التأكيد على قيادة القوة الصناعية إلى التأكيد على قيادة القوة العلمية . فعندما كانت الولايات المتحدة هي القوة الصناعية القائدة قبل الحرب العالمية الثانية وبعدها محققة أعلى معدلات الإنتاجية وفوائض تجارية كبرى ، كانت الجامعات الأوروبية هي القائدة للقوة العلمية قبل تلك الحرب . ولكن هذه القوة الصناعية أخذت تتراجع في السبعينات والثمانينات أمام الداخلين

الجدد وفي مقدمتهم اليابان التي أصبحت قوة صناعية متعاظمة وتحقق الفوائض التجارية، لتتقدم الجامعات الأمريكية ومراكز البحوث لتصبح هي قاعدة القوة العلمية . وليتزايد الحديث عن حاجة الشركات الأمريكية لفهم كيفية تأثير العلم والتكنولوجيا على القدرة التنافسية الصناعية وتحقيق ميزة تنافسية من منتجات التكنولوجيا العالية مثل ذاكرات الحاسوب (Computer Memories) لصنع الفوائض التجارية من جديد . وهذا يتطلب من الشركات الإنتقال من التركيز على إبتكارات المنتجات (دورة المنتج) (التي هي أقل جذرية وأكثر إعتمادا على القدرة الإنتاجية والتسويقية التي تراجعت فيها الشركات الأمريكية) الى التركيز على إبتكارات تكنولوجيا العملية (Process Technology) (التي هي أكثر جذريا وأكثر إعتمادا على قدرة البحث الأساسي والتطبيق والتي تمتلك الجامعات والشركات الأمريكية قدرات كبيرة فيها) لتكون الشركات الأمريكية من خلالها أكثر قدرة على المنافسة[20].

إن التجربة الأمريكية التي قدمت نموذجا للإبتكارات الجذرية حققت مدياتها القصوى فيما حققت من تطوير القاعدة التكنولوجية والإنتاجية في وثبات إستراتيجية كبيرة . وكان هذا الأسلوب ناجحا في خلق ميزة تنافسية للشركات جراء ضعف المنافسة من الشركات الأخرى المناظرة في القدرة المالية والتكنولوجية . ولكن هذا الأسلوب في ظل المنافسة الواسعة والفائقة السرعة في تغيير المنتجات والأسواق والإستجابة لحاجات الزبائن ، لم يعد ذا جدوى كبيرة أمام الإبتكارات ـ التحسين الذي يأتي بالجديد في حركات صغيرة ولكنها مستمرة . وفي بعض الحالات يمكن أن يؤدي تراكمها إلى الإبتكارت الجذرية. كما أنها في حالات كثير مكنت الشركة ـ التابع أن تحتل مركز الشركة ـ القائد التي تمثل المبتكر الأصلي وهذا ما أسميناه بالتابع الإبتكاري .

وإن الولايات المتحدة التي تشكلت خلال تأريخها على أساس إمتصاص أفضل ما لدى الأمم الأخرى سواء بالهجرة أو بالتأثير وكذلك بالإبتكار والتعلم قادرة على أن تظل منافسة في السوق ، إلا أن هذا لن يكون كما كانت في السابق . لأن المنافسة تتزايد والتجارب الأخرى تتزايد وهي التي تأتي إلى الأعمال بفلسفات ومفاهيم وأساليب جديدة بإستمرار . ولا الشك في أن الذين ينامون على الماضي وتكراره في المستقبل سيواجهون

مشكلات عدم التجدد في السوق المرة تلو المرة . وإن الذين يرمون أنفسهم في المستقبل رميا ليروا فيما بعد أين سيقعون سيواجهون الأزمات غير الموصوفة وسيتحملون كل مخاطر الحركة الأولى . وبين هذا أو ذاك تكمن الفرصة الحقيقية في الإبتكار والفرصة الحقيقية في السوق .

7-3- الإبتكار في التجربة اليابانية

إن اليابان خلال العقود الثلاثة الماضية هي من أكثر الدول إثارة للإعجاب حينا وللحيرة حينا آخر . ولنبدأ بالشق الأول من هذه الملاحظة في كونها أكثر إثارة للإعجاب، ومثار الإعجاب هو هذا التحول السريع من دولة مهزومة مدمرة بعد الحرب العالمية الثانية إلى أن تصبح في نهاية السبعينات قوة إقتصادية عظمية . ولنلاحظ ذلك التحول في ضوء ظروف اليابان التاريخية من خلال ما يأتي :

أولا : فإذا ما قارنا إنتاجية اليابان بالإعتماد على نصيب الفرد من الناتج القومي الإجمالي (GNP Per Capita) مع الدول الصناعية منذ بداية التصنيع ، نجد أن اليابان بدأت التصنيع سنة (1868) وكان نصيب الفرد حوالي (120) دولار مقارنة ببريطانيا سنة (1775) حوالي (200) دولار ، وألمانيا سنة (1865) حوالي (300) دولار، والولايات المتحدة عام (1838) حوالي (450) دولار. وعقب الحرب العالمية الثانية كانت اليابان في أدنى مستوى حيث بلغ دخل الفرد أقل من (200) دولار بينما بلغ في ألمانيا (600) دولار وفي بريطانيا (900) دولار ، وفي الولايات المتحدة حوالي (1200) دولار[21] .

ثانيا : إن الشركات اليابانية بعد الحرب الثانية كانت تشتري من الشركات الأمريكية الآلات القديمة لإستخدامها في مصانعها مثلما فعلت شركة نيسان ذلك وإستقدام مهندسين أمريكيين للمساعدة في تشغيلها . كما كانت المصانع اليابانية حينذاك تعاني من تأخيرات في دفع الرواتب وإضرابات دموية كانت أقرب إلى الحرب الأهلية ، مما دفع اليابانيين إلى الإستعانة بالمستشارين والخبراء الأمريكيين في الإقتصاد مثل مستشار الإحتلال جوزف دودج (J.Dodge) وفي الجودة ديمنج وجوران (Deming and Jouran) مع إرسال بعثات دراسية وتدريبية إلى الولايات المتحدة التي كانت بالنسبة لليابانيين هي

النموذج المتفوق في الحرب والإقتصاد والإدارة وفي الإنتاجية الأعلى والجودة الأفضل، في وقت ظلت اليابان في الخمسينات والستينات تصنف ضمن دور الدرجة الثانية في ذلك كله .

ثالثا : إن علاقات اليابان الخارجية بعد الحرب كانت سلبية في جوانب أساسية عديدة، فهي مدينة للولايات المتحدة بالمليارات جراء الهزيمة في الحرب ، كما أنها ذات علاقات عدائية مع الدول المجاورة بسبب إرث الإستعمار الياباني . كما أن منتجاتها ذات الجودة المتدنية والمستوى التكنولوجي المتخلف لم تكن مشجعة لتطوير علاقاتها مع الكثير من الدول ومن ضمنها الدول الأوروبية .

ورغم كل ذلك إستطاعت اليابان أن تحقق إنجازات مهمة في ثلاثة عقود كانت الإنتاجية فيها في تصاعد مقارنة بالدول الصناعية الأخرى فقد تخطت بريطانيا في نصيب الفرد من الناتج القومي الإجمالي في منتصف السبعينات ، وتخطت ألمانيا في بداية الثمانينات وتقترب الآن كثيرا من الولايات المتحدة[22]. وبعد أن ظهر جليا منذ الثمانينات أن اليابان قوة إقتصادية عظيمة تتفوق في مجالات كثيرة على الدول الصناعية الأخرى، مما جعل البعض يتحدث عن المعجزة اليابانية والتفوق الياباني والتحدي الياباني .. إلخ .

أما الشق الثاني من العبارة والمثيرة للحيرة فإنه يتمثل في سرعة ظهور المشكلات والأزمات في هذه التجربة . ففي التسعينات ظهرت اليابان في صورة أضعف بكثير مما بدت في الثمانينات . فلقد تعرضت اليابان في التسعينات إلى الكثير من الفوضى في أنظمتها المالية والكثير من الأزمات السياسية والمالية والإقتصادية ، كما تعرضت قيادتها الإدارية والمالية إلى فضائح أخلاقية . وبعض شركاتها أعلنت إفلاسها ، وأخرى سعت الى سلسلة من الإندماجات الفاشلة أو الهشة خوفا من مصيرها المحتوم ، وثالثة وجدت في الدعم الحكومي إغاثة عاجلة من أجل البقاء لفترة إضافية مع إقتصاد يوجه منافسة أشد دوليا وإقليميا مع تهديد بركود إقتصادي يمكن أن يمتد لفترة طويلة . وبسرعة وبسبب هذه الأزمات أصبح البعض يتحدث عن أن اليابان يمكن أن يكون بلدا ناميا لا يختلف كثيرا عن بقية الدول النامية . في حين أن البعض الآخر يتساءل : هل أن اليابان بلد عادي سيفقد مزاياه الراهنة ؟ وهل يمكنها أن تتجنب ما يمكن تسميته بالمصير الفكتوري؟

والمقصود بهذا التعبير هو أن اليابان ستكرر نفس مصير بريطانيا التي واجهت قبل قرن من الزمن نفس المعضلة عندما بدأت تفقد قيادتها الصناعية لصالح دول أخرى . وكان بإمكانها ولو نظريا على الأقل أن لا تؤخذ على حين غرة ولكن يبدو أنها كانت تسير إلى مصيرها المحتوم فتغلبت الإقتصادات الأخرى على إقتصادها الفكتوري في مرحلته الأخيرة لتفقد بريطانيا مكانها كمشغل للعالم[23] .

ولقد أشار دراكر الى هذا التحسس الياباني من مصير الآخرين من قبل . فعندما فتح اليابانيون بلادهم على مضض للعالم الغربي في عهد الإصلاح الميجي عام (1867)، إنما قصدوا أن يتجنبوا مصير الهند والصين في القرن التاسع عشر ، حين هزمهما الغرب ثم إستعمرهما ، ثم غرّبهما . فكان الهدف الأكبر هو توظيف مفهوم الجودو (إستخدام المقاتل وزن الخصم وقوته لتحقيق ميزة عليه بدلا من مقاومة كل ضربة مباشرة منه بضربة)[24] وذلك بإستخدام سلاح الغرب في وجه الغربيين لإبعادهم وراء البحر وإبقاء البلاد (يابانية)[25] .

كما أن اليابان التي دعمت النمور الآسيوية من أجل تكوين مجموعة الحزام الباسفيك في جنوب شرقي آسيا ، دعمت التفرد والنزعة اليابانية ولم تعمل بشكل حقيقي لطي صفحة الماضي صفحة الإستعمار الياباني لجيرانها . فمع أن الإمبراطور الياباني في مايس 1990 أثناء زيارة الرئيس الكوري الجنوبي لليابان ، قد أبدى أسفه لمعاناة الشعب الكوري التي سببها بلده وإعتذار رئيس الوزراء الياباني توشيكي كايفو (T.Kaifu) عن تلك المعاناة طوال فترة (36) سنة من الإحتلال الياباني لكوريا إلا أن هذا كله ظل ناقصا ولم يصل إلى مستوى تحمل المسؤولية ودفع التعويضات عن أضرار تلك المرحلة . كما أن الكتب المدرسية اليابانية لازالت تصور الإستعمار الياباني للدول المجاورة بطريقة لا تنم عن الإعتذار[26] . واليابان التي تمتلك إقتصادا موجها كليا للتصدير والتجارة الخارجية لازالت أكثر إنغلاقا وشعورا بالهوية والنزعة اليابانية حيال الآخرين بما فيهم جيرانهم الكوريون والصينيون .

وإذا كان الشعب الياباني قد إحتضن كتاب فوجل (E.F.Vogel) وعنوانه (اليابان رقم واحد : دروس من أجل أمريكا) في بداية الثمانينات فإنهم أخذوا يقرؤون

بعد ما يقرب من العقد من الزمن كتاب بيل إيموت (B.Emmott) وعنوانه (وتغرب الشمس أيضا : حدود القوة الإقتصادية اليابانية) وهم منكبون الآن على دراسة المرحلة الفكتورية ويدرسون إحتمالات متشابهة لتراجع أمريكا في الوقت الحاضر[27].

ومن جهة أخرى فإن التجربة اليابانية خلال الفترة الماضية غنية بالدروس كما هي غنية بالمفاهيم والأساليب الجديدة لتشكل الشركات اليابانية نموذجا للتطور مع إمكانات واسعة ومتنوعة للإستفادة سواء في مجال الإنتاجية (في الخمسينات والستينات) والجودة (في السبعينات والثمانينات) ، أو السرعة والتميّز والزبونية الواسعة في التسعينات في ظل دور فعال وقوي للحكومة اليابانية ووظيفة فائقة لوزارة التجارة الدولية والصناعة (MITI) اليابانية التي وصفها البعض بالدور المركزي في المعجزة اليابانية والبعض الآخر بأنها قامت بالدور الذي لعبته هيئة الأركان البروسية في النموذج البروسي[28]. كما أن البعض قد أشار إلى هذه الوزارة ودورها في مناقشة مشكلات البحوث الأساسية التي تعاني منها الشركات اليابانية من أجل التوصل الى المعالجات والحلول بشأنها لضما ن تنسيق جهود الشركات اليابانية الرئيسية بما يحقق الإختراقات التكنولوجية[29].

وفي كل هذه المراحل ـ العقود كان الإبتكار يمثل تجربة يابانية جديرة بالإهتمام والدراسة والإستفادة منها . وهذا ما سنحاول تسليط الضوء عليه فيما تبقى من هذه الفقرة. ومنذ البدء نشير إلى أن اليابان قدمت نموذجها الخاص بالإبتكار القائم على التحسين المستمر بشكل أساسي في مواجهة النموذج الأمريكي القائم على الإبتكار الجذري (الإختراق) . وإذا كان تفسير الميل الأمريكي نحو الإبتكار الجذري نجده في إتساع البلد – القارة جغرافيا والحاجة إلى التوحيد لأعراق وأجناس في الولايات الكثيرة والنزعة الفردية المفرطة ، فإن الميل إلى الإبتكار ـ التحسين بكل ما يعنيه من قبول بالتحسينات والتعديلات الصغيرة ، يجد تفسيره فيما يأتي :

أولا : أن اليابان بلد صغير لا تزيد مساحته عن ثلاثة أرباع مساحة بلد كالعراق وأصغر من مساحة ولاية كاليفورنيا .

ثانيا : الولع الياباني المتفرد بالصغر والنمنمة : فالأساطير اليابانية تروي عن عمالقة صغار يحولون الإبر إلى سيوف والأوعية إلى زوارق . وفي المراحل المبكرة

للعصر الإلكتروني : عصر النمنمة (Miniaturization) ، قامت شركة سوني (Sony) اليابانية بدور الطليعة في تصغير حجم المسجلات والراديو هات وأجهزة الفيديو[30]. ومثل هذا الصغر والنمنمة لابد أن يعني قبول فكرة الإبتكار المصغر (Mini-Innovation) الذي يتمثل بأي شكل من أشكال المقترحات لتطوير أية عملية أو أي منتج أو أي جزء منهما مهما كان صغيرا .

ثالثا : أن اليابان بلد صغير وأن اليابانيين يصفون بلادهم للغير كما تقول ميري وايت (M.White) بأنها عبارة عن جزيرة ضيقة فقيرة بالموارد الطبيعية ومعرضة بسهولة للإعتداء والزلازل والحرائق مع العيش في حالة الندرة[31]، وكل هذا جعل اليابانيين يطورون رؤية جديدة للهدر تقوم على مفهوم الموارد الدنيا المطلقة (Absolute Minimum Resources) أو المفهوم المثالي[32]بكل ما يعنيه من إزالة كل أشكال الهدر (السبب الأول للتحسينات حيث كل تحسين هو إقتراب من الموارد الأدنى المطلقة) وإدخال التحسينات من أجل التفوق في السوق على المنافسين (السبب الثاني في تحقيق التفوق بالتحسينات الإضافية) .

رابعا : أن اليابان رغم ميلها الكبير إلى التكنولوجيا الأحدث (وهي المنتج الأول لتكنولوجيا الإنسان الآلي والأكثر إستخداما له) فإنها ذات مدخل إنساني المركز (Human Centered A.) في مقابل المدخل الأمريكي وهو مدخل تقني المركز. وكما يقول كارل إيبل (K.H.Ebel) فإن المدخل الياباني بدلا من التقدم في المجال التكنولوجي بوثبات عملاقة (Giant Leaps) فإنه يفضل القيام بالتحسينات التدريجية[33].

خامسا : إن ثقافة الشركة اليابانية تعمل لصالح التناغم والإنسجام وعلى أساس الروح التعاونية والإحترام المتبادل . ومثل هذه الثقافة أكثر ميلا لمناقشة القرارات بروح جماعية وأكثر تقبلا للإقتراحات التي تقدم فرصا للتحسين ، كما تكون أقل ميلا وقبولا للقرارات جذرية والآنية والمقترحات التي تغير كل شيء وتخلق إنقطاعا حادا كما يحدث مع الإبتكارات الجذرية .

سادسا : إن النموذج الياباني في التطور كان دائما يبدأ بالتعلم والتعلم الإبتكاري في المرحلة الأولى ليساهموا في المرحلة الثانية بعملية التطوير الخاصة بهم فيما يدخلون من تحسينات مستمرة تضمن لهم ميزة حيال الآخرين الذين اخذوا منهم . وهذا يعني أن اليابانيين لم يقدموا أنفسهم كمبتكرين جذريين وكقائمين بالحركة الأولى وإنما كمقلدين إبتكاريين أو محسنين قادرين على أن يحققوا من خلال تحسيناتهم ليس فقط الميزة في التعلم (في الحضارة أو التاريخ) وإنما أيضا التفوق حتى على المبتكرين الأصليين . ففي الماضي تعلم اليابانيون من الحضارة الصينية حيث أدخلوا الكونفوشية (Confucianism) عام (420) قبل الميلاد ليطور في المرحلة اللاحقة الكوفوشية الجديدة أو مدرسة كو ـ تسو (Ku-Tsu School)(34). وهذا ما فعلته اليابان في عصر ميجي (Meigi Era) عام 1968 حيث النموذج الذي تتعلم منه هو الحضارة الغربية . وبعد الحرب العالمية الثانية كان النموذج هو الإقتصاد الأمريكي المنتصر ليقوم اليابانيون وخلال ثلاث عقود بالإنتقال إلى المرحلة الثانية في تطوير نموذجهم الخاص وما إتسم من تحسينات هائلة أوجدت ما سمي بالمعجزة اليابانية . إن كل هذا يكشف أن اليابانيين قادرين بعد التعلم على أن يقدموا مساهمتهم الخاصة في الإبتكار من خلال التحسينات الصغيرة أو الكبيرة بما يجعلهم في موقع ذي مزايا كبيرة لا تقل أحيانا عن مزايا المبتكر الأصلي والقائم بالحركة الأولى للإبتكار الجذري .

وبعد .. فإن التجربة اليابانية في مجال الإبتكار قدمت مدخلا جديدا يتمثل في التحسين المستمر أو الكايزن (Kaizen) والذي ويدخل ضمن الإبتكار التدريجي (التحسين) في مقابل مدخل الإبتكار الجذري الذي ساد في التجربة الأمريكية في مجال الإبتكار . والإبتكار ـ التحسين هو أي تعديل مهما كان صغيرا أو كبيرا يمكن أن يضيف قيمة للعملية أو المنتج ويساهم في تحقيق ميزة في السوق . ويمكن أن نعرض لأبرز خصائص التجربة اليابانية في مجال الإبتكار وكالآتي :

أولا : إن الإبتكار - التحسين يمثل عملية مستمرة : فإذا كان الإبتكار الجذري يوجد الإنقطاع لأن الإبتكار الجذري لا يحدث إلا في فترات متباعدة ، فإن التحسين عادة ما

يوصف بالتجربة اليابانية بالتحسين المستمر (Continuous Improvement) . وهذه السمة هي التي تعطي للشركات حيوية مستمرة في إدخال التحسينات بشكل يكاد يكون يوميا . وبالتالي فإنه يبقي العاملين على الخط الساخن للإبتكار . وليس هذا ما يحدث في الإبتكار الجذري الذي يأتي بالتغييرات الحيوية في فترة لتعقبها فترة طويلة من السكون والإستقرار مما يأكل من قدرة الشركة ويعرضها للتقادم كما يعرض حصتها في السوق لمخاطر ما يأتي به المنافسون . والواقع أن اليابانيين قد إستخدموا هذا المدخل بطريقة إبتكارية لمواجهة النقص في البنية الأساسية اليابانية للبحث الأساسي مقارنة مع الولايات المتحدة ، وكوسيلة من أجل الإستيعاب السريع والقفز الى مرحلة التطوير الذاتي . ومما يؤكد هذه السياسة اليابانية أن نظام براءة الإختراع في اليابان كان موجها من أجل الحصول على الأسرار التكنولوجية من الشركات الأجنبية التي تعمل في اليابان وتمكين الشركات اليابانية من تحسين براءاتها حتى بتعديلات صغيرة جدا في بحدود (2 ٪) على البراءة الأصلية (أنظر الإطار رقم 7-2) .

الإطار رقم (7-2) : نظام البراءة الياباني

إن من الطبيعي القول أن الدول تكيف قوانينها حسب حاجاتها . واليابانيون كانوا ولا يزالون في حالات كثيرة جدا ممثلين جيدين لمصالح شركاتهم في قوانين الحماية ونقل الإبتكارات وكذلك في نظام البراءات الذي يعمل لصالح تعميم الإبتكار بسرعة .

إن السمة الأولى لنظام البراءة الياباني أنه يأخذ بالنطاق الضيق الأقصى- لمطالب البراءة . وفعليا البراءة يمكن تسجيلها على اختلافات صغيرة (مثلا 2 – 3 ٪) عن التكنولوجيا الحالية . بل أن هذا النطاق يتسم بالمرونة العالية حيث أن هذه الإختلافات الصغيرة يمكن أن تقبل حتى وإن كانت غير متصلة بالموضوع وظيفيا . وهذا ما يؤدي الى ما يمكن تسميته بطوفان البراءات (Patent Flooding) .

والسمة الثانية : هي أن تسجيل البراءة يتطلب وقتا طويلا نسبيا وهي فترة انتظار طويلة بسبب العدد غير الملائم للفاحصين . وتصل هذه الفترة فترة التعليق للتطبيق في اليابان بين (4-6) سنوات بينما في الولايات المتحدة تصل إلى (19) شهرا ، وتكون تطبيقات البراءة معلنة ومكشوفة من خلال النشر- في مجلة براءة الإختراع اليابانية

(Japanese Patent Gazette) مما يسمح للمنافسين الإطلاع والألفة والتحسين والتقدم بطلب براءة دون تحمل تكلفة (R & D) .

والسمة الثالثة : تتعلق بتطبيق قانون البراءة . فمع أن هذا القانون يطالب الشركات المتقدمة للبراءة بالكشف عن الفن السبق (Prior Art) أو التكنولوجيا الموجودة مسبقا بما يساعد على الكشف عن درجة الجدة ، إلا أن الشركات قد لا تقوم بذلك كما فعلت متسوبيشي (Mitsubishi) بالنسبة لنظام مصباح الانصهار ، ومع ذلك لم تنل حتى ولا صفعة على المعصم جرّاء ذلك . بينما في دول أخرى يعرض الشركة للحرمان من البراءة ومحامي الشركة لشطب الاسم من سجل المحامين .

السمة الرابعة : عدم الأخذ بنظام الأول في الإبتكار (First-On-Invents). فالمبتكر إذا طلب تسجيل البراءة ليكون الأول فإنه يكشف إبتكاره ، وإذا لم يسجل وأراد المبتكر (الشركة المبتكرة) بيع المنتج في السوق اليابانية ، فإنه سيتعرض إلى هجوم المنافسين المقلدين الذين سيسعون إلى طلب تسجيل براءاتهم .

والسمة الخامسة : ترتبط بالإجراءات القانونية في مواجهة المخالفات ، والتي تكون مكلفة وبطيئة : فالمبتكر خلال فترة انتظار البراءة يمكن أن يتعرض لتقليد تطبيق اختراعه . وما أن يصل إلى المحكمة للنظر في دعوته تكون التكنولوجيا قد تقادمت والسوق قد تغير .

إن هذه السمات تكشف عن المعالجة اليابانية لصالح شركاتها في مواجهة الشركات الخارجية التي هي المصدر الأقوى للإبتكارات الجذرية الجديدة . وهذا هو ما يمكن أن يبرر كل شيء لأن مصلحة الشركات اليابانية حاضرة في كل شيء . وهذا هو دور الحكومة اليابانية منذ الخمسينات .

Source : Donald M.Spero Patent Protection or Piracy. ACEO Views Japan, HBR, Vol(67), No.(5), Sep-Oct 1990, pp 58-67.

ثانيا : إن الإبتكار ـ التحسين مسؤولية الجميع : فإذا كان الإبتكار الجذري يتسم بكونه إبتكار فنيا متخصصا ويرتبط بقسم البحث والتطوير ، فإن الإبتكار- التحسين يتسم بمشاركة جميع العاملين في كل المستويات الفنية والتنظيمية . فإذا نظرنا إلى دوائر الجودة

(Quality Circles) بوصفها أداة لتقدم المقترحات الخاصة بتحسين الجودة في الشركات اليابانية ، فإنها لا تشكل فقد من الجماعات المهنية المتخصصة وإنما هي تشكل من أية مجموعة من العاملين (3 - 15) عاملا في أي مستوى أو وظيفة أو مجال لتقديم الإقتراحات . ولعل هذا يفسر بحق لماذا الشركات اليابانية هي التي تتسم بإدخال أكبر عدد من التحسينات على عملياتها ومنتجاتها لأن الجميع محفّزون وقادرون على تقديم المقترحات مهما كانت صغيرة . والجدول رقم (7 - 2) يوضح مقارنة للمقترحات المقدمة في الشركات اليابانية مع متوسط ما يقدم في الشركات الأمريكية .

الجدول رقم (7 - 2) : الإقتراحات في الشركات اليابانية والأمريكية

الشركة	عدد الاقتراحات	عدد العاملين	الاقتراحات لكل عامل
ماتسوشيتا	6.446.935	81.000	79.6
هيتاشي	3.618.014	57.051	63.4
مازدا	3.025.853	23.927	126.5
تويوتا	2.648.710	55.578	47.6
نيسان	1.880.686	48.849	38.5
نبتون دنيسو	1.393.745	33.192	41.6
كانون	1.076.356	13.788	78.1
فوجي إلكتريك	1.022.340	10.226	99.6
توهوكو اوكي	734.044	881	833.2
جَي في سي (JVC)	728.529	15.000	48.6
الشركات الأمريكية القائدة	21.000	9.000	2.3

Source: Laird W.Mealiea and Gary P.Latham (1996): Skills For Managerial Success, IRWIN, Chicago, P 450 .

ثالثا : إن الإبتكار ـ التحسين يمثل عملية مركبة من مرحلتي التعلم والإضافة الجديدة : وهذا يعني أن الشركات اليابانية التي إعتمدت على الشركات الغربية في التطور وإدخال التكنولوجيا والأساليب الحديثة في المرحلة الأولى ما بعد الحرب العالمية الثانية (مرحلة التعلم الكبرى) سرعان ما إنتقل إلى مرحلة الإضافة (تطوير النموذج الخاص) في التحسين . وهذا النموذج لم يكن فقط هو الضرورة التاريخية في التطور في ظروف عدم التكافؤ في التطور بين اليابان والغرب الصناعي وبشكل خاص الأمريكي ، وإنما أيضا الأكثر ملاءمة لظروف اليابان وثقافته (الخاصة التي عرضنا لها) . ومن الجدير بالذكر هنا هو أن التحسين (الإضافة) الذي كان هو نتاج التعلم (التقليد) قد تراكم في التجربة اليابانية بشكل أصبح في مجالات عديدة المصدر لتفوق ياباني حتى على المبتكرين الأصليين . ويمكن القول أن هذه التجربة في التعلم والإضافة أصبحت نموذجا للإقتداء في التطور السريع في مرحلتين التعلم (التقليد الإستنساخي) والإضافة التدريجية (التقليد الإبتكاري) . وأن الشركات اليابانية كانت تكرر هذا النموذج بإستمرار مع الشركات التي تتنافس معها من التقليد إلى التحسين ومن ثم إلى السطوة التنافسية (Competitive Edge) في السوق . ويمكن تمثيل ذلك من خلال التعاقب التالي :

وهذا ما يمكن ملاحظته بوضوح في تجربة شركة أبل في اليابان . في يونيو 1992 كانت شركة أبل (Apple Computer) تصفق طربا لإرتفاع مبيعاتها في اليابان بفضل أستراتيجية التحالفات التي عقدتها مع أهم المصانع اليابانية . فأبل لم تكن عام (1988) تتجاوز في مبيعاتها التي تنتج في اليابان (1 ٪) ثم إرتفعت إلى (6 ٪) عام 1992 وقد سمحت هذه النتائج الجيدة لشركات الدوس وأدوب وكوراك لتبيع المنتجات ذات

العلاقة بماكنتوش الذي تنتجه شركة أبل . ولكن هذه التحالفات التي عقدتها شركة أبل أسفرت عن نتائج أخرى ، وهي أن شركة سوني (Sony) أصبحت هي التي تصنع اليوم أصغر موصل متكامل ، وشركة شارب (Sharp) هي التي تصنع المفكرة الإلكترونية نيوتن (Newton) وتوشيبا هي التي تصنع ماكنتوش . وهكذا فإن هذه الشركات الثلاث تفوقت على أبل في قدرتها على الإستثمار وتطوير المصانع والمنتجات[35] .

ولعل التطوير الذي أتى به اليابانيون في هذا المجال تمثل في التعلم من الزبون لتحقيق الإضافة بشكل فرصة سوقية وإكتشاف لفرصة جديدة في السوق . مما أصبح يعني للإبتكار ـ التحسين بعدا تطبيقيا قريبا من السوق . وليصبح منحنى التعلم أكثر إقترابا من الزبون في السوق بعد أن كان منحنى التعلم التقليدي يرتبط بالإنتاج والنظام التشغيلي داخل الشركة ، أنظر إطار رقم (7 – 3) حول إكتشاف الفرص . والواقع أن فكرة التعلم متأصلة في التجربة اليابانية . ولكي نكشف عن أبعاد التعلم الياباني الدؤوب مقارنة بالقفز الأمريكي إلى التجربة ـ المغامرة حتى قبل التعلم ، نشير إلى ما أوردته ميري وايت (M.White) وهي تقارن بين تعليم الطفل الياباني والأمريكي . ففي درس التربية الرياضية فإن الطفل الياباني عليه أن يتعرف على كرة السلة وطبيعتها ووزنها كيفية الإمساك بها قبل أن يبدأ في تمرير الكرة والتصويب على السلة . وعند تطبيق ذلك على الأطفال الأمريكيين كان هذا الأسلوب مصدرا لعدم الإرتياح لأنهم يريدون البدء بتلقائية وعشوائية في تعلم تمرير الكرة وتصويبها على السلة[36] .

الإطار رقم (3-7) : الإبتكار وإكتشاف الفرص

كما أشرنا مرارا في هذا الكتاب إن الابتكار يحمل معنى الأولوية في الوصول. فالشركة الناجحة إبتكاريا هي الأولى في الوصول إلى الفكرة ، إلى المنتج ، إلى السوق. ولا يقلل من ذلك أن تكون الأولوية في واحد من هذا الثلاثي ، فالذي يصل إلى الفكرة قد يحقق براءة الاختراع (وهذا ابتكار علمي الذي يساوي معرفة علمية جديدة) ، والذي يصل إلى المنتج قد يحقق تكنولوجيا جديدة (عملية جديدة أو منتج صناعي جديد) أو مادة أولية جديدة (مادة توريد) ، أو منتج إستهلاكي جديد . ولكن في كل هذه الحالات لا بد من انتهاز الفرصة (Seizing the opportunity) ، ونفضل تسميته إكتشاف

الفرص (Discovering the opportunities) أي القفـز إلى إخـراج النمـوذج الأول في الإنتاج قبل الآخرين ، أو إلى إيصال السلعة إلى السوق قبل المنافسين .

ولكن أليس إكتشاف الفرصة هو إبتكار أيضا ؟ والإجابة قدمناها فيما سبق عندما إعتبرنا إكتشاف الفرص نوعا من الإبتكار . ولقد تحدث دراكر (P.F.Drucker) عن قدرة اليابانيين على انتهاز الفرص وذلك بترك آخرين يطورون الفكرة لينتهزوا الفرصة بتحويلها إلى المنتج وإيصاله إلى السوق أولا وبسرعة . وهذا ما أطلق عليه بالتقليد الإبتكاري . فالترانزيستور والفاكس ابتكاران أمريكيان ، إلا أن الشركات اليابانية هي التي انتهزت الفرصة في تحويل براءتهما إلى منتجات أولا وإيصالها إلى السوق أولا. أن إكتشاف الفرص ليس مجرد ضربة حظ أو نظرة فاحصة في الصناعة والأسواق الناشئة الجديدة . إنها ظاهرة تكمن في فلسفة الشركة وثقافتها . فلقد تدهورت القدرة التنافسية البريطانية في السوق خلال العقود الثلاثة الماضية بسبب عدم القدرة على إكتشاف الفرص . فالإبتكار في بريطانيا غزير . ففي دراسة مسحية أجريت عام (1987) بواسطة التجارة العالمية في بريطانيا أظهرت أن أكثر من (55 ٪) من الإبتكارات الهامة منذ الحرب العالمية كانت بريطانية و (22 ٪) كانت من الولايات المتحدة و (5 ٪) من اليابان . إلا أن مشكلة بريطانيا هي عدم قدرتها على خوض المجال الفني للفرص والأفكار الإبتكارية بنجاح . أي ببساطة ضعف القدرة أو عدم النجاح في إكتشاف الفرص في السوق .

قد لا يكون اكتشاف الفرص ابتكارا بالمعنى الفني ، إلا أنه من منظور الأعمال يمثل إبتكارا حقيقيا ليس فقط لأنه يخرج الإبتكار من السبات الذي تضعه فيه الظروف غير المواتية ، وإنما وهذا هو الأهم أن اكتشاف الفرصة الإيجابية يمثل رؤية إبتكارية لإنشاء سوق جديدة لم تولد بعد ولم تكتشف حتى الآن . ولقد كشفت الشركات اليابانية قدرة عالية في إكتشاف الفرص في السوق ، وهذا يعود إلى أنها تميل إلى الإقتراب أكثر من الزبائن . وهذا يمكن أن نلاحظه في أن اليابانيين يميلون إلى التكامل إلى الأمام (التكامل مع الموزعين) للإقتراب من السوق أكثر من ميلهم إلى التكامل إلى الخلف (التكامل مع موردين) . كما أن اليابانيين يميلون إلى تحديد الجودة بلغة السوق حسب تعريف جوران

(J.Juran) بأنها الملاءمة للإستعمال بدلا من تحديدها بلغة النظام التشغيلي حسب تعريف فيليب كراسبي (P.Crasby) المطابقة للمواصفات .
- بيترف. دراكر (1988) : التجديد والمقاولة ، ترجمة د. حسين عبد الفتاح، دار الكتب الأردني ، ص 34 و 216-217 .
- ديف فرانسيس ومايك وودكوك (1995) : القيم التنظيمية ، ترجمة د.عبد الرحمن أحمد هيجان ، معهد الإدارة العامة ، الرياض ، ص 210 .

رابعا : إن الإبتكار ـ التحسين هو نتاج مدخل نساني المركز في اليابان : فالتكنولوجيا الأحدث التي هي نتاج الإبتكار الجذري عادة ما تكون مترافقة مع الإزاحة التكنولوجية (Technological Displacement) بإحلال الآلة محل الإنسان . وهذا الإحلال يحمل عوامل ضعفه في إستبعاد الإنسان الذي هو المصدر الأساسي والحيوي لأي تطوير أو تحسين لاحق . وهذا ما يدركه اليابانيون الذين هم أكثر المنتجين والمستهلكين لتكنولوجيا الإنسان الآلي (Robotics) . حيث إن (35٪) من الشركات اليابانية تستخدم أسلوب الإستخدام مدى الحياة . لهذا فإن دراكر في تحليله لليابانيين تحدث عن نوعين الإبتكار في تفسير الجوانب الأساسية للتفوق الياباني . الأول : هو الإبتكار الإجتماعي حيث أن الشركات اليابانية التي إستوردت التكنولوجيا ظلت يابانية الجوهر وإن كانت غريبة التكنولوجيا . لأن اليابانيين ركزوا قدراتهم على الإبتكار الإجتماعي مقابل التقليد للإبتكارات التكنولوجية . والثاني : التقليد الإبتكاري : وهو ترك شركة أخرى أن تطور الشيء الجديد ومن ثم التقليد بطريقة سريعة وإبتكارية لتقديم ما هو أفضل للزبون مما تقدمه الشركة الأصلية التي إبتكرته[37] .

خامسا : المدخل إلتزامني : حيث أن الثقافة اليابانية متعددة المركز تتسم بالجماعية ، فإن الإبتكار ـ التحسين يتسم الإعتماد على فرق التطوير التي تتكامل في إختصاصاتها ووظائفها وتعمل سوية من أجل تقليص دورة تطوير المنتج الجديد . فإلى جانب أن عملية التطوير كانت تعتمد على فرق العمل متعددة الإختصاصات حيث كان يتراوح عدد أعضاء الفرق المكلفة في ثمانية مشروعات لتطوير المنتجات الجديدة في عدد من الشركات اليابانية ما بين (11-30) عضوا من ذوي الخلفيات الوظيفة المختلفة

(البحث والتطوير ، الإنتاج ، المبيعات / التسويق ، التخطيط ، الخدمات ، الرقابة على الجودة وغيرها) . ففي أحد هذه المشروعات وهو تطوير (Fuji Xerox FX3) تم تحسين برنامج أسلوب (NASA) في مراحله المختلفة من التخطيط إلى الإنتاج من خلال تداخل هذه المراحل وطريقة التطوير المتوازي أو سمي بمدخل ساشامي (Sashimi) . والنتيجة كانت تقليص الفترة المطلوبة في عملية التطوير الخطية المتعاقبة من (38) شهرا إلى (24) شهرا . وكان يشارك في هذا العمل المتزامن حتى الشركاء الخارجيين (كالموردين) . فلضمان التزامن كان ممثلوا المورد يأتون إلى فوجي كسيروكس وأفراد هذه الأخيرة يذهبون إلى مصانع المورد من أجل التبادل المشترك للمعلومات أثناء عملية التطوير[38] .

سادسا : غزارة المعلومات : إن الشركات اليابانية في مواجهة مشكلة ومضة الإبتكار وإلتماعة الحل للمشكلة وتحسين عملية توليد الأفكار الإبتكارية تميل إلى غزارة المعلومات بوصفها العنصر الجوهري في عملية توليد الإبتكار . فإلى جانب أن فرق العمل هو أسلوب غزير المعلومات ، فإن توليد الإبتكار في المشروع الياباني لا ينظر إليه كنموذج لمعالجة المعلومات للوصول إلى الحلول وإنما كنموذج لإنشاء المعلومات . وإن غزارة المعلومات (Information Redundancy) بقدر ما تحفظ المشروع من الفوضى والعشوائية، فإنها توجد الرؤية الواضحة للمشروع . وإن تقاسم المعلومات في الفريق يساعد على تقاسم الحس بالإتجاه رغم التنوع المطلوب في عمل الفريق . بل إن هذه الغزارة هي مصدر للتوليدات المستمرة للإبتكارات اللاحقة في الشركات الإبتكارية اليابانية[39] .

سابعا : تطوير المعرفة الضمنية في الشركة : لقد كشفت الدراسة الرائدة لنوناكا (I.Nonaka) في عام (1991) حول الشركة الخلاقة للمعرفة[40]، كيف تعمل الشركات اليابانية الناجحة في إيجاد المعرفة الجديدة وتجسيدها بسرعة في تكنولوجيا ومنتجات جديدة . حيث أن هذه الشركات الخلاقة للمعرفة هي الشركات التي أعمالها الرئيسية هي الإبتكار المستمر . وكما يرى نوناكا أن المتأصل العميق في تقاليد الإدارة الغربية من فردريك تايلور (F.W.Taylor) إلى هربرت سايمون (H.Simon) هو رؤية المنظمة كآلة لمعالجة المعلومات . وإن المعرفة المفيدة هي فقط البيانات الرسمية،

النظامية، الصلبة (التي تقرأ كميا) ، والطرق المرمزة والمبادئ العامة . وإن المصفوفة الرئيسية لقياس قيمة المعرفة الجديدة هي أيضا صلبة وقائمة على التحديد الكمي من خلال: زيادة الكفاءة ، التكلفة الأدنى ، العائد على الإستثمار . ومقابل ذلك هناك طريقة أخرى للتفكير حول المعرفة . وهي موجودة في أغلب الشركات اليابانية الناجحة والتي تتسم بسرعة الإستجابة للزبائن ، خلق الأسواق الجديدة ، سرعة تطوير المنتجات الجديدة والسيطرة على التكنولوجيا الجديدة . وإن سر نجاحها هو مدخلها الفريد إلى خلق المعرفة الجديدة . وهذا المدخل هو ما أسماه نوناكا بحلزونية المعرفة (أنظر الشكل رقم 7 - 3).

ويمكن توصيف هذا المدخل بالخطوات التالية :

أ ـ عند التوصل إلى معرفة جديدة (الفكرة الجديدة الناتجة عن ومضة إبتكار أو سر من أسرار حرفة جديدة) يتم تعلمها من خلال عملية التنشئة (Socialization)
.

ب ـ ترجمة هذه المعرفة الجديدة (الإبتكار) الذي تم تعلمه إلى معرفة صريحة قابلة للنقل والتوصيل إلى أعضاء الفريق . وهذا ما يتم من خلال التجسيد (Externalization) .

الشكل رقم (7 - 3) : حلزونية المعرفة

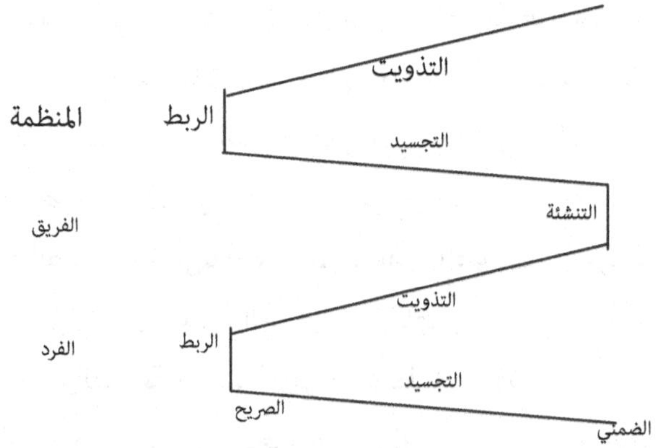

Source : Nike Willard: Knowledge Management, Managing Information, Vol (6), No.(5),June 1999,p47.

ج ـ قيام الفريق بجعل هذه المعرفة قياسية يمكن توصيفها في دليل أو كتاب العمل وتجسيده في المنتج الجديد أو المحسن. وهذا يتم من خلال عملية الربط (Combination) .

د ـ من خلال الخبرة في خلق المنتج الجديد يتم إغناء المعرفة الضمنية الخاصة بالفريق ليتم فهمها بطريقة حدسية قصوى . وهذا ما يتم من خلال عملية تذويت الخبرة أو المعرفة (أي جعلها جزء من الذات Internalization) (أنظر الإطار رقم 7-4 حول حلزونية المعرفة) .

الإطار رقم (7 - 4) : حلزونية المعرفة

مع نشر نوناكا (I.Nonaka) دراسته في عام 1991 حول الشركات الخلاقة للمعرفة ، بدأ شكل جديد من إدارة المعرفة التي تقوم على بعدين . الأول : التمييز بين نوعين من المعرفة : المعرفة الصريحة والمعرفة الضمنية . والثاني : حركة الإبتكار أو التطور في المعرفة من خلال ما يمكن تسميته بحلزونية المعرفة . فالمعرفة تأخذ شكلين هما :

1 . **المعرفة الصريحة (Explicit Knowledge)** وهي المعرفة الرسمية والنظامية التي يمكن تحويلها إلى أدلة عمل وتعليمات قابلة للنقل والتقاسم في مواصفات المنتج أو الصيغة العلمية أو برنامج الحاسوب . والمعرفة الصريحة بدورها لها شكلان . الأول يتمثل بالمعلومات أي مواصفات المنتج ويشار لها بالمعرفة المسجلة (Recorded). والثاني : يتمثل في العمليات ويشار لها بالمعرفة المتجسدة (Embedded) وهي الخبرة المتعلقة بكيفية عمل الشيء وما يترشح عنها من خطوات محددة ومتعاقبة يمكن عند الإقتضاء صياغتها في دليل عمل أو حتى تؤتمت .

2 . **المعرفة الضمنية (Tacit Knowledge)** : وهي المعرفة غير الرسمية وغير النظامية ، والتي تكون عميقة الجذور في نشاط والتزام الفرد في سياق محدد . وهي صعبة التشكل والصياغة الرسمية وتوجد فقط في رؤوس الأفراد وكيفية فهمهم لسياق عملهم . لهذا فإنها تكون صعبة النقل إلى الآخرين . وإن الطريقة الوحيدة لإدارة المعرفة الضمنية تتمثل في تحفيز الأفراد الذين لديهم خبرة ملائمة على القيام بتطبيقها.

إن التطور في المعرفة كما يرى نوناكا يتمثل في الحركة بين المعرفة الصريحة والضمنية ضمن ما يمكن تسميته بحلزونية المعرفة (أنظر الشكل السابق رقم 7 – 3) .

إن هذه الحركة (التي طبقناها على الإبتكار في الفقرة أعلى الإطار) يمكن أن نطبقها

على التعلم في الخطوات الآتية :

أ ـ الحركة من الضمني إلى الضمني (T a cit to Tacit): ويتم هذا عن طريق التنشئة، التعلم بالملاحظة ، التقليد والممارسة الممثلة والمرمزة بعلاقة الأستاذ بالمتدرب المتهن .

ب ـ الحركة من الضمني إلى الصريح (Tacit to Explicit) : ويتم ذلك عن طريق التجسيد (Externalization) وذلك بإيجاد طرق الهيكلة وتسجيل المعرفة التي يمكن بعدئذ تقاسمها في حدود هذا التجسيد مع ملاحظة أن ما يمكن تعليمه يكون أقل مما يمكن تعلمه .

ج ـ الحركة من الصريح إلى الصريح (Explicit to Explicit) : ويتم ذلك عن طريق الترابط (Combination) وذلك بربط العناصر الحالية للمعرفة المسجلة لتشكيل عنصر جديد من المعرفة بشكل من أشكال التركيب (S ynthesis) .

د ـ الحركة من الصريح إلى الضمني (E xplicit to Tacit) : ويتم ذلك عن طريق التذويت (Internalization) . وعند هذه الحركة يحقق الفهم تبصرا وموضوعا لدمج المعرفة ضمن السياق الخاص .

إن العمليات الأربع : التنشئة (S) ، التجسيد (E) ، الربط (C) والتذويت (I) هي ما ندعوه بنموذج (SECI) . وإن نوناكا يوضح كيف أن أنماط المعرفة وفق نموذج (SECI) والذي يسميه حلزونية المعرفة (Knowledge Spiral) ، يساهم في تنمية المعرفة الضمنية من خلال التعلم ، وتطوير منتجات إبتكارية جديدة من خلال الفكرة الجديدة التي تبدأ بومضة الإبتكار التي تربط بالمفاهيم المعروفة .

- I.Nonaka: Knowledge-Creating Company, HBR, Vol.(69), No.(6), Nov-Dec, 1991, pp96-104.
- Nick Willard: Knowledge Management, Managing Information, Vol.(6), No.(5), June 1999, pp45-49.

ثامنا : إكتشاف العلاقات : إن التفكير الياباني يستند على العقلية الموجهة للجماعة . لهذا فإن الشركات اليابانية كانت أكثر قدرة على إكتشاف العلاقات الإيجابية مع الأطراف الأخرى ذات المصلحة كالعاملين والزبائن والموردين . فبدلا من النظر إلى هذه الأطراف كما في الدخل التقليدي (في الشركات الأمريكية) كخصوم (Opponents)، فإن العلاقة الإيجابية تنظر إليهم كشركاء (Partners) للشركة . فمع الموردين (Suppliers) وهم الأطراف الذين يمدون الشركة بالمواد الأولية والأجزاء والطاقة، كانت العلاقة معهم في السابق تتسم بالحذر وعدم الثقة والنظر إليهم كخصوم . فهم يمكن أن يحدوا من ربح الشركة عندما يفرضوا أسعارا أعلى لتوريداتهم ، كما يمكن للشركة أن تزيد من أرباحها إذا إستطاعت أن تخفض أسعار هذه التوريدات. وهذا هو نمط علاقة الربح ـ الخسارة في إطار مباراة المجموع الصفري (Zero-Sum Game) وهو ما أسماه دير وآخرون نموذج الذراع الطويلة (Arm's-Length Model) لأن الشركة تمارس اليد الطويلة مع الموردين من خلال زيادة عددهم ومحاولة الإستفادة من تنافسهم وصراعهم مع بعض لتحقيق المزايا والمكاسب على حسابهم .

ولكن اليابانيين أعادوا إكتشاف هذه العلاقة على أسس جديدة . فالمورد يهتم بنجاح الشركة التي تشتري منه لكي يستمر تدفق توريداته ومبيعاته للشركة . كما أن الشركة تهتم بنجاح مورديها لكي لا يتوقف إنتاجها ، فهم في الحقيقة شركاء قبل أن يكونوا خصوم.

وفي إطار علاقة الربح ـ الربح حيث ميزة الشركة تتكامل مع ميزة الموردين كما في نمط مباراة المجموع الإيجابي (Positive Sum Game) ، إعتمدت الشركات اليابانية نموذج الشراكة مع الموردين بدلا من نموذج اليد الطويلة[41] . وهذا ما أمكن تحقيقه من خلال تطوير علاقات طويلة الأمد مع عدد قليل من الموردين ذوي الإلتزام والولاء ، وتقاسم معهم الخبرة والمعلومات وتقديم الإستشارة لهم كل ذلك في إطار الثقة من أجل نجاح الطرفين : الشركة ومورديها .

لتظل ملاحظة ترد في المقارنة بين المدخل الغربي عموما والأمريكي على وجه الخصوص والمدخل الياباني في التمثيل المعبر الذي يتحدث عنه الكثيرون في السباق بين الأرنب الأمريكي والسلحفاة اليابانية (أنظر الإطار رقم 7 - 5) .

الإطار رقم (7 - 5) : الأرنب الأمريكي والسلحفاة اليابانية

في الثمانينات وبعد الإنفتاح الواسع للمختصين بالإدارة والتصنيع على التجربة اليابانية والإكتشاف لإمكانات هذه التجربة في كثير من المفاهيم والممارسات التفصيلية تم طرح صورة هذا السباق المؤثر بين أرنب (Hare) سريع القفز وسلحفاة (Turtle) تدب دبيبا بطيئا يكاد يثير الشفقة . ولعل الصورة تزداد دلالة وعبرة مؤثرة عندما يتقدم الأرنب سريع الخطوة والوثبة إلى مسافة وعندما لا يرى وراءه السلحفاة ، يميل إلى الركون والنوم وأحيانا حتى العودة إلى الوراء في محاولة لحث السلحفاة على أن تغير السرعة في السير ولكن السلحفاة كانت في كل هذا غير مبالية فهي تدب بدأب دون الإهتمام بوثب الأرنب أو توقفه ، في يقظته ونومه ، وفي جده وإستعراضه . وفي كل مرة كان الأرنب يسبق السلحفاة يجد بعد وقت ليس طويلا وقد وصلت إليه . فيزداد نرفزة وينطلق بكل قوة من أجل دورة جديدة من التقدم والسبق وسرعان ما تظهر له السلحفاة . هذه الصورة هي التي تصور الفرق الحقيقي بين مدخل الإختراق (الأرنب الغربي وبالأخص الأمريكي) ومدخل التحسين (السلحفاة اليابانية) في الإبتكار . ولعل أهم ما يمكن أن نلاحظه من هذه الإستعارة المؤثرة هي ما يأتي :

أولا : إن المدخل الغربي عند تحقق وثبة إستراتيجية بالإنتقال من دورة إبتكار إلى أخرى أو من منحنى (S_1) إلى منحنى (S_2) لا يهتم كثيرا بالتفاصيل مما لا يمكن من إستنفاذ إمكانات الإبتكار . وهذا ما ينطبق على الأرنب الذي عند ركضه السريع لا ينتبه لملامح الطريق وخصائصه بشكل تفصيلي . وخلافه المدخل الياباني الذي في حركاته الصغيرة فإنه بقدر ما يستنفذ الإمكانات القصوى للإبتكار الذي حققه غيره ، فإنه يكون خبير تفاصيل تساعده على تحقيق أكبر قدر من التحسينات عليه . وهذا ما ينطبق على السلحفاة التي تكتسب خبرة من طريقها السابق بكل تفاصيله بدبيبها البطيء .

ثانيا : المدخل الغربي يقوم على التعاقب في الوثوب الكبير ومن ثم الركون الطويل

للتهيؤ للوثوب الكبير اللاحق . وفي قطاع الأعمال فإن الركون في أغلب الحالات يعني تراجع في خدمة الزبون وتدهور في المركز السوقي وتقدم التابعين في حصصهم السوقية . في حين أن المدخل الياباني الذي يصر على التحسين بكل أشكاله بما في ذلك الخطوات الصغيرة جدا ، يدعم إمكانات التقدم في إستغلال الموارد (تحسن في التكلفة وفي السعر) إضافة السمات (تحسين جودة وخدمة الزبون) إضافة تنويعات (إختيار أفضل للزبون) وكل هذا يصب في تحسين قيمة المنتج أو الخدمة التي يحصل عليها الزبون بالتكلفة التي يدفعها . وهذا لا ينطبق على الأرنب الذي بعد وثبته السريعة قد يغط في النوم ولا يصحو إلا على دبيب السلحفاة التي لا تقلق الأرض من حولها ولكنها تمتلك زمام طريقها من أجل التقدم المستمر .

ثالثا : إن المدخل الغربي مدخل هندسي- فني يقوم على القدرة المجردة لإختصاصات فنية في الإبتكار تتمثل بوظيفة البحث والتطوير (R and D) وفي بعض الحالات على وظيفتي الإنتاج والتسويق مع مراعاة التخصص الوظيفي وحدوده . بكل ما يعنيه ذلك من عزله قائمة على التخصص الوظيفي حتى بين الأقسام والوظائف المترابطة في ظل ما يسميه بافيت (K.Pavitt) بالقبائل الوظيفية العدائية. فالمختصون المهنيون (الباحثون في البحث والتطوير مثلا)عادة ما يحيطون أنفسهم بمن لديهم خلفيات وقيم متماثلة. وبدون تمزيق هذه الشرنقات (Cocoons) التي يكونوها بالإعتماد على التخصص والمفاهيم المرتبطة به ، فأنهم يتحولون إلى نخبة تزدري الوظائف والإختصاصات الأخرى من خارج حقلها ، والى بيروقراطيات داخلية النظرة ومقاومة للتغيير ومنفصلة عن الزبون . في حين إن المدخل الياباني يقوم على المشاركة ، وإن التحسين المستمر مسؤولية الجميع كمصدر عظيم وسيل لا ينقطع من الإقتراحات الصغيرة جدا والصغيرة والمتوسطة وحتى الكبيرة . وحتى في الوظائف المتخصصة فإن عمل فرق التكامل يكون واضح التأثير في الحد من العزلة المتخصصة والعداءات الوظيفية .

- Keith Pavitt: What We Know About the Strategic Management of Technology,
California, Management Review,Vol. (32), No. (3), Spring 1990,
pp17-26. and James B.Quinn et al. Management Professional Intellect: Making The Most of the best, HBR, Vol. (74), No. (2),
March–April 1996, pp71-80.

4-7- الإبتكار في التجربة الكروية

لا تزال التجربة الكورية تثير الإهتمام والتساؤل في سرعة ما تحقق لتصبح كوريا الجنوبية وخلال عشرين عام واحدة من أقوى النمور الآسيوية والدول الصناعية الجديدة . وإذا كان المثل الكوري يقول : حتى الجبال تتحرك في عشر سنوات ، فإن ما تحرك في كوريا الجنوبية هو اكثر من ذلك بكثير . ولقد أشار دراكر (P.F.Drucker) إلى أن أدم سمث (A.Smith) كان يرى أن نقل تقليد العمل في صناعة ما من بلد إلى بلد آخر (أي نقل التطور من بلد صناعي إلى آخر غير صناعي) يستلزم مائتي عام[42] ، إلا أن الكوريين إستطاعوا في عشرين عام أن ينقلوا كل عوامل الثورة الصناعية في تجربة طموحة لازالت تتطور وتمتلك الكثير مما يجب عمله من أجل وصولها إلى مدياتها الممكنة .

لقد عانت كوريا الجنوبية من مشكلات عميقة وواسعة خلال النصف الأول من القرن العشرين . فمن (1910 – 1945) كانت كوريا مستعمرة يابانية . وفي عام 1945 أدير الجزء الجنوبي من قبل الحكم العسكري الأمريكي . وعندما إنسحبت القوات اليابانية من كوريا عام 1945 كانت تعاني من نقص كبير في القدرة الفنية والإدارية مما أدى إلى إنخفاض في عدد الشركات الصناعية والبناء بنسبة (50٪) حتى عام 1948. والمثال الذي يكشف عن هذا النقص هو أن اليابانيين تركوا عند إنسحابهم أربع سفن صغيرة تحت البناء إحتاج الكوريون عدة سنوات للكشف عن طبعاتها الزرقاء ! .

وفي عام 1948 كان تقسيم كوريا إلى كوريا الشمالية والجنوبية ، وفي هذا العام تشكلت في كوريا الجنوبية حكومة مستقلة . وفي الحرب الكورية التي إستمرت من (1950-1953) دمرت غالبية الصناعات والبنية التحتية مع أضرار واسعة في الأبنية والمعدات والموجودات المتحركة قدرت بأكثر من ثلاثة بلايين دولار بأسعار عام (1953) أو ما بين (86 -200 ٪) من الناتج المحلي الإجمالي الكوري المقدر في عام 1953[43]

وحتى بداية الستينات عانت كوريا الجنوبية من جميع الصعوبات التي تواجه البلدان الفقيرة . فكان متوسط دخل الفرد من (GNP) أقل من نظيره في السودان وأقل من ثلث نظيره في المكسيك عام 1961 . ولكن بدء من عام 1962 أخذ ينمو الإقتصاد الكوري بمعدل متوسط حوالي (9٪) تحت تأثير ما يشبه خطة مارشال في كوريا قدمت فيه الولايات المتحدة مساعدات خلال الستينات ما يقرب من ستة بلايين دولار . ليرتفع متوسط دخل الفرد إلى (8483) دولار في عام 1994 الذي هو أكبر بحوالي (18) مرة من نظيره في السودان ، و (2.3) مرة من نظيره في المكسيك . كما إرتفعت حصة السلع الصناعية في الصادرات من (14.3٪) في عام 1963 إلى (92٪) في عام 1994[44].

واليوم فإن يطلق على كوريا الجنوبية تسمية الدولة الصناعية الجديدة . ويطلق مصطلح الدول الصناعية الجديدة على البرازيل ، سنغافورة ، تايوان ، هونج كونج، وكوريا ، التي تتسم بتحقيق معدل نمو عالي جدا (حوالي 10 ٪ في كوريا خلال الفترة 62-1978) ، توسع القطاع الصناعي (في كوريا تعتبر الصناعة هي القطاع العائم (Buoyant S.) حيث لم ينخفض معدل النمو فيه عن 10 ٪ خلال نفس الفترة وفي بعض السنوات زاد المعدل على 20 ٪) ، وإقتصاديات موجهة للتصدير (في كوريا كان التصدير هو المصدر الأكثر حيوية للطلب حيث إزدادت الصادرات بمعدل عالي نادرا ما كان يقل عن 20 ٪ خلال نفس الفترة)[45] .

ولا زالت تواصل التجربة الكورية تطورها من أجل الإنتقال إلى أهدافها العليا التي لا يخفي الكوريون إصرارهم على بلوغها وهو أن تكون كوريا دولة صناعية قوية . ويبدو أن كوريا تستعد للإنتقال إلى المرحلة الثالثة في نموذج تطورها . حيث أن هذا النموذج يبدو منطقيا وواضح المراحل : الخبرة التقليدية المحلية ، التقليد الإستنساخي ، التقليد الإبتكاري ، والإبتكار الذاتي . فالتجربة الكورية عاشت مرحلة الخبرة المحلية التقليدية حتى الخمسينات ، ولتدخل مرحلة التقليد الإستنساخي حتى الثمانينات ، وبعد أن توسعت شركاتها الخمس الرئيسية كتكتلات مملوكة من قبل العائلة (Family-Owned Conglomerates) وهي : سامسونج ، هيونداي ، دايوو ، لاكي كولدستار (وهي

المعروفة اليوم بإسم LG) وأخيرا هانجين (Hanjin) ، أخذت تدخل في التسعينات في مرحلة التقليد الإبتكاري أو الإبتكار ـ التحسين مدعومة بعاملين أساسيين . الأول : يتمثل بالبيئة الإجتماعية ـ الإقتصادية المشجعة للنمو السريع والمتمثلة بالتراث الكونفوشي (Confucian) الذي أكد دورها إدورد ماسون (E.S.Mason) في جنوب شرقي آسيا بالتناظر مع الدور الذي لعبته البروتستانينية في صعود الرأسمالية في أوربا[46]. حيث أن الكونفوشية تقوم على الرغبة العالية في التعليم (وهذا يمثل الأساس في القدرة على إستنساخ ما لدى الآخرين) والإنسجام وتجانس الأمة (وهذا ما يفسر علاقات الإنسجام في العمل) والإلتزام بالهدف الأعلى خاصة وإن الكوريين وضعوا هدفا وطنيا أعلى يتمثل باللحاق باليابانيين) . والثاني : دور الدولة الفعال والقوي في إيجاد إقتصاد مستقر نسبيا في ظل التخطيط الإقتصادي والتصنيع السريع والموجه للتصدير والتجارة الخارجية . فإذا كانت الشركات الكورية تعمل وفق قواعد اللعبة (حسب الأعمال فإن هذا يعني تحقيق الربح) فإن هذه الشركات حسب الدولة كانت تعمل من أجل التنمية الوطنية . الواقع أن الدولة لعبت دورا مهما في دعم الإقتصاد الكوري من خلال الإنفاق الحكومي ، وسائل التوجيه بالإعتماد على الإعفاءات الضريبية للصناعات المرغوبة ، والحماية للسوق المحلية من خلال وضع العقبات التعريفية وغير التعريفية . ويتجلى هذا الدور في ما قام به مجلس التخطيط الإقتصادي (Economic Planning Board) ووزارة التجارة والصناعة . والأول كان لا يخطط فقط من أجل النمو بأية وسيلة (من خلال الخطط الخمسية التي بدأت بالخطة الأولى 62-1966) وإنما يمارس التأثير عن طريق تخصيص الموارد وتنسيق الأعمال الخارجية ودعم الإستثمار الخارجي . أما وزارة التجارة والصناعة (MCI) فإنها قامت بتحديد الأهمية الإستراتيجية للتصنيع والتجارة الخارجية . وإن هذه الوزارة هي التي يشار إليها بكونها قامت في كوريا بنفس الدور الذي لعبته وزارة التجارة الدولية والصناعة (MITI) في اليابان[47]. في حين تستعد كوريا في الوقت الحاضر للدخول في مرحلة التطور الأكثر أهمية والمتمثلة في مرحلة الإبتكار الذاتي .

ولكن ألا يبدو أن النموذج الكوري تكرارا للنموذج اليابـاني ؟ والإجابـة بالإيجـاب مـع بعد التحفظات ، وهذا ما سنوضحه فيما يأتي :

أولا : إن اليابان تمثل الجار الأقرب في جنوب شرقي آسيا للكوريين المتطلعـين إلى التطـور السريع وإلى الدور الإقتصادي في السوق الإقليمية والدولية . ولعل مما يزيد من التقرب الكوري من النموذج الياباني هو أن اليابان كانت تعمل مـن أجـل المزيـد مـن الإسـتقرار الإقليمـي وتشـكيل الحـزام الباسـيفيكي المتطـور كقـوة إقتصـادية في عـالم ثـلاثي الكتـل الإقتصادية : الولايـات المتحـدة ، أوربـا ، واليابـان . لهـذا قامـت بـدعم كوريـا الجنوبيـة بالإستثمارات وإقامة المصانع فيها للإستفادة من رخص الأيدي العاملـة الكوريـة . ولكـن سرعان ما إستطاعت كوريا أن تنمي شركاتها العملاقة لتدخل في منافسة إقليمية ودوليـة مع الشركات اليابانية . وهذا هو التداخل الأول للتجربة الكوريـة مـع التجربـة اليابانيـة ليس بصيغة التعقيب وإنما بصيغة التسابق . خاصـة وإن التنـافس مـع اليابـان (القـوة الإستعمارية السابقة) أصبح يمثل أسبقية وطنية وثقافية في كوريا[48] .

ثانيا : إن التجربـة الكوريـة تتشـابه مـع التجربـة اليابانيـة في أنهـا تقـوم عـلى التقاليـد والمعتقدات الكونفوشية ، التي إنتقلت إليها من الحضارة الصينية . فكلا التجربتين قامتا بدور متماثل في التقليد الجيد للحضارة الصينية القديمـة ، وكـان هـذا في المـاضي . أمـا في العصر الحديث فإن الكوريين وجـدوا في النمـوذج اليابـاني وفي معـدلات نمـوه السريـعة وإنتاجيته العالية ما يمكن التعلم منه . دون أن يؤدي ذلك إلى تقارب حقيقي بين كوريـا الجنوبيـة واليابـان سـواء هـذا بـدفع مـن الإرث التـاريخي الـذي ينظـر لليابـان كقـوة إستعمارية سابقة أو بدفع من الولايات المتحدة وهي القـوة الأساسـية المـؤثرة في كوريـا والتي تدخل في منافسة شديدة مع اليابان في الأسواق الإقليمية والدوليـة . حتـى ليبـدو أن كوريا الجنوبية هي واحدة من أدوات السياسة الإقتصادية الأمريكية لإضعاف اليابان . وهذا هو التداخل الثاني الذي يجعـل التجربـة الكوريـة ذات عوامـل إضـافية في عـدم تعقب النموذج الياباني وإنما التنافس معه وتوازي المراحل معه .

ثالثا : إن التجربة اليابانية والكورية إعتمدت على الشركات الكبيرة التي تشكل ما أسميناه بالتكتلات المملوكة من قبل العائلة أو ما يطلق عليه في كوريا التشيابولات (Chaebols) . وهذه تشيابولات هي التي نقلت كوريا من دمار الحرب والإقتصاد ذي الطابع الزراعي إلى الإقتصاد الأكثر حيوية وتسجيلا لمعدلات النمو العالية في العالم والتي يقدر أنها تحقق ما بين (40 - 45 ٪) من الناتج القومي الإجمالي. وهذه التشيابولات هي صورة مشابهة للكيرتسو (Kiertsu) اليابانية التي هي تمثل تكتلات مكونة من (20 – 45) شركة جوهرية تتمركز حول مصرف أو حول سلسلة التوريد [49]. وكلاهما تشكلان نقاط القوة في أنظمة الإنتاج وقواعد التكنولوجيا وتكامل الأنشطة المتنوعة في إطار واضح من التكتل الكبير للموارد والتكنولوجيا وعلاقات التكامل الخلفي والأمامي . مع إختلافين واضحين في التجربتين . الأول هو نتاج التعاقب التاريخي للدخول الياباني المبكر في الخمسينات واللحاق الكوري المتأخر في الستينات. والثاني هو يتمثل في أن اليابان دخلت المنافسة الدولية بقوة الإبتكار-التحسين في السبعينات وما بعدها ، مقابل دخول كوريا سوق المنافسة الدولية بالإنتاج الفائق
(Megaproduction) الذي يمثل مرحلة مضافة في تحسين ميزة الحجم الكبير بما يتجاوز الإنتاج الواسع . وهذا يعني أن الميزة اليابانية كانت تتركز في الإبتكار – التحسين الذي يأتي بالجديد الإضافي سواء كان كبيرا أو صغيرا في حين أن الميزة الكورية كانت في كفاءة الإنتاج والحجم الأقصى من أجل خفض التكلفة . وفي التسعينات ظلت اليابان ذات الإستعدادات التصميمية والهندسية والإنتاجية المتميزة في مرحلة الإبتكار-التحسين لتحلق بها كوريا في دخول هذه المرحلة التي سميناها خلال ثنايا هذا الكتاب بالتقليد الإبتكاري (Innovative Imitation) . وهذا تداخل آخر تمثل في الظهور الكوري إلى جانب اليابانيين في مرحلة الإبتكار – التحسين ، دون أن يخفي ذلك حقيقة أن الشركات اليابانية كان لها دور في تطوير التجربة الكورية من جهة وأن الشركات اليابانية تمتلك خبرة كبيرة مع استثمارات متزايدة في بناء قاعدة البحوث الأساسية من أجل اللحاق بالإبتكار الجذري الأمريكي . وهذا ما على كوريا بناءه خلال العقد أو العقدين القادمين من جهة أخرى .

وبعد .. فإننا يمكن أن نعرض لنموذج التطور في التجربة الكورية . والشكل رقم (7 - 4) يوضح هذا النموذج . من خلال حقبتين واسعتين : الأولى هي حقبة ما قبل الإبتكار (Pro-Innovation Period) والتي تغطي مرحلتين فرعيتين من المراحل الفرعية الأربع وهما :مرحلة الخبرة المحلية التقليدية والتي كانت سائدة قبل عقد الستينات (وإن كان هناك الفترة التي أعقبت الحرب الكورية (1954 - 1959) فترة إعادة الإعمار بلغ معدل النمو فيها 9.4 ٪ سنويا) [50]، ومرحلة التقليد الإستنساخي والتي امتدت من بداية الستينات حتى نهاية الثمانينات وفيها ظهرت كوريا كدولة صناعية جديدة (Newly Industrialized C.) وسجلت فيها أعلى معدلات النمو (10 ٪) خلال ما يقرب من عقدين من الزمن (1962 - 1978) [51]، مع مرونة صناعية عالية مكنتها من تجنب أصعب مرحلتين مرت بها كوريا خلال هذه الفترة وهما أزمتي ارتفاع أسعار النفط الأولى (1973 - 1974) والثانية عام (1979) .

والحقبة الثانية هي حقبة الإبتكار والتي تغطي مرحلتين فرعيتين . الأولى : مرحلة التقليد الإبتكاري والتي ظهرت في التسعينات حيث أصبحت الشركات الكورية تقدم تحسيناتها الخاصة على المنتجات مع سرعة عظيمة في الإنتقال إلى الإنتاج الفائق (Megaproduction) . أما الثانية : فهي لا زالت ضمن التوجه الكوري المستقبلي في الإنتقال من التقليد (بنوعيه الإستنساخي والإبتكاري) إلى الإبتكار الذاتي في أبعاده الأساسية [52] :

- البحث الأساسي لكسب المعرفة من أجل أغراضها الخاصة .
- البحث التطبيقي لكسب المعرفة مع تطبيقات تجارية محددة .
- التطوير لترجمة المعرفة العلمية والفنية إلى منتجات وخدمات وعمليات جديدة .

الشكل رقم (7 - 4) : نموذج التطور نحو الإبتكار

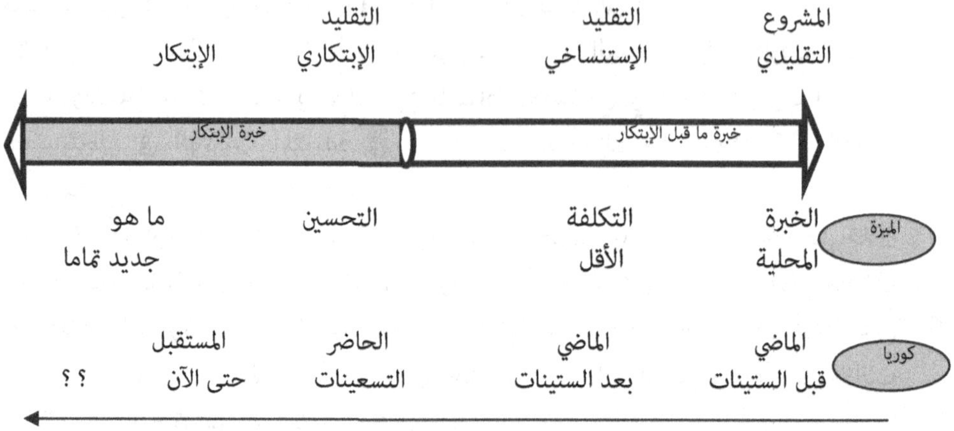

7-5- الدروس المستفادة

قد لا تكون الدروس المستفادة في هذا الفصل تتعلق بعملية الإبتكار بقدر ما هي دروس مستفادة من النماذج الثلاثة التي عرضنا إليها سواء كرؤية ومدخل أو مراحل وأبعاد لكل نموذج أو تجربة في مجال الإبتكار . كما أن الدروس المستفادة التي نسعى لإستخلاصها وتقدميها من هذه التجارب الثلاث إنما نقدمها من أجل أقطارنا العربية كدول نامية لازالت رغم العقود الخمسة على بداية تحررها تباعا ، لازالت تتلمس الطريق . مع ملاحظة المفارقة المتمثلة في أن التجربة الكورية التي بدأت في بداية الستينات سبقتها بعض الأقطار العربية في ميدان برامج الإعمار والتنمية بأكثر من عقد من الزمن على الأقل. وعليه فإن هذه التجارب تقدم خبرة عالية الفاعلية والكفاءة . دون إهمال حقيقة أن التجارب الخاصة في كل بلد أو مجموعة إقليمية تمتلك منطقها التاريخي وخصائصها المتميزة التي تستطيع توجه خياراتها نحو الممارسات المتاحة الأفضل (Best Available

Practices). ونحن نعتقد بقوة في أن الكثير من الدول النامية وفي مقدمتها أقطارنا العربية تمتلك منظومة مزيجها التاريخي والجغرافي وفي تشكيلة ثقافتها وقيمها الخاصة ، قدرات عظيمة وتنوعا حضاريا خلاقا قابلا للإستخدام في بلورة تجارب ومداخل جديدة في المجالات المختلفة ومنها في مجال الإبتكار . وسنحاول أن نعرض لأبرز الدروس المستفادة من هذه التجارب الثلاث في مجال الإبتكار فيما يأتي :

أولا : رغم كل مظاهر وآليات السوق التي تتحكم في الشركات والإبتكارات ، فثمة سياسة وطنية للبحث والتطوير والتحفيز للنشاط الإبتكاري في هذه التجارب الثلاث . وهذا يتجلى في الولايات المتحدة في مشروعات العلم الكبير وعقود وكالة الفضاء الأمريكية

(NASA) ووزارة الدفاع (البنتاغون) ، وفي اليابان يظهر دور الدولة الواضح من خلال وزارة التجارة الدولية والصناعة (MITI) والهيئات الأخرى التي تناقش أهم مشكلات الصناعة اليابانية وتقسم الأدوار على الشركات الرئيسية من أجل حلها ، ومن أمثلة على ذلك مشكلات البحوث الأساسية من أجل تحقيق الإختراقات التكنولوجية التي لازالت الشركات اليابانية تفتقر إليها كإبتكار ذاتي .

ثانيا : إن الإبتكارات بقدر ما تتنوع في هذه التجارب ، فإن أيا منها لا يمثل الخيار الوحيد الأفضل لأي تجربة أخرى في أى بلد آخر . فالقدرات الوطنية : الطبيعية والبشرية والتكنولوجية تحدد إلى حد كبير ما هو المدخل الملائم وما هي إمكانات المشاركة في مجال الإبتكار ومساهماته العلمية والتكنولوجية والتجارية .

ثالثا : رغم إن الإبتكار الجذري الذي لازال في الشركات الأمريكية يقف على ذروته العليا ، يبدو هو الأكثر صياغة للإتجاهات في التطور العلمي التكنولوجي ومن ثم في إتجاهات السوق ، فإن هذا لم يمنع الشركات الأخرى كالشركات اليابانية التي لم تحقق الكثير في الإبتكارات الجذرية ، أن تحقق عن طريق الإبتكار- التحسين تفوقا مهما في التطبيق (المنتج الجديد) وفي السوق (إقتناص الفرص فيه) . وفي حالات كثيرة إستطاعت هذه الشركات أن تتفوق حتى على الشركات صاحبة الإبتكار الأصلي .

رابعا : رغم أن الشركات الأمريكية تميزت بالإبتكارات الجذرية ، والشركات اليابانية بالإبتكارات ـ التحسينات ، فإن الشركات الكورية تميزت بالتقليد الإستنساخي والإبتكاري

المدعوم بكفاءة الإنتاج وسمة الإنتاج الفائق (Megaproduction) لخفض تكلفة الوحدة إلى أدنى مستوى منافس في السوق .

خامسا : إن الشركات اليابانية في البدء والكورية فيما بعد أسقطت عقبة لم يبتكر (NIH) . فلقد كانت هذه العقبة حقيقية لمن يريد أن يتفوق في السوق . على أساس كيف يمكن أن تتفوق على شركة منافسة أخرى بتكنولوجيا أو منتجات هي إبتكرتها . ولكن اليابانيين قدموا درسهم الصارخ في إبتكارات أمريكية عديدة كالترانزيستور والتلفاز والساعات الرقمية والحاسبات اليدوية وأجهزة الإستنساخ ، تفوقوا وهيمنوا على السوق فيها .

سادسا : إن المنافسة في الإبتكار لا يمكن أن تأخذ شكلا أو بعدا واحدا كأن تكون في مختبرات البحث والتطوير . وإنما هي يمكن أن تكون في البحث الأساسي والتطبيقي وفي التصميم والهندسة وكذلك في الإدارة والإنتاج والتسويق ، ولعل الأكثر من ذلك هو أن الشركات الأمريكية التي كانت تتفوق في التوصل الأول إلى الفكرة ومن ثم إلى المنتج ومن ثم السوق محققة ميزة الأسبقية (Priority) في مرحلة الإدخال كانت تفقد هذه الميزة المرة تلو المرة في مراحل النمو والنضوج من دورة حياة المنتج بسبب القدرة الإبتكارية للشركات اليابانية على إدخال التحسينات على وظائف وخصائص المنتج من جهة وكفاءة الإنتاج في خفض التكلفة (وهذا ما تميزت به الشركات الكورية إلى حد ما) من جهة ثانية .

سابعا : إن كلا التجربتين اليابانية والكورية تمتعتا بالدافع الوطني في المنافسة . فالتجربة اليابانية كانت تتنافس بالدافع الوطني وبالقيم والثقافة الساموارئية مع الأمريكيين الذين إنتصروا عليهم بالحرب . والكورية تنافست بالدوافع الوطنية مع اليابانيين الذين إحتلوا كوريا لأكثر من ثلاثة عقود . ومع تأكيدنا على أن الإبتكار هو أكثر موضوعية من حيث توفير المستلزمات والسياسات وما يتحقق فيه من إنجازات ، فإنه يمكن أن يحفز بالهدف الوطني الكبير الذي يوجه الإبتكارات ومجالاته كما يمارس تأثيره في تحفيز المبتكرين .

المصادر

1. Robert Epstein (2000): The Big Book of Creative Games, McGraw-Hill, New York, pp6.
2. Theodore Levitt: The Globalization of Markets, HBR, Vol (61), No.(3),May-June 1983,pp92-102.
3. Quoted from: S.Ogilvy: The Economics of Trust, HBR, Vol.(73), No.(6), Nov-Dec 1995, pp46-7.
4. Unesco (1996): World Science Report 1996, Unesco Publishing, Paris, p13.
5. Business Week, The Business Week Global 1000, II, July, 1994, pp72-89.
6. Ibid, p216.
7. Andre Ovams: Can You Patent Your Business Model? HBR, Vol.(78), No.(4), July-Aug 2000, p16.
8. بول كيندي (1995): الإعداد للقرن الواحد والعشرين، ترجمة د. نظير جاهل، الدار الجماهيرية للنشر والتوزيع والإعلان، سرت، الجزء الثاني، ص 179.
9. - - - : مايكروسوفت : أعطني مهلة من فضلك ، عالم الكومبيوتر ، السنة الثانية ، العدد (15) حزيران 2000 ، ص ص 18-19 .
10. D.H.Meadows et al., (1972): The Limits to Growth, Universe Book.
11. هيرمان كان وآخرون (1982) : العلم بعد مائتي عام ، ترجمة شوقي جلال ، علم المعرفة ، العدد (55) ، الكويت .
12. Peter F.Drucker: The Theory of the Business, HBR, Vol. (72), No. (5), Sep-Oct 1994, pp95-104.
13. وليم ج. أوتشي (1985) : النموذج الياباني في الإدارة : نظرية Z ، ترجمة حسن محمد يس ، معهد الإدارة العامة ،الرياض ، ص 180 .
14. Ken Peattie (1995): Environmental Marketing Management, Pitman Publishing, London, p174.

15. Charles.H.Ferguson: Computers Keiretso and The Coming of The U.S., HBR, Vol. (68), No. (4), July - Aug, 1990, pp55-70.

16. R.M.Kanter: The Case Against Cowboy Management, Management Review, Vol.(76), Feb 1987, pp19-21.

17. توم بيترز (1995) : ثورة في عالم الإدارة ، ترجمة محمد الحديدي ، الدار الدولية للنشر والتوزيع ، القاهرة ، الجزء الأول ، ص 198 .

18. Susan A.Weston (1996): Commercial Recreation & Tourism, Brown & Benchmark Publisher, Madison, p141.

19. ففي مواجهة أوربا للولايات المتحدة في مجال تصنيع الإرباس (Airbus) التي إشتكت منها الشركات الأمريكية بأنها تحصل على الدعم من الميزانيات القومية لكل من فرنسا وألمانيا ، كان الأوروبيون يقولون أن الأموال المعتمدة لناسا (NASA) من أجل البحث الفضائي وكذلك البرامج العسكرية للبنتاغون والتي تقوم شركتا دوغلاس وبوينج بتطبيقها في المجال المدني ، هي شكل من أشكال الدعم . أنظر :
إدورد ليتواك (1995) : إنهيار الحلم الأمريكي ، ترجمة ليلى غانم ، الدار الجماهيرية للنشر والتوزيع والإعلان ، بنغازي ، ص 38 .

20. Ralph E.Gomory: From Ladder of Science to the Product Development Cycle, HBR, Vol.(67), No.(6), Nov-Dec 1989, p99.

21. Roles of the Leader's Moral Code and Japanized Confucianism in Productivity Improvement in Japan, Cited in Proceeding of the Seventh Productivity Congress, Malaysia, 1990, p13.

22. Ibid, p13.

23. بول كيندي ن مصدر سابق ، ص 248 .

24. David B.Yoffie and M.A.Cusumano: Judo Strategy, HBR, Vol.(77), No.(1), Jan-Feb 1999, pp71-81.and

25. بيتر ف. دراكر(1988) : التجديد ومقاولة ، ترجمة د. حسين عبد الفتاح ، دار الكتب الأردني ، عمان ، ص 34 .

26. K.Kurosawa, op cit,p1.

27. بول كيندي ، مصدر سابق ، ص ص 248-249 .

28. إدوارد ليتواك (1995) : إنهيار الحلم الأمريكي ، ترجمة ليلى غانم ، الدار الجماهيرية للنشر والتوزيع والإعلان ، بنغازي ، ص ص 96 و 142 .

29. D.Mac Eachron : America Don't Take No For an answer, HBR, Vol.(68), No.(2), March-April 1990, pp178-88.

30. توم بيترز ، مصدر سابق ، ص ص 30-31 .

31. ميري هوايت (1991) : التربية والتحدي : التجربة اليابانية ، عرض وتعليق سعد مرسي أحمد وكوثر حسين ، عالم الكتب ، القاهرة ، ص 30 .

32. Steven Spearand H.K.Bower: Decoding The DNA of The Toyota Production System, HBR, Vol.(77), No.(5), Sep-Oct 1999, pp97-106..

33. Karl H.Ebel (1990): Computer-Integrated Manufacturing, ILO, Geneva, pp5-8.

34. K.Kurosawa: op cit, pp3-4.

35. إدوارد ليتواك ، مصدر سابق ، ص ص 23-24 .

36. ميري هوايت ، مصدر سابق ، ص ص 143-184 .

37. بيترف . دراكر (1994) : الإدارة للمستقبل : التسعينات وما بعدها ، ترجمة د.صليب بطرس ، الدار الدولية للنشر والتوزيع ، ص ص 34، 216 - 217 .

38. Ikujiro Nonaka: Redundant, Overlapping Organization: A Japanese Approach to Managing the Innovation Process, California Management Review, Vol.(32), No.(3), Spring 1990, pp27-38.

39. Ibid, p37.

40. Ikujiro Nonaka : The Knowledge-Creating Company, HBR, Vol(69),No.(6),Dec-Nov 1991,pp96-104.

41. Jeffery H.Dyer et al., Strategic Supplier Segmentation, California, Management Review, Vol.(40), No.(2), Winter 1998, pp57-77.

42. بيترف دراكر ، مصدر سابق ،ص 49 .

43. Linsu Kin (1997): Imitation to Innovation: The Dynamics of Korea's Technological Learning, The President and Fellows of Harvard Collage, p7.

44. Ibid, p1.

45. Gijsbert van Limet (1989) : Bridging the Gap: Four Newly Industrializing Countries and Changing International Division of Labour,ILO. Geneva, p12.
46. Edwards S.Mason et al. (1980): The Economic and Social Modernization of the Republic of Korea, Harvard University Press, Cambridge, Massachusetts, p3.
47. Tony Michell (1988), From a Developing to a Newly Industrialised Country: The Republic of Korea, 1961-82, ILO. Geneva, 1988, p64.
48. Tony Morden (1996): Principles of Management, McGraw-Hill, Co., London, p258.
49. بالنسبة الى تشيابولات أنظر :

Raymond Torres(2001):Republic of Korea ,ILO,Geneva,p40.

وفيما يتعلق بالكيرتسو أنظر :

Charles H.Ferguson: Computer Keiretsu and the Coming of the U.S., HBR,Vol(68),No.(4),July-Aug 1990,pp55-70.

50. Gijsbert van Liemt : op cit, p11.
51. Ibid, p 11.
52. Linsu Kin, op cit, p5.

الفصل الثامن

الابتكار وبعض المجالات المختارة

8-1- المدخل
8-2- الإبتكار الإداري
8-3- الإبتكار والعولمة
8-4- الإبتكار البيئي الأخضر
8-5- الإبتكار ونموذج الأعمال والإنترنت
8-6- الإبتكار والأخلاقيات
8-7- الإبتكار والمستقبل
المصادر

8-1- المدخل

إن الإبتكار ظاهرة عامة فهي بلا حدود زمانية (حتى الإنسان البدائي إستطاع أن يكتشف الزراعة ورمزها الأساسي المحراث) وبلا حدود مكانية (الحضارات في دورتها الجغرافية المستمرة حتى الآن شاهد على أن الإبتكار موجود في كل مكان) ، وبلا حدود في الموضوع والمجال (فهو موجود في العلوم الطبيعية وكذلك الإنسانية ، موجودة في دورة المعرفة ومحورها البحث الأساسي ، وفي دورة التطبيق ومحورها المنتج والسوق). ولعل هذه السمة الأخيرة هي التي تجعل الإبتكار يؤثر ويتأثر في المجالات المختلفة، مع التأكيد على أن ثمة إهتماما بمجالات جديدة يجعل الإبتكار أمام مسؤوليات جديدة ترتبط بهذه المجالات . فمثلا إدخال مفهوم تقسيم العمل (Division of Labor) الذي أدخل منذ بداية الثورة الصناعية وتحدث عن مزاياه الثلاثة آدم سمث (A.Smith) في كتابه (ثروة الأمم) أدى الى زيادة الإنتاجية بمعدلات غير مسبوقة كان إبتكارا عظيما لازال يمثل جزء من التفكير الإداري . كما أن تطور المفاهيم الإدارية منذ بداية قرن العشرين ساهم في تطور قدرتنا على إستغلال مواردنا بطريقة تفوق تأثير أي إبتكار آخر في أي مجال من المجالات التي نعرفها للإبتكار . وهذا ما يثير أهمية الإبتكار الإداري .

كما إن تطور وسائل النقل البري والبحري والجوي والإتصالات عن بعد والدخول في العصر الشبكي والإنترنت ، مع تعدد مراكز الإنتاج والخدمات في أقاليم العالم المختلفة التي تتنافس فيما بينها ، ساهم في تطوير الرؤية الواحدة على مستوى العالم (العولمة) . وهذا بالتأكيد سيلقي أثارا على الإبتكار ليس فقط بصيغة الميزة في إنتشار الإبتكار عبر العالم (بدلا من البلد أو الإقليم الواحد) وزيادة عوائده على الشركة لتغطية نفقاته العالية ، وإنما أيضا بصيغة التهديد والتحديات في منافسة شديدة من تجارب عديدة لها قدراتها البشرية والتكنولوجية والإدارية والتسويقية التي تزيد من حدة المنافسة ومخاطرها . وهذا واحد من المجالات التي سنحاول أن ندرس الإبتكار في العلاقة معها في هذا الفصل .

8-2- الإبتكار الإداري

تأريخيا قام الإبتكار الجذري على أساس الإنقطاع الإبتكاري (التكنولوجي) والإستمرارية التنظيمية (المؤسسية)[1]. فالإبتكار وفق منحنى - S يأتي بالتكنولوجيا الجديدة التي تؤدي إلى الإنقطاع عن الجيل التكنولوجي السابق ، ولكن هذا عادة ما يتم في إطار نفس السياق المؤسسي- التنظيمي في الشركة (الإستمرارية التنظيمية) . وكان الإنقطاع الإبتكاري والإستمرارية التنظيمية يمثل حالة غير ملائمة لأن المطلوب هو أن يكون الإبتكار التكنولوجي مترافقا مع الإبتكاري التنظيمي - الإداري من أجل تحقيق أغراضه الكاملة (أنظر الإطار رقم 1) . ولعل هذه الحاجة إلى الإقتران هو الذي جعل التنظيمات البيروقراطية بما تتسم من علاقات هرمية عمودية ورسمية وإجراءات مطولة وروتينات صلبة ، موضع نقد متزايد من أجل الإنتقال إلى التنظيمات الأكثر مرونة ورشاقة وملاءمة للإبتكار كما أشرنا إلى ذلك في الفصل الرابع .

وإذا كان الإبتكار في الرؤية الهندسية لتايلور في الماضي قد قامت على النمطية في الطريقة الفضلى الواحدة (One Best Way) (أنظر الإطار رقم 2) ، فأنه الآن عادة ما يرتبط في الأذهان وفق رؤية ضيقة بإبتكار العملية (التكنولوجيا) والمنتج . وهذا بدون شك يمثل الميل إلى الأسهل في تصور الإبتكار من جهة والنظر إلى التجسيد المادي للإبتكار الذي يكون أقوى في التعبير عن الحالة الجديدة التي يأتي بها الإبتكار من الفكرة الإبتكارية التي هي أصل الإبتكار من جهة أخرى . مما يجعل الإبتكارات في المجالات الأخرى لا تحظى بنفس الإهتمام والبروز أو الأزيز . والواقع أن الرؤية الواسعة للإبتكار تجعل الإبتكار أكثر شمولا في النطاق وتنوعا في المجالات . وعلى أساس هذا التحديد الواسع فإن الإبتكار الإداري هو مجال من المجالات التي يغطيها الإبتكار . ولقد أشار إستشاريو مجموعة دوبلين القائمة بشيكاغو (Chicago-Based Doblin G.) في رؤيتهم الأوسع إلى أن الإبتكار يظهر في عشر فئات : نماذج الأعمال ، الشبكات ، العملية المقتدرة (Enable) ، العمليات الجوهرية (Core) ، أداء المنتج ، أنظمة المنتج ، الخدمة ، القناة، العلامة ، وخبرة الزبون[2]. وواضح من هذه الرؤية أن الإبتكار يتجاوز المنتج والعملية

إلى مجالات تدخل ضمن الإبتكار الإداري سواء في نماذج الأعمال والشبكات والقناة والعلامة وخبرة الزبون .

إن الإبتكار الإداري (Managerial Innovation) هو التوصل إلى المفاهيم الجديدة القابلة للتحويل إلى سياسات وتنظيمات وطرق جديدة تساهم في تطوير الأداء في الشركة. بل إن بعض هذه المفاهيم يتعلق بتطوير عملية الإبتكار وتنظيمه وإجراءات نقل أفكاره الجديدة إلى منتجات جديدة ومن ثم الإسراع في إنشائه للأسواق الجديدة .

الإطار رقم (1) الثورة التنظيمية والثورة التكنولوجية

إن الثورة التكنولوجية مصطلح شائع وذو شعبية واسعة ويعتبر الكلمة الأكثر أزيزا منذ الخمسينات من القرن الماضي . وهو يشير بدون شك إلى حقيقة كبيرة هي أن التطورات في العلم والتكنولوجيا قد غيرت كل الأسس والمفاهيم والأساليب في المجتمعات وضمنها الصناعات ومجالات التطبيق المختلفة . ومع هذا الإعتراف بالثورة التكنولوجية الذي يبدو وكأنه حقيقة مسلم بها ، نجد أن هناك ثورة عظيمة أخرى لم تحظى بهذا الإعتراف حتى الآن وهي الثورة التنظيمية (Organizational Revolution) هذه الثورة التي من أعظم إنجازاتها ليس هذه الكفاءة الإنتاجية في العمل ولا هذه الفاعلية التنظيمية في إستخدام الموارد ، وإنما وهذا هو المهم ما تحقق في ظهور المؤسسات التنظيمية الملائمة والفعالة والإبتكارية التي كانت القلب النابض للتطور لأكثر من قرن من الزمن .

أن الإقتصادي دوغلاس نورث (D.North) الحائز على جائزة نوبل يرى أن غياب المؤسسات الملائمة هي السبب في فجوة قرن طويل بين فجر الثورة الصناعية والتوسع التكنولوجي الإقتصادي الدارماتيكي للقرن التاسع عشر . وإن مؤرخ الأعمال الفريد تشاندلر (A.Chandler) يرى أن نصف هذا التحول كان نتيجة للثورة التنظيمية وليس للثورة التكنولوجية .

إن شركات الأعمال التي تقف على تراث عظيم من التطور الإداري في المفاهيم والأساليب هي التي جعلت ممكنا لمجتمعات القرن العشرين أن تتطور بنفس القدرة التي ساهمت في ذلك التكنولوجيا . مع حقيقة أن التكنولوجيا نفسها كانت مدينة للثورة التنظيمية بالكثير بعد أن حققت إدارة البحث العلمي وإدارة التكنولوجيا مزايا جمة وعميقة من أجل جعل التطور التكنولوجي ممكنا وأكثر ترشيدا في إستخدام موارده العظيمة في ظل عدم التأكد المطلق الذي يسود مجال الإبتكار التكنولوجي . Source: John Seely Brown and P.Dayuid: Organizing Knowledge, California Management Review, Vol(40), No(3), Spring 1998, p93.

فإدارة الإبتكار (Innovation Management) رغم كل الصعوبات التي تكتنفها ، فإنها تمثل جهدا إداريا خلاقا من اجل تمكين الإبتكار نفسه لتحقيق أغراضه في التوصل إلى الفكرة أولا ، المنتج أولا ، ومن ثم إلى السوق أولا . ولنلاحظ ذلك جيدا في عملية تطوير المنتجات . فالمدخل التعاقبي في تطوير المنتجات كان سائدا في السابق ، فقسم البحث والتطوير يطور الفكرة ، قسم التصميم يضع طبعاتها الزرقاء ، قسم الهندسة يضع نموذجها الأول في المختبرات أو الورش ، ومن ثم قسم الإنتاج ينتجها بكميات كبيرة ليقوم قسم التسويق بتوزيعها في السوق . وهذا المدخل كان نتاج الخبرة التنظيمية الأولى القائمة على التخصص الوظيفي ، ووثيق الصلة بالإبتكار الجذري كتقدم تكنولوجي كبير لا يتم إلا في فترات متباعدة . ولكن مع تنامي الخبرة التنظيمية وتصاعد المنافسة التي أدت إلى تزايد عملية خلق الأسواق الجديدة وخاصة القطاعات السوقية (Segments) عن طريق نوع جديد من الإبتكارات ـ التحسينات ، ظهرت الحاجة إلى الإسراع في تحقيق الإبتكارات . فكان أن ظهر المدخل التزامني في تطوير المنتجات . وهو إبتكار إداري لمواجهة حاجات ملحة في السوق قبل أن تكون حاجات ملحة في إبتكارات المنتج أو العملية .

كما يمكن ملاحظة ذلك أيضا في الإبتكارات الجذرية التي قامت على قاعدة متينة ومتراكمة من البحوث الأساسية في بعض الدول الصناعية (كالولايات المتحدة وبريطانيا

وألمانيا وغيرها) كانت وثيقة العمل والصلة بالإنتاج الواسع وميزته الأساسية تكلفة الوحدة الأدنى .

وعندما أرادت دول أخرى (كاليابان ومن دول جنوب شرقي آسيا الأخرى) أن تواجه هذه الترسانة من البحوث الأساسية والإبتكارات الجذرية لم تجد إلا أن تطوّر نوعا من الإبتكارات التي يتناسب مع إمكاناتها وقدراتها على المنافسة في هذا المجال وهو الإبتكار ـ التحسين (التدريجي) .

ومع أن الإبتكار ـ التحسين يرتبط بالبحث التطبيقي وبالتقاط الفرص في السوق وتحويلها إلى أفكار ومفاهيم جديدة ، فأن تطوير المنتجات الحالي بإدخال التحسينات الصغيرة أو الكبيرة ساهم بدرجة كبيرة في تحقيق ميزة تنافسية في السوق وفي أحيان كثيرة تتفوق حتى على الإبتكارات الجذرية التي كانت في حالات كثيرة محفوفة بالمخاطر العالية ولم تحقق النتائج المرجوة في السوق . إن التوجه إلى الإبتكار ـ التحسين بأولوية على حساب التوجه إلى الإبتكار الجذري هو إبتكار إداري .

الإطار رقم (2) : الطريقة الفضلى الواحدة أم الطرق الفضلى المتعددة

لا يمكن تخيل الإبتكار وكأنه عملية آلية نمطية كما لا يمكن تخيل الإبتكار الإداري وكأنه نموذج واحد يصلح لكل زمان ومكان لا شغل له ولا غاية إلا تطوير طريقة واحدة للعمل والإستمرار بها مهما كان هذا الإبتكار جزئيا ومحدودا .

وفي الإدارة والتنظيم هناك الإفتراضات الأساسية التقليدية الثلاثة التي تتمحور حول الطريقة الواحدة وهي :

1- أن الوظائف ، المنتجات ، الأصول ، والموارد سواء كانت مركزية أو لامركزية، فأنها تدار بنفس الطريقة .
2- أن الوظائف والمنتجات أو الخدمات ، الأصول ، والموارد سواء كانت في شركات صناعية ، خدمية ، تعاونية ، أو خيرية .. إلخ ، فأنها تدار بنفس الطريقة .
3- أن الوظائف والمنتجات أو الخدمات ، الأصول ، والموارد سواء كانت في شركة صغيرة أم كبيرة ، محلية ، إقليمية ، أو دولية ، فأنها تدار بنفس الطريقة .

وفي مقابل هذه الروتينية الإدارية الضيقة وغير المنفتحة على القدرات العظيمة للشركات في تنوعها في بيئاتها وممارساتها الأفضل الملائمة لها ، وفي قدرتها الإبتكارية التي لا يمكن حصرها في طريقة فضلى واحدة ، ناهيك عن أن الطريقة الفضلى الوحيدة قد بدت وكأنها خرافة إدارية أكثر من كونها حقيقة إدارية .

فماذا عن الإبتكار الإداري ؟ لاشك في أن الإبتكار الإداري هو الإتيان بكل ما يتجاوز الطريقة الواحدة إلى الطرق المتعددة التي تعني بالتأكيد أن الفاعلية الإدارية لها أكثر من طريقة لتحقيق أهداف الإدارة بكفاءة عالية وبعض هذه الطرق لم يوجد حتى الآن ولازال على المبتكرين التوصل إليه وبما يتجاوز أية طريقة سابقة سواء في الفاعلية أو في الكفاءة .

لهذا فقد واجه المدخل الهندسي القائم على الطريقة الفضلى الواحدة إنتقادات كثيرة وربما لم يعد يحظى إلا بأهمية كونه جزء من التراث الإداري . لأن الإبتكار هو قرين التنوع في الأفكار ، المفاهيم ، الوظائف والمنتجات والخدمات وتخصيص الأصول والموارد المتعددة وبالدرجة الأساسية طبعا في الطرق الفضلى المتعددة .

وإن التنظيم على أساس المنتج أو على أساس العملية كان إبتكارا إداريا ملائما للإبتكار الجذري والإنتاج الواسع ، بنفس الطريقة التي كان التنظيم المصفوفي (Matrix Organization) كتنظيم موازي يمثل إبتكارا إداريا في السبعينات ليلائم الحاجة إلى الإسراع بالإبتكار بتحرير مشروعاته من الإجراءات والروتينات المطولة. وبنفس الشاكلة التي أصبح فيها التنظيم الشبكي في التسعينات إبتكارا إداريا لتحرير الباحثين والمهنيين كليا من الهرمية والعلاقات العمودية وتحقيق التقاسم الفعال للمعلومات والمعرفة في كل الشركة دون تركيزها في الأعلى[3]. وعموما يمكن تصنيف الإبتكار الإداري في ثلاث مجموعات :

أولا : الإبتكار الإداري العام

وهذه المجموعة هي الإبتكارات التي تمثل المنعطفات الإدارية الكبرى في تطور الإدارة . فالمدارس الإدارية : التقليدية ، العلاقات الإنسانية ، الموقفية ، النظم .. إلخ تمثل

إبتكارات إدارية عامة ، حيث كل منها طبعت مرحلة إدارية عامة ومتميزة ولا يحد من هذا التميز تعايش أو تداخل هذه المدارس على مسرح الإدارة الحالي بنفس الشاكلة التي يتعايش فيها الإبتكار الجذري والإبتكار ـ التحسين . كما أن من هذه المنعطفات في التنظيم الإداري تتمثل في الإنتقال من التنظيم الهرمي العمودي إلى التنظيم المصفوفي الذي يمثل تنظيما مزدوجا فهو تنظيم هرمي في الوظائف الإدارية وتنظيم أفقي في الوظائف الفنية ، ومن ثم الإنتقال الى التنظيم اللاهرمي الأفقي كما في التنظيم الشبكي. وفي هذا التطور كانت الكفاءة تتزايد كما كانت المرونة المطلوبة في الأعمال المهنية والكثيفة المعرفة في تنامي (أنظر الشكل رقم 8 – 1) . وكذلك التحول من العملقة (الكبير جميل وفعال) والإنتاج الواسع وإقتصاديات الحجم إلى الصغر (الصغير أجمل وأكثر تميزا) إنتاج الوجبات الصغيرة (نظام الوقت المحدد Just-In-Time) وإقتصاديات النطاق (Economies of Scope) ومن ثم المنعطف الجديد في العصر الشبكي والإنترنيت والإدارة الرقمية (Digital Management) .

ثانيا : إبتكار المفاهيم الإدارية

إن المفاهيم الإدارية الجديدة كانت دائما مصدرا لتحسين الكفاءة والإنتاجية سواء في تحسين فهم الإدارة لحاجات العاملين (كما في مدرج ماسلو) أو في تحسين طرق الأمثلية في قرارات الإدارة (كما في أساليب بحوث العمليات) ، أو في قياس وتحسين التحليل والأداء المالي للشركة (كما في طرق التحليل المالي وإدارة المحافظ الإستثمارية) إلخ. والواقع إن هذا المجال هو الأوسع في الإبتكار الإداري لأنه حافل بإستمرار في المفاهيم الجديدة التي تستهدف تحسين أداء الإدارات العليا والوسطى والدنيا والعاملين في جميع المستويات في الشركة . وإن إدارة الإنتاجية الشاملة (TPM) في السبعينات ، وإدارة الجودة الشاملة (TQM) في الثمانينات والتسعينات، وإعادة الهندسة في التسعينات، والعمل عن بعد (Telework) والشركة الإفتراضية والفرق الإفتراضية في الوقت الحاضر ، كلها نماذج عن الإبتكار الإداري في مجال المفاهيم وتطبيقاتها في هذا المجال أو ذاك .

الشكل رقم (8 - 1) : تطور الأنماط التنظيمية

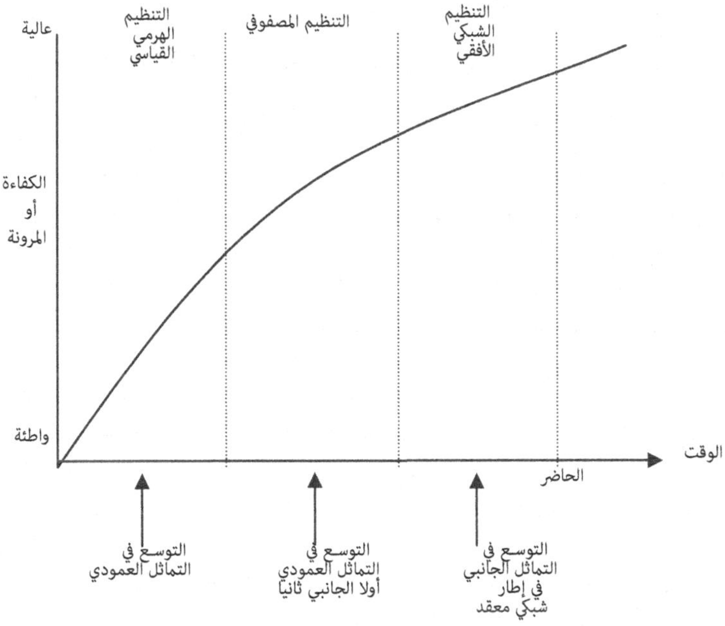

ثالثا : إعادة إبتكار الشركة

إن أكبر الإبتكارات لأية شركة هي أن تستطيع البقاء في السوق . ولكي تستطيع البقاء في السوق (وربما النمو فيه) فأن عليها بإستمرار أن تعيد النظر في إفتراضاتها الخاصة ببيئتها الداخلية (رسالتها وإستراتيجيتها وقدراتها الجوهرية) وبيئتها الخارجية (هيكل السوق ، الزبون ، المنافسة ، والمجتمع) . وحيث أن كل عوامل البيئة الداخلية (بالتقادم مثلا) والخارجية (تغير القوى في السوق ، تغير حاجات الزبائن ، دخول منافسين جدد، وإتجاهات ولوائح جديدة) يمكن أن تتغير ، فإن الشركة التي لا تستطيع إن تعيد النظر في إفتراضاتها الأساسية ومن خلال رؤية إبتكارية ، فإنها ستواجه المصير الأصعب في

التدهور والخروج . فعندما يدخل المنافسون برؤى ومفاهيم وأساليب جديدة (وهذا يعني إفتراضات أساسية جديدة ومبتكرة) فإنهم سيشكلون تحديا لمفهوم الشركة القائمة وإفتراضاتها الأساسية . ولا مخرج حينها إلا في إعادة إبتكار الشركة لنفسها من خلال تجديد وإعادة إبتكار إفتراضاتها الأساسية في الجوانب الثلاثة التي أكدها بيتر دراكر (P.F.Drucker) : إفتراضات حول بيئة الشركة ، إفتراضات حول رسالة الشركة، والإفتراضات حول قدرات الشركة الجوهرية لتحقيق رسالتها[4].

وكما أشار دراكر كنموذج للتحديات إلى أن أكثر الهزات والصدمات للشركات الأمريكية كان من الشركات اليابانية (التي أتت بإفتراضات جديدة) . وإذا كانت بيرل هارير واحدة من أشد الضربات العسكرية للبحرية الأمريكية ، فإن أكثر بيرل هارير وجهت للشركات الأمريكية على يد الشركات اليابانية . إن كثيرا من الشركات الأمريكية فقدت نظرية أعمالها (إفتراضاتها الأساسية وتقادمها) أمام التحدي الياباني[5]. ولعل هذه الحقيقة التي أصبحت تصدم الشركات في ظل المنافسة المتزايدة من شركات تأتي من بيئات مختلفة وبمفاهيم وأساليب جديدة ، هو الذي حدا بجون براون (J.S.Brown) إلى القول أن الإبتكار الأكثر أهمية الذي سيأتي إلى مختبرات بحوث الشركات ، سيتمثل في إعادة إبتكار الشركة نفسها . فما هو أكثر أهمية من إبتكار المنتجات الجديدة هو إبتكار الشركة نفسها . فلكي تحافظ الشركة على سرعة سيرها بالتلازم مع التغيرات السريعة في التكنولوجيا في بيئات الأعمال غير المستقرة بشكل متزايد ، فإن عليها تصميم هيكلة تكنولوجية وتنظيمية جديدة تجعل من الممكن وبشكل مستمر إبتكار الشركة[6].

وفي هذا السياق دعا جيويرتز (D.Gewirtz) الى ما أسماه إعادة إبتكار دورة الحياة (Reinvention Lifecycle) في الشركة . حيث أن إعادة الإبتكار يجب أن يغطي كل الشركة وعلى طول حياتها ، ليكون بمثابة إستجابة ذكية للتغيرات في أسواقها وظروفها الخارجية .

وقد إقترح جيويرتز الدورة المستمرة لإعادة الإبتكار كما في الشكل رقم (8 – 2) من اجل إبقاء الشركة في حالة التجدد المستمر حسب التغير في أسواقها . حيث أن هذه الدورة يمكن أن تكشف أن الشركات تفقد نقاط القوة أو تتفاقم فيها نقاط الضعف مع الوقت

مما يستوجب إعادة إكتشاف الشركة لتقوية نقاط القوة وإزالة نقاط الضعف فيها مـن أجل التمكن من إعادة تحديد موقعها في السوق من جديد في ضوء ذلك التجديد .

الشكل رقم (8 - 2) : الدورة المستمرة لإعادة الإبتكار

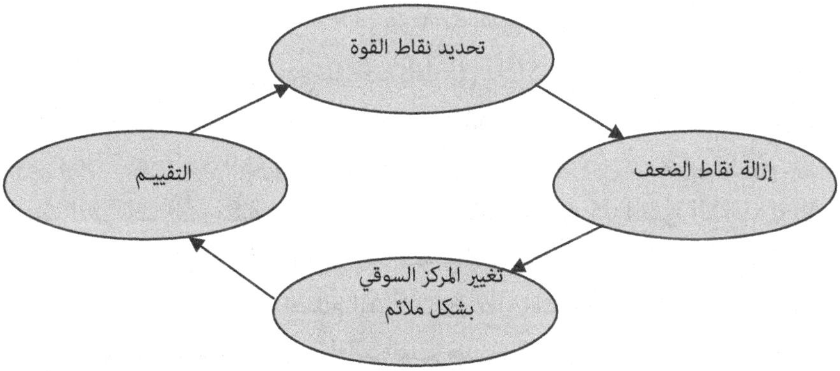

Source : Divid Gewritz (1996) : The Flexible Enterprise, John Wiley and Sons, Inc. New York, p42.

وبعد . فإن الإبتكار الإداري سيظل مصدرا لأفكار جديدة من أجل تعظيم قدرة الشركة على إستغلال مواردها البشرية والمادية والمعرفية بشكل أفضل (كفاءة داخلية) ومصدرا لمفاهيم جديدة تساهم في خلق ميزة تنافسية للشركة على منافسيها (كفاءة خارجية)، ومصدرا لتطبيقات وممارسات جديدة تجعل الشركة أكثر قدرة على خلق القيمة من أجل زبائنها بإستمرار (كفاءة مستدامة) لتظل الشركة في السوق قادرة على البقاء والنمو .

8-3- الإبتكار والعولمة

لاشك في أن الإبتكار في نطاق ضيق يمثل فرصة ضيقة في جني المنافع وفي الانتشار وكذلك في التطور اللاحق . إنه مثل الصيد في ساقية ولكن بدلا من ذلك فإن العولمة يمكن أن تنقل ميزة الإبتكار الى الإقليم (الصيد في البحر) والى العالم كله (الصيد في المحيط) . فالإبتكار على المستوى العالمي قد لا يخضع لتناقص العوائد بنفس

السرعة التي يكون عليها تناقص العوائد في الإقتصاد الوطني الواحد . كما أن التقليد للإبتكار (العملية الجديدة أو المنتج الجديد) من أجل الحد من مزايا الإبتكار للشركة القائمة بالإبتكار يمكن أن يقابله في ظل العولمة فرصة التوسع إلى خارج البلد لتحقيق تلك المزايا في أسواق خارجية أخرى(7). وتقوم العولمة على أساس النظر الى العالم وفق رؤية واحدة وممارسة الأعمال وفق قواعد وقدرات تكنولوجية وبشرية وفرص واحدة متاحة للجميع على مستوى العالم (وأن كان عمليا يحد من ذلك تفاوت القدرات والموارد العلمية والتكنولوجية بين الدول) . والواقع أن الإبتكار في ظل العولمة يمكن أن يحظى بإمكانات عالية من مصادر إقليمية ومحلية كانت خارج دائرة المنافسة والتأثير . حيث أن تنوع البيئات والثقافات وخصائص المجموعات الحضارية يمثل مصدرا غنيا للأفكار الجديدة . ولكن بالمقابل ستواجه هذه الإمكانات الإقليمية والمحلية منافسة غير مألوفة من شركات ذات إمكانات ضخمة من الناحية العلمية والتكنولوجية والإدارية ، وخبرة تاريخية وقدرات مالية عظيمة . ولعل في هذه المواجهة غير المتكافئة من شركات عالمية تتسم :

أ - بأنها حظيت بدعم الإستعمار القديم في السابق حيث أنها عبرت بمعية فيلق الإستعمار في البداية ولازالت تستعين بما حققت من مزايا في تلك الفترة .

ب- وبدعم معلوماتي ومخابراتي عالمي ، فمثلا فيما يتعلق بالشركات الأمريكية كما أشير بعد نهاية الحرب الباردة أن وكالة المخابرات المركزية (CIA) الأمريكية يجب أن تتحول من التأكيد على العدو السياسي والعسكري في نشاطها إلى العدو الإقتصادي، ومن التجسس على الأسلحة والجيوش والتكنولوجيا العسكرية في الدول الأخرى إلى التجسس على المعلومات والأسواق والصفقات التجارية في ظل الإنتقال من الجيوسياسة (Geopolitics) إلى الجيوإقتصاد (Geoeconomics)(8).

ج ـ الإرث التنافسي المالي والتكنولوجي والإداري خلال القرن الماضي كله .

كل هذا تمتلكه الشركات العالمية الضخمة في التنافس إزاء شركات محلية وطنية وفي أحسن الأحوال إقليمية محدودة الإمكانات المالية والتكنولوجية والبشرية . وهذا ما يفسر المعارضة الرسمية (من الحكومات في الدول النامية) والشعبية (ما عبرت عنه

المظاهرات إزاء كل قمة للثماني الكبار وآخرهم قمة جنوة في إيطاليا يوليو (تموز 2001) .

ومن الناحية الفنية الصرفة فإننا يمكن أن نلاحظ أن العولمة ستؤدي إلى تزايد عوائد الإبتكار جراء سعة الإنتشار وسرعته في سوق عالمية واسعة . ولكن بالمقابل ستكون هناك سرعة في التقليد بنوعيه الإستنساخي والإبتكاري ، مع إمكانات عظيمة لإدخال التحسينات عليه ليتلاءم مع البيئات المحلية في الدول الأخرى وحاجاتها . ولاشك في أن هذا سيؤدي إلى نقل الإبتكارات وخبراته أسرع إلى خارج أقاليمها المتعارف عليها سواء بفعل التقليد الإبتكاري أو بتكاثر سعي الشركات العالمية للإقتراب من الأسواق . أي زيادة حركة الإبتكار إلى الخارج . وهذا ما سيعيد بالتأكيد طرح الدول المتقدمة لفكرة (أنك تفرغ الشركة) على أساس أن تحريك الهندسة والتصنيع إلى الخارج لا ينقل فقط الخبرة المالية والإدارية بل والقدرات الهندسية أيضا . لهذا يتزايد التأكيد على أهمية إبقاء موهبة التصميم والبحث والتطوير في الدول المتقدمة (ومنها الولايات المتحدة) لكي تبقى فيها القيمة المضافة(9) رغم المناداة بالعولمة . ولكن مع العولمة سيكون الأمر أكثر صعوبة خاصة مع تزايد أنماط التعلم والقدرة على التقليد والتحسين في التصنيع والخدمة وربما في القدرة على الإبتكار أيضا .

8-4- الإبتكار البيئي الأخضر

من المتوقع أن تكون البيئة (Environment) هي مركز الإهتمام والمصدر الجديد للميزة التنافسية في الأسواق الحالية والمستقبلية للشركات . وإذا كانت الفترة الطويلة الماضية منذ الثورة الصناعية حتى الآن هي فترة الأعمال أولا ، فإن الفترة الحالية ولأكثر من عقد قادم هي فترة إعادة التوازن بين الأعمال والبيئة وربما أيضا فترة البيئة أولا. وهذا لا يعود فقط إلى أن الأعمال وبوقت قياسي قد إستنفذت الكثير من موارد البيئة غير المتجددة وأدت إلى ظهور المشكلات البيئة وتفاقمها والتي أصبحت تهدد الأنظمة البيئية الكلية والطبيعية بحيواناتها ونباتاتها وتركيباتها غير الحية ، وإنما أيضا إلى حقيقة أن تهديد البيئة هو تهديد للحياة الإنسانية مما يفرض أن لا تترك البيئة تحت

مسؤولية الأعمال فقط ولابد من مشاركة جميع الأطراف (كالحكومة وجماعات الضغط البيئية وجمعيات المستهلكين الخضر.. إلخ) في معالجة قضاياها .

ولا ريب في أن شركات الأعمال هي المنظمات الأكثر حيوية في المجتمعات المعاصرة ليس فقط لأنها الأكثر إستثمارا للأموال وتوظيفا للتكنولوجيا ، بل ولأنها تستخدم ألمع العقول العلمية وأفضل الخبرات الإدارية والفنية مما يجعلها مؤهلة لتمثيل الإستجابة الأسرع والأوسع وربما الأهم في هذا الميدان . خاصة وأن الأعمال نفسها هي التي أوجدت قاعدة عريضة من المفاهيم والممارسات والتكنولوجيا والعمليات والمنتجات والوظائف المختلفة التي يمكن أن تصنف ضمن الظاهرة السوداء أو الرمادية المضادة للبيئة . فالصناعات المدخنية وإستهلاك الطاقة والموارد في المصانع ومحطات الطاقة والسيارات وغيرها الكثير جعل الألوان الشائعة في هذه المصانع والمحطات وما يجاورها من المناطق هي الألوان السوداء والرمادية . وإزاء ذلك أخذت تتطور الإتجاهات البيئية الخضراء من أجل إعادة تخضير البيئة عموما وكذلك تخضير بيئة الأعمال الداخلية والخارجية ووظائفها وعملياتها بشكل خاص . لهذا فقد ظهرت مفاهيم وممارسات كثيرة وواسعة لإدخال البعد الأخضر في الأعمال بوصفه بعدا من أبعاد الأداء الأستراتيجي في ظل تزايد اللوائح والقوانين البيئية على المستوى الوطني والإقليمي وكذلك الدولي
(مجموعة الآيزو 14000) . وهذا يفسر تزايد التأكيد والحديث في الشركات عن الكثير من المفاهيم والممارسات الجديدة مثل : الإنتاج الأخضر، التسويق الأخضر، المنتجات الخضراء ، الإعلان الأخضر، التغليف الأخضر، الملصق الأخضر ، التسعير الأخضر، التوزيع الأخضر ، الإستثمار الأخضر ، المحاسبة البيئية الخضراء ، الزبون الأخضر، والإبتكار الأخضر .

ولا شك في أن الشركات الأكثر نجاحا اليوم هي التي تطور منتجاتها بوتيرة أسرع من الشركات المنافسة أو تكون أكثر قدرة منها على الإستجابة لحاجات الزبائن أو في تقديم قيمة حقيقية موازية لما يد فعونه . والإبتكار الأخضر (Green Innovation) يقع ضمن هذا التصور بوصفه الوسيلة الأكثر فاعلية في التوصل إلى مفاهيم وأساليب ومنتجات جديدة تكون أولا ومنذ البدء (أي في مرحلة الفكرة والمفهوم) أكثر إستجابة

لحاجات الزبائن البيئية وبطريقة أسرع من المنافسين وبما يزيد من القيمة الحقيقية للمنتجات الخضراء لقاء ما يدفعه الزبائن .

والإبتكار الأخضر يمكن أن يقع ضمن مفهوم الإبتكار الواسع الذي يتعلق بالإختراق عن طريق التوصل أولا إلى عملية خضراء جديدة أو منتج أخضر جديد يكون مستداما (كما في إدخال الخلايا الشمسية للإستفادة من طاقة الشمس المستدامة) ، أو يكون كفوءا بيئيا مقارنة بالقديم كما في صناعة الزهور الألمانية حيث طورت هذه الصناعة زراعة الزهور في المياه والصوف الصخري (Rock Wool) وليس في التربة من أجل خفض المواد المبيدة للحشرات والأعشاب والأسمدة وإستجابة للوائح المقيدة الآخذة بالتزايد حول الحد من إستخدام وإطلاق المواد الكيمياوية[10]. ثانيا : التحسينات على المنتجات الحالية لتكون أقل ضررا بيئيا كما في التعديل الذي أدخل على تكنولوجيات التوربينات من أجل إنتاج توربينات مصغرة (Micro Turbines) ذات (50 - 25) كيلوواط لأنه أكثر ملاءمة للإستخدامات المحدودة وأقل تلوث وإستهلاكا للطاقة . وهذا التحسين كان ضد فكرة سائدة في قطاع الطاقة الكهربائية إنه لا كفاءة بدون توربينات بسعة أكثر من (1000) كيلوواط . ومن المتوقع أن يكون الجيل الجديد من هذه التوربينات هي التي تشتغل بقوة الرياح[11]. وفي الخدمات والتي تعتبر عادة أرق على البيئة من التصنيع، نجد الإبتكار الجذري مثلا في التسوق اللانقدي (Cashless Shopping) الذي يتجنب إستخدام النقود الورقية وكذلك التسوق الإفتراضي (Virtual Shopping) كتسوق إلكتروني يمكن أن يلغي الحاجة الى المعارض من خلال محاكاتها عن طريق المعارض الإفتراضية على الحاسوب لتمنح الزبائن حرية أكبر وسعة من التخيل في عملية التسوق[12].

كما نجد ذلك في إدخال خدمات أجهزة الصراف الآلي (ATM) التي تقلص حركة وإستهلاك الطاقة في إنتقال الأفراد من أماكنهم إلى المصارف وعودتهم منها للحصول على هذه الخدمات . في حين أن الإبتكار- التحسين نجده في قيام الخطوط الجوية بإستخدام محركات محسنة هي محركات بوينج (300-767) لخفض الضوضاء عند الإقلاع بثلاث مرات ونصف مقارنة بنموذج بوينج (100-747) لتقليل الإزعاج الذي يشكو منه الناس الذين يسكنون في المنطقة المجاورة للمطارات . ولتكون الخطوط الجوية

هي الجار الطيب في المنطقة[13] . وفي هاتين الحاليتين من الإبتكار فإن المهم هو قيام الشركات بالحركة الأولى من أجل إكتشاف الفرصة والإتيان بالحلول المبتكرة بيئيا . فكما يكون الإبتكار الجذري ذا ميزة تنافسية كذلك التحسينات المعدّلة تكون ذات ميزة تنافسية في إكتشاف الفرصة في السوق وتحويلها إلى فرصة في عملية محسنة أو منتج محسن أو خدمة محسنة .

ولا شك في أن الإبتكار الأخضر يمكن ان يقدم أدلة كثيرة على كونه يعمل وفق مدخل الكسب ـ الكسب أي أنه بقدر ما يحقق التحسين في الأداء الكلي للشركة فإنه يحسن الأداء البيئي أيضا . وهذا ما حاول بورتر و لند (Porter and Linde) إبرازه في حديثه عن الإبتكار الودي بيئيا . حيث يدعوان إلى أن الشركات بدلا أن تتشبث بأسلوب الشكوى من اللوائح البيئية عليها أن تسأل : أين يكمن الهدر في شركتنا (والتلوث هو نقص كفاءة)؟ كيف نبيع القيمة للزبون من خلال العروض والحلول الإبتكارية ؟ وفي رأي بورتر وزميله فأن الإبتكار الأخضر إستجابة للوائح البيئية يمكن أن يؤدي إلى[14] :

أولا : خفض تكاليف الحد أو إزالة التلوث الذي يلغى أو يحول إلى شيء ما ذا قيمة.

وهذا ما يظهر في التكنولوجيات الجديدة اللاحبرية (De-Inking Ts.) المطوّرة من قبل إحدى الشركات التي سمحت بالإستخدام الكثيف للورق القابل للتدوير .

ثانيا : إنه يتجه نحو الأسباب المتجذرة للتلوث من خلال تحسين إنتاجية الموارد .

وإلى جانب ما تقدم فإن من الممكن تحديد المجالات الأساسية للإبتكار الأخضر وكالآتي :

أولا : المنتج الأخضر : حيث أن الإبتكار(الجذري والتحسين) يساهم في إدخال منتجات جديدة أو تحسين المنتجات الحالية لتكون أقل ضررا وأكثر ملاءمة للبيئة . وكمثال على ذلك الورق الخالي من الكلور والقابل للتدوير .

ثانيا : العملية الخضراء : حيث أن الإبتكار الأخضر يساهم في تطوير تكنولوجيات أو عمليات جديدة تكون أقل ضررا وأكثر ملاءمة للبيئة . كما في إستخدام تكنولوجيا نظيفة أو تكنولوجيا تتطلب مواد أولية وطاقة أقل .

ثالثا : الإبتكار التنظيمي : الذي يساهم في إدخال المفاهيم الجديدة وتطبيقاتها التي تعمل على تحسين البيئة الداخلية ومن ثم تحسين أداء الشركة الكلي بما في ذلك أداؤها البيئي. وقد أشارت دراسة فلوريدا (R.Florida) إلى هذا الإبتكار الذي حققته الشركات من خلال إدارة الجودة الشاملة (TQM) ، التحسين المستمر، إدارة سلسلة التوريد .. إلخ وهي تمثل مداخل جديدة ساهمت في تحسين مصادر الإنتاجية والحماية من التلوث . فمثلا أن التوريد بإستخدام نظام الوقت المحدد (JIT) يؤدي إلى خفض المخزون والتلف والنفايات[15]. ومع أن الإبتكار الأخضر قدم الأدلة الكثيرة على فاعلية إستجابة الشركات الإبتكارية للمطالب البيئية ، فإن هناك حالات عديدة من الإبتكارات الخضراء توجهت الى شرائح سوقية خضراء تستجيب لدفع علاوة في السعر من أجلها . فمثلا إن الثلاجات غير الخضراء تتسم بإستخدام الكلوروفلوروكاربون (CFCs) الذي يضر بطبقة الأوزون، إستهلاك زائد في الطاقة ، ومشكلة التخلص منها . فإن البديل الإبتكاري الذي تم التوصل إليه يعتمد على إستخدام مزيج (Propane-isobutane) ، عزل أكثف ، موصلات أفضل ، ضاغطات محسنة . وهذا يؤدي إلى خفض الطاقة للزبون بنسبة (10 ٪) في مقابل تحمل علاوة في السعر ما بين (5 - 10 ٪) من أجل الثلاجة الخضراء[16].

وهناك أيضا حالات لم يكن بالإمكان التوصل إلى البديل الإبتكاري الأخضر حتى الآن. فالخطوط الجوية التي تسعى لإستخدام الحد الأدنى من المواد الكيمياوية لتنظيف الطائرات إستطاعت في بريطانيا مثلا إستخدام الماء المضغوط بدلا من ثاني كلوريد الميثان ومزيج الفينول . وإن بعض المطارات تستخدم البوتاسيوم عديم التلوث لتنظيف المدرجات من الصقيع والثلج . وفي مقابل ذلك لا زالت تستخدم الغليكول الملوّث (Polluting Glycol) في معالجة عدم التجمد في الطائرات[17].

وبعد فأن الإبتكار يظل هو المصدر المتجدد للميزة التنافسية في الشركات القائدة، ويظل الإبتكار ملجأ لابد منه ومصدرا متجددا قويا من أجل تكنولوجيا وعمليات ومنتجات خضراء جديدة ومحسنة في الحاضر والمستقبل .

8-5- نموذج الأعمال والإنترنت والإبتكار

لا شك في إن الابتكار لا يقتصر على ما هو مادي كالعملية (التكنولوجيا) الجديدة والمنتج الجديد ، وإنما هو يمتد إلى الخدمات والطرق الجديدة ومنها أيضا نموذج الأعمال (Business Model) . ومع الإنتشار الواسع للأعمال على الإنترنت ومع التزايد الإنفجاري في شركات الإنترنت (Dot-Coms) أخذت تظهر وعلى نطاق أوسع من أي وقت مضى في الدول المتقدمة موجة جديدة من الإبتكار القائم على الإنترنت (Internet-Based Innovation) . وبعد حصول كل من أمازون كوم على براءة إختراع على عملية التسويق بنقرة واحدة (One-Click Shopping) وشركة (Priceline) على مزاداتها المعاكسة (Reverse Auctions) ، إزداد الحديث عن براءات إختراع لنماذج الأعمال خاصة وإن مكتب البراءة والعلامة التجارية الأمريكية في عام 1999 أصدر ما يقرب من (161) ألف براءة كان من بينها (600) براءة لنماذج طرق الأعمال المرتبطة بالبرمجيات ويتوقع أن يكون قد بلغ عدد هذه البراءات في عام (2000) حوالي ألف براءة[18] .

فما هو نموذج الأعمال ؟ وما مدى الإبتكار فيه ؟ . والواقع أن نموذج الأعمال لم يتم تحديده بدقة حتى الآن . وإن كان لأغراض منح البراءة عادة ما يشير نموذج الأعمال إما إلى كيفية قيام الشركة بعمل الأشياء أو كيف تأمل الشركة عمل الأشياء لصنع النقود. ومع تصاعد إقتصاد الإنترنت أو الإقتصاد الرقمي فإن بعض الشركات تحولت إلى مصانع للإبتكار ليس للمنتجات المادية الجديدة وإنما لنماذج الأعمال (نمط جديد أو مجال جديد للأعمال قابل للتطبيق وتحقيق نتائج عملية وملموسة) التي يمكن تقديمها للشركات الناشئة لتنفيذها إلى أعمال يفترض فيها - كما في شروط البراءة - أن تكون جديدة (غير متاحة فيما يسمى بالفن المسبق Prior Art) ، وأن تكون واضحة وقابلة للفهم للممارس الماهر. وكمثال على ذلك شركة أمازون (Amazon.com) التي إستطاعت أن توجد نموذجا فعالا للأعمال يقوم على تسويق الكتب التي في مخازن الآخرين بنقرة على الإنترنت عبر العالم لتنشئ بذلك خدمة جديدة وسوقا جديدة . وبدلا من متاجر ذات رفوف طويلة للكتب وإعلانات ونشرات وأدلة تسويق فاخرة ، فأنها أوجدت صفحات أنيقة وفعالة لتحقيق

سرعة الإستخدام من قبل الزبائن الجدد ، وهذه كانت تمثل فكرة جديدة تماما عند إدخالها. ففي منتصف عام (1995) أطلقت أمازون موقعها على الإنترنت وبعد عدة أشهر أصبحت تبيع (100) كتابا في اليوم ، وبعد أقل من عام وصل عدد الطلبات إلى (100) كتاب في الساعة وفي عام (2000) فأن تلقي (100) طلب شراء في الدقيقة الواحدة يعد أمرا عاديا[19].

والمثال الآخر على نموذج الأعمال نقدمه من شركة (!Idealab) التي كانت لديها فكرة أن تبيع السيارات على الإنترنت (On-Line) وليس كوسيط فقط يستخدم الإنترنت لإرسال الزبائن إلى الموزع . وبعد أن شكلت فريقا وأعد موقعا على الإنترنت وبدأ بتنفيذ الفكرة ، كانت الخطة أنه إذا الزبون طلب سيارة فإن (!Idealab) ستشتري السيارة من الموزع لتعيد بيعها إلى الزبون . وفي اليوم الأول لإختبار الموقع تلقت ألف ضربة وباعت أربع سيارات . هذه التجربة كنموذج للأعمال قاد إلى تأسيس شركة (CarsDirect.Com.)[20] .

وهكذا فإن بعض الشركات أصبحت مصدرا لنماذج الأعمال كإبتكار قائم على الحاسوب . وهذا كان أحد أسباب الإندفاع الكبير وراء الصعود الفائق للأعمال الرقمية والنمو الإنفجاري للأعمال الإلكترونية (E-Business) .ولكن هذا الرواج الكبير لنماذج الأعمال سرعان ما واجه مأزقا خطيرا ليس أقله مأزق شركات الإنترنت التي إعتمدت على نماذج الأعمال التي تعرضت الى تدهور المركز المالي وواجهت التدفق المالي السلبي . وكانت البداية مع التقرير المالي عن أمازون كوم الذي أعدته (Lethman Brothers) وكشف عن الخلل الكبير في نموذج أعمال أمزون كوم وفق معايير الأداء المالي وما إرتبط بذلك النموذج من خصائص أدت بعدد لا يحصى من تجار المفرد إلى كارثة غير مسبوقة[21].

ولعل هذا كله هو الذي أعاد طرح الموضوع من زاويتين مترابطتين . الأولى: تتعلق بفكرة نموذج الأعمال الرديء وتكراره وأمثلته هذا العدد المتزايد من شركات الدوت والأعمال الإلكترونية الفاشلة . والثانية : ترتبط بالدعوة الى عودة شركات الإنترنت والأعمال

الإلكترونية (E-Business) إلى الأساسيات . والزاوية الأولى أشارت إلى إمكانية أن يكون نموذج الأعمال الذي يتم تطبيقه رديئا وغير صالح أو أن يكون تنفيذه (نقل الفكرة من الكلمات إلى التعبير الرقمي ومن ثم إلى النشاط في السوق) غير كفوء . في حين أن الزاوية الثانية أشارت الى واقع أن الإنترنت هو تكنولوجيا جديدة لا تشبه ما سبقها من حيث القدرة إلا أن هذا لا يعني أن قواعد الأعمال والأستراتيجية أصبحت متقادمة ، وإنما على الإنترنت وشركاته أن يعملوا في إطار هذه القواعد والأستراتيجية . فالإنترنت يجب أن تتمكن من خلق القيمة الإقتصادية وتحقيق المعيار الذي هو موضع الإهتمام دائما: الربحية . والربحية كما يرى ميشيل بورتر (M.Porter) تقوم على عاملين أساسيين: تركيب الصناعة التي تحدد الربحية للمنافس المتوسط ، والميزة التنافسية المستدامة التي تسمح للشركة بأداء يفوق أداء المنافس المتوسط . هذين الوجهين للربحية هما عالميان، وهما يسموان على كل تكنولوجيا أو نموذج أعمال[22] .

فلا يكفي أن تكون رقميا ملونا عندما يكون الجميع ذوي إشارات رقمية ملونة ، لكي تكون فعالا . كما لا يكفي مجرد النموذج الجديد في نمط الأعمال لكي تكون إبتكاريا، وإنما الأساس هو القيمة الإقتصادية التي تستطيع الشركة إنشائها وتظل فيها من أجل الإستدامة في كل شيء .. البقاء والإبتكار .

كما ويمكن النظر إلى الإبتكار من زاوية الأعمال الإلكترونية ، حيث أن هذه الأعمال أصبحت توفر إمكانات كبيرة من حيث سهولة الوصول إلى المعلومات وتقاسم المعرفة بين العاملين مع إمكانية عظيمة للوصول الشبكي إلى كل مكان عبر العالم بكل ما يعينه لك من تنوع في مصادر الأفكار الجديدة وتنوع الأسواق . وفي المقابل فإن هذه الأعمال أصبحت تواجه ليس فقط السرعة في تبادل المعلومات وتقاسم المعرفة وإنما السرعة الفائقة في التغيرات الحاصلة في البيئة وفي النافسة وفي نماذج الأعمال والمنتجات والخدمات الجديدة ، مما يفرض على الشركات الإهتمام بطريقة جديدة في الإبتكار هي الإبتكار عن طريق الإنترنت وفي مجال جديد هو الأعمال الإلكترونية[23] .

6-8- الإبتكار والأخلاقيات

قد لا نجد صعوبة في فهم الباحث أو المبتكر في الماضي أن يقول : أنا مستعد أن أدفع عمري من أجل الحقيقة التي أسعى إلى إكتشافها . فهذا ما فعله سقراط في عهد الإغريق ، وما فعله غاليلو في العصور الوسطى . أما الآن فمن المتوقع أن نجد أن أغلب الباحثين والمبتكرين هم يعملون وعيونهم على شركات الأعمال التي تنتظر إبتكاراتهم، ويقول أحدهم : إنني مستعد لأدفع آخر فلس لدي من أجل الإبتكار ما دام سيعيد لي ما هو أكثر مما دفعت . والفارق واضح في الحالة الأولى كان التجرد من الغرض والإلتزام الأخلاقي هو الأساس فيما يسعون إليه ، في حين أن هذا الإلتزام أصبح يتعرض كضغوط كبيرة من أطراف عديدة أخذت تخرج الإبتكار في حالات كثيرة عن معاييره الأخلاقية وغاياته الإنسانية . والأمثلة كثيرة :

أ ـ تجارب العلماء الألمان النازيين أثناء الحرب العالمية الثانية على الألمان غير الآريين (Non-Aryan German) الذين خضعوا كضحايا بدون رغبتهم للتجارب الطبية المصممة لتطهير الأعراق وذلك بحقن عيونهم بما يعطيها مظهر العيون الزرقاء ـ الرمادية المرغوب . وفي الولايات المتحدة خضع الكثير من النزلاء والأفراد العسكريين لمثل هذه التجارب بدون إطلاعهم على المخاطر الممكنة ورغبتهم في المشاركة . والأكثر شيوعا اليوم ما يقوم به الباحثون اللاأخلاقيون في إعطاء أدوية غير مجربة للمرضى رغم أنها لازالت تحت التطوير[24].

ب ـ مشروع الجينيوم البشري (Human Genome Project) الذي كان يسعى في جوانبه الإيجابية (والمعلنة) إلى معالجة الأمراض الوراثية من خلال التأثير في بصمة الدنا (DNA Fingerprint) الوراثية . ولكنه سرعان ما أصبح مصدرا مثيرا للقلق في إمكانية استخدامه السيئ في مجال التناسخ وتخليق الدنا (DNA Synthesis) والعبث في المادة الوراثية للإنسان والتأثير على المستودع الجيني لكل أمة وما يعنيه ذلك كله من إثارة للنعرات العرقية والتحاملات الاجتماعية (كما في الإدعاء بالتخلف البيولوجي لأقاليم وجماعات عرقية وفئات اجتماعية في البلد الواحد) . وقد أشار ألفين توفلر (A.Toffler) في كتابه (حضارة الموجة

الثالثة) إلى أن العلماء المحترفين يتحدثون عن احتمالات تصعق الخيال في هذا المجال مثل إنتاج نسل من البشر لهم معدات بقرية قادرة على هضم الأعشاب والعلف لتخفيف مشكلة الغذاء ، أو إنتاج عمال ذوي خصائص بيولوجية تتناسب مع متطلبات العمل ، أو طيارين لهم ردود فعل زمنية سريعة جدا ، أو عمال تجميع لهم أجهزة عصبية تتحمل الأعمال الروتينية أكثر من الإنسان العادي ، ليتساءل : هل نحاول إزالة الدونيين وننتج سلالة متفوقة ؟ وهل ننتج لاجنسيا جنودا يتولون القتال في معاركنا ؟ . إنها ضرب من استبدال خطر التسرّب الإشعاعي بخطر التسرب البيولوجي[25] !.

ولعل مما يلفت النظر في هذا الموضوع هو أن العلماء والباحثين الكبار هم الذين يقرعون أجراس الخطر من سوء التصرف الأخلاقي وهم الذين يثيرون القضايا البيوأخلاقية (Bio-Ethical Issues) خاصة وإنهم أصبحوا يشيرون إلى أدوات اليوجينيا (Eugenics) التي تتجاوز أكثر الأحلام الهتلرية وحشية وبالتالي ليس من الحكمة فقط بل من الحق من الناحية المبدئية أن ندرك ضرورة أن يمضي مشروع الجينوم جانبا إلى جنب مع نوع من التقييم والكبح الأخلاقي[26].

ج ـ صناعة التبغ والكحوليات وحتى المخدرات لازالت تشهد تحسينات وتطويرات يساهم فيها الباحثون المبتكرون يسخرون أفضل القدرات الإبتكارية في مجالات بعضها أعلى إنه مضر لصحة الإنسان ومصدر لأمراض خطيرة (كما في تصريح منظمة الصحة العالمية WHO) حول السجائر وتضمين هذا التصريح في إعلانات السجائر، ومع ذلك فهناك (172) نوعا من أنواع السجائر في الولايات المتحدة[27]. كما أن تكنولوجيا المخدرات تشهد تطورا مهما والماريونا هو مخدر مطور من نبات الكولا وغيره .

د ـ الطبيعة المزدوجة للإبتكارات والتكنولوجيا وإنجرار الباحثين والمبتكرين وراء كل الفرص المتاحة بغض النظر عن البعد الأخلاقي . فخلال تاريخنا فإن الإنسان صنع في البدء ما يقي نفسه من غوائل الطبيعة ويفي بحاجاته الأساسية فقد صنع رمحه ونشابه وسيفه . وكما اخترع الإنسان أساليب الري والناعور وغيرها فقد اخترع

المنجنيق ، وكما ابتكر العجلة فقد ابتكر أيضا السلاح الناري . وتستمر هذه الثنائية فيما يشبه توازي قضبان السكة الحديدية . وقد أصبحنا ندرك جيدا بأن ما يكون لصالح الإنسان من هذه التكنولوجيا لابد أن يكون له وجه مقابل في جانب آخر أو مجال آخر من التكنولوجيا يمثل ضده .

ويمكن أن نلاحظ أبعاد ومخاطرة هذه الثنائية في أن التطور التكنولوجي بقدر ما أنتج أنواعا من التكنولوجيا الإيجابية كما في تكنولوجيا تصميم وهندسة الإنتاج ، تكنولوجيا التشخيص والعلاج الصحي ، تكنولوجيا الاتصالات ، تكنولوجيا الذكاء الصناعي والأنظمة الخبيرة ..الخ فإنه أنتج أيضا أنواعا من التكنولوجيا السلبية كما في تكنولوجيا الحروب التقليدية ، وتكنولوجيا السلاح النووي والبيولوجي والكيماوي ، تكنولوجيا المخدرات، التكنولوجيا سريعة التلوث والمنتجة لمواد التلوث طويلة الأمد ، تكنولوجيا التعذيب الراقية (الأدوات والأساليب التكنولوجية والنفسية المتطورة في التعذيب) [28].

وغيرها الكثير،مما حدا بباوسون (R.Bawson) وهو يتحدث عن تكنولوجيا الإنسان الآلي (Robotics) إلى القول أن هناك شعورا قاسيا لدى أغلبنا هو أن الآلة المصنوعة على صورتنا تعكس رذائلنا (Our Vices) بدلا من أن تعكس فضائلنا (Our Virtues) وهذا هو الموضوع الأكثر تكرارا في أفلام الخيال العلمي[29].

والسؤال الذي يطرح نفسه : لماذا هؤلاء المبتكرون والمشتغلون في التكنولوجيا وتطبيقاتها واستخداماتها وهم الذين يتمتعون بألمع العقول ، لا يكونون هم أكثر الناس تمتعا بالوازع الأخلاقي ؟ والإجابة نضعها في الأسباب الآتية :

أ ـ إن البيئة وضمنها البيئة العلمية لا تقدس الأخلاقيات والفضائل بما فيه الكفاية . فالبيئة اليوم بنظمها التربوية والتعليمية أكثر اهتماما بآليات التفوق وخلق الذكاء الإنساني وليس بآليات تعزيز الأخلاقيات والإنسان الأخلاقي .

ب ـ ضغوط بيئة الأعمال : حيث المكافأة الأعلى اليوم لمن يبتكر أولا ، من يصمم أولا، ينتج أولا ، وبالتالي يسوّق أولا . وفي هذه العملية الآخذة بالتسارع ليس هناك ما يتم التأكيد عليه من الأخلاقيات ومعاييرها ، وليس هناك من الوقت الكافي للنظر فيها في ظل المنافسة الشديدة القائمة على الوقت (Time-Based Competition) .

ج ـ مشكلة الانقياد : إن المبتكرين والباحثين في غمرة انشغالهم يخضعون لمنطق داخلي يدفعهم ليسيروا في الطريق إلى آخره مهما كانت النتائج ، وهذا ما يدعى بمشكلة الانقياد (Navigation) ، فالباحثون حتى من كانوا حسني النية يمكن أن ينقادوا إلى الضرر .

د ـ نوعية الباحثين أنفسهم : حيث أن بعض الباحثين هم رجال الأعمال أكثر من رجال الأعمال المحترفين أنفسهم رغم تمتعهم بموهبة البحث والإبتكار . ومثل هؤلاء فإن براءة الاختراع بالنسبة لهم هي مشروع اقتصادي قبل أن يكون مشروعا عليما يخدم التراث المعرفي الإنساني . والحديث يتزايد عن سلالة جديدة هم رجال الأعمال العلميون[30] .

ولقد أشارت دراسة حديثة إلى تزايد الباحثين ذوي الصلات التجارية الذين يتدافعون في سباق تسجيل البراءات حتى ضمن مشروع الجينوم البشري رغم خطورته الشديدة[31] .

وفي هذا الواقع الذي يقوم على عقيلة الآلة ومعايير الكفاءة الاقتصادية ، نجد أن هناك اتجاهات جديدة تتطور نجد إشاراتها واضحة في الحملات المناهضة للتجارب النووية ،السلام الأخضر ، الدعوات إلى الرقابة الواعية ضد مشروع الجينوم البشري وضد إستخدام نتائجه لأغراض سياسة أو أية أغراض تحكمية لاأخلاقية . كما نجدها في الأعداد المتزايدة من المعارضين (الذين هم أنفسهم علماء وباحثون) للتطبيقات السلبية للتكنولوجيا والذين يطالبون بأن يذهب الباحثون إلى التكنولوجيا وتطبيقاتها واستخداماتها وعيونهم مفتوحة وإن توضع الخيارات العلمية والتكنولوجية في الأيدي الصحيحة من أجل أنسنة الإندفاع التكنولوجي وأخلاقياته .

وضمن هذه الاتجاهات المحفّزة لأخلاقيات الإدارة التكنولوجية وتطبيقاتها واستخداماتها نؤكد على ما يأتي :

أولا : التأكيد على مجموعة المعايير والمدونات الأخلاقية والقواعد المهنية الكثيرة الصادرة في مجالات العمل والتكنولوجيا ومنها ميثاق المشغلين بالعلوم الصادر عن الاتحاد العلمي للمشتغلين بالعلوم عام (1948) وإعلان هلسنكي المتضمن توصيات إرشادية في مجال الطب الحيوي عام (1964) وتعديلاته[32] .

ثانيا : الدعوة إلى إصدار مدونة أخلاقية للعاملين في مجال العلم والتكنولوجيا والفروع المرتبطة بها كأعمال المختبرات والتصميم والهندسة والتصنيع ..الخ لتكون مصدرا للمعايير الأخلاقية التي يجب مراعاتها في مهنهم ووظائفهم ومشروعاتهم في مواجهة المعايير الأخرى المفروضة عليهم من أية جهة أخرى (أنظر الملحق رقم (4) الذي يتضمن نموذجا لمدونة أخلاقية للعلماء والمهندسين) .

ثالثا : إخضاع المجالات الأساسية للبحوث العلمية والتكنولوجية لمراقبة دقيقة وإخضاعها لقدر من المراقبة المحددة قانونا لضمان الالتزام بالقواعد والمعايير الضرورية للحد من الاندفاع المضرّ والتصرفات اللاأخلاقية في هذه المجالات المهمة .

رابعا : توجيه اهتمام أكبر من قبل العاملين في مجالات العلم والتكنولوجيا بالأخلاقيات وطرح ذلك في كل مؤتمر علمي أو ندوة أو حلقة دراسية ، إضافة إلى إيجاد لجان الأخلاقيات الإدارية في الإتحادات والجمعيات العلمية والتي تختص بمراقبة مجالاتها وتقديم الاستشارة الأخلاقية فيها .

خامسا : التأكيد على مسؤولية الإدارة في توجيه الباحثين والمبتكرين العاملين في شركاتهم وفق مدونة أخلاقيات الإدارة وإن تكون الإدارة جزء فعالا من عملية التوجيه والتقييم والكبح الأخلاقي للاتجاهات السلبية في المشروعات العلمية والتكنولوجية في شركاتهم .

8-7- الإبتكار والمستقبل

لقد احتاج الإنسان على الدوام الى التنبؤ بأحداث المستقبل وذلك لان خبرته بالماضي أكدت له على أن المعرفة المبكرة بالمستقبل يمكن أن توفر له فرصة أفضل للإستعداد للأحداث المستقبلية . لهذا نجد أن المجتمعات في الماضي كانت حافلة باللذين يقومون بالفن الأسود (Black Art) لقراءة الكف وأخبار الحظ السعيد وأعمال التنجيم وغير ذلك الكثير من الأساليب التي تعتبر اليوم بدون أساس علمي إلا أنها كانت تلبي حاجة مهمة من حاجات الإنسان في الإطلاع على المستقبل والاستعداد له . ولكن مع التطور وتقدم خبرة الإنسان واستخدامه للأساليب الكمية المتقدمة أصبح التنبؤ أداة فعالة أكثر علمية ودقة قي توقع الأحداث المستقبلية مما ساعد على زيادة إستعداد الأفراد وكذلك

الشركات للتغيرات المتوقعة في المجالات المختلفة ومنها التغيرات في السوق وحجم ونمط الطلب على المنتجات .

أن التنبؤ (Forecasting) هو فن وعلم التوقع بالأحداث المستقبلية . وهو فن (Art) لان الخبرة والحدس والتقدير الإداري (Managerial Judgement) له دور في التنبؤ وفي اختيار الأسلوب الملائم في التنبؤ . وهو علم (Science) لأنه يستخدم الأساليب والطرق الموضوعية الرياضية والإحصائية في التنبؤ مما يرفع من درجة الدقة ويقلص من التحيّز.

ولقد قدمت الدراسات المستقبلية سيناريوهات كثيرة عما يمكن أن يحدث في المستقبل القريب والبعيد . والبعض كان يعتمد في ذلك على ما يمكن جمعه من معلومات وإحصائيات عن الماضي والحاضر وإسقاطها بعد إختيار السيناريو التفاؤلي أو التشاؤمي على المستقبل ، في حين إعتمد البعض الآخر على القدرة الحدسية في تصور أبعاد المستقبل . في حين إعتمد آخرون على الإستبيانات الموجهة الى العلماء والباحثين الذين يعتبرون بمثابة العاملين فيما يصنع المستقبل من خلال بحوثهم وإبتكاراتهم . ومع ذلك فأن الأكثر إثارة في هذه الدراسات والتوقعات المستقبلية هو ما يأتي من التطور العلمي والتكنولوجي وما ينجم عنه من إبتكارات . فلقد أشارت أحدى الدراسات التي نشرت في الواشنطن بوست بعنوان : القرن الواحد والعشرين : عالم الناس الإصطناعي ، الى مفهوم الإستنساخ عن بعد (Telecloning) ، لتتوقع الدراسة أنه من الممكن في حدود عام (2067) للإنسان بواسطة الحاملة المنقولة عن بعد (Teleportation) وهي خلايا من الجسم البشري وحتى من شخصيته وذكرياته ، أن تنقل من مكان لآخر بواسطة الراديو (الإرسال والإستلام بموجات كهربائية)[33].

ومع كل التقدم الذي حصل في الأساليب الإحصائية ، إلا أن المستقبل يظل يحمل عدم تأكده الخاص في كون أن المستقبل يمكن أن يأتي بالجديد الذي تكون مسمياته وعوامله وتأثيراته مختلفة تماما عن القديم الذي تستخدمه الأساليب الإحصائية كأساس في التنبؤ. ولعل هذا ما ينطبق وبدرجة تصل إلى عدم التأكد المطلق في مجال الإبتكار . حيث

المستقبل بمثابة صندوق أسود تعرف مدخلاته ولكن لا نعرف عملياته ومخرجاته المستقبلية .

والواقع أن التنبؤ بالإبتكار يحمل صعوبتين ، الأولى تتعلق بالمستقبل الذي دائما له أشياؤه التي تميزه مليا عما سبقه . والثانية تتمثل في الإبتكار الذي يحمل عدم تأكده المطلق في أن يأتي أو لا يأتي . فيما يتعلق بالصعوبة الأولى يمكن أن نلاحظ إمكانية النظر في المستقبل في أن بيترز ووترمان (Peters & Waterman) تحدثا في كتابهما الشهير (بحثا عن التميّز) عن مجموعة من الشركات التي إعتبراها من الشركات المتميزة التي ينطبق عليها مدخل التميز بمبادئه الثمانية ، ولكن بعد سنتين من نشر تعرض على الأقل (14) من الشركات المتميزة التي إعتمد عليها كتاب كانت قد تعرضت لأوقات صعبة وأن (12) منها أجرت تغييرات أساسية في أسواقها [34]. أما ما يتعلق بالإبتكار فان الجدل الراهن حول الصناعة الألكترونية الدقيقة كما أشار أحدهم هو يشبه الوضع في مستهل القرن العشرين إزاء السيارة ، عندما رأت لجنة ملكية بريطانية عام (1908) أن أخطر مشكلات هذه التكنولوجية الوليدة هو ما تثيره من غبار الطرق غير المغطاة بطبقة من الأسفلت . وهكذا كانت الآثار الإجتماعية الأكثر عمقا والمترتبة على السيارة هي خارج نطاق التنبؤ الموثوق به[35].

وهنا لابد من أن نؤكد على أن التجربة الإبتكارية أصبحت تمتلك تراثا عظيما من المبتكرين والإبتكارات والخبرات الفريدة في مجالها . ولكن هل هذا يعني قدرة أكبر على التنبؤ ؟ والإجابة نضع في جانبين . الأول : إن هذه التجربة الإبتكارية يمكن أن تساعد على تحقيق الإبتكار بدرجة أسرع وتوقع أفضل . وهذا ما نجده فقط في حالة سلسلة الإبتكارات المترابطة أي الإبتكارات النظامية التي يؤدي الجانب الإبتكاري الحالي إلى الجانب الإبتكاري اللاحق . وبعبارة أخرى أن الإبتكار ـ التحسين هو الذي يستثمر الخبرة الإبتكارية السابقة من أجل إبتكار ـ تحسين لاحق بسرعة أكبر وتوقع أفضل. والجانب الثاني : أن هذه الخبرة الإبتكارية قد لا تقدم الشيء الكثير في مجال إبتكار جديد يتسم بالإنقطاع عما سبقه ، فالإبتكار الإنقطاعي (Disruptive Innovation) أو الجذري أو يسميه رالف جوموري (R.E.Gomory) سلم العلم (Ladder of Science) يكون

ذا ماضي غامض (Misty Past) خلافا للإبتكار المستمر ـ التحسين أو دورة تطوير المنتج . ففي هذا الأخير فإن التغييرات تكون قابلة للتوقع والتخطيط في المستقبل . وفي هذه الإبتكار حسب جوموري فإن البلاستيك يحل محل الحديد في المنتج الحالي ، الزجاج يصبح أكثر مقاومة للكسر ، والضاغطات تصبح أكثر كفاءة في إستهلاك الطاقة[36]. أما في الإبتكارات الجذرية فأن التوقع يكون صعب التنبؤ به ، خاصة وأنه بالأصل يمثل إنقطاعا عما سبقه بشكل من الأشكال وبعض هذه الأشكال لا يأتي إلا في فترات متباعدة ، وبعضها الآخر يكون مختلفا تماما عما نعرفه أو عن الجيل الذي سبقه .

ويمكن في هذا المجال أن نشير إلى التطورات المحتملة في المستقبل في مجال الإبتكار وكالآتي :

أولا : أن المستقبل على الأرجح سيشهد المزيد من الإهتمام بالإبتكار ـ التحسين مقارنة بالإبتكار الجذري الذي يتطلب موارد ومعارف أكبر وتحمل مخاطرة عالية جدا . لهذا سيكون الميل أكثر نحو الإبتكار ـ التحسين بشكل أساسي . مع إحتمال كبير أن مجالات مهمة أساسية للإبتكار الجذري كصناعة الفضاء ، تكنولوجيا الإنسان الآلي الذكاء الصناعي ، التحسس عن بعد ، صناعة الأقمار الصناعية ، والهندسة الجينية ستصبح ميدانا للتنافس ما بين الشركات في الدول المتقدمة .

ثانيا : إن المستقبل سيظل بإستمرار يشهد لاعبين جدد برؤى ومفاهيم وأساليب جديدة للتوصل إلى الإبتكارات ـ التحسينات وتحويلها إلى منتجات شرائح سوقية وإلى أسواق وقطاعات سوقية جديدة . فلا زال هناك مخزن كبير من القيم والمفاهيم في أكثر من إقليم ومجموعة بشرية لم تأخذ أبعادها الخاصة في الإبتكار وتطبيقاته في المنتجات المحسنة والأسواق الجديدة . وبعض هذه المشاركات في تطوير آفاق الإبتكار ومداخله ومفاهيمه وأساليبه يمكن أن يغطي مكامن النقص والعيوب في المداخل الحالية للإبتكار . فمثلا لازال الإبتكار الأخضر ـ (Green Innovation) ينتظر مشاركة أكبر من أجل حماية البيئة من الإبتكارات السابقة كثيفة الإستهلاك للمواد والطاقة والمتلفة للمواد وللمناظر الطبيعية .

ثالثا : إن براءة الإختراع التي لعبت في الماضي دورا معينا في الحماية القانونية للمبتكرين ، ستشهد أهمية متزايدة في المستقبل وستكون عنصرا أساسيا ذا أبعاد إقليمية

ودولية في ظل إقرار متزايد بحقوق الملكية الفكرية وهذا يعني أن بعض أساليب القرصنة على الأسرار التجارية والتقليد غير المشروع والسطو على الأفكار والتطبيقات والمنتجات الجديدة ستضعف شيئا فشيئا . مع التوقع أن تستمر الأشكال الأخرى من الإنتهاكات اللامشروعة مع ظهور أشكال جديدة منها في مجال الإبتكار . لتظل الأسباب الثلاثة الأساسية : التفاوت في القدرة الإبتكارية ، المنافسة ، والثغرات القانونية ، هي المصدر للإنتهاكات اللامشروعة بأشكالها القديمة والجديدة في هذا المجال .

رابعا : إن المعلومات والشبكات والإنترنت ستحظى بقدر كبير من الإبتكارات لفترة قادمة ليست طويلة تكفي للتحول من إدارة الأشياء المباشرة إلى الإدارة الرقمية . وضمن هذه الفترة فإن نماذج الأعمال ستتزايد أهميتها لحين إستكمال بناء البيئة التحتية للإقتصاد الرقمي والإدارة الرقمية كمجالات وأعمال جديدة .

خامسا : إن إبتكارات الخدمات ستكون شكلا واسعا في المستقبل وربما يتفوق لأول مرة على إبتكارات المنتجات . وهذا يعود إلى التحول المتزايد من المجتمعات الصناعية إلى المجتمعات القائمة على الخدمة .

سادسا : الإبتكار الإفتراضي هو الشكل الأحدث للإبتكار الذي نتوقعه في السنوات القادمة. وهو الذي تقوم بتحقيقه الشركة الإفتراضية (Virtual Firm) في كل مرة أوفي كل مشروع جديد ، بتكوين مزيج فعال من قدرات عدة شركات مستقلة تعمل كل منها على جزء من المشروع لتصل به الشركة الإفتراضية إلى النتيجة الجديدة المرغوبة وهي الإبتكار الإفتراضي (أنظر الإطار رقم 3) . وإن مما يرتبط بذلك أن الشركات الإفتراضية سوف تقوم بالإعلان عن حاجات ورغبات الزبائن لتلقي عروض من الشركات التي تستطيع أن تقدم المنتجات الجديدة والمبتكرة التي تلبي هذه الحاجات والرغبات .

سابعا : الإبتكار العالي – اللمسة العالية : إن الإبتكار الذي كان يجذب الشركات لعقود طويلة في الماضي هو الإبتكار الذي يأتي بالمزيد من التكنولوجيا العالية (High- Tech) ، قد أوجد في الكثير من المجتمعات إحساسا عاليا بالحاجة إلى المسحة الإنسانية واللمسة العالية (High-Touch) أي المزيد من الإتصال مع الأفراد الآخرين

الذين تحاول التكنولوجيا محلهم ، فبدلا من الحاجة إلى التعامل مع الصراف الآلي في أبواب المصارف ، هناك الحاجة إلى الصراف البشري بلمسته الإنسانية العالية . وهذا سيؤدي في المستقبل إلى المزيد من التأكيد على الإبتكار المتسم باللمسة العالية .

وبعد .. فإن المستقبل سيظل هو الإبتكار الأكثر جدة في حياة الإنسان ، فهو ذلك الدفق الحياتي الذي لا ينفك يأتي بالجديد .. وهذا الجديد هو الذي يبقى الأمل لدى الإنسان بأن غدا سيكون شيئا آخر .. وما أعظم هذا لأنه المستقبل .

الإطار رقم (3) : الشركات الإفتراضية

لقد أصبح نموذجا تقليديا أن تقوم الشركة بإنتاج كل الأجزاء والمكونات الداخلة في منتجها النهائي . وإن أهمية الإبتكار وخاصة في الصناعات الجديدة والمتنامية بسرعة أصبحت أكبر من أن تستطيع شركة بقدراتها الخاصة أن تحقق الإبتكار الذي يحقق لها ميزة تنافسية بدون الإستعانة بقدرات الأطراف والشركات الأخرى ، ففي أحدث مسح أعد عن الشركات أوضح أن الطرق التقليدية لقدح الأفكار لم تعد ملائمة وإن المديرين عبر العالم أصبحوا يعرفون أن الأفكار الأفضل لا تتطور دائما في مختبراتهم الخاصة بالبحث والتطوير . لهذا دعا (Rigby and Zook) إلى تبني ما أسمياه بإبتكار السوق المفتوح ، الذي يقوم على الإستفادة من الأفكار الجديدة من السوق في كل مكان وإن قواعد ذلك تتمثل في :

أ - إستيراد الأفكار الجديدة كطريقة جيدة لتسريع بناء قاعدة الإبتكار في الشركة .

ب - أن تصدير الأفكار عبر السوق المفتوح للإبتكار هو طريقة جيدة لزيادة العوائد والمحافظة على الموهبة الإبتكارية .

ج - أن تصدير الأفكار يمنح الشركات طريقة لقياس القيمة الحقيقية للإبتكار ومعرفة فيما إذا الإستثمار اللاحق لمتابعة الفكرة مضمون .

د - تصدير وإستيراد الأفكار الجديدة يساعد الشركات على معرفة هل هي تقوم أو تعمل ما هو أفضل في مجالها أم لا .

وفي ظل هذه التوجهات ومع الإمكانات الجديدة للإنترنت وشبكات الأعمال فإن مثل

هذه السوق المفتوحة يصبح ممكنا وضروريا بعيدا عن الطرق التقليدية في الإبتكار القائم على أساس القدرة الخاصة للشركة فقط . والواقع أن شركة ديل (Dell) للحاسوب واجهت هذه الحالة في قصور الطرق التقليدية في الإبتكار . فالشركات مثل (IBM) وكومباك و(HP) التي تقوم على رؤية تطوير كل شيء للعالم ، كانت تصنع بشكل جوهري جميع الأجزاء : سواقة الأقراص ، رقائق الذاكرة ، برامجيات الإستخدام وكل القطع الأخرى للصناعة . وكان عليها أن تكون خبيرة في نطاق واسع من الأجزاء التي بعضها لا يضيف أية قيمة للمنتج أو الزبون . ولكن شركة ديل لم تستطع أن تحقق هذا التكامل العمودي بإنشاء تصنيع وخبرة جميع الأجزاء . فكان قرار شركة ديل هو تبني التكامل الإفتراضي (Virtual Integration) ليمثل نموذجا للأعمال لشركة إفتراضية تقوم على تحديد المجالات التي تستطيع أن تضيف قيمة وتحقق عائدا حديا عاليا فتقوم بتصنيعه ، مع تطوير علاقات مع الشركات الأفضل لتوريد الأجزاء الأخرى التي تحتاجها بما يحقق للشركة الإفتراضية رافعة العلاقات مع الموردين ومن ثم مع الزبائن.

ويمكن تعريف الشركة الإفتراضية بأنها الوحدة المكونة من عاملين موزعين جغرافيا الذين يتقاسمون العمل ويتصلون بوسائل إلكترونية مع الأقل من الإتصالات وجها لوجه. ويعود الفضل لظهور المشروع الطليعي الإفتراضي إلى جورج بريل (G.Brill) مؤسس مجموعة الخدمات (Aerotech) الإستشارية حيث قام بتوزيع رسومات ورقية لأجزاء مشروع جديد لماكدونالد دوغلاس على الشركات الموردة بما يحقق مزايا التوريد الخارجي . وقد تم ربط الشركات المتعاقدة مع حاسوب (Aerotech) والذي يرتبط مع نظام معلومات النموذج الأول في شركة ماكدونالد دوغلاس لضمان تبادل المعلومات . وكان هذا بمثابة المشروع الطليعي للمصنع الإفتراضي .

وفي حالة الإبتكار الإفتراضي فإن تبادل المعلومات بين الشركة الإفتراضية والشركات الموردة يمكن أن يؤدي إلى تطوير الفكرة الجديدة ، ومن ثم تحويلها إلى رسومات وطبعات زرقاء من أجل مشاركة الشركات الموردة الأفضل في صنع الأجزاء وصولا إلى المنتج الجديد ومن ثم إلى السوق . فهو إذن إستخدام أفضل قدرات الآخرين

من أجل تحقيـق الإبتكـار الإفـتراضي بقـدرة جميـع الشركات المشـاركة . إن الشركات الإفتراضية رقم النقد الموجه إليها في كونها شركـة فارغـة (Hollow Firm) (وفي ظـل التوريد من موردين خارجين تؤدي إلى البلد الفارغ) ، فإنهـا تمتلـك منطـق الأعـمال في توظيف أفضل الشركات في توريـد أفضـل الأجـزاء . وهـذا مـا سـيجعلها نموذجـا واسـع الإنتشار لشركات المستقبل في ظل ثورة الإتصالات عن بعد والإقتصاد الشبكي والإنترنـت .

Source: - Darell Righby C.Zook: Open-Market Innovation, HBR, Vol(80), No.(10), Oct 2002, pp80-89.

- Joan Megretta: The Power of Virtual Integration: an Interview with Dell Computer's Micheal Dell, HBR, Vol.(76), No.(2), March-April 1998, pp73-84. And D.Kosiur (1997): Understanding Electronic Commerce, Microsoft Press, Washington, pp203-207.

المصادر

1. Keith Pavitt: What We Know about the Strategic Management of Technology, California Management Review,Vol (32), No.(3), Spring 1990, pp17-26.
2. Nichulas G.Garr: Visualizing Innovation, HBR, Vol.(77), No.(5), Sep-Oct 1999, p16.
3. Victoria Jone Suggs and Brain H.Kleiner: Building a Transnational Organization, Journal of Business and Society ,No.(6),1993,pp153-161.
4. Peter F.Drucker: The Theory of the Business, HBR, Vol.(72), No.(5), Sep-Oct 1994, pp95-104.
5. Ibid, p103.
6. John Seely Brown: Research That Reinvents the Corporation, HBR, Vol (69), No.(1), Jan-Feb 1991, pp102-111.
7. Raul Rorner, Endogenous Technical Change, Journal of Political Economy, Vol.(98), October 1990, ppS71-102.
8. إدوارد ليتواك (1995) : إنهيار الحلم الأمريكي ، تعريب ليلى غانم ، الدار الجماهيرية للنشر والتوزيع والإعلان ، سرت ، ص ص 43 وما بعدها .
9. C.C.Markids and N.Bery: Manufacturing is Bad Business, HBR, Vol(59),No.(5),Sep-Oct 1981,pp113-120.
10. M.E.Porter and C.V.D.Linde: Green and Competitive: Ending the Stalemate, HBR, Vol (73), No.(5), Sep-Oct 1995, pp120-34.
11. Joseph J. Romm (1999): Cool Companies, Island Press, Washington, p 132.
12. Raymond R.Burke: Virtual Shopping: Breakthrough in Marketing Research, HBR, Vol(74),No.(2), March-April 1996, pp120-131.
13. B.Goodall, op cit, p 656-7.
14. M.E.Porter and C.V.D.Linde, op cit, p 125.
15. R.Florida, op cit , p93.
16. M.E.Porter and C.V.D.Linde, op cit, p123.

17. B.Goodall, op cit , p 661.

18. Andre Ovans: Can You Patent Your Business Model, HBR, Vol.(87), No.(4), July-Aug 2000, p16,

19. روبرت سبكتور : كيف تكبر بسرعة ، نشرة خلاصات ، الشركة العربية للإعلام العلمي ، القاهرة ، العدد (183) ، آب (2000) .

20. Andrew Hargadon and R.I.Sutton, Building Innovation Factory, HBR, Vol.(78), No.(3), May-June 2000, pp157-66.

21. ---: Even a Great Business Model is not Enough, HBR, Vol.(79), No.(4), April 2000, p124.

22. Stephen P.Robbins and M.Coulter(2001): Management, Prentice Hall, New Jersey, p355.

23 M.Porter: Strategy and The Internet, HBR, Vol.(79), No.(3), March 2001, pp63-71.

24 Brett J.Cassens (1993): Preventive Medicine and Public Health, Mass Publishing Co., Egypt, p37.

25. ألفين توفلر (1990) : حضارة الموجة الثالثة ، ترجمة عصام الشيخ قاسم، الدار الجماهيرية للنشر والتوزيع والإعلان . بنغازي . ص ص 161-160.

26. دانييل كيفلس وليروي هود (1997) : الشفرة الوراثية للإنسان ، ترجمة د.أحمد المستجير ، سلسلة عالم المعرفة . الكويت . العدد (217) . ص 362.

27. William L.Wilkie (1986): Consumer Behavior, John Wiley and Sons, N.Y, p 109.

28. لقد أشير في أكثر من اتفاقية دولية وإعلان دولي إلى حماية الإنسان من العقوبة اللاإنسانية والقاسية التي يشترك فيها مختصون وباحثون . حيث دعت إلى عدم استخدام المعارف العلمية ونتائج البحث العلمي في تعذيب الأفراد . أنظر :

د.جون ب.ديكنسون (1987) : العلم والمشتغلون بالبحث العلمي في المجتمع الحديث ، سلسلة عالم المعرفة . الكويت. العدد (112) . ص ص 293 و 309.

29. R.Bawson (1985): The Robot Book, London: Frances Lincoln Ltd. p6.

30. دين آلن فوستر(1996) : المساومة عبر الحدود ، ترجمة د.نيفين غراب ، الدار الدولية للنشر والتوزيع، القاهرة، ص 36 .

31. تي. بيردسلي (1997) : بيانات حيوية ، مجلة العلوم . مؤسسة الكويت للتقدم العلمي ، العدد 1، كانون الثاني . ص23.

32. أنظر عرض بعض هذه الوثائق في :
جون ب. ديكنسون ، مصدر سابق ، ص ص256 وما بعدها .

33. Jerome Kanter (1992) : Managing with Information , Prentice Hall, Englewood Cliffs, New Jersey, pp351-352.

34. Leslie W.Rue and L.L.Byars (1989): Management, Irwin, Homewood, Illinois,p53.

35. آر.إيه. بوكانان : الآلة قوة وسلطة ، ترجمة شوقي جلال، عالم المعرفة، العدد (259)، الكويت ، تموز 2000 ، ص 263 .

36. Ralph E.Gomory: From the Ladder of Science to the Product Development Cycle, HBR, Vol.(67), No.(6), Nov-Dec 1989, pp99-105.

الملاحق

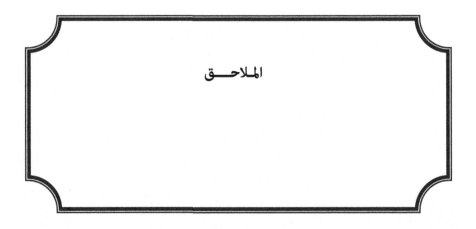

الملحق رقم (1)

❁ نموذج لتقييم الإبتكار الجذري في شركتك

سواء كانت شركتك صغيرة أو متوسطة أو كبيرة ، صناعية ـ إنتاجية ، أو خدمية ، فإن عليك أن تقيم إبتكارك الجديد . فليس الإبتكار رغم أهميته العالية مطلوبا لذاته ، وعلى الشركة أن تتجنب نمط الإبتكار المتلف لذاته أو نمط الإبتكار الذي هو أقرب الهدر في موارد دون إضافة حقيقية لقدرات الشركة لتحقيق رسالتها وأستراتيجية . فليس ثمة شركة أعمال تعمل على الإبتكار من أجل الإبتكار لأن مثل هذه الشركة ستكون من نمط الشركة القائمة على الإبتكار المغامر غير ذي الجدوى .

ولأن الإبتكار الجديد يتطلب تكاليف ويمكن أن يهدد العوائد الحالية للشركة التي تتأتى من منتجاتها وخدماتها الحالية التي سيعمل الإبتكار على تغييرها ، فلابد من تقييم الإبتكار . والنموذج الحالي يقدم فرصة لتقييم الإبتكار الجذري ، حيث يقوم النموذج على مجموعة أسئلة متدرجة يمكن من خلالها التوصل إلى القرار الملائم وتحديد درجة المخاطرة في كل قرار يمكن إتخاذه .

1- هل يمكن الإحتفاظ بمنتجاتك وخدماتك الحالية المدرة للدخل والمنشئة للربح مع الإبتكار الجديد ؟.

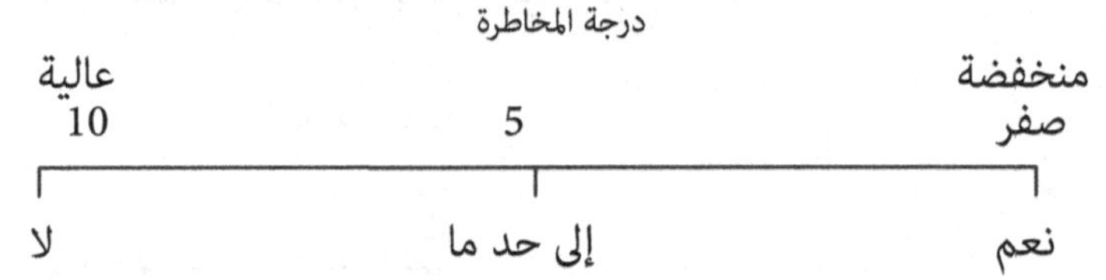

2- هل يمكن الإحتفاظ بعملياتك الأساسية : الإنتاج ، التسويق ، الأفراد ، مع الإبتكار الجديد ؟

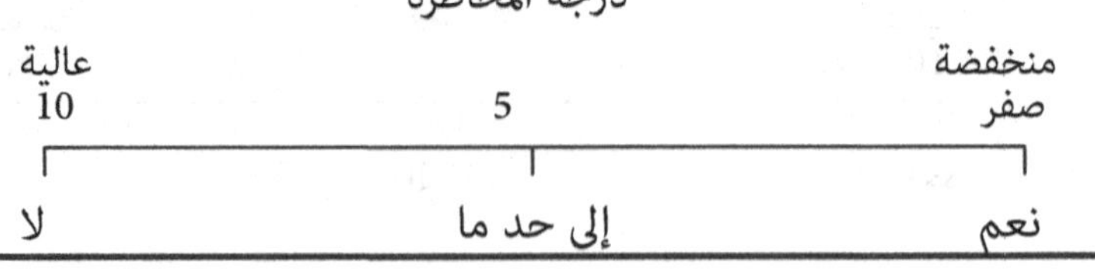

3- هل أن سوق منتجاتك أو خدماتك الحالية هو سوق في حالة تدهور وإنخفاض المبيعات

درجة المخاطرة

منخفضة صفر	5	عالية 10
لا	إلى حد ما	نعم

4- هل أن سوق إبتكارك الجديد في حالة تنامي وتوسع ؟

درجة المخاطرة

منخفضة صفر	5	عالية 10
نعم	إلى حد ما	لا

5- هل أن العملاء المحتملين لإبتكار الجديد كثر وذو إمكانيات شرائية عالية ؟

درجة المخاطرة

منخفضة صفر	5	عالية 10
نعم	إلى حد ما	لا

6- هل أن المنافسة ستكون شديدة لإبتكارك الجديد في الأشهر الأولى لإدخاله ؟

درجة المخاطرة

منخفضة صفر	5	عالية 10
لا	إلى حد ما	نعم

7- هل أن قيود اللوائح والقوانين الحالية والمحتملة المرتبطة بإبتكارك الجديد شديدة ومتنوعة ؟

درجة المخاطرة

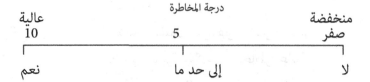

عالية		منخفضة
10	5	صفر
نعم	إلى حد ما	لا

8- هل أن إحتمالات نجاح إبتكارك الجديد في السوق عالية ؟

درجة المخاطرة

عالية		منخفضة
10	5	صفر
لا	إلى حد ما	نعم

9- هل أن إبتكارك الجديد يتطلب تغيير إستراتيجية الشركة ومجال عملها التقليدي ؟

درجة المخاطرة

عالية		منخفضة
10	5	صفر
نعم	إلى حد ما	لا

10- هل أن إحتمالات دخول منافسين جدد لإبتكارك الجديد عالية ؟

درجة المخاطرة

عالية		منخفضة
10	5	صفر
نعم	إلى حد ما	لا

التقييم

صفر - 30	إبتكار ممتاز والشركة تحقق ميزة تنافسية في السوق مع مخاطرة محدودة أو محدودة جدا .
40 - 70	الإبتكار مقبول ويحقق للشركة ميزة تنافسية نسبية ولكنه ذو مخاطرة عالية .
100-80	الإبتكار غير ملائم والشركة ولن تحقق ميزة تنافسية نسبية ويحمل مخاطرة عالية .

الملحق رقم (2)

❁ تقييم الإختلافات الثقافية

في كل زوج من العبارات أدناه ، إختر الإجابة الأكثر ملاءمة أولا من أجل ثقافة شركتك الخاصة وبعدئذ من أجل الثقافة لسوقك المستهدف . المربع الأول الى جانب كل عبارة يمثل واقع ثقافة الشركة ، والمربع الثاني يمثل الثقافة المستهدف لسوقك المستهدف .

☐☐ أ - كل فرد يمتلك الحق في صوت مساوي للآخرين في طرح الآراء .

☐☐ ب- المدراء يمكنهم إعطاء آراء أفضل من الملاّك المساعد .

☐☐ أ - الإجماع أكثر أهمية من التفكير المستقل .

☐☐ ب- الأفراد أحرار في تجربي أكثر ما يمكن .

☐☐ أ – المسؤولية الأولى للعاملين تحقيق رفاهيتهم الخاصة .

☐☐ ب- المسؤولية الأولى للعاملين هي تحقيق نجاح شركتهم .

☐☐ أ – الإستقلال أكثر أهمية من سلامة العمل .

☐☐ ب- سلامة العمل أكثر أهمية من الإستقلال .

☐☐ أ – التغذية المرتدة الدقيقة جوهرية وإن كانت مربكة .

☐☐ ب- ترك الآخرين وشانهم أفضل .

☐☐ أ – الآراء الفردية أفضل من الآراء الجماعية .

☐☐ ب- الآراء الجماعية أفضل من الآراء الفردية .

☐☐ أ – القواعد وضعت لكي يتم إختراقها .

☐☐ ب- القواعد وضعت لكي يحافظ عليها .

☐☐ أ – العمل المربح يعتمد على العمل بفاعلية .

☐☐ ب- العمل المربح يعتمد على تثبيت العلاقات الشخصية .

☐☐ أ – الفروق الفردية متوقعة ومقبولة .

☐☐ ب- الفروق الفردية متوقعة من أجل أن تطابق معايير الجماعة .

☐☐ أ – الحالات الغامضة تثير الإهتمام ويجب الترحيب بها .

☐☐ ب- الحالات الغامضة مشوشة (مقلقة) يجب تجنبها .

□□ أ - التقاليد تكون موضع تساؤل .

□□ ب- التقاليد يجب أن تحترم وتتبع .

□□ أ - الأفراد يجب أن يتبعوا حدسهم الخاص .

□□ ب- الأفراد يجب أن يمتثلوا إلى القيم الدينية .

□□ أ - السمات الأكثر أهمية هي التعبير عن الذات والإبتكار .

□□ ب- السمات الأكثر أهمية هي التهذيب والإحترام .

مجموع عبارات (أ) =

مجموع عبارات (ب) =

التقييم والتفسير

1- إحسب عدد مرات التي فيها إجابة شركتك تختلف عن ما هو مستهدف من قبلك (النقاط المحرزة) 1-2 = متماثل جدا ، 3-5 = متماثل بشكل متوسط ، 6 + = غير متماثل جدا .

إذا واقع شركتك ومستهدفك متماثل جدا ، فأنت ستجد الجوانب الثقافية سهلة الإدارة من أجل حفز الإبتكار لغرض تصدير منتجاتك الى بيئات أخرى .

2- ضرورة ملاحظة خيارات إجابات (أ) أو (ب) في كل عبارة ، حيث أن إجابات (أ) تعكس توجها ثقافيا متساويا لإكمال المهمة بكفاءة . وإجابات (ب) تؤشر توجها ثقافيا هرميا للعلاقات ما بين الأفراد . إذا أنت إخترت (أ) بشكل غالب في الخانتين (العمودين) ، فأنت على الأرجح تكون قادرا على التركيز على الإبتكارات التي تثرى بتكنولوجيا المعلومات التي تحقق كفاء ة أعلى . وإذا إخترت (ب) بشكل غالب في الخانتين ، فعليك أن تستفيد من الإستقرار في شركتك كي تقوم بنجاح في ثقافتك الخاصة بالإبتكارات الممكنة من أجل سوقك المستهدف .

3- لاحظ العبارات التي تختلف حولها خياراتك في الخانتين ، فهذه التمثل القضايا التي على الأرجح ستجدها هي الأكثر تحديا في إدارتها .

Source: Dorothy Riddle: Cultural Approaches to Innovation,

International Trade Forum, Issue(2), 2000, p25.

الملحق رقم (3)

❁ مراجعة الإبتكار

القائمة التالية لعشرين سؤال تمثل تلخيصا موجزا لمجموعة الموضوعات التي تحتاج لأن يـتم الإهتمام بها عند تقييم القدرة الإبتكارية للمنظمة . بعـض الأسـئلة كميـة ويجـب أن تكـون سهلة الإجابة ، والقليل من الأسئلة نوعية وتحتاج إلى إجابـة ذاتيـة أكـثر . وقـد يكـون بعـض الأسئلة ليست ذات صلة بمنظمتك وهذه يجب تجاهلها . عندما تكمـل الاسـتبيان إرجـع الى الجزء الثاني من هذا الملحق الذي يقدم بعض التعليقات ويقترح النشاط بالعلاقة مع المدرج المنخفض . الرجاء النظر إلى أن شركتك فريدة وإستخدم هذا الإستبيان القياسي كموجه .

1 - ما هي نسبة مبيعاتك التي تذهب إلى البحث والتطوير (R&D) وبشكل أو بآخر ؟ .

في الصـناعة : أ - أكـثر مـن 5 ٪ ب - أكـثر مـن 3 ٪ ج - أكـثر مـن 1 ٪ د - أقل من 1 ٪

في الخـدمات : أ - أكـثر مـن 3 ٪ ب - أكـثر مـن 1 ٪ ج - اقـل مـن 1 ٪ د - لا يوجد

2 - ما هي نسبة مبيعاتـك التـي تـأتي المنتجـات الجديـدة أو تحسـينات المنتجـات التـي لم تكن موجودة قبل الخمس سنوات ؟

أ - أكـثر مـن 20 ٪ ب - أكـثر مـن 10 ٪ ج - أكـثر مـن 5 ٪ د - أقل من 5 ٪

3 - كم هو قوي مفهوم الإبتكار في إستراتيجية شركتك ؟

أ - قوي جدا ب - ضعيف ج - لا يظهر كليا

4 - لخص رؤية أهداف شركتك المستقبلية . عندئذ إحسب عدد الكلمات المكتوبة .

- عدد الكلمات :

5 - مـا هـي نسـبة عـدد المـديرين في شركتـك الـذين يسـتطيعون أن يصـفوا رؤيـة الشركـة بكلمات متماثلة ؟

أ - أكـثر مـن 60 ٪ ب - أكـثر مـن 30 ٪ ج - أكـثر مـن 10 ٪ د - أقل من 10 ٪

6 - هل تجمع شركتك البيانات حول البيئة الخارجية ومن ثم تحويلها إلى معلومات موجزة ذات دلالة ؟

أ - بشكل منتظم   ب - أحيانا   ج - لا تقوم بذلك أبدا

7 - كم قسم في شركتك يمكن أن تحدده كمسؤول عن النشاط الإبتكاري من غير قسم (R&D) أو ما يوازيه في شركتك ؟

أ - جميع الأقسام   ب - (2) فأكثر   ج - قسم واحد   د - ولا قسم

8 - أولا : هل تعرف من هو منافسك الذي يمتلك الحصة الأكبر في السوق ؟

أ - نعم   ب - لا

ثانيا : هل تعرف لماذا ؟

أ - نعم   ب - لا

9 - ما هي النسبة من مبيعاتك التي توجه الى التدريب الرسمي :

أ - أكثر من 5 ٪   ب - أكثر من 3 ٪   ج - أكثر من 1 ٪

د - أقل من 1 ٪

10 - هل إن برامجك التدريبية تشتمل على :

أولا : القيادة :   أ - نعم   ب - لا

ثانيا : أساليب الإبتكار :   أ - نعم   ب - لا

11 - هل إن شركتك تمتلك برنامج إتصالات رسمية ؟

أ - نعم   ب - لا

12- هل هناك هيكل رسمي في شركتك لإختيار الأفكار الجديدة ؟

أ - نعم   ب - لا

13 - أولا : ما هي سرعة إنتقال الأفكار خلال المنظمة من الإدارة الدنيا إلى مجلس الإدارة ؟

أ - بالأيام   ب - بالأسابيع   ج - بالأشهر   د - لا تصل

ثانيا : ما طول فترة التغذية المرتدة عن تلك الأفكار لتصل إلى مصدرها الأصلي ؟

أ - بالأيام   ب - بالأسابيع   ج - بالأشهر   د - أية أفكار؟

14 - هل تستخدم شركتك دوائر الجودة ، عصف الأفكار ، أو الطرق الأخـرى لتشـجيع الأفكار ؟
أ ـ نعم ب ـ لا
15 - إذاً ما هي نسبة العاملين في المركز الرئيسي لشركتك ؟
أ ـ أكــثرمن 20 ٪ ب ـ أكــثر مــن 10٪ ج ـ أكــثر مــن 5٪
د ـ أقل من 5 ٪
16 - أولا : إذا كان لشركتك أقسام تشغيلية منفصلة ، هل هي صغيرة ؟
أ ـ نعم ب ـ لا
ثانيا : هل هي مكتفيـة بـذاتها (Self-Contained) مـع إكـتمال وظـائف الملاك الضروري ؟
أ ـ نعم ب ـ لا
17 - هل إن التوقع العام بطريقة عمل الأشياء في شركتك ؟
أ ـ قويـة ومـؤثرة بسـلوك العـاملين ب ـ موجـودة ولكـن ليسـت منتشرـة
ج ـ صعبة التبيين د ـ ما التوقع !؟
18 - كم من القصـص ، النماذج ، والأبطـال الـذين يـبرزون في فلكلـور شركتـك ، هـل يمكن تحديدها ؟
أ ـ أكثر من (5) ب ـ (1) أو (2) ج ـ لا يوجد
19 - إلى أي مدى إجراءات الإختيار تؤخذ بالحساب في ثقافة شركتك ؟
أ ـ محددة بالكامل ب ـ الأفراد يميلون للإختيـار بأنفسـهم ج ـ نحـن نركـز على العمل د ـ لا يوجد هذا كليا
20 - هل يمكن للعاملين أن يتقاسموا الأداء الطويل الأمد للشركة ؟
أ ـ المـديرون ب ـ كـل فـرد ج ـ لا ، ولكـن نحـن نتقاسـم الأرباح د ـ لا يوجد هذا كليا

تقييم مراجعة الإبتكار

إن النقاط المحرزة عن إجابتك تقيس تقييم شركتك في مجال الإبتكار . وتذكر أن هذا المقياس هو نموذج عام جدا ولا يكون قابل للتطبيق كليا في شركتك . فإذا أي سؤال من الأسئلة لا ينطبق على شركتك يحسم العدد الأقصى من النقاط المخصصة له قبل إحتساب نسبتك .

النقاط المخصصة مع الملاحظات

1 ـ أ - 10 ب - 7 ج ـ 2 د - صفر

- البحث والتطوير مهم جدا ولكن يجب أن يكون للشركة هدف تجاري قـوي جـدا . إذا مدير البحث والتطوير مسؤول عن تطوير المنتج الجديد تستبعد (5) نقاط مـن التقييم حيث أن نفقاتك للبحث والتطويرهي غير المرجح أن تكون موجهة للسوق .

2 ـ أ - 10 ب - 7 ج ـ 2 د - صفر

- إن المعـدل التعجـيلي للتغيـير يـؤثر إفتراضـيا في كـل قطـاع الصـناعة . وإن زيـادة المنافسة وتقيـيم السـوق إلى قطاعـات يقـود إلى دورات حيـاة المنـتج أقصرـ . لـذا يجـب أن تحسن إدخالك للمنتجات الجديدة (وشطب المنتجات القديمة) .

3 ـ أ - 10 ب - 7 ج ـ صفر

- (إعملهـا) هـو أكـثر أهميـة مـن مجـرد التخطـيط والتفكـير حولهـا . كـما إن الإبتكـار يجب أن يبرز بقوة في الإستراتيجية المستقبلية لشركتك .

4 ـ هناك (15) نقطة للتلخيص بخمس كلمات أو أقل . وتستبعد نقطة واحدة عن كل كلمة زائدة على ذلك . رؤيتك لمستقبل شركتك هو أكثر أهمية مما قد تعتقد . إذا إستطعت أن تعبر عنها بإيجاز ، فهذا يعني عادة أن قدرا من التفكير قد تم في هذا المجال . التقييم (الصفر) إذا أنت أخذت أكثر من دقيقة في الإجابة على السؤال .

5 ـ أ - 10 ب - 4 ج ـ 2 د - صفر

- لـيس هنـاك أهميـة في إمـتلاك رؤيـة واضـحة أو تصرـيح رسـالة واضـح إذا لم يكـن معروفا أو متقاسما مع كل فرد في الشركة .

6 ـ أ - 10 ب - 8 ج ـ صفر

- إن البيئـة الخارجيـة تصـبح مهمـة بشـكل متزايـد . وإن التقيـيم الإجتماعـي ، الإقتصـادي، المؤسسي ، والسـياسي هـي حـوادث ذات صـلة بقطـاع صـناعتك . إسـتبعد عشر نقـاط من تقييمك إذا المعلومات لم تنتشر بشكل تشيط في كل شركتك .

7 ـ أ - 10 ب - 5 ج ـ 2 د - صفر

- الإبتكـار يسـتلزم مشـاركة كـل فـرد ، إنـه جهـد الفريـق وعنـد كـل مسـتوى في الشركـة. المفاهيم والأساليب الجديـدة يمكـن أن تكـون بسـهولة نتـاج إدارات : الأفـراد ، التمويـل، الإنتاج كما هي نتائج التسويق والبحث والتطوير .

8 ـ أولا : أ - 10 ب - صفر

ثانيا : أ - 10 ب - صفر

- أنت يجب أن تعرف القطاع الذي أنت فيه . إذا أنت لم تستطع إذن أن تكون متأكدا مما يفعل منافسوك الناجحون ، فإن حصتك السوقية قد تكون معرضة للخطر .

9 ـ أ - 10 ب - 7 ج ـ 2 د - صفر

- إن أهمية التدريب لا يمكن أن تكون مؤكدة بشكل كاف . إن التدريب الرسمي في تطوير المهارات والتنمية الشخصية تعمل كرغبة في الإتصال والتحفيز أيضا .

10 ـ أولا : أ - 5 ب - صفر

ثانيا : أ - 5 ب - صفر

- وهذان الجانبان مهمان كلاهما . أنت تفتقـر لهـما عندئـذ فأنـت لا تغطـي عـلى الأرجـح موضـوعات التطـوير المهمـة الأخـرى . راجـع أهـداف تـدريبك . كـافئ نفسـك بعشر نقاط إذا إستطعت الإجابة بنعم في كلا الجانبين .

11 ـ أ - 10 ب - صفر

- كيـف تقـوم أنـت بطريقـة أخـرى بالاتصـال برؤيـة الشركـة وتطـور ثقافـة الشركـة ؟ التقيـيم صـفر إذا فكرتـك للاتصـال الرسـمي تتوقـف عنـد لوحـة الإعلانـات (Notice-Board) والمذكرات المتداولة في الشركة .

12 ـ أ - 10 ب - صفر

- إنه صعب بشكل كاف الحصول من العـاملين عـلى أفكـارهم . بـدون هيكـل رسـمي يكون معلوما لكل فرد في الشركة فإن المهمة تواجه خيبة أمل .

13 ـ أولا : أ - 10　　ب – 5　　ج -1　　د - صفر

ثانيا : أ - 10　　ب – 5　　ج -1　　د - صفر

- إذا العاملين لا يستطيعون أن يكونوا متأكدين أن أفكارهم تنجح لدى صانع القرار ، فإنهم على الأرجح سينزعجون .

التقييم صفر إذا أنت أجبت على أولا (أ) أو (ب) وبعدئذ ثانيا (د) ، لأن التغذية المرتدة حرجة .

14 ـ أ - 10　　ب - صفر

- هناك متابعة جدية حيث أن الدوائر هي منتجة كليا ، أي أن المخرجات تعامل بجدية من قبل الإدارة الأعلى . وهي يمكن أن تكون مرحة ، وإن جو عدم الصرامة المازح قد يكون أحيانا مثمرا أيضا .

15 ـ أولا : أ - صفر　　ب - 3　　ج - 7　　د - 10

- إن المكاتب المركزية هي أفضل للشركة كلما كانت بالحد الأدنى . إن الملاك الكبير للشركة يبطئ الكثير من العمليات ويميل الى إحباط أقسام وحدات المقاولة . إذا أنت صاحب متجر للبيع بالمفرد أو صاحب فندق كانت ستعمل أفضل إن لا تحصل على تقييم لهذا السؤال . إن الشراء والرقابة المركزيين فلا مفر لك منهما ، ولكن كن واعيا للبيروقراطية الزاحفة تدريجيا .

16 ـ أولا : أ - 10　　ب - صفر

ثانيا : أ - 10　　ب - صفر

- وحدات الأعمال المستقلة الصغيرة تميل لأن تكون إنتاجية أكثر في المدى الأطول . وإذا كانت مكتفية ذاتيا بشكل كلي في كل وظائف وملاكها الضروري على المستوى المحلي والتشغيلي بدلا من الاعتماد على المركز ، فإن هذا سيضيف ميزة . وبدون رؤية وأهداف الشركة الواضحة فإن مثل هذه الوحدات الصغيرة قد تكون ذات اتجاه مغلق وتتعرض لمساءلة محتملة .

17 ـ أ - 15　　ب – 10　　ج - 3　　د - صفر

- المنافع والقيم القوية تميل أن تؤشر الى أن الشركة تعرف حيثما هي تذهب . وهذا مقوم مهم للنجاح المستقبلي .

18 ـ أ - 10　　ب - 4　　ج - صفر

- إنه حول فولكلور الشركة الذي يوجد معايير وقيم ثقافة الشركة . إن الأفراد يحتاجون القدوة الذي يقتدون به في سلوكهم .

19 _ أ - 10   ب - 5   ج - 3   د - صفر

- إن تغيير ثقافة الشركة نشاط دقيق وطويل الأمد . إنه يمكن أن يساعد من استقطاب الأفراد الملائمين الذين يبدون أنهم يتلاءمون مع هذه الثقافة .

20 _ أ - 15   ب - 10   ج - 5   د - صفر

- يمكن لك أن تكافئ القدرة الإبتكارية ، إن برامج المخصص لكل الشركة جيد ، ولكن يجب أن يكون العائد جيدا للفرد ذي الأداء طويل الأمد في مركز الربح الذي يساهم فيه . أضف (25) لمجموعك إذا تكافئ القدرة الإبتكارية للفرد . إن مقاسمة الربح تكون أفضل من لا شئ ، ولكنها تكون مرتبطة بالأداء قصير الأمد .

❁ طريقة التقييم

أضف مجموعك واحسب نسبة نتيجتك . إن المجموع الأقصى هو (250) نقطة ولكن يستبعد من المجموع الأقصى كل سؤال لا ينطبق على شركتك . إذا أنت حصلت على (70 ٪) وأكثر فإن شركتك لها مستقبل جيد وتتميز بالنمو الديناميكي . في مدى (50 – 70 ٪) فأنت تحتاج الى النظر في المزيج الإبتكاري الذي يتكون من أربعة مكونات أساسية في بيئتك الداخلية (الهيكل، القيادة ، الأفراد ، الثقافة ، في شركتك) . وفي مدى (30 - 50 ٪) يعني أنك تواجه مهام رئيسية لابد من معالجتها في الفترة القادمة . وأقل من (30 ٪) تؤشر حالة خطيرة في شركتك فيما يتعلق بالابتكار وربما في أشياء أخرى .

Source: Ian McDonald Wood: Innovation: A State of Mind, Management Decision, Vol.(26), No.(4), 1988, p23.

الملحق رقم (4)

مدونة الأخلاقية للمهندسين \ العلماء التقنيين

أصدرت الأكاديمية السويسرية للعلوم الهندسية هذه المدونة بهدف تحقيق التوازن الاجتماعي، الثقافي ، البيئي والاقتصادي في جميع الأنشطة الفنية للمهندسين \ العلماء التقنيين . وفيما يلي مبادئ المدونة :

1. مبدأ المسؤولية : أن المهندسين / العلماء التقنيين مسؤولون عن أنشطتهم ومدخلات صنع قراراتهم أمام السلطات المسؤولة أو الجماعات، وأن هذه المسؤولية الشخصية لايمكن تفويضها.
2. مجالات المسؤولية : إن المسؤولية الأخلاقية للمهندسين / العلماء التقنيين تفرض في ثلاثة مجالات أساسية :

أ - رعاية البشرية والمجتمع . الهدف : هو المساهمة في رفاهية البشرية .

ب - حماية البيئة والطبيعة . الهدف : المحافظة على أسس الحياة .

جـ- ضمان النجاح الاقتصادي . الهدف : الإيفاء بالمطالب المشروعة لأطراف الشركة والمجتمع .

هذه المسؤوليات الثلاث يجب أن يتم تحملها بشكل متزامن وتنفذ بطريقة مثلى ، وعلى نحو عالمي وفي سياق طويل الأمد .

3. الحرية في البحوث التقنية : إن تغير حاجات الأفراد والمجتمع يستدعي التوسع المستمر في المعرفة الفنية التي بدورها تتطلب الحرية الأساسية في البحوث التقنية . وهذه تستلزم تحمل المسؤولية الشخصية لحدود البحث في تقصي المعرفة ، في اختيار أهداف البحث وذلك جراء الآثار المؤذية الناجمة عن نشاط البحوث على البشرية والبيئة ، وبسبب الموارد المتاحة المحدودة .
4. المحافظة على أسس الحياة : إن الاستهلاك غير المقيد للموارد المحدودة له تأثير عكسي على أسس الحياة ورفاء الأجيال المتعاقبة . ونفس الشيء ينطبق على تزايد التلوث البيئي من خلال النفايات والإنبعاثات . إن المهندسين / العلماء التقنيين عليهم أن يدعموا أو يشجعوا المنتجات والتكنولوجيات التي تخفض التلوث البيئي والاستهلاك للمواد الأولية المحدودة الى المستوى المقبول .

5. المنافع مقابل المخاطر والأضرار : أن الإمداد بالمنتجات والخدمات وبناء وتشغيل المصانع يؤثر دائما على البشرية والبيئة . ويجب على المهندسين / العلماء التقنيين إن يزيدوا من الآثار الإيجابية المرغوبة من جهة ، وخفض الآثار السلبية غير المرغوبة (وقدر الإمكان لتحقيق تكنولوجيا ومنتجات آمنة وصديقة للبيئة واقتصادية) .
6. الابتكار: أن مما له علاقة بمهام المهندسين / العلماء التقنيين بشكل لا يمكن تجنبه هو الإبتكار، أي التوصل الى المعرفة التقنية الجديدة :
- لتحقيق الأمثلية في نسبة المنافع الى المخاطر والأضرار المرتبطة بالنشاط التقني .
- لتكون قوة محركة من أجل رفع مستويات المعيشة ومحاربة الفقر .
- لإيجاد القاعدة الاقتصادية الصحية في الأقاليم الجغرافية والمحافظة عليها .
7. المقدرة التقنية والتدريب المتقدم : أن على المهندسين / العلماء التقنيين مسؤولية ومهمة شخصية ، إزاء أنفسهم وزملائهم ، أن يستمروا بالتدريب والحفاظ على خطى التقدم في حالتهم الراهنة من خلال التعلم والتعليم ، في مجال خبرتهم وأيضا في المفاهيم التقنية ذات العلاقة .
8. النظرة الشاملة : بهدف تحمل المسؤولية من وجهات نظر اجتماعية وبيئية واقتصادية، ولكي يكون ممكنا تحقيق الحلول الشاملة المثلى في المشروعات والمهام المعقدة ، ليس من المقدرة الفنية فقط وإنما من الضروري أيضا معرفة العلاقة الاقتصادية والثقافية والبيئية والإجماعية، والرغبة في التعاون بين مجموعات العمل متعددة الاختصاصات .
9. الاتصال : في مجال الإهتمام بالاتصال مع الجمهور (المواطنين ، السلطات ، وسائل الإعلام) القائم على التفاهم المتبادل ، فإن مسؤولية المهندسين / العلماء التقنيين تتضمن أيضا إلتزامهم الشخصي بالحوار المفتوح . وهذا يسمح للجمهور أن يقيم الموضوعات أو الأساليب الفنية من وجهة نظر جيدة المعرفة وتسمح للصناعة أن تأخذ في الحسبان الجوانب الاجتماعية في عملها .
10. المصداقية : أن المصداقية حيال المجتمع وحيال الذات تمثل جانبا جوهريا للأخلاقيات الفردية للمهندسين / العلماء التقنيين. ويجب أن تكون هذه المصداقية أساسا غير قابل للإهتزاز في كل الأنشطة الفنية ، وهي التي تمكن من رفض تأدية العمل الفني غير المسؤول .

Source: Ken Peattie (1995): Environment Marketing Management, Pitman Publishing, London ,p199.

Printed in the United States
By Bookmasters